徳川吉宗公傳

一　徳川吉宗公畫像　　徳川家正氏藏

徳川吉宗公傳序

徳川幕府二百六十餘年、その間一張一弛、而して享保時代は之を中興と稱して創業の功と並べ、後代の範を此に採るもの多し。然るに吉宗公の傳記といふもの未だ一部の成卷を說くもの無し。豈闕典といはざるべけんや。日光東照宮々司古川左京君之を遺憾とし、公の二百年忌辰相當を機とし、その略傳を公にせんことを企て、その編纂者について人選を委託せらる。予乃ち息男辻達也を選んで之に應ず。蓋し達也は先年東京大學國史學科の業を卒へ、ついで大學院に入り、特に享保改革の時代について究むる所あるに由るなり。編成りて之を示さる。採て之を見るに、公の經歷を始めとし、各般の事項略〻之に具載す。全篇七章に分ち、第一章は公の生立より將軍繼嗣迄の事績、特に紀州藩の政治について論じ、第二章は將軍繼嗣の事情とその後の公の權威確立の爲めの政治的配慮について述べ、第三章は享保の財政改革の問題を論じ、公の治世前半期の財政改革の諸事實について述べ、通貨統一の完成を始め、各種の緊縮政策の施行に及べり。一方收入增强の爲め、貢租增徵、新田開發、產業の奬勵、上ゲ米の賦課等を行ひ、かくて享保十二三年前後に財政は一應安定したる事を述べ、ついで享保の中頃より起りし米價の暴落、十七年の大飢饉について論じ、元文に入つて財政再建策の强行に及べる事を說けり。第四章に於ては享保時代の社會問題の對策を述べ、商人勢力の發展を抑へ、武士の窮乏を救ひ、農村社會の變動に對する施策、風俗の匡正、武道の奬勵、江戶の市政等について記せり。第五章は法律の問題について、御定書百箇條等法典の編纂、大岡忠相等の事蹟、司法面の改革等を說き、第六章は文化・教育に關する政策として、公の學問教養、儒學の奬勵、學者の登用、西洋文物に對する强き關心等を述べたり。第七章に於ては公の性格を論じ、老中水野忠之・松平乘邑其他當時公を輔佐せる主要人物を擧げ、轉じて朝幕關係に及び、東照宮崇拜と復古精神を說き、公の將軍退職と其後の生活を述べ、享保時代の江戶時代において占める位置について論じ、その頃より幕府政治が本格的危機に臨むに至りし事を指摘して此篇を結べり。本書出るに及んでさきの闕典は略補ふことを得、所謂享保改革の眞面目は詳かにせらるといふべく、學界を裨益すること大なるものあらん。依て之を世に紹介すること爾り。

昭和三十年五月

辻　善　之　助

序

十五代二百六十餘年の間、國内に平和を持續し、庶民に文化を洽からしめた徳川幕府の治世は、その功　日光東照宮御祭神家康公の創業と、三代將軍家光公の紹隆に負ふこともとよりながら、吾人はまた八代將軍吉宗公の中興の偉業を看過してはならない。蓋し幕府の規模完備して百年、秩序の安定、産業の勃興、文化の興隆の著しい一面、漸く士民太平に狎れ、奢靡の風長じ、幕府また支配の弛緩、財政の破綻を糊塗し得ざるに至つた時、吉宗公は享保元年七代將軍家繼公夭折の後を承け、推されて將軍の職を襲いだ。爾後三十年間、一意　神祖創業の洪謨に則り、機構を振肅し、士風を刷新し、率先儉約を勵行し、財政の安定、經濟の發展、風俗の匡正等、萬般に亘つて着々と改革の效をあらはした。就中享保十三年、四代將軍家綱公以來實に六十五年間絶えてゐた日光社參を行つたことは、吉宗公の東照宮崇敬と、享保改革の輝しい成果を象徴する盛擧といふべきである。かくして公は復古・中興の名君として後世鑽仰・追慕せられると共に、御祭神家康公の懿德を永く顯彰するに多大の貢獻をなしたのである。

恰も昭和二十五年は家光公薨後三百年に當ると共に、吉宗公薨後二百年に相當した。この機に際し、前宮司古川左京氏は、公の偉業を永く傳へんがため、家光公傳と並べて德川吉宗公傳の編纂刊行を企劃し、故東京大學名譽教授日本學士院會員文學博士辻善之助氏監修の下に、執筆を橫濱市立大學助教授文學博士辻達也氏に委囑し、古川前宮司の下に、權宮司額賀大興氏および禰宜池上宗義、囑託柴田豐久兩氏編修事務を擔當し、昭和二十八年五月その成稿を得た。

本稿は主として力點を吉宗公の將軍としての三十年間の治績におき、その政治家としての歴史的意義を實證的に究明するに努めてゐる。公の今日歴史に著名なる所以は享保改革の代表者たるにあり、從つて公の事蹟はその時代の趨勢に正しく位置せしめて、始めてその眞面目を理解し得べきものといへよう。即ち本稿は吉宗公個人の傳記にとどまらず、廣く享保時代史とも稱すべきである。

本稿は前に記せし如く、既に昭和二十八年に脱稿したが、聊か事情あつて刊行には至らぬまゝ今日に及んだ。この間、昭和三十年十月監修の辻善之助博士薨ぜられ、同三十三年十一月には古川前宮司が病氣退職せられた。予は翌三十四年二月日光東照宮宮司の職に就き、古川氏の後を承けて家光公・吉宗公兩傳記編修事業を續け、先づ昨三十六年三月徳川家光公傳の刊行成り、ついで今こゝに吉宗公傳の印刷を完了するに至つた。日光東照宮に奉仕する者として、御祭神家康公の丕業を中興せられた吉宗公の事蹟を永く傳ふべき基礎的文獻の編纂事業をなしとげ得たことは、予の喜びに堪えぬところである。

将にこの著の刊行成らんとするに當り、題簽を賜つた德川家正氏、監修の勞を執り、また序文を下された故文學博士辻善之助氏、ならびに執筆者、編纂事務擔當者、および明善印刷株式會社の諸氏の御盡力に對し、深く感謝の意を表する。

昭和三十七年四月十七日

日光東照宮宮司　青木仁藏

緒　言

江戸幕府八代將軍德川吉宗公といへば直ちに「享保改革」「享保の治」などといふ言葉を想起する。享保元年（一七一六）より延享二年（一七四五）に至る三十年間の公の將軍在職時代、卽ち所謂享保時代は、年代的にみても二百六十餘年に及ぶ江戸幕府治世の丁度中間に位置するが、時代の趨勢も前半期から後半期へと、政治的・經濟的・社會的に大きく移り變らうとしてゐた。鞏固に築き上げられた基礎の上に立つて、いはゞ自然の趨勢に從つて展開してきた幕府政治も、幕初以來一世紀の年月を經過する頃からは、漸く前途多難を思はせるやうになつた。元祿時代を迎へて、都市生活は絢爛と繰廣げられたが、政治も生活も繁雜化・奢侈化の度を强めてゆくに從つて、武家の經濟は收支の均衡を失ひ、これを糊塗しようとして行つた幕府の貨幣悪鑄は經濟界を混亂せしめ、幕府・諸藩の財政や武士の經濟は甚しく窮迫した。しかも打續く泰平に狎れて政治は弛み、役人の不正・怠惰・勢力爭などが少からず行はれてゐた。正德に入つて新井白石が一介の儒者の身を以て、遠大な理想の下に政治の再建を志したが、小康をえたに止り、やがて吉宗公の登場をみたのである。

公は將軍となるや、東照宮を理想としつゝ役人を引緊め、幕府政治を時代の趨勢に應じてその根柢から再建し、安定鞏固なるものとしようと努力し、大いにその效果をあげた。卽ち公は幕府政治を初めて本格的に人爲を以て好ましい方向に向けようとした人である。後世公は幕府政治の再建を志す政治家達の模範と仰がれ、寛政改革・天保改革も公の政治を理想として行はれたものである。德川實紀は東照宮についで多くの紙數を割いて公の言行逸事を載せ、また仰高錄・明君享保錄・明君德光錄など、公の逸事を記し、公の治績を讃へる書物も多數に上つてゐる。

公がかくの如く後世から名君と仰がれる理由には、この後將軍は十五代慶喜公を除いて悉く公の子孫である事、又享保に續く田沼時代に政治が再び亂れた爲め、公の治世に光を添へたといふ事も考へられるが、やはり三十年間に亙る將軍としての數々の事蹟に由來するものであることはいふ迄もない。

今、吉宗公薨去後二百年を機として、改めて公の生涯を觀察・敍述することゝなつたが、右の如き觀點から、專ら力を將軍としての諸事蹟の究明に注ぎ、その意義をつとめて時代の趨勢と關連せしめて考察してゆく方針である。或はその敍述があまりに政治や經濟・社會情勢に偏り、公の個人的活動や身邊の記事が影を薄くして居て、傳記としての體をなさぬといへるかもしれぬ。しかし右に述べた如く、公を今日史上重要人物たらしめてゐるのは三十年間にわたる將軍としての活躍であり、その諸事蹟は享保時代といふ時代を知り、時代の大勢の上に位置せしめてこそ、眞の意義を考へることができ、從つて公の眞の姿を歴史的に觀察することができると思ふのである。果してかゝる意圖通り公の全貌を描寫することができれば幸である。

編纂者識

目次

挿入圖版目次

第一章　紀州藩時代

一　將軍繼嗣迄の吉宗公

吉宗公は貞享元年（一六八四）十月二十一日紀伊國和歌山に於て清溪院光貞公（一六二六―一七〇五）の第四男子として誕生になつた。[1] 生母は巨勢六左衞門の女、淨圓院おゆりの方（一六五五―一七二六）である。[2] 吉宗公はじめ諱を賴方といひ、幼名を源六、ついで元祿七年（一六九四）新之助と改名、翌八年十二月十二歳で敍爵、主稅頭に任ぜられ、その翌九年十二月には從四位下左近衞權少將となつた。更にその翌十年四月、時の將軍綱吉公（一六四六―一七〇九）はじめて赤坂の紀州藩中屋敷に臨んだ節、越前國丹生郡の內において食邑三萬石を賜つた。[3] しかし封地には赴かず、父光貞公に從つて參勤して居た。[4]

元祿十一年（一六九八）光貞公は紀伊藩主の職を長男綱敎（一六六五―一七〇五）に讓つた。ところが綱敎は寶永二年（一七〇五）五月十四日、四十一歳を以て父公に先立つて薨じたので、家督は次弟賴職《よりもと》（一六八〇―一七〇五）が相續した。[5] 然るに賴職も同年八月八日父光貞公が薨じた丁度一ケ月後、卽ち九月八日俄かに父兄の後を追ふかのやうに薨じたので、こゝに思ひがけなくも賴方公は、末弟ながら本藩五十五萬石の主となつたのである。

この年十二月、公は從三位左近衞權中將の敍任をうけ、また將軍綱吉公の偏諱を賜つて、名を吉宗と改めた。翌年十一月には伏見宮貞致親王の女眞《さな》の宮理子を迎へて夫人とし、また官も同月參議に、翌年十二月には權中納言に昇進したのである。

公はこれより正徳六年（一七一六）五月まで十二年間紀伊藩主として領内の統治に當つたが、その十二年間の紀伊藩政の迹を眺めると、そこにも小規模ながら武家政權再建政治家の面影を認めうる。明徳秘書には公の治藩を賞讃して

明君の御時は、淨瑠璃三味一切の遊藝稽古する人無レ之、俳諧もする人稀也、去に依て、若山に點者無レ之、御家中の稽古は專武藝、是等は稽古料被レ下、旁以人々進み候也、算學天文地理水練の稽古、町人は商賣、工は細工、百姓耕作、銘々家業を勵み、第一綿繰糸木綿、遊民壹人も無レ之、相應に稼候、御國ゟ他國へ金銀米錢出候は僅に道中路錢迄也、是は御停止不レ被二仰出一といへども、銘々御風儀に移り、謙り美麗を不レ好、その比浦々大漁獵打續き候へとも、皆他國へ出し、御國は金銀入込候、魚類買人少きゆゑ也、一統謙り不レ奢、嫁入道具小間物に至る迄下直なるを用ひ、銘々人の衣類をみて、夫ゟ謙らん事を致し、借銀する人稀也、御國の者に質置してかり候者、一割ゟ高利なし、五百目一貫目以上利息は月六歩なり、依て末々利銀に詰り及二難儀一候者無レ之、至極の弱人へ御救錢毎月百貫文被レ下、冬は綿入古手を被レ下候、輕き賤女は繰を勵み候事、前代未聞也、此繰の價も銀錢共御國へ入候事夥し

と記してある。勿論所々に甚しい誇張があるといふより、むしろ儒敎思想に基く理想政治を吉宗公の事蹟に假托してあるとみるべきである。しかもこれは公が後世名將軍としてあつい尊崇をうけた結果、やがて將軍繼嗣以前までが美化されて、名藩侯として種々の事蹟が傳へられるに至つたものとも考へられよう。しかしまたこれには公の施政方針の一斑を寫し出してゐるところもあり、藩政の具體的事實とも相通ずるところも認められる。

當時の紀州藩における最大の問題は、何んといつても財政問題であつて、これは多少の差はあれ、他の諸藩とも、

また幕府とも共通するものであつた。全般的な情勢は後述に譲るとして、今紀州藩の狀況をみると、財政窮迫はすでに寛文八年（一六六八）幕府から十萬兩を借入れた頃から始まつてゐる。[6] この直接の原因は同年二月江戸中屋敷が焼けたことゝ、四月から八月にかけて紀州が大旱魃に見舞はれたことに求められよう。また當時は猶これらの損害が藩財政にとつてさほど大きな打擊とはならなくとも、幕府にとつて特別な關係にある藩ではあり、幕府財政は依然富裕を誇つてゐた頃でもあるので、このやうな拜借金を出したものとも考へられる。しかしとも角、これは藩收入の過半を消費するといふ江戸藩邸生活が[7]、藩財政に甚だしい負擔となつてくる兆候である。

この後江戸藩邸の焼ける事三度、その都度幕府から二萬兩づゝ見舞金を受けてゐる。[8] 貞享二年（一六八五）には綱吉公の女鶴姫を綱教の簾中に迎へた。[9] また元祿十年（一六九七）、十四年の兩度藩邸に將軍の來臨があつた。[10] 時は元祿時代である。都市生活は日々に向上し、華美となつてゆくのは自然の勢であつた。しかもかゝる經常支出の增大に加へて、延二萬坪に近い建築がほゞ十年每に焼失する。[11] また儀禮重視の折からとて、婚禮（殊に將軍姫君との）或は將軍來臨などの儀式的な事に要する費用は夥しいものであつたらう。しかも元祿十年には特に將軍御成御殿を建て、十五年には鶴姫のためにはさしも廣大な中屋敷すら猶狹いとて擴張を行つた。これらが原因となつたのであらう、元祿十二年、十六年の二度にわたつて、「御勝手不如意」とて、近親間の贈答は年頭・歲暮の外止める旨觸出された。[12]

寶永二年（一七〇五）吉宗公が本藩を繼いだのはこのやうな狀況下であつた。元來紀州藩は多量の蜜柑・木材を產出し、松坂は木綿を以て知られる土地であり、都市生活の繁榮につれて、或は紀伊國屋文左衛門を出し、或は伊勢商人の活躍をみた。もちろん當時にあつて最大の利益を得るものは、生產者でもなく、產地側でもない、產地と都市の仲介に當る商人であつた。しかし藩の財政においても、早くから或は輸出入稅といふべき「二步口」を課し、或は專賣制度ともいふべき「仕入方」を設けてゐたので、近世に普遍的な租税制度、卽ち課税對象を土地に限定し、米穀物納を原則とする制度に較べて、かなり商品經濟の發展に對應しうる態勢にあつたといへよう。[13] それにも拘らず「御勝手不如意」となる程消費は厖大であつたのである。しかも公の繼嗣の際は五月に綱敎、八月に光貞公、九月に賴職が死去した。二年後の寶永四年十月には紀州南部に海嘯があり、相當の被害があつた。また同月、元祿末以來使用してきた銀札の發行が幕命によつて禁止された。[14] 五十日以內に正貨と交換せよといふ命をうけて、藩が貨幣の不足に惱んだことは想像に難くない。さらに同六年には、將軍代替りに際し、前代迄の拜借金の中三分の一の返納を命ぜられ、[15] また翌年には庶流伊豫西條の松平氏に對し、合力米を一萬俵增加した。從來は封地西條にて三萬石の外に紀州から合力米二萬俵を送つてゐたのを、三萬俵にしたのである。この間の詳しい事情はわからぬが、何にせよ一萬俵の支出增加は少からぬ重荷であつたに相違ない。

かくて吉宗公は藩政に着手するや、直ちに緊縮政治をしいた。寶永四年には家中全員に二十分の一差上金を命じ、翌年には坊主・手代その他小役人八十人を整理した。日常生活の質素儉約は率先躬行すると共に、藩士にも嚴重に勵行を命じた。寶永七年本藩相續後はじめて歸國の折、甚だ粗末な衣服で馬にのつて來られたので、美々しい服裝で出迎へてゐた藩士達は面目なかつたといふ。和歌山には町廻横目といふ役人をおき、種々狀況を報告させたが、小兒に贅澤な衣服を着せてゐる者があると呼出して注意したので、皆粗服を着るやうになつた。[16] 正德五年（一七一五）東照宮百回忌に日光へ參詣の折も甚だ輕い行裝であつたといふ。[17]

このやうな財政緊縮の努力と共に、積極的な財政々策も見逃せぬところである。殊に封建經濟の基礎たる農業生産の增强にはなみなみならぬ苦心と努力が注がれてゐる。當時藩財政の中心には能吏の名の高い大島伴六・淺井忠八等[18]

がゐたが、むしろ重視せねばならぬのは地方《じかた》に練達な學文路《かむろ》村の庄屋大畑才藏の活躍である。彼は寛文四年（一六六四）から正徳五年迄五十二年間藩のため地方の事務に盡したといはれ、その中元祿九年（一六九六）以降二十年間の活躍の跡は、彼の手記によつて偲ぶことができる。[19]

彼は財政事務を取扱ふ「會所」に出勤する他、屢々各郡を廻り、或は檢地に立合ひ、或は被害地域を視察したが、就中土木工事を擔當して少なからぬ功績をあげた。近世初頭以來諸藩は農業生産増强の手段として盛んに新田開發を行つた。紀州藩でも元祿十年新田畑檢地の規則が發布されてゐるから、恐らくその當時かなり開發が行はれてゐたのであらう。しかし吉宗公の頃になると、それも一段落ついて、方針は耕地増大よりも集約性の増大に向けられるやうになつた。中でも灌漑用水の溝渠開鑿工事は甚だ大規模に行はれ、それが殆んど大畑才藏の指揮によるものであつた。[20]（また雨乞ひの費用を農民に支給するやうになつたのも、小さい事ながら、農事に精勵させようとする藩の意圖をよくあらはしてゐる。）

かゝる努力の結果であらう、財政も忽ち建直つて、寶永七年（一七一〇）には四年以來の家中二十分の一差上金もやめ、翌年迄に返濟された。正徳四年（一七一四）は甚しい凶作であつたが、却つて藩士に援助米を出すことができた。金藏・米藏にも相當の貯藏ができたといふ。

公は甚だ細く氣のつく性格で、奉行など諸役人の提出する書類の計算違ひを發見したり、擔當の役人よりも詳しく知つて居たといふ逸話が數々つてゐる。緊縮政治がよく勵行されたのは公の細心の注意に因るものであらう。前述のやうに町廻横目などをおいて耳目としたほか、城門外に訴訟箱を設けて政治の參考となりうる意見を徵した。武藝の獎勵に當つても、藝目付といふ役人をおいて、家臣の稽古を監察せしめた。このやうにして公が封內の些細事を知悉して居たので、藩士も自ら緊張した態度を持續けざるをえなかつたであらう。[21]

公は武術を好み、鷹狩や銃獵なども屢〻行はれ、武勇談などもいくつか傳はつてゐる。學問の方はあまり好きではなかつたらしいが、家臣に對しては學問精勵の便宜を與へた。和歌山には伊藤仁齋（一六二七―一七〇五）の門弟荒川景元[22]（一六五四―一七三五）、木下順菴（一六二一―一六九八）の門弟祇園南海[23]（一六八七―一七六一）その他の學者がゐて毎日講義をしてゐた。百數十人の聽衆があり、家老も出席してゐたといふ[24]。この事は江戸にも聞えて、室鳩巣（一六五八―一七三四）なども、「中納言殿（吉宗公）日頃勇力の御聞へ有レ之、中々文學の儀抔は御嫌にて可レ有レ之と存候處、御奇特成儀奉レ感候」（兼山祕策卷二）と賞讃してゐる。

このやうな事蹟をみれば、かの明徳祕書の記事が決して假托でなかつたことがわかるのである。江戸においても、室鳩巣の書簡によると「勿論紀伊中納言樣一統に褒申儀に候。」「殊更御賢徳の事、日比群臣奉ニ仰望一事に候云々」（兼山祕策第二―三册）と、三百諸侯中の賢侯と仰がれてゐたのである。故に若し公が長く紀伊藩主として留つて居たとしても、恐らく前田綱紀（一六四三―一七二四）・伊達綱村（一六五九―一七一九）などにつゞく名君として仰がれたことであらう。しかし公は治藩十二年にして、更に大きく且困難な任務卽ち天下の政治をなすべき將軍の地位へと進んだ。公の名君として存在は、一藩侯における場合とは比ぶべくもない程大きくなつた。そのため紀州時代の諸事蹟は曉天の星の如く影を薄くした。けれどもそこには既に名君の雛型といふべきものが見出されるのである。[25]

註

1　光貞公は徳川家康公（一五四二―一六一六）の第十子賴宣公（一六〇二―一六七一）の長男に生れ、寛文七年（一六六七）家督を相續、元祿十一年（一六九八）迄御三家の一、紀州家の當主の地位にあつた。公には四男五女あり、卽ち

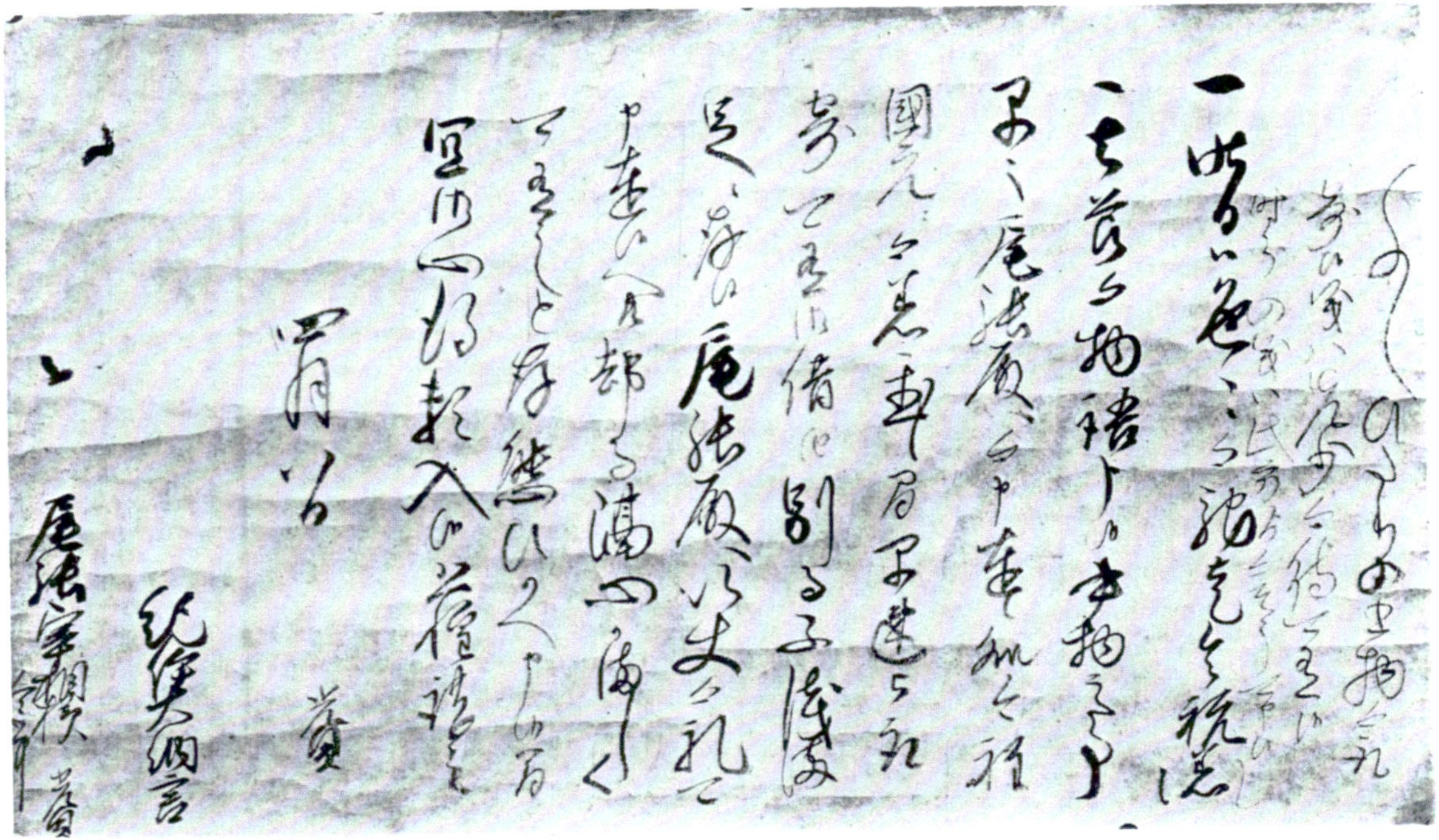

二　徳川光貞公書状

徳川義親氏藏

吉宗公はその第八子、末男である。

2　野史巻八十二　徳川外戚列傳　二

一説には、おゆりは六左衛門の養女で、實父は淺井浪人の後裔で彦根に住む醫者ともいはれ、或はまた紀伊にたどりついた巡禮の娘で、光貞公の中﨟の召仕となり、やがて光貞公に奉公するにいたつたともいはれてゐる。

3　有德院實紀巻一、常憲院實紀巻卅五、南紀德川史　第一冊

吉宗公の幼年時代の事として、公が庶子の末弟で、しかも生母が微賤の出であつた爲めか、兄弟の中、特に輕い取扱ひをうけ、三萬石の邑地を賜つたのも常憲院の特旨によるものゝやうに傳へられてゐる。例へば

對山様（光貞）或時、御嫡子初御子様方三人召せられ、御膳進せさせらる、公には外御子様方ゟ御飯多くきこしめさるゝ故、對山様御教訓ありけれ（る）は、其方事庶子なれは葉武者と云者也、はつ（わ）かの俸祿にて少しも物の用に立つべき家人一人たりとも養はんと思はゝ、我身飽食暖衣すべからず、いかにも節儉をなし、一飯をも家人に分ち、一衣をも家人に着すへしと心掛云々（南紀德川史第一冊）

元祿十年四月十一日、常憲院殿紀伊の邸にならせ給ひしかば、光貞卿、嫡子宰相綱教卿、次子内藏頭頼職などひきつれて接待し進らせらる。公は其頃主税頭殿と申けるが、末の御子ゆへ、兄公達には列り給はで、つぎのまかたにうづくまりおはしけり。光貞卿、綱教卿、頼職等御前にいでゝまみえられし時、宿老大久保出羽守忠朝、心きゝしものなりしかば、御前にむかひ、大納言殿には子福者にて、この外にもなを見え侍ると申ければ、常憲院殿もとみに其意をさとらせたまひ、いかも主税これへと御諚あり、すなはち次の間より進み出てまみえ給ふ。此時頼職とともに新に領知三萬石（越前丹生）を賜はりければ、ことさらに此御恩遇をかしこみ思しめしけり。御繼統のゝち、

忠朝の二男長門守教寛少老となり、御前にて議し申すことありし時、我は汝が父のはからひにて、常憲院殿にまみえ、特恩を蒙りしぞとて、その世のふる事ども仰出され、御落涙ありしとなり。（有徳院實紀附録巻一）公、常憲院殿の特旨により、庶子にて封地をたまはりしが云々（同前）

しかし公の十二歳で敍爵、十三歳で四位の少將、十四歳で三萬石といふ經歷について考へてみるに、必ずしも輕い取扱ひをうけたり、または誰かの取りなしによつて將軍の特恩を蒙つたものと見做すことはできない。といふのは、公に與えられた祿高こそ僅か三萬石で諸大藩の分家並であるが、四位少將といふ官位は越前・松江の兩松平、細川、兩池田など國主の中でも上位の家格にのみ許される官位であつて、公が十三歳にしてかゝる敍任をうけたのは、やはり庶子とはいへ御三家の血をひくことを重視されてゐたのだとみるべきである。他の三家庶流の人と較べてみると、公の次兄頼職は四歳の年長ながら、敍爵・四位少將・三萬石封與の年月はみな公と同じである。また頼宣公庶子久松頼純（一六四一—一七一一）は十四歳で四位少將、二十八歳で五萬石をうけ、その嫡男頼路（一六六一—一六九八）は十五歳で四位侍從の敍任をうけてゐる。故に三家の庶流は通例數萬石の封與と四位少將或は侍從の敍任をうけるものといへる。吉宗公の場合も正しくその例に從つてゐるので、殊更公が輕視されたり、將軍の特旨に與つたとはいへないのである。公が末男に生まれながら兄達の死によつて本藩をつぎ、さらに偶〻將軍の夭折にあつて遂に宗家を襲ふといふ異常の飛躍をとげたので、後世そこに誇張が加はり、公の幼年時代を甚だ不遇なものとして、その飛躍を一層大きく見せるべく、上記のやうな話が作り上げられるに至つたものと解釋してよいであらう。

4　南紀徳川史　第一冊

5　光貞公には綱教と頼職との間にもう一人幼名次郎吉といふ男子（一六六七—一六七九）があつたが夭折した。

6 嚴有院實紀巻三十七

7 伊達研次「江戸に於ける諸侯の消費的生活について」（歷史學研究 四—四）

8 天和二年（一六八二）十一月二十八日燒失、同三十日拜領。元祿八年（一六九五）二月八日燒、翌日拜領。同十六年十一月十八日燒、翌日拜領（常憲院實紀 巻六・三十一・四十八）

9 常憲院實紀巻十一

10 同 巻三十五・四十三

11 紀州藩中屋敷は面積約十三萬七千坪、周圍三十一町餘、建物延一萬八千坪餘といふ廣大なものであつた。

12 當時は綱敎の代で、近親としては父光貞公・同簾中・綱敎簾中・賴職・吉宗公及び榮姫（上杉綱憲室）があり、些細な事にも音信贈答が行はれ、御附の人々にも及んだ。それを年頭歳末に限つたのは、儀禮重視の折から、外に向つては三家の體面・格式をはらねばならぬので、內證を切りつめようとしたものと思はれる。

13 二歩口（二分口）とは藩域を出入する物品に對し、その二〇％の品物或は代銀を納入させる制度であつて、慶安の頃（一六四八—一六五一）からはじまり、封内要所百數十箇所に役所を設けて徵收に當つた。公用の物品も町人・百姓が取次いでゐる場合は徵收された。その年額三・四萬兩といふ。中には物により率の異るものがあつた。

仕入方といふのは、山間の農耕も殆んどできぬ土地の住民に對し、藩から資金や米・鹽などを貸與し、藩有林において、若くは藩で私有林を購入して、そこで木材生產や製炭及びその搬出等に從事せしめ、それを藩が江戸や大坂で販賣するといふ制度である。かゝる事業に着手したのは明曆三年（一六五四）からで、元祿十二年（一六九九）に擴張し、享保十五年（一七三〇）には和歌山に統合の役所を設けて一層大規模な事業とした。江戸・大坂などにおける販賣は、御出入町人といふ豪商が問屋としてこれに當つた。この事業は一面社會政策を目的として居り、殊に當初はその色彩が强かつた。卽ち山間部の住民に通常の貢租を課するのをやめて、彼等に最低生活を保障し、また商人が生産者と個別取引をして不當利得をするのを抑制しようとしたのである。しかし一面藩營商業によつて財政を豊かにしようといふ目的も明瞭であつて、殊に時代が下ると共にこの面が强くなり、その益金を融通して利殖をはかる迄にいたつた。これに最も盡力したのは十代目藩主治寶《はるとみ》（在職寛政元年―文政七年）であるといふ。

14　御觸書寛保集成三十二　金銀之部

諸藩の金銀札發行は大たい元祿頃といふのみで明確な年月や額は詳かでない。紀州藩も同様であるが、殘存する銀札には元祿十五年正月發行とあるといふ。その通用時代には、藩の支拂は悉く札で行はれ、正銀との兌換は和歌山にある茶屋宗味（江戸幕府呉服師茶屋四郎次郎の一族であらう）の店で取扱つた。

15　御觸書寛保集成三十　寶永六年七月

16　兼山祕策第三册

17　鳩巣小説上　正德五年五月十九日附

18　大島伴六は元祿九年（一六九六）から正德五年（一七一五）迄二十年間奉行役にあつて藩財政の統轄に當り、漸く苦境に入つてきた經濟を支へてきた。吉宗公將軍家相續後は江戸に召され、隱居の身ながら種々諮問に與つた。（有德院實紀附録巻三）淺井忠八は初任僅か二十石、大番組より累進し、大島伴六の跡を襲いで四百石、奉行役となり、享保十六年（一七三一）迄務め、祿も遂に八百石に達するといふ、泰平時代には異常の躍進ぶりであつた。大畑才藏を十分に活用したのも、此等の人の手腕による所少なくない。

19 南紀徳川史第十冊所載　大畑才藏記

20 大畑才藏が大土木工事を擔當した最初は、元祿十年から十一年にかけて、從來池による灌漑で水不足に惱んでゐた伊勢國一志郡の雲出川下流南岸平野に新渠をひらいたことである。次いでほゞ同じ頃から計畫をたてゝゐた藤崎井開鑿を元祿十四年に完成した。これは紀の川下流那賀郡王子村藤崎（粉河よりやゝ上流）から取入れて、紀の川北岸河谷平野を潤しつゝ海草郡山口村附近に至るもの（約六里半）で、明治になつてからの調査によれば、約八百町歩の灌漑に用ひられてゐるといふ。藤崎井の次が小田井で、これは吉宗公の藩主時代に施行せられ、當時最も大規模なものであつた。卽ち工事は二期に分れ、第一期は寶永四年（一七〇七）に行はれ、紀の川の中流九度山の附近小田から取入れ、北岸に沿つて伊都郡笠田《かせだ》町西端に至る約五里、第二期は翌々六年に行はれ、前年の流路を延長し、藤崎井の北側を根來《ねごろ》附近に至る約六里の工事であつた。その潤すところ千町歩餘に及ぶといふ。

　これら用水工事の目的は新田開發にはなくて、本田の灌漑の便をはかることにあつた。才藏のその後の記録をみても、さして新田開發が行はれた樣子は見えぬ。彼の意見も本田第一主義であることが、その伊勢出張の際の覺書の中に窺はれる。

21 公の觀察のいかに微細に迄及んだかは、次の傳へがよく物語つてゐる。

御部屋住ノ時、夜陰ヒソカニ御近習兩三人ニテ、折々町中御微行被レ遊、或時深夜ニ御歸リ被レ成、或商人ノ家ニ夫婦喧嘩アリ、良久敷御立聞被レ成タルニ、段々六ケ敷、隣家ヨリモ扱ヒワヒルナレトモ、更ニ挨拶不ニ聞入一樣子ナリ、習朝早天伊賀ノ者被レ遣、密々被ニ仰含一ヤウハ、夜前夫婦イサカヒノ家、男申分至極尤ナレトモ、格別ノ品トモ不レ覺之間、堪忍イタシ遣リ候樣、就中男之申詞ニ、誰カ挨拶モ聞入レカタシ、殿樣ノ御意ナラハシラズトノ一言モ有之、然レハ予カ挨拶ニテハ不足ナルヘケレト、何分此度ハ用捨イタシヤリ候ヘトノ御意、伊賀彼家ニ至リ、其趣内々申聞セ候ヘハ、夫婦ノ者驚キ、大ニ恥入リ、迷惑致シ、冥加ニ叶ヒ難レ有ノ旨御禮申上、其後夫婦殊ノ外睦敷ナリ、一生中ヨククラシヌト老人物語ナリ（享保南志補）

22　荒川景元、名は秀、號は蘭室、後に天散と改めた。景元又は敬元はその字、通稱善吾、山城の出身である。八歳で仁齋の門に入り、十六歳で紀州藩に仕へた。仁齋の門に居る間、明敏な性格により、「千里の駒」と稱せられ、仁齋から厚い信愛をうけ、十四歳で師の代講をしたといふ。（先哲叢談後編　日本教育史資料五）

23　祇園南海、名は瑜、又の名は正卿、字は伯玉又は斌《ひん》、小字は與一郎、南海はその號である。木下順菴の門に入り、新井白石（一六五七―一七二五）・室鳩巣・雨森芳洲（一六二一―一七〇八）・榊原篁洲（一六五六―一七〇六）と共に木門の五先生と稱せられた。後世柴野栗山（一七三四―一八〇七）が錦里文集の序に、

盛矣哉錦里先生（順菴）門之得レ人也、參二謀大政一則源君美在中・室直淸師禮、應二對外國一則雨森東伯陽・松浦儀禎卿、文章則祇園瑜伯玉・西山順泰健甫・南部景衡思聰、博該則榊原玄輔希翊、皆瑰奇絶倫之材矣

と記してゐるやうに、南海は經學よりも文章、殊に詩にすぐれてゐた。紀州の生れの人で、自國の藩に仕へたのである。（先哲叢談）

24　兼山祕策第二冊　鳩巣小說上

25　本節において特に出處を註記せぬものはいづれも南紀徳川史　第一・十・十二冊に據るものである。

二　幕府政治の變遷とその背景

吉宗公の紀州藩時代は、幕府にあつては五代綱吉公（在職一六八〇―一七〇九）六代家宣公（在職一七〇九―一七一三）七代家繼公（在職一七一三―一七一六）の三代にわたる期間である。江戸開府（一六〇三）以來既に一世紀、元和偃武（一六一五）寛永の鎖國（一六三九）慶安の變（一六五一）などを乘越えて、幕府の基礎も愈〻固く、世をあげて泰平と繁榮を謳歌せる時代であつた。

幕府の支配體制は空前絶後とでもいひ得る程鞏固に組み立てられてゐた。しかも鎖國によつて全世界から孤立し、極東の三島内に閉ぢこめれてゐたので、時代の變遷の速度は極めて遲々たるものであつたが、それにしても一世紀といふ年月が積り重なれば、世の中の姿が大きく移り變るのは當然である。殊に貨幣經濟の發達は甚だ著しく、その及ぼす影響は甚だ大きかつた。都市も農村も、武士も農民も町人も、皆その大波に洗はれて、或は沈み、或は浮び、或は漸次その姿・形を變へていつた。また百年の歳月は幕府政治の有様をも變へていつた。政治の方針にも變遷があり、内部の勢力關係にも隆替があつた。さうしてつまる所、幕府政治の前途は最早坦々たる大道ではなくなつたのである。しかもこれが決して單に幕府や德川氏だけなく、武士全體の問題であるといふことは、既に識者の認むる所であつた。政治思想・經濟思想の論議の盛んになるのも此の頃であり、更に大きく朱子學的宇宙觀への懷疑に迄續いていつたのである。

要するに吉宗公が將軍家を繼いだ時には、過去一世紀餘の如く、いはゞ自然のなりゆきに任せて政治をしてゆくことは最早許されぬ所であつた。こゝに所謂「享保改革」が着手せられたのである。以下その改革の前提となる諸情勢を稍〻具體的に考察しよう。

第一節　政治情勢の推移

先づ外面的な變化から見ると、第一に制度の整備がある。律令體制が最初から整然たる計畫に從つて出來ていつたのに對し、織田・豐臣政權はもとより德川幕府の諸制度も、領國や占領地統治の必要に應じて適宜設置されていつたものであり、しかも戰時體制であつて、全國統一政權としては幾多の不備を免れなかつた。それがこの一世紀間に次第に整備されたのである。

武家諸法度は慶長二十年（一六一五）制定以後、寬永六年（一六二九）、同十二年、寬文三年（一六六三）、天和三年（一六八三）、寶永七年（一七一〇）と若干の修正が加へられ、體裁を整へてきた。寺社に對する法度も、從來個々の宗派などに單獨に發せられてゐたが、寬文五年七月に至つて綜合的な法度が制定せられた。貞享元年（一六八四）二月にははじめて服忌令が制定された。

官職の創置又は停廢についてみると、先づ天和元年十二月牧野成貞（一六三四—一七一二）の任命に始まる側用人は、やがて老中をも凌ぐ勢力を獲得し、幕府諸役人中でも最も重要なものとなつた[1]。また天和二年には勘定吟味役が設けられ、勘定奉行及びその配下の監察に當ることになつた[2]。このほか新設・廢止或は定員の增減等、數へあげれば限りのない程である。

從來の役職の職務內容も次第に整備され、或は修正されてきた。幕府の中心をなす老中・若年寄の職掌は、寬永十一年（一六三四）に成文化されたが、寬文二年（一六六二）に一層細く規定され、以後大たい踏襲されていつた[3]。元祿十四年（一七〇一）には大坂城代の地位を引上げて京都所司代に準ずるものとした[4]。延寶八年（一六八〇）には五人の老中の中一人を特に財政面専任とし、堀田正俊（一六三四―一六八四）をこれに任じた。合議制を特色とする幕府の職制では劃期的のことであつたが、正徳二年（一七一二）になつて復び合議制にもどつた[5]。

訴訟制度では寛文三年評定所の寄合に、老中の出座する式日、三奉行の集る立合、及び自宅の會集の三種の別が設けられた。同八年には評定所への訴状の取扱方について、寺社奉行・勘定頭各〻の權限がきまつた[7]。度量衡の制度についても、江戸幕府創立以來、東國卽ち東海・東山・北陸諸道及び山陰道の丹波・丹後・但馬計三十三ヶ國は江戸桝、西國卽ち畿內・山陽・南海・西海諸道及び山陰道の五ヶ國計三十三ヶ國は京桝を使用してゐたが、寛文九年に至つて悉く京桝に統一された[8]。

これら官職・諸制度の整備と並行して注目されるのは、政策上にあらはれた臨戰體制から平和體制への轉換である。初期の幕府の政策は、全國統一が完成してゐるにも拘らず、依然として戰國割據の遺風を著しく留めてゐた。例へば有力な外樣大名や朝廷を敵性視し、何かにつけて抑制しようとしてゐる。もとよりこれはこの時代の政治體制の本質に關するものであつて、眞に割據の破れるのは明治政府の出現にまつ外はないのであるが、個々の施策をとり上げてみると、幾分かづゝ割據の障壁は崩れてゆくのが認められるのである。

先づ大名に對しては寛文五年（一六六五）七月幕府に證人を差出させる制度を廢した[9]。幕府・諸侯相互の警戒心の薄れてきた一事例である。諸侯の廢絕や減封が少くなつてきた事實も、幕府・諸侯の關係の安定した結果であらう。幕府が諸侯を强壓してゐた頃は、養子の制度も嚴重で、末期養子が認められずに斷絕した大名は夥しく、また些細な事が法度違反となつたり、政治的陰謀から無根の事件を作上げられて取潰しになつた家も少なくない。有力な大名にとつては恐怖時代であつた。しかしやがて末期養子も認められるやうになり[10]、法度違反事件に幕府側の陰謀がからまつたりすることもなくなつて、諸大名の地位も全く安定するのである。[11] また外様の大名の中にも幕府の役人に任ぜられるものがあらはれた。大ていは奥詰・小姓などであつたが、中には奏者番・寺社奉行から若年寄に迄なつた者もある。これらは主として綱吉公の恩寵によるもので、從つて元祿の頃に限られ、任ぜられたのも小藩主のみではあるが、しかし幕府首腦者の外様に對する警戒心がうすれてきた結果に相違ないのである。[12]

幕府の對諸侯政策にあらはれたのと同様の變化が朝廷との關係にも見える。初期の幕府の對朝廷策は禁中並公家諸法度に明かなやうに、朝廷の主體性をいかに些細な事においても制限しようとするものであつた。蓋し戰國爭亂期から全國統一期にかけて、群雄を征服して覇權を確立しようと志す諸將にとつて、朝廷の權威を背景にいたゞくといふことが如何に重大なことであつたかを、徳川氏が三河以來切實に體驗してきたゝめであらう。政權を手中に收めて後、朝廷の權威が全國支配の妨害とならぬやうにするには、實力を以てその主體性を根絶させるのが最も確實な方法だつたのである。このため朝幕間には時折感情的衝突が生じた。[13]

しかしやがて朝幕關係の樣相に幾分かづゝ變化があらはれた。勿論幕府の朝廷統御の體制が變つたのではなく、公家の不滿が全く消えたのでもないが、公武間に次第に融和が見られ、殊に武家の態度は著しく友好的になつていつた。例へば御料增進・山陵修理・大嘗會の復活[14]・閑院宮の創立等、所謂將軍の尊王の事蹟がこの頃から數多く見られるやうになつた。諸大名の中に尊王を說き、公家と親近關係をもつ者が增えてきたのも、[15] 朝幕間の融和がもたらしたものともいへる。さらに儒學殊に朱子學において絕對的に尊重される大義名分論に基いて、王者が尊ばれ、その結果皇室を尊び、朝幕間に君臣の別を明かに立てねばならぬといふやうな意見が、幕府關係者の間に唱へられて、少しも矛盾を感じなかつた。[16] 要するにこれらの事實は、幕府の實力が壓倒的に優勢な時代となつた事を示すものであつた。

浪人對策をみても、はじめは大坂陣や島原の亂に於ける彼等の活躍から推して、反幕府軍の戰鬪力となることを嫌つたのであらう、極めて嚴しい取締方針をもつて臨んでゐた。然るに慶安の變が起つた時には、それがお膝元の江戸で、しかも家光公が薨じて四代將軍には幼弱な家綱公が任ぜられるといふ時期に發生したものにも拘らず、一般浪人に對する幕府の措置は却つて穩便であつた。即ち慶安四年（一六五一）十二月十日、大老・老中等が集つてこの議の善後措置を講じた折の模樣を嚴有院實紀（巻二）は次のやうに記してゐる。

> 酒井讃岐守忠勝申けるは、（中略）天下の處士等多く府下に群居するゆへ、かゝるひが事も出來るによつて、この後府下の處士を悉く追拂はゞ、永世靜謐の基たるべしとなり。正之《(保科)》並に松平伊豆守信綱も此義しかるべしと申けるに、阿部豐後守忠秋聞て、忠勝の議その理なきにあらずといへども、必竟國家の令甲かくのごとく狹隘なる事あるべからず、府下は天下の諸大名の會期する地なれば、何方にも出身するに便あるをもて、處士のたづきなき者みな來りて府にあつまり、生産をもとむるなり。しかるに處士みな追拂はれれば、彼等出身の路を失ひ、旦夕にせまりて、進退きはまらば、又いづかたにひそまりて、山賊强盗をもなし、良民の害を企むもはかりがたし。又彼等さしあたりての困窮はさらなり、その妻子たるものいかで悲歎せざらんや。この事ゆめ／＼しかるべからずと申けるに、直孝《(井伊)》聞て、忠秋申さるゝ處尤その理あり。かれ等府下に群居して、いかなる惡事を企たりとも、又此度のごとく追捕せられんに、何のかたき事かあるべき。天下の生靈はみな上の民なり。正雪《(由井)》等が所爲に手懲して、諸浪人を追拂ひ、彼等を饑餓せしめしと評論せられん事、天下後世に對し尤耻べきなりと申けるに、忠勝も信綱も感服してその議はやみぬるとぞ。（日記）

幕府首腦者の自信の程が窺はれよう。この後方針は大いに轉換して、單なる彈壓に終ることなく、盛んに就職を斡旋して減少をはかり、末期養子を許して諸大名の廢絶のため浪人が生ずるのを防ぎ、またかつて加へられてゐた諸制限も次第に撤廢していつたのである。[17]

しかし前にも述べたやうに、江戸幕府支配體制の本質が依然戰國割據の時代の延長であるので、制度や政策の變遷は自ら限界が明らかであつた。これに反し、その內面、卽ち政治理念においては、戰時から平時への轉換が顯著に行はれた。

憲廟實錄に、綱吉公の言として、

國家の制度、神祖の宏謨より出でゝ、其後歷朝相議して、潤飾善盡せり、今一事の增損すべきなし、但敎道立ざるゆへ、義理明らかならず、戰國の舊俗、士大夫の道となり、殘刻を認めて武とし、意氣を以て義とし、世人不仁の所爲多くして、人道の本然にそむく、

と常に述べ、それ故聖人の道をあつく尊んだと記してゐる。綱吉公は極端に儒學を好んだ。しかしこの言は單に將軍個人の好惡に由來するものではない。

學問や道德（當時この兩者は不可分のものであつた）については、慶長二十年（一六一五）の武家諸法度第一條にも明らかなやうに、幕初以來尊重された。更に古く、戰國時代の諸大名の領國統治に際しても相當强い關心がこれに向けられてゐる。[18] 蓋し諸大名の分立抗爭は古い秩序の破壞であると共に、又一面新しい秩序建設の戰であつて、統一と安定へ向つて時代は動いてゐた。それは諸侯が自己の領國の統一と安定の確立をはかる事から始まつた。こゝにおいて儒學の安定を尊ぶ精神と、忠孝・仁政などの實踐道德が高く評價されたのであらう。しかし世は武力鬪爭の時代であつた。學問・道德も武術・兵法の前には屈せざるをえない。結局、「文武兩道」は理想にとゞまり、現實は戰力一

邊倒で進まざるをえなかつたのである。

然るに、元和・寛永と平和な時代が續けば情勢は異つてくる。武家諸法度の條文を見ても、次第に學問が重要になつてゆくのがわかる。慶長二十年には

一文武弓馬之道専可二相嗜一事

左文右武古之法也、不レ可レ不二兼備一矣、弓馬是武家之要樞也、號レ兵爲二凶器一、不レ得レ已而用レ之、治不レ忘レ亂、何不レ勵二修練一乎（第一條）

とあり、はじめに文武と並べてゐるが、殆ど武備についていつてゐるのである。これが寛文三年（一六六三）には、

一文武弓馬之道専可二相嗜一事（第一條）

と文武ほゞ對等の取扱ひになつた。ついで天和三年（一六八三）には、

一文武忠孝を勵し、可レ正二禮儀一之事（第一條）

と修正され、弓馬の代りに忠孝が加り、更に禮儀が加つた。慶長の場合とは逆に、文武とはあつても、文の比重が壓倒的に重いことが知られよう。

文卽ち學問といへば儒學、それも朱子學が中心である。武士が軍人ではなくなつて士大夫（シナの官僚政治家乃至教養階層）的性格をもつに至つた時代であるから、儒學の政治思想や道德は自ら時代に最も相應しいものであり、武士がそれを身につけることが要求されたのも當然のことゝいへよう。（また一面、儒學の思想の普及によつて、武士の士大夫的性格が濃厚になつたことも考へられよう。）

かうして寛文頃から元祿前後にかけて、儒學の影響は政治界に急激に強くあらはれるに至つた。特にそれは幕府上

層部に著しい。政治家卽儒者といふ觀念が強くなつてきたのがその一例である。常憲院實紀（附録巻中）には、綱吉公が近臣に對し、「汝等儒學を何と心得たるや。いにしへの堯・舜・禹・湯・文・武などいひし聖人だちは皆儒者なり。今のごとく讀書をもて業とする者のみを儒といふは後世の事にて、大なる誤なり。」と語つたとあり、また水戸光圀も、儒者は讀書を職業とする者に限るべからず、吾等如きも儒者であるといつたと傳へられてゐる。[19] 五代・六代兩將軍や四代將軍の大老保科正之（一六一一―一六七二）などは儒者といひうる好學家であり、新井白石に至つては儒者なるが故に、低い身分にも拘らず、政治上に大きな發言權を得たのである。

このやうに儒者が幕政の樞要を占めると、一般の役人達にも儒學敎理の實踐が要求されるようになつた。元祿三年（一六九〇）九月、林信篤（一六四四―一七三二）に講義を開始させるに際し、高家以下布衣《ほい》以上の諸有司に、「文武並用ゆるは政道の定理なり。今より後益文道に志し、學問を勵むべき」旨面命があり、この講義は今後月一回の定例となつた。[20] 同八年には三奉行・大目付・目付等に、「御講釋拜聞被二仰付一候も、面々學問心懸、自分之行跡相嗜、御仕置之爲と被二思召一候」といふ命令が出た。[21]

ことに儒學では何事も外面を整備することが先決とされるのであるから、自ら威儀を正しくし、儀式・禮樂を整備することが要求されてきた。貞享元年（一六八四）に服忌令が制定されたことは前に述べたが、服忌は所謂「父母三年喪」などと儒學で甚だ重視してゐるところであり、その形式主義の端的な表現の一である。元祿十四年（一七〇一）に諸役人等に下された命令の中に、

一、御番所におゐて作法好相勤、他之御番所え罷越ましく候……
一、惣て殿中に相詰候席々、猥に無レ之樣可レ仕事

一、刀脇差小サ刀長ク無レ之、拵等目立不レ申様に可レ致候……

といふ箇條があるが、[22] これも輕々しい行動や武張つた姿を、威儀を損ね禮節にもとるものとして排斥したものである。かぶき者の取締も禮節尊重の意味をもつてゐる。

六代・七代兩將軍の時代には、新井白石の活躍によつて、禮樂はいよ〳〵重視された。彼は近衛基熙《もとひろ》について典例を問ひ、公家の儀禮を參考として禮服の改正・中門の造營・大名の敍爵等を實施したが、特に武家諸法度の改正・朝鮮信使の待遇及び對朝鮮國書の修正は最も大きな問題であつた。[23]

白石は

武家ノ舊儀ヲ考フルニ、鎌倉ノ代ホド備レルハナカリキ、足利殿ノ代ハ、御居所モ京都ニ御座アリシカバ、按ズルニ、時勢ノヤム事ヲ得ザルガ故ナレドモ、足利殿ノ失策此事ナリ、當家關東ニ御座ノ事、誠ニ萬代ノ長策カ鹿苑院(義滿)殿ノ代ノ盛ナルモ、御官職ニ就テハ、公家ノ人々ト同ジク其事ニ従ヒ玉ヒシカバ、内辨等ノ事殿中ノ儀コソハアレ、其餘ハ皆々公家ノ式ヲ用ヒ給ハザル事ヲエズ、ソノ、チ慈照院(義政)殿ノ代ニ及ビテ天下大キニ亂レタレバ、此頃ヨリ武家ノ舊儀ヲウシナハレシ事共多シ

と述べ、徳川氏の制覇後、東照宮は當家一代の禮を定められる暇なく薨去となつたので、今日迄武家の禮式は定つてゐない。今こそそれを定むべきであるとて、

徳ヲ積ム事百年ニシテ後禮樂ハ興リツベシト見エタリ、サラバ當家ニオキテ、武家ノ舊儀ニヨリテ萬代ノ禮式ヲ議定アルベキハ、マコトニ百年ノ今日ヲ以テ、其期也トハ申スベシ。

と主張してゐる。[24] しかし流石の白石もその實現は果しえず、結局古代以來儀禮の傳統ある朝廷・公家の風を模さねばならず、それも亦廣く制度化することはできなかつた。

要するに元祿—正德期において最高潮に達した儒學の理念を背景する、所謂文治政治は、あまりにも理想主義を强く表面に押立てゐたゝめ、現實との乖離も亦免れぬところであつた。前述した武家禮式が制度的に確立しえなかつたのも、全國支配は確定し、秩序は固定して年久しいとはいふものゝ、徳川政權の支配體制と律令政權やシナの官僚國家の政治理念との間に本質的な相違が存するがためである。しかも當時は都市商業資本が急激に伸び上つて、社會的な安定は長續しえぬことが次第に認識されてきて居り、政治思想も從つて改められていつたのである。更に當時の文治政治の進行はあまり急激であつたので、一部を除いて、他の大勢はこれに引離されてしまつたのである。元祿十四年（一七〇一）のかの淺野長矩《ながのり》の高家吉良義央《よしなか》への刄傷、寶永六年（一七〇九）二月常憲院法要の際、寛永寺において前田利昌が高家織田秀親を殺ろした事件[25]は極端な事ながら、武士にとつて儀禮がいかに厄介なものであつたかを物語つてゐる。また白石は當時の老中を評して、

この人々は、元より世の諺にいふなる大名の子にて、古の道學びしなどいふ事もなく、今の事をもよくしらず、とし比仰事傳へしのみにて、前にしるせしごとく、天下國財の有無をだにしらぬほどの事なり、まして機務の事ども、其本末しらるべきにもあらず（折たく柴の記卷下）

と述べ、室鳩巣（一六六八—一七三四）に向つても、

何を申候ても老中不學ものに候故、申甲斐も無ㇾ之、むかひに相手無ㇾ之候ゆへ、共に談申儀不㆓罷成㆒候、用被ㇾ申の、又は用不ㇾ被ㇾ申のと申までに及不ㇾ申候（兼山祕策第一册）

と語つた。老中も白石を「鬼」と字して嫌悪しながら[26]、こと〲に白石にやりこめられ、重要な政策の決定には間部《まなべ》詮房《あきふさ》（一六六六—一七二〇）と白石の意見をまつ外なかつたらしい。これはやがて詮房・白石一派の幕臣からの遊離と

いふ結果をもたらした。反對者達は積極的に白石の理論を屈服させる能力はなかつたが、何かにつけ白石の意圖を妨害した[27]。これらは要するに文治政治の行詰りを意味するものであつた。

しかし正徳の政治を行詰らせた情勢はこればかりではない。幕府を構成する役人達、特に上層部の人々は、父祖の戰場等における功績により、その地位につきうる資格を世襲する人々である。故に必ずしも適任者ばかりでない。むしろ前に引いた新井白石の言の如く、所謂大名の子であつて、安定しきつた都市生活を續ける中に、多數は政治や經濟に闕し疎くなつていつたのである。そこで老中の合議を最高決定機闕と本來定めてゐた幕府政治も、一部の才腕ある人々の獨裁にゆだねられていつた。

四代將軍の初頃迄は酒井忠勝（一五八七―一六六二）・松平信綱（一五九六―一六六二）・阿部忠秋（一六〇二―一六七五）・保科正之（一六一一―一六七二）等の諸老臣によつて、依然合議制は實質的な意味をもつてゐたが、やがて此等の人人が辭職或は死亡すると、權勢は酒井忠淸（一六二四―一六八一）の一身に集り、「下馬將軍」の異名さへ受けるに至つた[28]。忠淸は綱吉公將軍就職後程なく失脚するが、ついで堀田正俊が登場した。戸田茂睡（一六二九―一七〇六）は正俊について、

筑前守が頃日のおごり頂上して、我まゝ不禮、法にそむきたる事多し、然れども天下の執權の事といひ、御前のよき事、朝日のかゞやくごときの威光なれば、大目付も小目付も、後難を おもひてかろく言上申ものもなし（御當代記二）

と述べ、更には「日々夜々におごる心出來、天下の心ざしもありけるにや」とさへ記してゐる。これ程迄に彼の權勢は大きく衆目に映じたのであるが、このため遂に貞享元年八月、若年寄稲葉正休によつて殺されてしまつた。

正俊の死後側用人牧野成貞の勢力が著しく大きくなり、元祿の初頃からは柳澤吉保（一六五八―一七一四）の勢力が強くなつた。六代、七代兩將軍の時には間部詮房が側用人として絕對的な權力をもつてゐた。こゝに至つて情勢には新らたな要素が加つてくる。卽ち酒井忠淸は譜代大名中でも名門の家に生れ、傳統的權威を背景にして獨裁的政治を行つた。堀田正俊は家としては父正盛（一六〇八―一六五一）が三代將軍に重用を受けて以來で、忠淸に較べれば遙かに新しく、むしろ牧野成貞等と同樣新參の家といひうるかもしれぬ。しかし父子二代にわたつて老中をつとめ、且大老といふ幕府の最高職にあつて實權をにぎつたのであるから、幕府の機構からいへば不自然ではない。然るに側用人勢力が擡頭してくると、大老・老中は存在しても全く空名となつてしまつた[30]。これは幕府政治としては甚だ變則的である。しかも牧野成貞・柳澤吉保・間部詮房等は綱吉公・家宣公が宗家を嗣いだ際、新らたに家人の列に加へられた人達であり、殊に吉保・詮房は全く微賤から躍進したのである。

かゝる新人の擡頭は側近以外にも見られた。前に記した外樣大名の諸役職就任もその一例である。また成貞・吉保・詮房などのやうに綱吉公・家宣公の宗家繼嗣と共に家人に取立てられた人は相當の數にのぼる。そのほか、特に元祿頃に著しいが、猿樂師などから番士に取立てられた人も多數あつた[31]。

このやうに元祿時代の前後には、上下を通じて新しい家人が加はつてきた。しかし新家人の擡頭といつても、それは一つの勢力として橫のまとまりをもつたものではなかつた。勿論他の幕臣達と異つた社會的基盤に立つ者ではなかつた。全く將軍と個人的なつながりによつて擡頭したのである。しかし將軍の意志が絕對的であつたゞけに、或は藩侯時代から仕へ、或は特旨を以て拔擢されてその恩寵を辱なくした者の勢力が強くなるのは必然である。吉保等側用人はその最大のものであつた。それ故「誰が將軍の寵を得るか」といふことが當時の政爭の中心であつた。忠淸・吉

事文廟而遭遇殊異入
侍經幄出参大政博聞
強記高才令徳擾案弄
筆而文章驚韃清之眠
垂紳正笏而談鋒挫三
韓之鋭至殿庭称為帝
座後之一小星為惜哉
其不能終所學也又近
古之人傑也
右近藤正齋之語錄以代
賛為辻博士之囑
明治四十三年試筆日参次

三　新井白石畫像　　辻　達也藏

（三上參次博士贊）

保・詮房等の浮沈がこれを物語つてゐる。

但し注意すべき事は、成貞・吉保・詮房等が全盛期においても正式の大老や老中に就任しなかつた事である。人事は將軍の恣意によるとはいひながら、譜代の家格や門閥は尊重せざるをえなかつたのである。けれども前述のやうに實質的權力は側用人に移つてゐるのであるから、これらの役職はたゞ傳統的權威にのみ支へられた空名と成り果てる方向を辿らうとしてゐたのである。

元祿期は一般に江戸時代が順調に最高點迄上りつめた時代であるといはれてゐるが、幕府政治にあらはれたかゝる傾向も亦、向上力を失つた時代に生ずる諸事物の不健全化・形式化の一現象であらう。しかしこれに對する反省もあらはれた。元祿頃から享保頃にかけて所謂經濟思想・政治思想の論著が夥しく出された事などはその大きなあらはれであるが、幕府內部に於ても、漸く家宣公薨後の頃から一つの動きをみることができる。卽ち前に文治政治の行詰りの現象として述べた間部詮房や新井白石に對する妨害が、又一面傳統的權威を背景とする譜代層（老中はその代表的地位である）の新擡頭者に對する反擊を意味してゐるのである。

要するに江戸幕府は、創設以來一世紀餘の年月の間に、制度も相當整ひ、朝廷・外樣大名・浪人などに對する危惧もなくなつて、全く固定した秩序の上に位置しうるに至つた。しかしその頃から政治は次第に不健全な要素を多分に含むやうになつた。第一に上層部が急激に儒敎的理想主義に影響をうけ、一般から遊離してしまつた。第二に新家人の擡頭が著しく、傳統的に幕府の中核たるべき譜代層が沈滯し、實力を失つて、家格・門閥などの權威は、依然無視しえぬとはいふものゝ、次第に現實的な意味を失ふ方向をとるに至つたのである。しかしかゝる傾向に對する批判が自ら生れてきて、詮房や白石の施政に支障を來すやうになつた。「正德の治」といはれ、表面萬般に平穩な時代ではあつたが、先づ幕府内部から行詰りの兆候をみせてゐたのである。吉宗公の登場はこのやうな情勢の下であつた。

註

1　側用人とほゞ同じ職務を行ふ人は近習出頭人とよばれて、幕府初期からあつた。（參照小中村淸矩「官職制度沿革史」折たく柴の記（巻下）によれば、堀田正盛の晩年が側用人的地位と解せられる。しかし實質的勢力を較ぶれば側用人は家光公時代の正盛のそれに匹敵するであらうが、地位からいへば、正盛は奉書連判衆即ち老中を務めた後の、いはゞ老中の顧問的地位であるのに對し、側用人は明らかに老中より低い地位である。故に側用人といふ職の創置は、天和元年（一六八一）の牧野成貞任命の時とすべきである。

2　常憲院實紀巻五（最初は勘定頭差添役と呼んだ）

3　徳川禁令考　巻十四、嚴有院實紀巻廿三

4　常憲院實紀巻四十四

5　常憲院實紀巻一　延寶八年八月十六日條及び文昭院實紀巻十五　正徳二年九月廿三日條

6　嚴有院實紀二十六

7　同　巻三十七

8　御觸書寛保集成三十四　升秤之部　寛文九年二月、同八月、同十年九月觸

京桝は一升内徑方四寸九分、深さ二寸七分のもので、天正（一五七三―一五九一）の頃から諸國に用ひられたらしい。文祿三年（一五九四）六月、豐臣秀吉は全國この桝に統一しようとした。然るに江戸幕府は西國三十三ケ國を京桝とし、京都に桝座を設けて福井作左衞門にその支配を命じ、東國三十三ケ國は江戸桝を使用させ、江戸に桝座を

設け、町年寄樽屋藤左衞門をその長とした。江戸枡の大きさは或は三河古來のものであらうといひ、（古今要覽稿第三巻二百十七）、或は長保（九九九—一〇〇三）の頃から用ひられたらしい宣旨枡で、その大きさは内徑方五寸、深さ二寸五分であらうともいふ。（大日本租税志）

9　嚴有院實紀巻三十一

10　末期養子は、慶安四年（一六五一）十二月十一日、五十歳以下の者の場合に限り認めることゝなつた。（德川禁令考巻三十七）これはその前日由井正雪の一件後の浪人對策が協議されてゐる（嚴有院實紀巻二）ことゝ關連し、大名の取潰を減じて浪人發生を防止したものといふ。（穗積陳重「由井正雪事件と德川幕府の養子法」）

11　關ヶ原の戰以降享保以前の諸大名の廢絶・減封の中、戰爭による處分を除いた概數は次頁の通り。便宜上三代將軍迄（偶ゝそれは十七世紀前半に相當する）と四代將軍以降（略々それは十七世紀後半に相當する）に分けて對照する。（廢絶錄・德川實紀・藩翰譜・同續篇・寛政重諸家譜等參照）

12　常憲院實紀附錄巻中、續藩翰譜　巻七上・下　八上・下　九上・下　一〇上　十二

池田輝錄《てるとし》（一六四九—一七一三）備中一萬石、池田光政三男、元祿六年奥詰、同一五年奏者番。

黑田長重（一六五九—一七一〇）筑前秋月五萬石、黑田長政二男長興の嫡子、元祿四年奥詰、同五年奏者番、寶永五年辭。

加藤明英（一六五一—一七一二）近江水口二萬石、加藤嘉明嫡孫明友嫡子、元祿二年奏者番兼寺社奉行、同三年若年寄、正德元年辭。

松浦鎭信（一六二二—一七〇三）平戶六萬三千石、貞享二年雁間祗候、元祿二年三月、奥詰、同四月辭。

	無継嗣 改易	無継嗣 内 宗家還附・一族給与・後日再与等	無継嗣 減封	無継嗣 計 幕府没収高	法度違反等 改易	法度違反等 内 宗家還附・一族給与・後日再与等	法度違反等 減封	法度違反等 計 幕府没収高	総計 幕府没収高	総計 宗家還附・一族給与・後日再与等
慶長六年（一六〇一）↓慶安三年（一六五〇）	四五家 四、三五〇千石	一一家 四〇八（舊高 一、二〇〇）	一三家 三五五（舊高 五四〇）	五八家 四、三〇〇	五九家 六、四八〇	九家 三二〇（舊高 九七〇）	四家 一四八（舊高 三〇〇）	六三家 六、三〇〇	一二一家 一〇、六〇〇	二〇家 七三〇
慶安四年（一六五一）↓正徳六年（一七一六）	一八家 七〇〇千石	一〇家 一五〇（舊高 五二〇）	二家 一九（舊高 三四）	二〇家 五六〇	四二家 二、〇六〇	二七家 六四〇（舊高 一、八〇〇）	一五家 四六〇（舊高 一、〇五〇）	五七家 一、九〇〇	七七家 二、四五〇	三七家 八〇〇

松浦　棟《たかし》（一六四六—一七一三）　松浦鎭信嫡子、元祿三年奥詰、同四年奏者番兼寺社奉行、同七年辭、寶永四年外様。

山内豊明（一六四二—一七〇四）　土佐三萬石、元祿二年四月奥詰、同年五月四日若年寄、同月十一日病免。

その他黒田長清・淺野長澄・細川有孝・鍋島元武・堀親常など大藩支封の人々、龜井・九鬼・相馬・金森など小藩主も奥詰として召出された。

13　初期の朝幕間に生じた事件の詳細は、辻善之助「日本文化史Ⅴ」江戸時代朝幕關係參照。猶、當時の公家の武家に對する典型的態度と考へられる、近衞基凞公記（卷八）の一部を掲げる。これは延寶七年（一六七九）六月二十六日、基凞（一六四八—一七二二）が、その女照姫（天英院　一七四一薨）を後の六代將軍（當時甲府中將綱豐卿）の夫人としたいといふ關東の意向を、武家傳奏から受けた時の態度を記したものである。

武家傳奏兩人 花山院前大納言 千種前大納言 來令二對面一之處、關東執權中書狀、余事明日早々可レ承旨也、關東書狀如レ此（老中書狀略）

如レ此之間、無二領狀一は不レ可レ然之由、兩傳奏頻申間、卽令二領狀一、悅存旨、宜レ可二申入一由令二返答一畢、抑當家姫君嫁二武家一之事、從二先祖一遺誡之旨有レ之、巨細在秘事一弖　依レ之先年水戸宰相息少將嫁娵之時、可レ遣レ之旨、親昵中種々雖レ陳、余而不二領狀一、凡當時諸家貧窮之間、武家之助成無シテハ難二事行一之由也、余思レ之、死生富貴□天命、何厭二貧困一歟、殊先祖之御遺誡有レ之上ハ、雖レ及二飢餓一不レ可二承引一旨言切了、而此内存有レ之間、此度事心中一向雖レ不二庶幾一、以二武威一急々被レ言二出之上ハ、於レ不二領狀一者時宜可レ爲二以外一、其上從二此方一非レ求二此事一條、無二是非一、任二時宜一、大慶之旨令二返答一了、凡武威猛烈、不レ力及一無念々々（弖＝卷異體——引用者註）

14　大嘗會は貞享四年（一六八七）東山天皇の時、幕府が費用を献じたので執行された。實に文正元年（一四六六）後土御門天皇の時執行されて以後、漸くここに至つて復興したのである。

15　辻善之助「日本文化史V」江戸時代文化の形式化・朝幕關係参照

16　新井白石（一六五七—一七二五）は讀史餘論（巻三）の中で、足利義滿（一三五八—一四〇八）を次のやうに評論してゐる。

孔子曰、名不レ正則言不レ順、言不レ順則事不レ成ト、又名レ之必可レ言也、言レ之必可レ行也、君子於二其言一無レ所レ苟而已矣ト見ユ、夫所謂大臣トハ人臣ニシテ君ニ仕フノ官也、其官有ル時ハ必其職掌アリ、是ヲ名レ之可レ言、言レ之可レ行トハ申ス也、王朝既ニ衰ヘ、武家天下ヲシロシメシテ、天子ヲ立テ、世ノ共主トナサレシヨリ、其名人臣也ト雖、其實ノ有所ハ其名ニ反セリ、我既ニ王官ヲ受テ王事ニ從ハズシテ、我ニ仕フル者ハ我事ニ從フベシト令セムニ、下タル者豈心ニ服セムヤ、且ヘ我受ル所ハ王官也、我臣ノ受ル所モ王官也、君臣共ニ王官ヲ受ル時ハ、其實ハ君臣タリト雖、其名ハ共ニ王臣タリ、其臣豈我ヲ尊ブノ實アランヤ、義滿ノ世、叛臣常ニ絶ヘザリシハ、其不德ノ致ス所ト雖、且ハ又其君ヲ敬フノ實ナキニヨレリ、其上身已ニ人臣タリ、然ルニ王朝ノ臣ヲ召仕テ、是ヲ名附テ昵近トシ、其家禮トスト云ヘドモ、僭竊ノ罪豈萬代ノ譏ヲ遁レンヤ、世態スデニ變ジヌレバ其變ニヨリテ一代ノ禮ヲ制スベシ、是卽變通ズルノ儀ナルベシ、モシ此人ヲシテ不學無術ナラザラシメバ、此時漢家本朝古今事制ヲ講究シテ、其名號ヲタテ、天子ニ下ル事一等ニシテ、王朝ノ公卿大夫士ノ外ハ、六十餘州ノ人民悉其臣下タルベキノ制アラバ、今代ニ至ル共遵用ニ便アルベシ、

また尾張の徳川吉通（一六八九—一七一三）の遺訓として次のやうな事がある。

當時一天下之武士は、みな公方家を主君の如くあがめかしづけども、實は左にあらず、既に大名にも國大名といふ

は、小身にても公方の家來あいしらひにてなし、又御普代大名と云は全く御家來也、三家之者は全く公方の家來になし、今日之位官は朝廷より任じ下され、從三位中納言源朝臣と稱するからは、これ朝廷の臣なり、されば水戸の西山殿は、我らが主君は今上皇帝なり、公方は旗頭なりとの給ひし由、然ればいかなる不測の變ありて、保元平治承久元弘のごとき事出來て、官兵を催される事ある時は、いつとても官軍に屬すべし、一門の好みを思ふて、かりにも朝廷にむかふて弓を引事あるべからず（愛知縣史第二卷所載　圓覺院御傳十五箇條）

然るにこの頃から約五十年後の寶曆九年（一七五九）には、山縣大貳（一七二五―一七六七）によつてこの論理は幕府攻擊の武器となつてゐる。

今之諸侯與二士大夫一、凡居二五品以上一者、咸受二國守之號一、若任二八省諸官一、亦皆有名無實、至二六品以下一則闕乎無二之或聞一、吾不レ知二其何故一也、況承二制於彼一從二事於此一、則雖レ欲レ無レ貳、其可レ得乎、是其無レ義無レ制者二也、將相爲レ君納言爲レ臣、五品之屬、有二四品之貴一、非二尾大不レ掉、則冠履倒置、唯權凌レ之、唯威乘レ之、是其失二尊卑之序一者三也（柳子新論　正名第一）

かゝる變化は半世紀といふ歳月の然らしめたところであるが、この間の過半が所謂享保時代卽ち吉宗公將軍在職期間であることに注意すべきである。

17　江戸時代前期の浪人問題についての詳細な事實は、栗田元次「江戸時代上」（綜合日本史大系九）を參照

18　具體的な事例については、辻善之助「日本文化史　Ⅳ」第三十七章室町地方文化の發達參照

19　辻善之助「日本文化史　Ⅴ」

20　常憲院實紀卷廿二、御代々文事表卷三

21　御觸書寛保集成十八

22　同　右

23　朝鮮信使の待遇修正は、一つには當時將軍宣下の費用すら不足するといふ幕府財政の破綻に基き、冗費を節約しようとはかつたことに因るとも思はれる。しかし決定的な動機は、徳川氏制覇のはじめ、前の朝鮮出兵後の事態を收拾し、外交關係を恢復するため、極度に辭を低くして信使の來朝を求め、これを厚遇して以來、天和迄慣例となつてゐたのを、禮に適はぬものと考へたところにあるのである。(折たく柴の記巻中、朝鮮聘使後議)

24　武家官位裝束考

25　文昭院實紀卷一

26　有徳院實紀附錄卷三

27　老中達と白石・詮房等との種々の交渉についてはこゝに枚擧する暇がないが、兼山祕策の次の箇所等に見えてゐる。勿論鳩巣は白石側の人であるから、兩者の理非の判斷はそのまゝ受取りえぬところもあらう。第一冊　正徳三年二月二十三日付、三月九日付、第二冊　同年閏五月九日付、八月二十三日付、十二月二十四日付、同六年閏二月十三日付。

28　常憲院實紀附錄卷上

29　折たく柴の記下、藩翰譜續編卷四下・十一、小中村清矩「官職制度沿革史」、栗田元次「江戸時代上」(綜合日本史大系九)

30　松平太郎「江戸時代制度の研究」によれば、始老中の用部屋は將軍の近室で、若年寄は側衆の部屋にいつて事務をとつた。然るに堀田正俊の事件があつてから、部屋を改めて將軍の室から遠い膳立の間に移され、これを上の間・下の間に分けて老中・若年寄の用部屋とし、舊用部屋は「桐の間」と呼んで番衆を置いた。これ以來老中等と將軍と隔りができて、謁見も月に數度に限られ、側近者の權力が増大するに至つたといふ。

31　室鳩巣の語るところでは、「常憲院樣御代被二召出一候輩の内には役者如きの者共多く、醫師などにも膏藥一包指上候へば、早二三百俵宛被レ下候て官醫の列へ入申候」といふ。（兼山祕策　享保七年四月晦日附　青地齊賢宛青地禮幹書簡）

第二節　社會情勢の變遷

江戸幕府の支配體制が年と共に整備・安定して來た頃、政治の運營が次第に行詰り狀態を呈してきた事を前節に於て述べたが、社會的・經濟的にも、武家政權にとつて好ましからざる問題が幾多生じてきてゐる。その第一は武家經濟の破綻である。前に、元祿以前から紀州藩の財政が次第に窮迫し、吉宗公がその再建に努力した事を述べたが、財政缺乏は獨り紀州藩ばかりではなかつた。既に元祿以前、熊澤了介（一六一九―一六九一）は、諸藩の財政が窮迫して、或は家臣を整理し、或は減俸を行ひ、又は民間に多額の借金をしたり、貢租を増徵したりしてゐるので、天下全般が困窮し、「今の世の中は貴賤共に借金のおひ倒れといふもの也……今借銀高は天下の有銀の百倍にも過べし」と述べてゐる。[1] 事實、例へば仙臺藩に於ては寛文十二年（一六七二）の頃から諸商人に對する支拂ひも滯り、諸經費を大削減せねばならぬ狀態であり、延寶六年（一六七八）には借金が元利共二十四萬五千兩餘に達した。[2] 松江藩では元祿元年（一六八八）以降屢〻家臣に對し半知借上げや、普請役米の賦課を行つてゐる。[3] かゝる事例は恐らく各藩に於て枚擧に暇あるまい。

諸藩は財政窮迫すると大坂・京都・江戸などの豪商から借金した。三井高房の町人考見録に見える藩だけでも、尾州・紀州・加賀・伊達（仙臺）・島津・細川・淺野・鍋島・黒田・池田（鳥取）・毛利・南部・井伊・酒井（當時廐橋）・奥平・森・戸田・立花などの多數にのぼる。しかもこれは京都で、借金を踏倒して相手を破産させたものゝみを記してゐるのであるから、踏倒さぬ場合や、大坂・江戸におけるものは、これより遙かに多いであらう。殊に大坂は主要な藩の藏屋敷が存在する關係上、特に借金は多いものと想像する。町人考見録は享保十三年（一七二八）の著述であるが、大名貸による破産の年代を大たい七、八十年以前（慶安・承應・明暦頃）から二十年以前（寳永頃）としてゐるから、やはり元祿前後に諸藩の借金が夥しくなつたことが察せられる。

幕府の旗本や御家人の經濟はもつと早くから窮迫してゐた。既に寛永の頃、旗本達が拜借金を願つたので、家光公は金藏を開き、悉く貸與することを命じた。[4] 寛永二十年（一六四三）二月には諸物頭が召されて、老中より「近年御旗本之面々、進退不ニ罷成一者有レ之樣ニ被レ聞ニ召之一、先年黄金御知行等被ニ下置一之處、如レ此之段、如何樣之子細ニ候哉」と質ねられ、また同時に三番衆列座の所へ、「向後無ニ其品一進退於レ不レ成は、御穿鑿之上可レ被レ行ニ曲事一之旨」老中より傳達された。[5]

四代將軍の時代にも、寛文八年三月「麾下の士ことに疲弊に及べるをもて」（嚴有院實紀三十六）麁服着用の命が出た。この頃漸く持參金目當の婚姻や養子が廣く行はれたらしく、寛文三年五月「財貨をもて人の養子となる事は堅く禁ぜら」れ、[6] また同年八月發布の諸士法度にも「嫁娶幷養子之儀ニ付て、貪たる作法不レ可レ仕事」と見えてゐる。しかし養子の問題は決して一片の法令で解決しうるものではなく、年と共に甚だしくなつてゆくのである。

五代将軍の時には武士の借金が大問題となつてきた。これに對する幕府の措置として先づ貞享二年（一六八五）に、今後金銀貸借に關する訴訟は取上げぬといふ令を下した。[7] これは決して徳政ではなかつたが、債務者殊にそれが武士である場合には、借金辨濟遲延に甚だ有利である。[8] その後元祿十五年（一七〇二）になつて、近年金銀の出入が多く、他の御用の障りにもなるので、十八年以前丑年（貞享二年）の通り、去年迄の金銀出入は裁許せぬ、預け金といふ名目のものも同樣であると令した。[9] この間、元祿十二年には萬石以下の者に金銀を與へたが、その際「面々借金買掛り等急に相濟し候ハヽ、御救之専も有レ之間敷候之間、連々濟し候樣に」と令してゐる。[10] このやうに幕府が債務者を保護し、家臣の救濟につとめても、彼等の窮迫は止まる所を知らなかつた。

正徳の頃の狀態を室鳩巣の書簡によつてうかゞふと、子供を養ひ得ぬといふ者もあり、甚だしきは江戸城宿番に出るのに夜着を所持せぬ者すらあつた。[11] まして常に若黨その他を抱置くことは不可能で、供を召連れる必要が生じた時には日傭をこれに仕立てた。かゝる日傭の請負師もでき、日傭の數も數萬に及んだ。[12] こゝに至つては單に儉約などの手段で解決しうる問題ではなくなつたのである。

これら諸藩や旗本などと並んで、幕府も亦元祿の頃から財政の破綻をかくしてきれなくなつてゐた。これを最も明瞭に示してゐるのは元祿八年に行はれた貨幣の改鑄である。當時勘定奉行として幕府の財政權を一手に握つてゐた荻原重秀が、家宣公の時代になつて申立てたところによれば、「前代（綱吉公）の御時、歳ごとに其出るところ、入る所に倍增して、國財すでにつまづきしを以て、元祿八年の九月より金銀の制を改造らる、これより此かた、歳々に收められし所の公利、總計金凡五百萬」といふ。しかしこれによつても猶、といふよりむしろかゝる手段のため經濟界は混亂して、財政惡化を促進させた。そこで寶永三年に至つて再び銀の質を惡くして寶永銀を鑄造し、同七年三月には永字銀、同四月には三寶字銀、正德元年には四寶字銀と惡鑄に惡鑄を重ねた。殊に後の三種は、重秀が家宣公の時代になつてすぐ改鑄を建議して却けられたゝめ、全く獨斷で行つたものであつた[13]。この間に金も、質は元祿のものよりよいが、形の小さい乾字金を寶永七年に發行して居り、錢も大錢を發行して十文に强制通用させようとした。かくて通貨は混亂を極めたのである[14]。

この他、寶永四年（一七〇七）十一月末富士山が噴火して、その周邊の田畑が灰のため埋まつたので、その復舊費として翌年正月全國に高百石につき金二兩づゝ上納を命じた。その總額は四十萬兩に達したが、實際にその目的に向けられたのは十六萬兩で、他は御殿の建築費に充當する豫定であつたといふ[15]。

このやうに元祿頃の財政策は、全く一時の糊塗に終始してゐた。しかもこゝに荻原重秀を中心とする役人達の腐敗がからみあつて、幕府の經濟は、再建はおろか、いよ〳〵情勢を惡化させていつたのである[16]。そこで新井白石は意を決して封事を奉る事三度、正德二年九月に至つて漸くその意見は入れられ、重秀の罷免をみた[17]。

この頃から白石は財政面にも積極的に發言し、同年七月の勘定吟味役の設置、同四年五月の正德金銀の鑄造、同五年正月の長崎貿易の新令等、當時の重要な新政策の實施に彼の建議は大きな役割を果した[18]。

元祿の幕府の中樞部は大局的見地から政治を行ふといふことなく、道德の强調も瑣末な點において極端にはしり、幾多の弊害を生じた。財政も全く彌縫策に終始し、却つて情勢を惡化した。これに反し白石には遠大な理想があり、幕府政治の健全化のため、一貫した方針で進んでゐる。然るにさしたる成果もなく、元祿以來の多くの問題をそのまゝ享保時代に殘さゞるを得なかつたのは、一つには在職短かく、地位も低く、且前述のやうな幕府内部の情勢に妨げられた所が多分にあらう。しかし又一つには所詮彼の政治論はあまりに理想主義的であり、觀念論・抽象論に陷らざるを得なかつた所に由來するのである。

白石は當時の狀態に就て「天下の上下大に財用とぼしく成來り候とは申すべからず、武家の財用とぼしく成候とは申すべく候（中略）天下四民のうち、百姓職人賣人こと〳〵く皆其利を利とし、其樂を樂み候て、武家方ばかり此難にかゝり候とは申すべく候」と述べ、そこで「今日の御沙汰におゐては、たゞ武家の難儀を弛られ候御事、尤これ其御急務とは申すべく候」と考察してゐる。[19] その急務を如何にして行ふか。一例として當時の最大關心事であつた貨幣改鑄の問題についての白石の意見をみると、彼は當局者の基本的な態度として次の五箇條をあげてゐる。[20]

一には金銀共に慶長の法のごとくにあるべく候

二には上の御費を惜まるべからず候

三には下の利を奪はるべからず候

四には此事にあづかり候役人を撰ばるべく候

五には誠信を失はるべからず候

こゝに我々は白石の政策の根柢をなす二つの原則を認める事ができる。第一に彼は前述の如く、武士のみが經濟的窮迫に追込まれて居り、武士の現狀を打開することこそ急務と考へてゐるにも拘らず、すべてを幕府の、又武士の利益に集中することを排するといふ事である。「下の利を奪ふべからず」、「上の御費を惜まず大義を行はゞ、必ず天下の大利は上に歸すべし」といふのがそれである。かゝる態度は實際正德四年の改鑄令にもあらはれてゐる。その令では當時通用の四寶銀は新銀に比し、純銀分は四分の一に過ぎぬのに、交換比率は二對一とし、他の諸種の銀もこれに應じて比率を緩かにした。これについて右の令では、各品位相應の比率にすれば事は簡單であるが「世のためにおゐてハ其損失あるへき事に候を以て」かくの如く緩にしたと告げてゐる。[21] これは通貨の價値の急激な動搖によつて混亂の生ずるのを避けようとしたためではあるが、[22] やはり根本的な精神は「天下後代のための沙汰」といふ遠大な理想主義と「公儀御費用の事等は論ずるに足らず」といふ、王者の仁政の觀念が强く働いてゐる。かくて「武家の難儀救濟こそ急務」といふ動機から出發したこの改鑄策は、實現の過程でいつの間にか姿が變つてゐたのである。

第二に政策の成否は歸するところ爲政者個人々々の德行にあるといふ事である。彼は前に掲げた貨幣改鑄原則五箇條を敷衍說明した文に於ても、「義を以て利となす」とか「上より利を奪ふ心なくば、財を失ふとも下の心怨み憤らず」などゝ述べ、また淸廉・誠信等の德目を具體的手段に先行して尊重してゐる。白石は政治の當局者であつたゞけに、種々の具體的な問題に當面したが、その解決の方針がともすると、かくの如く主觀的・抽象的に流れる危險性があつたのである。

又、白石は禮樂を興す事に極力これ努め、實際に幕府財政不如意の折にも拘らず、將軍に三公としての體面を保たしむべく、宮殿や服制等を改め、諸臣の服裝も整へしめた。武家諸法度に節儉に過ぐる事を戒めた條文の見えるのは、前後を通じて白石の草に成る寶永七年のものゝみである。彼の理論によれば禮樂こそは時弊匡正の根本策であるが、[23] 現實には一般の生活が奢侈に傾いてゆくのを抑へることはできなかつた。

要するに白石は遠大な理想と鋭い頭腦を以て、幕政の中樞に參與したが、理論は現實と乖離する所あり、事志と異つて、やがて七代將軍の死と共に政界を退くに至つた。幕府政治の財政面における諸問題も亦、吉宗公の時代に引繼がれたのである。

さて、かくの如く幕府・諸藩・旗本・御家人等武士全般の經濟的破綻を生ぜしめた背景として、社會は如何に變動してゐたであらうか。先づ問題となるのは都市商業の著しい發達である。武士が江戸をはじめ各城下町に消費生活を續ける限り、都市の繁榮・商品貨幣經濟の發達・商業資本の伸長は當然の結果であつた。また幕府・諸藩の支配體制が成立するためには、此等が或程度發達してゐる必要があつた。例へば軍事的・政治的理由から行はれた家臣團の城下町居住、或は參勤交代、また現物徴收した貢租米の賣却などは、商業や貨幣經濟を大いに發達させる原因ともなつたが、それらが或程度發達してゐなくては行ひえぬ事であつた。更に戰國群雄を擊破して全國統一を完成した織田・豐臣・德川諸氏の經濟力は商業や貨幣經濟に負ふ所大きかつた。江戸幕府の强大な實力は、七百萬石に達する天領と共に、佐渡・石見などの鑛山の確保、外國貿易・貨幣の鑄造發行權の獨占、及びそれらによつて蓄積した莫大な金銀財寶の齎したものであつた。

それ故、戰國大名達はその領國內の商業の發達を促進し、且これを自己の統制下に收めることに努めた。江戸幕府に於ても直轄都市に於ける商業の發達とその統制に少からぬ力を注いでゐる。その方針は幕府と特殊の關係にある豪商達に特權を與へ、それらの豪商を通じて商業を統制しようとするものであつた。即ち數人の豪商を町年寄に任じて、都市全般の取締りに當らせた[24]。また一般に座や組合の結成を嚴禁してゐたが[25]、金座・銀座・朱座・桝座の如き座や、糸割符仲間・江戸四組魚問屋の如き仲間組合の結成は例外として認め、夫〻獨占的營業の特權を附與してゐる。また江戸の傳馬宿は傳馬によつて江戸に輸送される商品を獨占的に取扱ふ特權を有し、廻船問屋は海路江戸に入る商品取扱ひに關し、絕大な權限が與へられてゐた[26]。

然るに時と共に都市及び商業の發達の度が進んでくると、かゝる特權的商人による商業統制は次第にその力を失つてきた。江戸時代中頃以降商業界に最も大きな勢力を張るに至つた十組問屋仲間の結成にそれが最もよく窺はれる。

で、従來此等諸問屋は共同で菱垣《ひがき》廻船の荷主となつてゐたが、海上輸送に關しては前記の廻船問屋が全權をもつてゐたので[27]、不利な立場に立たざるをえなかつた。就中海上輸送の事とて遭難もおこり、また取締りも行きとゞかぬため、難船と稱して船頭が不正を働く事も少くなかつた。しかも難船の場合、廻船問屋は殘つた荷物を勝手に處分して、荷主にはたゞその書付を渡すにすぎなかつた。かゝる不正に對して荷主側の團結は薄弱で、十分追究も不可能な狀態であつた。そこで元祿七年（一六九四）に至り、十組の中の一人たる大坂屋伊兵衞が發起して他の人々に呼びかけ、仲間の團結を鞏固にして、行事・大行事を置き、監視を嚴重にして、廻船問屋の擅權の防止を企てた。これについては「江戸・大坂船問屋之爲には不勝手之筋に相見候得者、若船持中沖船頭一統に申合、此十組之荷物を積不レ申候時者、商賣手支可レ申哉」といふ懸念があつたが、鴻池の强い支持を受け、もしかゝる時は鴻池より百艘でも百五十艘でも船を出すといふ保證にはげまされた。結局廻船問屋の反抗もなく、菱垣船に關する權限を獨占する事に成功したのである[28]。要するにこれは元祿前後に勃興してきた商業資本の勝利であつて、商人社會の新陳代謝の最もよい例である。

次に諸藩の財政の根源ともいふべき大坂における藏米の賣捌きも、次第に町人に左右されるやうになつていつた。諸藩の貢租米を管理する藏元は初期には明かに武士の身分であつて、承應三年（一六五四）大坂町奉行が各藏元に對し、藏屋敷にもない米を對象に手形を出し、三分の一の敷銀を取ってしまふ事を禁じた觸の中にも「左樣に町人の致す樣成儀は藏元の面々せられ間敷事に候」とある。然るに寛文三年（一六六三）の觸には「侍方藏元」と「藏元仕候町人」といふ文字が見える。諸藩財政に町人勢力が介入した第一歩である[29]。又この頃から米相場を米市がひそかに立て始めたらしい。右の觸の中に「手形の賣買幷に米市を立候を先規之通堅仕べからず」とあり、違反者は「本人は依二其品一或は死罪或は籠舍、其五人組と年寄、米屋にて無レ之といふ共可レ爲二曲事一」といふ嚴命を下した。しかし元祿の頃には米相場も米切手の取引も公然と行ひうるやうになり、更には現物を對象とせず、一定期間先の米を取引する延賣買すら行はれるに至つた。[30] やがて大坂の米相場は全國の米價ひいては諸物價に重大な影響を及ぼすものとなり、諸藩をはじめ武士の財政も大坂町人に死命を制せられるに至るのである。

諸商人が組合（「仲間」と稱した）を結成して、相互の利益を擁護する傾向も次第に著しくなつた。前述の十組問屋仲間の結成はその最もよい例であるが、既に明暦三年（一六五七）の江戸町觸には、呉服屋・糸屋・綿屋・絹屋・紙屋・兩替屋・藥屋・材木屋・米屋等といふ主要な二十種の商人仲間が申合せをして、新規加入者に多額の金品・饗應を要求したり、物資の獨占をしてゐるとある。[31] 幕府は時折かゝる團結に對して禁令を下してゐたが、やがてはその效もなくなり、公認の形をとらざるをえなくなつた。大坂では寛文・延寶の頃には株仲間として公認を受けるに至つたものもある。[32]

このやうに都市の消費生活が進展するにつれて、大坂・江戸を中心とする商業資本の勢力は著しく增大し、幕府・諸藩の江戸時代初頭における商業支配の體制も力を失ひ、經濟の中樞は新興の豪商に握られるに至つた。彼等の成長は武家の購買力に寄生する事によつてなし遂げられたのであるが、武家は一方においては消費生活が日に〳〵膨張してゆくのに（それは結局商人達を潤すものであつた）他方では財源とする農村の水田耕作の生産の發達には限界があり、前に見たやうな財政窮乏に陷つてしまつたのである。

商業資本は又、武家存立の基盤である農村にも徐々に侵入していつた。江戸時代初頭の體制からいへば、所謂商農分離によつて商人は都市に居住せしめて農村に入るのを禁じ、農民は貢租納入後の生産物で自給自足が要求せられ、農村からの生産物は領主の手で商品化するといふのが原則であつた。しかし前述のやうな商業の發達の背景には、農村における商品生産が當然考へられねばならぬ。江戸・大坂等町人だけでも數十萬にも達した元祿頃の都市の周邊には、野菜等が商品として相當生産されて居た。正德の頃には菜種や綿が銀一萬貫以上も大坂に出荷されてゐる。[33] かゝる商品生産は一部では(例へば畿内の棉作地など)農民生活に餘裕をもたらしたが、又過重な貢租を納めた後、生活をたてるため止むなく生産物を商品とせねばならぬ者も少なくなかつた。既に幕府でも慶安二年(一六四九)の觸書の中で「少ハ商心も有レ之而身上持上ケ候樣ニ可レ仕候、其子細ハ年貢之爲に雜穀を賣候事も、又買候にも商心なく候得ハ人にぬかるものに候事」と命じてゐるが、[34] 窮迫販賣をしてゞも貢租を納入させようといふ要求が自ら農民と商業とを結付けてゆく。また商品生産によつて餘裕を生ずる農村でも、要するに商品・貨幣經濟の波にまき込まれてゐるのであるから、自給自足を原則とする江戸時代初頭の農村社會の體制は崩れてきたわけである。

商業資本の農村進出は又新田開發によつて行はれた。町人請負新田がそれである。貞享四年(一六八七)に幕府は原則としてこれを禁じたが、[35] 財政窮乏におはれる封建領主達はかゝる禁令を遵守しえず、この後も盛んに町人の資本は新田開發に注がれた。新田開發の件數はむしろ元祿以前に多いのであるが、それらは比較的小規模な工事で可能の地に行はれたので、時がたつと共に限界點に達してきた。例へば耕地面積が擴大すれば、水田耕作に不可缺の用水の供給がこれに伴はなくなる。又當時最大の肥料であつた刈敷が、採草地を開墾するために不足してくる。そこで開發は自ら從來手のつけらなかつた大河川の下流地に移らざるをえず、そのためには工事も大規模となり、町人の大資本が必要となつてきたのである。

次に、かゝる大規模な商業資本の農村侵入と併せて、小規模なものも根強くひろがつていつた。例へば酒屋・米屋・菓子屋等の飲食業、太物・荒物等の日常生活品商の如き商人が農村にみられるやうになつた。これは一つには社會全般の生活程度の向上が農村にも及んできたことによるであらうが、また一つには農業のみにては支へきれぬ生活の補助に、餘業を營む者が增加してきたによる所が大きい。又、農民の窮乏につけこんで、富農が高利貸を營んだ事、都市の發展に伴つて農村の人口が都市に多量に流れ込んでいつた事も見逃がせぬ事實である。

このやうに樣々の形で商業資本は農村社會に侵入していつたが、その結果生じた最も重要な問題は地主・小作關係の發生である。戰國頃から江戶初期にかけて農家の典型的な經營型態は、地主（檢地によつて貢租納入義務者と定められ、本百姓と呼ばれた）が自家勞働によるなり、下人・奉公人を傭ふなり、或は古くから身分的に隷屬する農民を使用するなりして、自作するといふ型態であつた。然るに元祿以降ともなると、本百姓の中に土地の兼併・喪失が生じ、又自作は經營上不利になつてきて、地主は土地を小作に耕作せしめるといふ狀態になつて來た。卽ち檢地帳上に平等に本百姓として扱はれた農民の中に、地主・小作といふ二階層が生じてきたのである。新田開發や貧農への高利貸付等によつて富農へ土地は集中してきたが、諸物價の騰貴による生產費の增大、農村人口の都市流入や副業の發達による勞働力の減少、勞賃の騰貴によつて、自作は經營上有利でなくなつた。一方貧農は一部は都會に出ていつたが、大多數は土地を失つてもこれを受入れる產業は農業しかなく、下人奉公に出るよりは小作人となつて、副業をしつゝ辛うじて一家の生計を保つてゆかうとしたのである。かゝる傾向は元祿時代に全般的に生じたのではなく、この頃から幕末に向つて徐々に進行していつたのであるが、武家政權の基盤たる農村が、かくの如く變貌し始めたことはゆゝしい問題であつた[36)]。

堅固に組立てられてゐた江戶幕府の體制も、一世紀の年月の間にかくの如く弛みをみせてきた。吉宗公はかゝる幾多の問題の待ちうける幕府の統率者の地位に登つたのであつた。公の才腕がいかにこれを處理し、而して中興の名君として後世仰がるゝに至つたかを、次章以下において觀察しよう。

註

1　大學或問　四

2　大日本古文書　伊達家文書之四　柴田朝成覺書狀、同文書五　柴田宗意外四名連署起請文。

3　出雲國國令正編（京都大學法學部　近世藩法資料集成　第三卷）

4　大猷院實紀附錄卷二

5　御觸書寬保集成三十　御切米御足高被下金拜借幷上納等之部

6　嚴有院實紀卷二十六

7　御當代記　二

8　これより前、寬文元年（一六六一）には、

町中諸商人賣買物賣懸仕、出入有レ之、訴訟ニ罷出候共、自今以後ハ、唹《いざなひ》申付間敷候間、此旨相守可レ申候（御觸書寬保集成四十四）

といふ觸が出た。代金支拂延滯といふ事は、商人相互の間にもあるが、（但し問屋の賣懸は保護された）武士に對する賣懸も少からぬ事と思はれるから、これも窮迫せる武士保護政策と解し得る。しかし現金銀の貸借には言及してゐない。

9　御觸書寬保集成四十四

10　同集成三十

11　兼山秘策第一冊　正徳元年五月十三日付、同年三年三月九日付

12　同　右　所載　新井白石「物價論」

13　折たく柴の記　中、大日本貨幣史　三貨部

14　三貨圖彙巻十

當時慶長・元祿・乾金多品ニシテ、民用不便利ナル故、久シカラズシテ一樣ニ吹替アルベキ旨ヲ察シ、絹布・雜穀ヲ始メ諸物ノ價ヲ增シテ交易シ、吹替アリテモ損失ナキ樣ト謀ル、依テ種々嚴令ヲ出ダサル、ト雖モ如何トモナシガタク、銀モ右元祿金ト同樣ニテ、銅・錫ヲ交ヘ、元祿十年ニ吹改マリ、其後又寶永三年ヨリ四度ノ增鑄、此銀其鑄ルゴトニ銅・錫ヲ雜加シテ、銀甚下品ナリ、市民之ヲ土石ノ如ク賤シム、慶長ノ金銀ハ上品ナル故、市民愈〻隱シ貯ヘテ出サズ、只元祿・乾金ノ兩金ト、元祿巳下五品ノ銀トシテ、市民交易スル故、自ラ米穀・油・絹布ハジメ諸物ノ價日々ニ高直ニ相成ル。

15　常憲院實紀巻五十七、折たく柴の記　中

竹橋餘筆　四　によれば十六萬兩の支出も疑しい。

收入　金四八八、七七〇兩餘

　銀一貫八七〇目餘

支出　五四、四八〇兩餘　砂除等諸入用

　六、二二五兩餘　被害農村救助金

　八五〇兩餘　燒失せる駿州次定村救助金

16　折たく柴の記　中

前代（常憲院）の御末に、城北に御所つくらるべきにて、此事奉行の人々、其材をもとめしに、得る所なかりしかば、重秀に仰下されしに、日あらずして多くの良材をもとめ得てまゐらす、皆人驚き歎ぜずといふものなし、これは重秀年ごろ天下の利權を掌の中にせしによりて、天下の富商等あへて此人の心にたがふものなかりしがゆゑなり、ましてや、當時得がたきものは、其價も貴く、商人どもの得る所の利も多ければ、重秀もまた其財をわかち得し所すくなからず、（中略）此たび金改造りしにつきて、わかち得し所はいかにぞやありけん、銀改造りしがために、重秀わかち得し所は金およそ二十六萬兩に餘り、その家從長井半六といふもの金六萬兩をわかつ、其餘古畫珍器の類はこと〲くにるしすにいとまあらず、此事は銀座とて、世々銀造る事を職掌とせしものどもの罪に行はれし時に、深江庄左衞門といふもの、手づからしるしたる簿帳を得てまゐらせし所に、つぶさに見えたり、これはただ世にいふ二寶字、三寶字、四寶字などの銀つくりし間の事なり、元祿・寶永より此かた三十餘年の間の事つまびらかならず、（中略）近世以來、凡の事、商人の入札をとりて落札の者にうけおはしむるといふ事あり、たとへば此たび客館の事のごとき、其事の奉行これを修造すべきほどの事しるし出して、其功費いくばく金を給はりて造りまゐらすべきといふ所を商人共に問ふに、おのおの其功費をはかりて、札に記し封じて參らす、これを入札といふなり、奉行人此事にあづかる人々をあつめてひらき見て、その金銀を用ゐる所の最少なるものを落札と名づけて、其落札入れしものに造らしむ、是を札落せしなどいふなり、造畢の後に、其價をば公より下し賜はる、凡の事皆此のごとし、此事公儀に出るに似たれど、實にはしかはあらず、近き比ほひより、商人等たてものと名付て、その事の大小に從ひて、或は百金或は千金をまづ其奉行にいれて、此事某に仰せ付けられんには、公より其價を賜らん時に、またいくばく金を進らすべしといふ、これをば禮物といふなり、そのたて物・禮物等すくなきものには、入札入るゝ事をゆるされず、ましてやそれらのものなきものはいふにも及はず、されば入札の事あるごとに、その奉行する人千金を致さずといふものなし、よのつねの人のなさんに、百金を用ふるに及まじき事の、公の御事には萬金を費さるゝに至らざればその事ならず、前代に國財の竭給ひし事は、もとゝしてこれによれり、されども、此たびの朝鮮の聘事(正德元年)につきて、一事として彼商人等がうけおひにあらずといふ事なかりしも、そのより來る所を推て知るべし。

17 折たく柴の記　中、兼山祕策第二册

18 折たく柴の記　中・下、白石建議、兼山祕策第二册

19 白石建議　一

20 同　五

21 御觸書寛保集成　三十二

22 特にこの改鑄には堺の商人谷長右衛門が參畫してゐるので、銀遣地方の利益が考慮されたことは想像し得る。(折たく柴の記　下)

23 武家官位裝束考

24 江戸町年寄の樽屋は江戸桝の桝座の頭であり(大日本租稅史)、喜多村は關八州之町人連雀商札座を命ぜられてゐた。(伊東彌之助「連雀町・連雀座・連雀商人」三田學會雜誌　三九―六)

大坂には總年寄といふものが設けられたが、これは糸割符仲間の中から更に由緒・家柄の者を選んだといふ。(大

阪商業習慣錄　上）

25　御當家令條、大阪市史　三、御觸書寛保集成　三十六

26　東京諸問屋沿革志、伊東彌之助「兩組木綿問屋仲間の成立過程より見たる初期の江戸商業組織」（三田學會雜誌四三―四）

27　十組問屋取結書

28　正徳五年七月大坂屋伊兵衛記、通町内店兩組仲間帳之序

29　堂島舊記　巻一

30　同　右

31　御觸書寛保集成　三十六

32　宮本又次「株仲間の研究」

33　大阪市史　第一

34　徳川禁令考　五　巻四十三

35　同　三　巻二十四

36　元祿前後からの農村の問題に關しては、專ら古島敏雄「近世日本農業の構造」・「日本農業技術史下巻」・「近世における商業的農業の展開」・「日本封建農業史」を參考とした。

第二章　將軍繼嗣と改革の發足

正德六年（一七一六）四月の半頃から七代將軍家繼公は病臥中であつたが、三十日に至つて危篤の狀態になつた。そこで三家・老中・溜詰・問部詮房・本多忠良等老臣は集つて、將軍の後見について相談し、紀伊中納言吉宗公をこれに推した。[1] これより前、正德二年九月廿七日、家宣公は新井白石を病床に召して、自分の死後、繼嗣たるべき子（家繼公）はありはするが、天下の事は我私にすべきところではなく、且その子は幼少である。古より幼主の時世の中が無事であつた例は多くない。神祖（家康公）が三家を建置かれたのはかゝる時の爲であるから、尾張殿（吉通）に後を讓り、我が子が幸にも成人した曉もその心任せにすべきか、又は幾人もの子の中、唯一人この世に殘つた子であるから、その幸運によつて成人をとげるかとも思はれる故、それ迄尾張殿に西丸にて後見してもらひ、若し不幸の事あらば尾張殿が大統をつがれるといふ事にすべきか如何と質ねた。白石はこれに對して、

仰下さるゝ事のごとくにも候はんには、必ず天下の人、其黨相分れて、つひに世のみだれになりなん事、應仁の比ほひのごとくにこそ候べけれ。（中略）三家をはじめ參らせ、御一門の方々、譜代相傳の御家人等の、かくて候はんほど、若君御代をつがれんに、なに事か候べき。

と答へ、更に若し幼君萬一の事あらば「神祖三家をたておかせ給ひしはそれらの時の御ため也」と述べた。[2] かくて家繼公は七代將軍に定り、翌月十日家宣公は特に三家協力して將軍輔佐に當るやう依賴し、同月十四日薨ぜられたのであつた。[3]

それ故七代將軍危篤に際しては、當然前代の遺命に從ひ、三家の中から後見を立てようとしたのであるが、第一候補者たる尾州家は家宣公の遺命をうけた吉通が既に正德三年薨じ、その弟繼友が繼いで居た。紀州・水戸は遺命をうけた吉宗公・綱條共に健在で、しかも東照宮の曾孫に當り、玄孫たる繼友より一世代近い。そこで紀州・水戸の中、兄の家柄である紀州家から後見が出ることになつたのである。[4)]

徳川氏系圖

家康

（將軍家）
―秀忠―家光―家綱＝綱吉＝家宣―家繼＝吉宗
　　　　　　―綱重―家宣
　　　　　　―綱吉

（尾州家）
―義直―光友―綱誠―吉通＝繼友＝宗春
　　　　　　　　　―繼友
　　　　　　　　　―宗春

（紀州家）
―賴宣―光貞―綱教＝賴職＝吉宗
　　　　　　―賴職
　　　　　　―吉宗

（水戸家）
―賴房―賴重＝賴常
　　　　　―綱條
　　　―光圀＝綱條
　　　　　―賴常

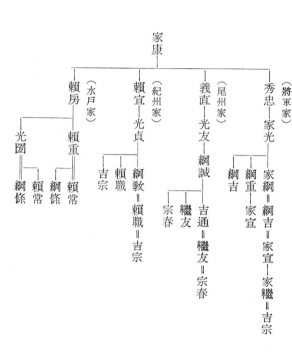

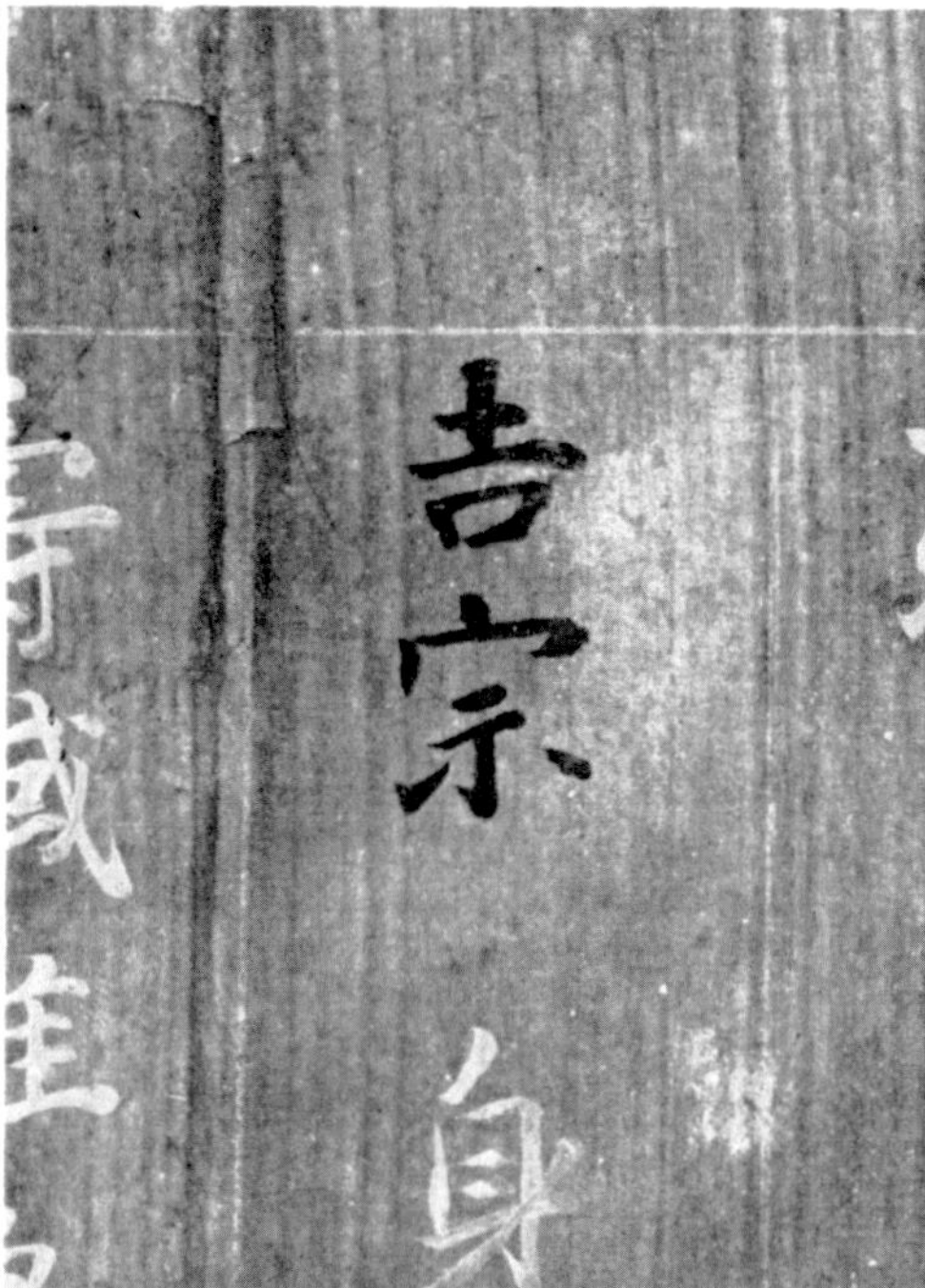

四　徳川吉宗公筆蹟
（土御門家都狀）

註

都狀とは陰陽道の泰山府君祭の時の祈願文である。（名前のみ自署）

吉宗公都状全文

謹上
天曹地府都状
本命甲子
行年丁酉

献上
冥道諸神一十二座
金幣
銀幣
素絹
銀銭
鞍馬
勇奴

維日本國征夷大將軍正二位行内大臣源朝臣
吉宗卅三甲子歳今度依二　宣下一握二海内之權
威于掌中一携二萬國之撫育于拳裏一也夫以
天曹地府尊神至妙不測而仰レ之彌高鑽レ之
彌堅謹抽二精誠一凝二丹心一則假令轉レ凶成レ吉
變レ禍爲レ幸莫レ不レ解二除於凶惡一莫レ不二來於善
福一因茲設二七ケ夜之祭場一備二靑幣白幣
十二座之淸味一盡二禮敬一焉所二祈禳一者一怒
而黎庶安一喜天下樂闢二四門一明二四目一出レ獵
獲二賢良一挙レ野讓二畎畝一自今而後源朝臣
吉宗身體安全子孫榮昌武運長永
壽域准二龜齡一德行呈二麟瑞一心中之祈願
一々圓滿成就乃冥助於加給而夜乃守利日
乃守利仁護利幸給登謹啓

享保二年二月**六日**

（土御門文書）

〔ゴチックにて示す字のみ墨書、他の字はいづれも朱書〕

この日吉宗公は赤坂中屋敷に居り、偶〻弓を射て居られたが、本丸より急の召集によつて登城し、後見たるべしといふ天英院（家宣公夫人）の命を土屋政直・間部詮房から傳へられた。公はこれに對し、家柄からいへば繼友卿（尾張）が、また年老の事からいへば綱條卿（水戸）が後見なさるべきであると再三辭退したが、天英院は自ら奥へ公を呼んで面命あり、遂にこれに應じて後見として二丸に入られた。[5]

同日夜家繼公薨去、吉宗公宗家を繼ぎ、五月廿一日に本丸に移り、年號改つて享保元年六月廿六日繼統の拜賀、八月十三日に將軍宣下の大禮あり、同時に正二位權大納言から更に內大臣、右近衞大將、右馬寮御監、淳和奬學兩院別當、源氏長者、隨身兵仗牛車の宣旨を受けた。[6] かくて十數年前迄は僅か三家の庶流として三萬石の主に過ぎなかつた吉宗公が、一躍征夷大將軍として日本全國支配者の地位につかれたのである。

公が宗家を繼いでもなく、五月十六日には家宣公以來將軍の側近に仕へてゐた人々がその任を解かれた。間部詮房は雁の間詰、本多忠良は帝鑑の間詰となり、その他側衆・小姓・小納戸が殆んど寄合或は小普請に入れられた。新井白石も本丸中の口の部屋を召し上げられた。詮房・白石等に對する不滿は前代にも少からぬものがあり、白石の理想の實現に幾多の支障を來した事は前章にも述べたところであるが、それにも拘らず最も大きな發言權を彼等がもつてゐたのは、一に將軍と大奥を擁してゐたからであつた。今や將軍は代り、大奥との連繫も自ら切れた。こゝに彼等に對する反感は堰を切つて押寄せ、彼等を失脚せしめたのである。[7]

この後白石等の施策は次々と改められていつた。六月には、それ迄白石の建言により、式服に五位の諸大夫も狩衣着用してゐたを、元祿以前の制に復して、四位は狩衣、五位は大紋着用となつた。[8] 同じ頃にこれ亦白石の言に成る中門（四脚門）を始め、吹上庭內の幾多の立派な亭の破却命令が出た。[9] 越えて享保二年三月には武家諸法度の頒布が行はれたが、これも前代のを廢して天和度のものを用ひた。[10] 六月末からは朝鮮來聘使接待の禮についての議が始められたが、結局林信篤の議によつて正德の例は廢止となり、天和の例に復することになつた。[11]

吉宗公の方針も、將軍繼嗣直後「權現樣御代よりの御格式の儀においては少も儉約仕間敷候、其外の儀は隨分無用の御費無レ之樣可レ仕候」と諸臣に申渡した事[12]でも明かなやうに、幕府初期を理想として政治の健全化・簡素化をはかつたのであるから、前記の如き諸改變も公の意圖より出たとも考へられるが、當時老中や林信篤は、詮房・白石等の失脚に乘じて、前代の諸施策を事ある每に變へようとする傾があつた。正德の長崎新令も享保に入つて廢止されようとしたが、これは公が對外關係の事とて特に愼重な取扱を命ぜられ、長崎奉行大岡淸相の下向をまつて事を決しようとした。淸相は新令廢止に反對の意見であつた。老中は初めこれを默殺しようとしたが、公が甚だ事の成行を重視せられたゝめ默殺もならず、今度は俄かに老中列座して淸相を呼び、彼の意見を抑付けてしまはうとした。獨り久世重之のみ對外關係であるから屢〻變更は都合が惡いとて廢止に不贊成で、衆議まとまらぬ時、公は新令の書付を見て良法と考へ、その旨老中に傳へたので、結局存續される事になつた。室鳩巣はこれを評して、

兎角日本の爲に永久の害を除申事に候へば、上意の通良法にて可レ有レ之候。然ればぬけ荷等の制禁有レ之候て、何卒右の法立申樣には僉議無レ之、良法を打破り申樣に人に申事候。(中略) 其上是に限り不レ申、上には尤に被二思召一候とも、老中牽制有レ之候故、壅蔽仕事而已にて候。

と述べてゐる。[13] 要するに正德時代にも時折見られた老中や林家などの詮房や白石に對する反感から、新令廢止案が出されたのである。同樣に前の武家諸法度や朝鮮信使の件なども、多分にかゝる反感が加つてゐるものと考へられる。

吉宗公は將軍就職以來相當に老中・溜詰衆その他譜代層の、卽ち江戶開府以來幕府の中核たるべき傳統をもつ家格

・門閥の人々の動向に深く注意し、これらの人々を重視された。就職直後「常憲院様以來、御老中方、取次を以諸事御窺ひ候へども、向後は何事によらず、御老中御前へ罷出候て可ニ申上一候、御直に御聞可レ被レ成」旨言出された。[14] かつて柳澤吉保・間部詮房らの權力の絶大になつた因由の一が、將軍と老中の間に立つて双方の意見を取次いだところに存したのであつたから、今回の措置は老中の權力恢復に大きな効果をもたらすものであつた事は想像に難くない。當時側用人に相當するものとして御用取次といふ役が設けられ、紀州から公に從つてきた有馬氏倫《うじのり》(一六六八―一七三五)・加納久通(一六七三―一七四八)がこれに任ぜられたが、[15] これについて甲子夜話(巻一)には次のやうな逸話を載せてゐる。

徳廟の御時、有馬備後守か加納遠江守か、始て御用御取次に命ぜられての翌日、何方へか御成ありし時、御玄關の前に其人先ちて御駕に傍て在けるに、高らかる御聲にて、其名を呼玉ひ、上意には、其方昨日用取次を申付たり、勤方いかが心得居るやとなり、某答奉るは、御用の旨は其通り人へ申達し、下より言上仕る旨は其通言上仕ると心得居候と、高音に申せしかば、夫にてよいと、又大音に仰給ふ、扈從の輩群居たるに、普く其御問答を聞奉りたり、時に人々竊に言しは、上御心は彼勤役の旨を人に普く知ら使め給はんと御心にや、又上下の言を通ずるまでにて、私に君側の威を振ふことなきを示し玉ふか、其英邁なる御樣子感ぜぬものはなかりしとぞ。

その待遇をみても、側用人は牧野成貞が二千石から八萬石に、位も四位の侍從、老中格となり、柳澤吉保が三百七十俵の切米取から十五萬石餘の大大名に、位も四位の少將、老中格となり、間部詮房が五萬石、四位の侍從としてこれ又老中格の待遇をうけてゐたのに對して、氏倫・久通共に從五位下諸大夫の官位で一萬石、しかも公の隱退迄生きてゐた久通が、その際漸く西丸若年寄に任ぜられたに過ぎぬ。[16] 又、或時(享保の初)氏倫が老中を差置いて將軍に伺を立て、事を決して下に申渡した事があつたのを、久世重之（一六六〇―一七二〇）が咎めて老中列座の所へ呼出し、陳謝させたのを見ても、時の老中の勢力の強さが容易に考へられる。又、吉宗公が紀州から連れて來た用人が、老中列座の前を通つて誤つて不禮な事をしたとて、直ちに藩へ返して閉門に處せられた事[18]、大奥の女中が縁故の者を立身させようと將軍に願つた時、公は老中へ願はしめ、老中をして上意と雖も承知せずといはしめて、老中の權威を昂めた事[19]などにも老中尊重の精神が窺はれる。

公は又譜代の門閥の家の人々を甚だ重視した。本多忠良は間部詮房と共に前代の側用人を勤めた人であるが、詮房は却けられてしまつたのに反し、側用人を辭する時にも、特に家柄といひ壯年といひ、今後いよ〳〵心を入れて奉仕せよと面命あり[20]、その後も折にふれて優遇を受けた。これは彼が幕府創立期の功臣本多忠勝の嫡流なるが故である[21]。又、元祿時代の寵臣の中、松平輝貞のみが優遇を辱けなくしたのも[22]、その一徹な人柄もさる事ながら、その家柄も大きく與つてゐると思はれる。酒井忠擧《たか》（一六四八―一七二〇）稻葉正往（一六四〇―一七一六）小笠原長重（一六五〇―一七三二）等諸老臣の待遇も他に異つて重く、屢〻召されて賜物等も老中に准ぜられた。殊に酒井忠擧は屢〻施政各般にわたつて建言し、後の政策の上に、その意によつたかと思はれるものも少くない[23]。

更に、綱吉公にしても家宣公にしても、外から宗家を繼いだ際從つて來た者の勢力が、將軍に親しいといふので自ら大きくなりがちであつたが、吉宗公はこれを嚴に注意した。宗家を繼いで後、紀州から從つた者を小姓・小納戸等近侍にしたが、公は彼等に對し、お前達を旗本としたのは、偶〻江戸に詰合せてゐた者をその儘召連れたに過ぎぬ。家柄や人柄から撰めば過半は撰にもれたであらう。ここをよく心得て、生れ代つたつもりで愼むようにと申渡した[24]。彼等の中に特に恩寵を蒙る者がなかつたのは、當時及び後世の賞讃するところであつた[25]。また享保に入ると、何かにつけて譜代と元祿以來の新參の家人との待遇に差別をつけた。[26] 此等の諸事實によつて譜代重視の傾向が特に著しくなつてきた事が明らかに知られる。

公がこのやうに門閥・譜代を重視したについて、室鳩巣は次の如く解釋してゐる。

天下御取被レ遊候て、未日淺候故、諸事遠慮有レ之體に相聞へ申候、下にて存候とは相替り、成程御遠慮可レ有レ之儀と奉レ存候、前に御兩殿（神田館＝綱吉公、桜田館＝家宣公―引用者註）より被二繼統一候とは替り、一等疎遠にて、御老中勸進の事に候へば、唐にても援立の臣と申候て、中々人主も自由には難レ被レ成、急に抑へ候へば、君臣離間致し、禍難も出來申候、日本にても北條の世如レ此にて候、唐の末か、門生の天子と申事有レ之、其時分王室度々無嗣に付、當時の權臣外より援立いたし候故、門生天子とは申候、明德記とやらんにも、新座の主人譜代の家人に向て箇樣の儀を申などと有レ之候、唐日本同事に候、此場合に臨んでは、第一人心はなれ不レ申樣に用意候て、そろそろ大臣の威を抑へ候樣に仕事、明智の君たるべく候（兼山祕策第三册　享保二年八月八日付）

享保初期における將軍の立場に對する正當な觀察と思はれる。且又、吉宗公が將軍後見に推された理由として、東照公がかゝる際宗家を援けるべきものとして立てゝおかれた三家の一であるといふ事と、最も東照公に世代が近いといふ事があつたが、こゝに當時、幕府創業時代回顧の精神が強くめざめてきてゐる事が察せられる。譜代層の勢力が新家人を壓迫し始めたのも、かゝる自覺に基くものであらう。將軍に老中・門閥尊重の立場をとらしめたのは、單に彼等が擁立の功臣であつたがためのみでなく、譜代層に復古的・反省的精神が昂まつてきたがためであるといふ事も重視せねばならぬのである。

吉宗公はしかしかゝる譜代勢力の傀儡にとどまつてはゐなかつた。老中・溜詰等の門閥を中核とする譜代層の健全性が復活して、幕府政治を强化してゆく主體勢力となる事を求めたのではあるが、その間着々と彼等を統御し、將軍の立場を强めてゆく事を忘れなかつた。幕府政治における大奥の發言力は陰に大きなものがあり、殊に當時は天英院をはじめ家宣公關係の人々が殘つて居り、就中天英院は近衞家の息女として、家宣公の御臺所として、從一位といふ人臣最高位の人として、しかも吉宗公に直接家宣公の遺言を傳へて將軍たるべく勸めた人として、輕視しえぬ存在であつた。そこで公は常に天英院に敬意を拂ひ、丁重な態度をとつて居た。天英院の父近衞基熙は家宣公の舅として、前代の政策が改められてゆき、殊に政治が簡素化されてゆくのに對して次第に不快の情を表して來たが、天英院へのもてなしには常に喜んで居た事がその日記に屢〻現れてゐる。

　老中に對してはこれを尊重したが、その專横や惰眠の防止にもいろ〳〵努力した。繼嗣後程なくの事らしいが、五人の老中を呼んで試問した。土屋政直（一六四一―一七二二）は三問の中二問答へ得てこれは首尾がよかつたが、井上正岑（一六五三―一七二二）は一年の貢租收納高を尋ねられて知らず、久世重之（一六六〇―一七二〇）は江戸城の櫓の數を聞かれて答へ得ず、阿部正喬（一六七二―一七五〇）戸田忠眞（一六五一―一七二九）もそれ〴〵一問づゝ質問されたが、たゞ存じ奉らずといふのみで、散々の不首尾であつた。そこで老中達は慌てゝ調べて答へようとしたところ、公はそれ程取急ぐ事でもあるまいといはれて、その後何の沙汰もなかつたといふ。[27] これが重臣達の將軍に頭の上らなくなつた始であつた。殊に公は時折老中を差置いて、その配下の三奉行や大目付等を直接單獨に召し、種々質問や命令を下した。そのため意外の事迄知つて居り、人事・賞罰などにも鋭いところを示した事は、最も老中達に苦痛であつたらしい。[28] このやうにして吉宗公の威信は幕臣間に昂まつていつたのである。

　吉宗公の繼嗣は最初から一般に好感を以て迎えられてゐた。近衞基熙も「此中納言吉宗非二只人一、慈愛及レ民、故國中安穩云々」、「今日中納言殿有二慈悲一、故諸人安堵云々」、「當公方仁慈日々有二沙汰一而已、可レ悦々レ々」、「公方大力量、被レ用二三尺餘刀一、歳卅三、爲二大器一、加レ之有二大仁慈一、諸人喜々悦々」、「公方慈悲遍二諸人一、武士盡數歡喜」などと時折關東からの情報について日記に記して居る。[29] 又兼山秘策に當時の風評を載せて、

> 比日世上譬、大成物何々、小き物何々、能き物何々、悪物何々などと、戯に書集候事流行仕候由御座候、其内に能き物當公方様・松平安藝守仕置と申由に御座候、全書は未見不レ申候へ共、人の咄に今日承り申候、尤市童の戯言より出たる物にて御座候得共、末々迄公方様の能を奉レ稱候事、天下一統に大幸不レ過レ之奉レ存候。
>
> 頃日天下一と申諺、定て御聞可レ被レ成候、是は目出度諺にて候、天下一の君に御成可レ被レ成と奉二仰望一候、是は君いまだ御聞不レ被レ成儀も可レ有レ之候間申候、東照宮より當御代まで八代にて、下字の小點有章院様に當り申候、此處にて面白御座候。

抔と記してある。[30] さうして將軍が近く政治を改新し、善政を施す事を期待したのである。[31]

かくの如く吉宗公は衆人の尊敬と輿望をあつめ、老中以下諸役人を畏服せしめて、自己の立場を確乎たるものとし、やがて徐々に政治の刷新に着手していつた。その具體的な事實については次章以下に述べるが、政治の改革に先立つて公は將軍の羽翼たるべき諸役人を愼重に選んだ。享保二年二月には江戸町奉行に普請奉行大岡忠相（一六七七—一七五一）を任じた。後世名奉行の譽高い大岡越前守である。忠相が山田奉行時代、山田の者と紀州の者の訴訟を裁くに當り、從來の奉行が兎角三家の一藩たる紀州藩の威勢に阿ったのに反し、彼はこれに屈せず正當の裁斷を下した。この事が當時紀伊藩主であつた吉宗公に認められたものといふ。[32] 又同年九月には所司代水野忠之（一六六九—一七三一）を老中に、前側用人松平忠周（一六六一—一七二八）を所司代に、寺社奉行兼奏者番石川總茂（一六七一—一七三三）を

若年寄に任じた[33]。水野忠之は基熙公記に「非二只人一、尤聰明無二比類一」と評してあるが[34]、これから後、享保十五年（一七三〇）職を退く迄、幾多の惡評を身に受けつゝも、斷乎として改革政治の中心にゐて奮鬪した人である。松平忠周は武家嫌ひの基熙をして「總柔和實信現二顏色一……當世之人品歟、言談尤有二意味一、可レ愛々々」「所司代有二仁慈志一、故諸民感悦云々、又於二朝廷事一殊篤實沙汰、珍々重々」「其志非凡、奉二爲公武一眞實也、感悦々々」抔と評せしめてゐる程であるから、その溫厚篤實な人柄が知りうる[35]。後に述べるやうに吉宗公は朝幕間の融和にいろ〳〵努力したのであるから、その衝に當る所司代にかゝる人を充てたのは當を得た人選といへよう。又石川總茂は寺社奉行として本願寺と高田門徒との公事を裁いた事によつて公に認められたものである。といふのは、高田派は伏見宮から養子が出てゐるので、吉宗公の簾中と連枝といふ關係から、公はこの一件は高田派に理があると思つて居た。そこで他の奉行達は公の意見に從つたが、獨り總茂は強く本願寺の理を主張し、遂に公も之に屈して本願寺の勝と決したのである。これから十日程過ぎて、彼は若年寄に昇進したものといふ[36]。

一般に家格や門閥の意識が顯著に強くなつて來た時代であるが、かゝる家の人々は多く凡庸の生れつきで、たゞ先祖の偉功に賴つて高い地位を得てゐるに過ぎぬ狀態であつた。それ等の中から幕政の難局を處理すべき才腕の士を見出さねばならぬといふ所に、新將軍の苦心があつた。將軍の權威の絕大な時代であるから、諸臣の中には將軍に取入らうとする者も少なくなかつたが、吉宗公がむしろそれらを排し、自己の所信を堂々と主張しうるやうな人々を用ひた事は、忠相や總茂に關する傳へによつて想像しうる[37]。かくて公は將軍就職一年後の頃から、新しい政治への步をふみ出されたのである。

註

1 有德院實紀卷一、有章院實紀卷十五
2 折たく柴の記　中
3 兼山祕策第一册　正德二年十一月七日付
4 兼山祕策第三册　正德六年五月廿四日付、近衞基熙公記七十五　正德六年五月四日條所載　天英院基熙宛書簡
5 前揭天英院書簡、兼山祕策第三册　享保元年九月朔日付靑地禮幹書簡、有德院實紀卷一
6 有德院實紀卷一・二
7 有德院實紀卷一、兼山祕策第三册　正德六年五月廿四日付、折たく柴の記下

間部詮房は甚しく評判が悪くなつてゐた。

間部殿事、當主（吉宗公……引用者註）二ノ丸へ被レ爲レ入候時分、本多殿（忠良）と兩人共御老中跡に御附候て伺二御機嫌一、二ノ丸へ御越候、如何（マヽ）用の儀御座候ても御尊骸の御側を離候事は無二御座一筈に御座候處、早當主へ被レ諂候御樣子と、其時分より沙汰にて御座候、御尊骸增上寺へ被レ爲レ入候はゞ、追付隱居にても御願の場にて可レ有レ之旨、諸人申候處、其儀無レ之、其內あなたより鴈ノ間詰に被二仰付一候、未威勢を被レ貪候よりの事に申慣候（兼山祕策第三册　正德六年五月廿七日付）

新井殿は今以越前守殿は賢人の樣に被レ申由に御座候、世上に申候とは各別の事にて御座候（同年七月十六日付）

東武三用人（天英院附）進文（中略）只月光院・間部越前守等事散々之事等、言語道斷也（中略）於二越前守一未曾有賢者也、今日及二諸人嘲哢一、不便々々、定而爲二嬖人一歟、但於二于今一不審々々（基熙公記七十五　正德六年五月廿日）

越前守進退、多年言語道斷、可レ謂二佞惡一、文昭院洪恩越二山海一、今日忘二却之一、反而可レ謂二不便一（同年六月廿一日）

間部越前守事、大概冥加盡歟、有章院存附事々無道、言語道斷、此者予於東武三年間切〻談話、爲賢者歟、文昭院殊被加慈愛之處、今日之所行寧奸似天魔所爲云々（同年十一月二日）

獨り白石はかゝる世評に憤慨して、

此朝臣（詮房）いとけなき時より身のいとまなくて、ものまなびしなどいふ事はなけれど、きはめて生質の美なる所ありて、大かた古の君子の人にも耻まじき事もありし故に、前代の御遺託をうけて、此年月幼主をたすけまゐらせ、天下大小の事共議せられし所も、人々の心をも感じ服して、一事の廢闕もなくておはしたりき、末代にはありがたきほどの事なり、然るに今に至りては人々申さるゝ事もありけるにや、まこと此人是等の仰かうむらむ事のしかるべからざらむには、たとひ前代の御時なりとも、其職事をとゞむべきは、大臣の職事しかるべし、ましてや御幼年の間において、其職事をとゞめられんに何事かあるべき、凡の事ども、此朝臣只一人にとりはからひし事のごとくに申され、剰へ我が如きものも、おもふさまに天下の事申おこなひしやうにも申さるゝにや、彼朝臣なほ人々の議合ざる事、いかにもかなふべからず、ましてや我かごとき、人々の問申さるゝによりて議し申す所有とも、一事をも世に行ふ事かなふべき職事ありしにもあらず、正しく我議せし所の、人々の議合はずして果し行はれざる事いくらもありき、されどこれらの事は論ずるにもたらず、よのつねの時に、當家譜第の御家人など申さるゝ人々の、只今迄は幼主の御事、いかに心ぐるしかりしに、今より後は御家の事すでに定りぬなど相賀し申され、彼朝臣の事にあはせて、前代の御事をもかたぶけ申さるゝ事のごときは、百年にして公議定まらむ日、天下の人の議しなむところこそ耻かしき事なれ。

といふ言葉を以て折たく柴の記を結んでゐる。

白石も祿こそそのまゝであつたが、全く逆境に陷つてしまつた。彼はその悲慘な心境や、やる方ない不滿を時折の書簡の中にもらしてゐる。

某(白石)女の事、さて〳〵不幸なるものと不便には存候、其故は文廟(家宣公)御在世之内は、もらひたき由申す人人も有之候處に、當時のはやり物とか申す事にて、みやげとか申す物の事を媒妁のもの申すのみにて候き、文廟此事をふかく憂させられて候て(中略)新令にこれらの事をのせられ候、此御本旨を承知候上は、猶々右之望みに應じがたく打過ぎ候き、章廟(家繼公)御代に至り候ても、某所存猶又其通に候へば、とかく其事なくては叶ひ候はぬ事の由にてひたと打過候に付(中略)扨々此方より承出し、可レ然ほどの相手と存じ申つかはし候へば、某が名を承られ、一門中不同心とて、もはや三四人もことはり申來り候、あなたより申すは此方にていやに候、此方より堪忍仕と存候は、或はむこ殿は同心にても、親類に當時御役を仕られ候人まじり候ぶんは、某事を承、舌をふるひていやがられ候(中略)某事も身は不肖に、言行瑕疵のみに候へども、前代二朝の間身命を不レ顧、天下の人の事をなにとぞ太平の人になしたて度存候心片時も忘れ候事なく、一二事の天下のためにも人のためにもなり候事を、文廟の御恩故に仕りなど候事も有レ之候、然ば某身こそは當時如レ此に人々のために惱られ候へども、兒孫のため迄不幸に沈み候はむ共不レ存候へ共、それもまた文廟既にこれ迄の御運に候上は、某これほどの仕合もすなはち餘慶に候も存ぜられぬ事に候(與二室鳩巢一書)

(享保二年)二月廿五日に内藤宿の屋敷地御引渡しにて罷越候、某拜領候やしきの東西南北、ことごとく皆人々に被レ下候やしきと見へ、定杭は一々有レ之候へども、人とては住まぬ所に候き、皆々麥畑に仕り置き候き、引渡しの御役人を相待候うちにふと存より候ひしは、

靑麥阡々秀、紅桃樹々春、烟中聽ニ犬吠一、似レ有下避レ秦人上
これにて其境改は御察し可レ被レ成候、中々仙骨なきものゝ住すべき事及びなく覺候き（同前）
たゞ〳〵なにとぞ名のなくなり候やうに〳〵と心がけ候に、もや七八年に及び候へば、此頃はしかり（白石をあしざまにいふ）候人もうすくなり候と申候、これらの事故に著述述作のもの等世に出候事をば深く嫌ひ諱み候事に候、とかく死し候已後百年も二百年も後の人々の公論に身を任せ候より外無之候（與佐久間洞巖書）
近頃昭廟（家宣公）へ奉公仕候人は被レ遊ニ御嫌一候樣に專ら沙汰仕候、是は執政の衆始、御先代をおとしめ候樣に被レ致と聞申候（兼山祕策第三冊　享保元年十月二十四日付）

8　有德院實紀卷一
9　明君享保錄卷一、兼山祕策第三冊　正德六年六月廿一日付
10　御觸書寬保集成一、兼山祕策第三冊　享保二年三月十八日付
11　有德院實紀卷四・五、兼山祕策第三冊　享保二年六月三日付、八月八日付、十二月廿六日付
12　兼山祕策第三冊　正德六年五月廿七日付
13　同　右　享保二年八月八日付
14　同　右　正德六年五月廿四日付
15　有德院實紀卷一
16　寬政重修諸家譜卷三六六・一六四・一四六一・四七〇・一四七一
17　兼山祕策第四冊　享保五年六月廿八日付

18　同　第三冊　正徳六年五月廿七日付

19　甲子夜話巻一

20　有徳院實紀巻一

21　兼山祕策第三冊　享保元年十月廿四日付、有徳院實紀巻四・十五、同附錄巻六

22　兼山祕策第三冊、明君享保錄巻一、明君徳光錄巻十、有徳院實紀巻四、同附錄巻六

23　有徳院實紀巻二、同附錄巻五、兼山祕策第三冊・第六冊

酒井忠擧は元祿十五年に柳澤吉保・稲葉正往に對して政治改革に關する建言をしてゐるが（姫路酒井家史料　御老中窺留）、その後反響は見られない。これに反し享保度は將軍親しくその意見を聞き、優遇した。重臣の家柄の待遇が元祿―正徳期と享保期と如何に相違してゐたかをよく示してゐる。

24　有徳院實紀附錄巻二

25　兼山祕策第三・四冊、山下幸内上書、明君徳光錄巻二

26　御觸書寛保集成十八　享保三年二月

御譜代ニて無レ之者、御譜代之勤之場所え罷越相勤候共、向後御譜代ニは不レ成候間、其段可レ被ニ相心得一候

有徳院實紀巻十三　同六年八月

小普請組支配に、隷下の諸士、もとより普第にあらず新に出身して職掌命ぜられし家は、古き普代の家と混ずまじき事なりと令せらる。

政要前錄　同　月

御譜代ニテ無レ之者紅葉山火之番被二仰付一候トモ御譜代ニ成候譯ニテハ無レ之候間可レ被レ存二其趣一候

翌七年には譜代の取扱をせぬといふ事の意味と、譜代でない者の範圍を説明する次の如き觸が出た。

御觸書寛保集成十八　享保七年六月

御目見以下之元來御譜代にて無レ之者、御取立ニテ御役替被二仰付一候得ハ、只今迄ハ御譜代同事に跡目等被二仰付一候得共、自今は御譜代筋にて無レ之者、何樣之御役被二仰付一候共、わけて御譜代同意に可レ被二召仕一との被二仰渡一無レ之之内ハ跡目は被二仰付一間敷事

右之儀、去年閏七月相達候向々も有レ之候得共、不レ詳候故、最前被二仰出一候趣此度相達候條、被レ得二其意一、組支配えも可レ被二申聞置一候

憲法編年錄　同年六月四日

寺社奉行・御留守居・御勘定奉行・御目付へ有馬兵庫頭殿御渡

先達テ被二仰渡一候、御目見以下御譜代之儀、元來ト有レ之候ハ、御本丸ニテ被二召出一候モノハ御譜代ニテ候、神田櫻田御兩所ニテ新規被二召抱一候分ハ御譜代ニテハ無レ之候、然共御本丸之御譜代之續ヲ以被二召抱一候ハ、御譜代同意ニ候、右御兩所ニテ新規被二召抱一候内ヨリ、段々御取立ニテ、御目見ヘ罷出候程ニ成候ハヽ、御譜代同意ニ候、且又元侍ニテ無レ之モノ、是又御取立大勢有レ之候得共、御目通ニテ被二召仕一候得ハ、品ニヨリ御譜代ニモ可レ被二仰付一候間、向後跡目之節、別テ致二吟味一可二申上一候、尤只今迄之組支配ヘ申渡候儀ニテハ無レ之候、頭々爲二心得一改テ被二仰渡一候、以上

寅六月

この法令は新家人でも御目見以上の者は譜代と同等の取扱ひをすると明記してあるので、前年の令や享保三年の令の如く、漠然と「御譜代ニて無レ之者」とよんでゐる場合より緩和されたものといへよう。初めの頃は御目見以上の者でも跡目が許されぬものと取沙汰されてゐた。

兼山祕策第三冊　享保二年十月十四日付

役者より出申候者先頃より御吟味御座候、御存知之通り中條藤平抔は只今諸大夫に成申事に候、其外輕き者に多有レ之候、是等は跡目不レ被レ下筈に成申抔と申候、いまだ慥成事は相知不レ申候

養子については新家人は一層不利な取扱ひをうけ、御目見以上でも許されなかつた。

同　第四冊　享保五年六月廿八日付

石川兵庫と申人の支配に何某と申人、常憲院樣（綱吉公）御時分役者より被ニ召出一、只今三百俵被レ下候て小普請にて候、此者實子無レ之に付、養子願兵庫迄申入候、常憲院樣以來被ニ召出一候者は、實子有レ之候へば跡目相違無レ之、實子無レ之候へば、跡御立不レ被レ成候樣に候由、慥に被ニ仰渡一は無レ之候得共、常憲院樣以來の奉公衆は養子願すきと取次不レ被レ申候、去ども其格慥に被ニ仰出一無レ之儀に候處、頭衆も殊の外處置にしがたく由申事に御座候、右何某が願書附を兵庫持參いたし、井上殿（正岑）へ申上候處に、是者成不レ申筋に候由にて返し被レ申候

同　第五冊　享保七年正月廿三日付

只今人心安不レ申事は、常憲院樣御代以後新に被ニ召出一候者、御目見以上の者、其實子は跡被レ下候、養子にはすきと不ニ能成一、跡斷絶仕候、舊冬以來は醫師別て多く不レ殘斷絶いたし候、實子有レ之ても代々實子可レ有レ之候にても無レ之候へば、一度は家絶申にて御座候、去年も儒者の内、秋山半藏と申もの實子無レ之、跡絶申候、俄に養子は四

國實父の方へ罷歸、妻は舅土岐重元と申醫官の者へ引取申候、其外老母妻女など有ㇾ之者、實子無ㇾ之候へば跡絶申候故、何れも生存の內より妻女など悲み罷在候、舊臘御右筆神原三郎左衞門と申者實子無ㇾ之候に付、養子願候處に、此者文昭院様（家宣公）御代被ㇾ召出ㇾ候故願叶不ㇾ申候、其故此間御暇申候由沙汰仕候、是に付、新座の者共はすきと眉をひそめ罷在候

鳩巣はこの年四月吉宗公にかゝる取扱ひに反對の意見を具申した。（兼山祕策第五册・獻可錄中）前記の如く同年六月この取扱が緩和され、新家人でも跡目が許されぬのは御目見以下に限定されるに至つたのは、鳩巣等の意見が反映したものであらうか。但、跡目を許すといふのが實子に限るのか、養子をも含めるのか不明であるが、御目見以上は譜代同意とあるから、養子も許されるのであらう。

27　兼山祕策第三册　享保元年七月十六日付。
28　同　右　同年十月二十四日付、同二年八月八日付、第四册　同三年二月廿五日付。
29　基熙公記七十五　正德六年五月四日・十一日・十五日、六月四日、廿一日。
30　兼山祕策第三册　正德六年五月十二日付、十月二十四日付。
31　基熙公記七十六　享保元年十一月二日、兼山祕策第三册　同年十月廿四日付、同十二月廿四日付、同二年正月八日付。
32　有德院實紀卷四、近代公實嚴祕錄
33　有德院實紀卷五
34　基熙公記七十五　正德六年正月十六日

35 基熙公記八十　享保四年正月十五日、同八十一　同五年二月卅日、同八十四　同七年正月廿六日

36 兼山秘策第三冊　享保二年十一月九日付

37 兼山秘策（第三冊）によれば、老中以下の諸役人は盛んに将軍迎合の態度に出たが却つて不首尾となり、（享保元年十月四日付、十月二十四日付、同二年十一月九日付）、これに反し大目付横田由松抔は老中に取入らず、外よりの音物を受けず精勤した事を賞せられて千石加増をうけ、千五百石取になつたといふ。（同二年六月三日付）「藩國に被レ成ニ御座一候時分、能々御聞被レ成、此表役人共の事委細御存知被レ遊候と見へ申候」（同年正月八日付）

第三章　財政の改革

一　幕府財政の再建

前にも述べたやうに、吉宗公が將軍として先づ當面せねばならなかつた重大問題の一は、幕府財政の破綻であつた。年と共に都市に於ける消費生活が甚だしく膨張して、武家經濟が收支の均衡を失つて來た事に加へて、これを糊塗しようとした幕府財政々策によつて經濟界が混亂し、爲めに事態はいよ〳〵惡化したのである。そこで先づ率先して徹底的な儉約生活の範を垂れ、武家の消費生活を公私にわたつて嚴重に引緊めると共に、經濟界混亂の原因と目されてゐた通貨混亂の整理統一に努力し、更に貢租その他收入增大の途を積極的に開拓して、大いに財政の健全化に盡力したのである。しかし問題は單に表面的な原因の除去によつて解決するものではなかつた。結局これは江戸幕府支配體制の本質と密接に關連する大きな問題であつたので、公は將軍在職三十年間を通じて、この問題の根本的解決のため、常に最も多くの力を注ぎ、しかも完全な解決をみることなく終つたのであつた。

しかしかゝる難問題に對し、假令一時的であつたにもせよ、享保の中頃には財政狀態をかなり好轉させることができた。これは享保改革の輝かしい成果であるといへよう。個々の政策については後に述べることゝして、先づ財政改革に相當の成果をおさめ得た一般的な原因について考へてみるに、第一に前章にも述べた如く、公がよく幕臣全般を統率するに成功し、威令がよく行渡つた事があげられる。正德時代に新井白石が遠大な理想を掲げて、種々の改革に努力したにも拘らず、さして成果をみることができなかつたのは、一つには老中以下彼の反對者が少なからずあつて、政策の立案・遂行に妨げとなつた事が大きな原因となつてゐる。この點公は將軍といふ最高權威者であつた事と共に、また諸臣を十分服從せしめるだけの器量を有してゐた事が改革成功の最大の原因であつた。第二に公は事に當る役人の選定に十分意を用ひた。具體的には後章に述べるが、幕府内に派閥對立が殆んどなく、又重用を受けた役人が權勢を振ふこともあまりなかつたのは、前に擧げた公の統率力の然らしむる所である。第三に公は勘定方關係の職務の整備を行つて、役人が各人各部門に專心し、專門の仕事に精通・熟練して、大いに能率をたかめるやうに計つた。卽ち享保七年（一七二二）には勝手方老中の制を設け、水野忠之を之に任じた。[1] 又同年八月には勘定奉行・同吟味役の職務を勝手方と公事方とに分け、各人一年交代で一方に專心せしめる事とした。その翌年には勘定組頭・勘定衆の職務も幾つかの部門に分けた。[2] かくの如く各役人夫々の部門に專心熟練せしめる事は、能率の向上には効果があるが、又一方役人の不正を生ぜしめる危險も伴ふものである。例へば元祿から正德にかけて、荻原重秀が勘定奉行として幕府財政を專斷した結果、銀座の役人などと結托して不正を働いた事は有名な事實である。故にこれも亦、上層部殊に將軍の督勵が嚴に行屆いて、はじめて大きな効果を期待しうるものであつた。要するに吉宗公が諸臣をよく統御しえたからこそ、優秀な役人に、十分その腕を振はしめることができたのである。

更に又見逃せないのは財政問題に關する公の努力・研究である。例へば儉約を勵行するに際して、公が率先垂範した事は前にも言及し、又後にも述べるが、その他公は諸藩の財政々策について、いろ〳〵調査・研究した。殊に當時加賀藩は、松雲公綱紀（一六四三—一七二四）といふ名君の治下にあつて、比較的財政も豐かであつたので、享保六、七年頃、嘗て同藩に仕へてゐた室鳩巢に二回にわたつて質問し、又鳩巢を加賀藩邸に遣して、綱紀に直々質問し、報告せしめてゐる。[3]

要するに幕府財政が元祿以降の破綻の後をうけて、兎も角享保中頃には立直つたのは、財政々策が當を得たものであつた事はもとよりながら、その前提として右に述べた如き理由が存したのである。では次に財政改革の過程を具體的に眺める事とする。

註

1　享保日錄　享保七年五月十五日

勝手方老中の制は延寶八年（一六八〇）堀田正俊が任命された時に始り、正德二年（一七一二）廢止、舊來の月番制・列座合議制に復したが、此の度又設置された。この後、享保十五年（一七三〇）水野忠之の老中辭任と共に廢止となり、元文二年（一七三七）松平乘邑《のりさと》の任命により復活、延享二年（一七四五）乘邑の免職により再び廢止となつた。

（常憲院實紀巻一、文昭院實紀巻十五、徳川理財會要　第一門巻一、寛政重修諸家譜巻九）

2　德川禁令考　巻十五・二十四

3　兼山祕策　第五冊　享保六年六月四日附

兵庫殿（有馬氏倫）被ㇾ申候は、加賀守殿國政の儀、常に被ㇾ掛ㇾ心、萬端詳成樣子共、紀州にても承及候、大國の儀に候へば品多き儀にて可ㇾ有ㇾ之候へども、先家中へ被二申渡一候筋如何樣の儀に候哉と被ㇾ申候、私申候は、私事加州にて輕き者の儀に候故、委細の儀は承知不ㇾ仕候、乍ㇾ去、兼て承候は、領國の儀は上より御預け置被ㇾ遊候儀に候へば、國政の事各油斷仕間敷候由、家老以下の者どもにも精誠被二申付一候、左樣の存念に候哉、國政の事大小によらずすきと自身に聞被ㇾ申候、別て民百姓の儀は大切に被ㇾ存候、先年凶年の時分抔にも、民の衣食等の儀まで自身に被二申付一、飢寒に及不レ申樣に被レ致候、勿論郡奉行など申役人は其の人を被レ選候て、百姓共難儀不レ仕候樣に心を付被レ申候、(中略)さて被レ申候は、役人被二申付一候時分は、定めて諸士頭中より其の人を選申出し、其上にて其器量を以被二申付一にて可レ有レ之候、但左樣にも無レ之、目がねにて被二申付一候哉と被レ申候、私申候は、役人等相極申時分は、自分目がねにて被二申付一儀も有レ之候へども、平士抔より取被レ申候時分は、必其頭々より吟味致し候て申出候、其内に自分には不心得に被レ存候者有レ之候ても、其頭たしかに宜敷由申候へば、先其通に被二申付一儀も有レ之候、其故諸頭も組の者共事無二油斷一吟味致し候由申候へば、兵庫殿又被レ申候は、定て賄賂等の事、又は惣て依怙贔負の筋は堅く制禁たるべきと被レ申候故、私申候は、賄賂抔と申儀は不レ及レ申候、少にても依怙の筋有レ之候へば、急度吟味被二申付一候故、家中諸役人此儀は平生別て相愼候故、只今などは賄賂抔と申儀はすきと絕へ申候由申候へば、兵庫殿何も感心の體にて奧へ被レ參候。

同　享保七年三月九日付

其後宰相樣(前田綱紀)御儀御尋被レ遊候、年寄候へども健にて、國政等の事今以自身に承候樣に御聞被レ遊候、其通に候哉と御尋候故、申上候は、(中略)國政並家中仕置等の事、大小共に自分に不レ承儀は無レ之候由申上候處、法律などの事、日頃定置申儀は無レ之哉と御尋に候故、私申上候は、別におし立定置申儀は不レ承候、第一大法の儀は江戶の御法令を守り候て、其通に家中へも急度申渡候、其外少々の儀は、時に依候て申出候由申上候處、又御意被レ遊候は、家老共の中、加賀守目がねを以申付候ものは無レ之候哉と御尋に候故、私申上候は、代々家老職を勤申は相極り罷在候、其外は目がねにて申付候ものも有レ之由申上候へば、其等は拔群に取立候哉の旨御尋被レ遊候故、私申上候は、目がねにて申付候者も大方先祖家筋にて申付候故、厚祿の者共に御座候、拔群取立候者は承不レ申候由

申上候（下略）

同　享保七年六月三日付

去廿五日、有馬兵庫頭殿於二御城一被二申聞一候は、（中略）諸侯の家の仕置等方々御聞合被レ遊候處、家中跡目或は半分家督申付候も有レ之候、或は加増新知の分は指除、代々取來候知行迄も申付候も有レ之候、或は家督の節知行は付不レ申族も有レ之候、只今公儀の御樣子にては、御加増新地可レ被レ下候樣も無レ之候、常祿さへ指痞申積候故、此通にては末々に罷成、御藏入拂底に及可レ申候、ケ樣にては埒明不レ申儀にて候、加賀守殿事は大國と申し、其上只今は年來に候へ共、ついに家來等に相違無レ之體に候、然處加増新知の類不レ絕、そこそこに被二申付一候樣子に候、定て何卒心當の圖り考等の有レ之體にて、數十年以來の格不二相替一儀と上にも思召候、御手前被二罷越一、加賀守殿の料簡の趣承候て可レ被二申上一候、則御内意に付申聞候旨被レ申候（中略）依レ之翌日御屋形へ御出被レ成（中略）早速御目見被二仰付一於レ私忝儀奉レ存候旨御挨拶申上、其上にて右御尋の趣申上候へば、近頃不レ被二思召寄一儀にて、難レ有思召候、御尋にて被二思召一候へば、いづれも只今迄御家中家督等被レ下候儀御格無二相違一被二仰付一、但何故に指つかへ不レ申候と申御考も無レ之候、又此圖りとて御心當りの儀も無レ之候、此御尋にて御當座に被二思召一、當日は御家にて十五六歲迄の者は知行の三の一被レ下、三の一被二下置一候者不レ絕有レ之候、且又有レ故て跡目斷絕の者間々有レ之候、扨は新開の地出來仕候も多有レ之候、此三色にてむめ合申かと思召候、此外に御考被二成置一候御圖りなどは無レ之候、差當り外に御請は無二御座一候、（下略）

第一節　通貨の統一

元祿以降の貨幣悪鑄は幕府財政破綻を最も端的に示すものであつた。これによつて經濟界は混亂し、武家の經濟狀態はいよ〳〵悪くなるばかりであつたが、當局の政策は全く糊塗的で、悪鑄に悪鑄を重ね、正德初年には、金は慶長・元祿・乾字金の三種、銀は慶長・元祿・寶字・永字・三寶字・四寶字の六種、品質形態區々のものが混用された。正德に入つて當局は慶長の制に復すべく努力を始め、家宣公も薨去に際し、特に全國民一致協力して貨幣復舊を成就すべき旨遺言し、その後白石の建言抔により、正德四年に至つて慶長の制に等しい金銀の鑄造に着手したのである。

しかし莫大な數にのぼる元祿以降の悪質な通貨を悉く改鑄するのは、假令交換が順調に行はれても容易な事ではない。[1]しかも交換を開始すると、意外にも人々は、忌み嫌つてゐた筈の悪貨を、新鑄の良質の貨幣と交換しようとしなかつた。その理由は舊貨二を以て新貨一と交換するといふ比率にあつた。此の比率は理論的には少しも人々に損失を與へるものではなかつたが、財產が半減するといふ印象を人々に與へた。幕府首腦部の中にすらかく誤解する者があつた程であつた。そのため人々は從來通りの通貨を好んで、新金銀との交換を嫌ひ、新通貨政策に種々の批判を行つた。[2]

そこで新井白石は改貨後議を著して反對意見を抑へ、以後當局者に新通貨の圓滑な流通のため力を盡さしめた。[3]即ち正德四年十月には新金銀交換の法は變更なき旨明示し、十一月には新金銀の流通を妨害するが如き言動ある者を嚴罰に處する旨觸れ、且その密告を奬勵した。翌年四月には江戶の諸問屋・兩替屋に引替のための組合を結成せしめ、殊に本兩替屋に對しては每日三千兩乃至五千兩の引替を責任額とした。[4]大坂・京都でもその翌年正月から兩替屋に組合を作らせて、一定額の引替を命じた。大坂では月に金一萬兩乃至一萬五千兩、銀千貫目乃至二千貫目であつた。[5]かかる努力が幾分か効を奏してか、正德五年の暮には、元祿金は次第に數が減つてきたからとて、來々年の十二月限りで通用を停止する旨布告するに至つたが、乾字金は未だ解決するに至らず、享保時代に持越された。[6]銀の方は質の悪化が甚だしかつたに拘らず、引替の比率が緩かであつた爲め、新銀發行は舊銀の鑄潰しだけでは間に合はず、別に銀を加へねばならなかつたので、統一は前途遼遠であつた。むしろ正德銀の發行によつて銀の種類が更に一つ增加せる結果となつた。これらが種々の比率で通用してゐるので、その繁雜さは言語に絕する程であつた。吉宗公を待受けてゐた通貨問題はかくの如く容易ならざるものであつたのである。

註

1　大日本貨幣史　三貨部

元祿金鑄造額	一三、九三六、二二〇兩
乾字金 〃	一一、五一五、五〇〇〃
元祿銀 〃	四〇五、八五〇貫目
寶永銀 〃	二七八、一三〇〃
永字銀 〃	五、八三六〃
三寶字銀〃	三七〇、四八七〃
四寶字銀〃	四〇一、二四〇〃

2　折たく柴の記　下、白石建議七

3　同　前

4　御觸書寬保集成三十二

5　三貨圖彙　卷十一

6　御觸書寛保集成三十二、兩替年代記　正徳五未三月、柴謙太郎「乾字金の流通について」(歴史地理　四五―三)

I　享保金の鑄造について

享保時代に入つても通貨統一が至難の狀態にあつた時、幕府が又も金を改鑄したと傳へられてゐる。卽ち大日本貨幣史(三貨部)に

享保元年　小判金貨幷壹分判金貨ヲ改鑄ス

是歳、小判金貨幷壹分判金貨ヲ改鑄ス、世ニ之レヲ享保小判・享保壹分判トイフ貨幣金銀銘書

謹按、舊貨幣表ニ據レハ、享保小判・壹分判金、其鑄造ノ總額八百二十八萬兩ナリ

と記し、その品位について

重量　四匁七〇三、金　四匁〇七七、千分比　八六七

と記してゐる。而して正徳四年の新金は武藏判と稱し、その鑄造額二十一萬三千五百兩、その品位は慶長の制に同じといふから次の通りである。

重量　四匁七三〇、金四匁〇五三、千分比八五七

これによれば、享保元年に總重量にして慶長・正徳のものより約〇匁〇二七輕く、金は千分の一〇、〇匁〇二四多いものが鑄造されたことになる。又佐藤忠三郎「舊貨幣表」には、

武藏判、鑄造年限正徳四年中、品位、金八十四分二九、重量四匁七六、金四匁〇一二、(同表における慶長金の品位に同じ)

享保金　享保元年ヨリ元文元年ニ至ル、金八十六分七八五、重量四匁七六、金四匁一三

とあり、これによれば享保金は目方は慶長・正徳のと同じで、品位が金〇匁一一、千分の二五程よくなつてゐる。

又、甲賀宜政「徳川氏貨幣一覽表」によると、重量は慶長・正徳・享保共に同じで、品位は「規定ノ品位」に於て

慶長・正徳金　千分比　八四二・九

享保金　〃　八六七・九

又、「多數實驗ニヨル品位」は

慶長金　千分比　八六二・八

正徳金　〃　八五六・九

享保金　〃　八六一・四

となつてゐる[1]。この他「徳川理財會要」（第四門卷十七）には、

享保元年丙申、小判金貨位一兩（重量四匁八分）……（五年庚子三月十八日ヲ以テ通用）。昇平寶鑑・貨幣史・貨幣條令備考

とあり、「貨幣祕錄」には享保三年閏十月新金銀頒行とあり、その品位を

重量　四匁七六　正金四匁一〇三九

としてゐる。（同書は慶長金・正徳金の目方は享保金と同じ、正金は四匁〇一二二となつてゐる）。

これらに基けば、正徳四年の改鑄は同年に限られ、享保に入つて新らたにやゝ質のよいものが造られた事になるが、この新鑄には若干の疑問なしとせぬ。第一にこれらは皆遙か後世になつて編纂せられたものであつて、當時のもの、殊にかゝる事には最も敏感なるべき江戸兩替屋の「兩替年代記」に一言の記載もなく、又かゝる新貨發行の觸も

ない。更に時代はやゝ下るが、大坂兩替屋草間直方の「三貨圖彙」にも全くこれについての言及がない。しかもこれに言及してゐるものの中、「舊貨幣表」は明治六年舊金座人佐藤忠三郎の著作であるが、乾字金についても、これに貳朱判があつたとが、品位が慶長・正德のものと同じであつた抔といふ明かな誤りがあるので、十分の信賴がおき難い。かくの如くこの新鑄については當然言及あるべきものになく、言及せるもの典據は聊か信憑性が薄い。

第二に正德金と享保金との差は一兩に付き純金約〇匁一二乃至〇匁〇二四、千分比にして二五乃至一〇となつてゐるが、かゝる微量の差が當時技術的に可能であつたらうか。前記の諸書に夫々享保金としてあげてゐる分析表を見ても、その最大と最少とでは純金〇匁〇五三の差がある。又「德川氏貨幣一覽表」中の「多數實驗ニヨル品位」では、慶長・正德・享保各金中の純金の千分比は、八六二・八、八五六・九、八六一・四であつて、僅かながら本來品位高かるべき享保金は慶長のそれに劣つてゐるのである。故に金一兩中の純金の量に、當時の技術では何厘かの誤差の生ずるのは止むを得ぬ事であつて、又意識的に差をつけようとしても不可能であつたのではあるまいか。

第三に若し技術的に可能であつたとしても、正德金は正德四年に二十一萬兩程造られたにとゞまり、以後享保迄鑄造がなかつたとすると、いかに引替が進まなかつたとはいへ、二年間には完全に引替へられてしまつたであらう。然るに幕府はその間終始引替進捗に努め、江戸の本兩替屋は日に三千兩乃至五千兩、大坂では月に一萬兩乃至一萬五千兩、京都でも一定額引替を命じ、諸問屋にも督勵してゐるのであるから、享保元年迄僅か二十一萬兩しか造られなかつたとは考へられぬ。況や貨幣祕錄の享保三年頒行說、理財會要の五年通用說抔、採上げる事は不可能である。

要するに正德四年の改鑄はその年に限られて、享保に入つて新らたにやゝ質のよい金貨が鑄造されたといふ說は否定せらるべきであらう。元文元年（一七三六）四月、金座の後藤庄三郎から世間に流通してゐる貨幣の種類とその額に

ついて書出した書付に

一、新金（正徳四年以降の金）八百四拾九萬六百兩餘　辰三月迄　出來高

内

貳拾壹萬參千兩餘　武藏判位

とある。[2] これによれば享保の頃新金といはれてゐた中に、若干「武藏判」といふのが入つてゐたのはほゞ確實である。判位とあるから幾分か品位も違つてゐたのかとも思はれる。しかし特に區別して取扱はれたものでない事は、右の書付が慶長・元祿・乾字金は各ゝ別に記してあるのに、武藏判は新金の箇條に内譯として記してある事から察しうる。武藏判と新金の差別について、吹塵錄（上巻三貨之部三）に

正徳四午年武藏判ニ吹替、慶長金之位ニ被㆓仰付㆒候處、人氣疑惑致し、慶長金ゟ位劣り候由申唱候ニ付、位之儀御糺有㆑之候得共、吹入方相違無㆑之候間、人氣服し兼候ハヽ、慶長金見增之位と申儀人ゝ存候、武藏判之位劣り候樣にも疑候哉と、翌未年格別ニ位を改、新金吹方被㆓仰付㆒候由之事

とある。新井白石抔が全く言及せず、兩替年代記や三貨圖彙等兩替屋の手になるものにも見られぬのは不審ではあるが、正徳五年から新金が鑄造されたとすれば、前述の引替促進策との矛盾はなくなる。が何れにもせよ、享保の政府は通貨は正徳度のを受繼いで、その統一に專心したのである。[3]

註

1、三井高維「兩替年代記關鍵」資料篇所載

2、向山誠齋「甲辰雜記」二　所收

3、享保金については、柴謙太郎　前掲論文（但し歴史地理第四號掲載の分）、遠藤佐々喜「再吟味を要する江戸時代貨幣研究の基本問題」（經濟史研究三）、三井高維　前掲書考證篇、伊東多三郎「日本近世史」二に於て言及してある。

Ⅱ　通貨統一の成就

幕府の種々の努力にも拘らず、享保に入つても引替ははか〴〵しくなかつた。享保二年限りで通用停止を告示した元祿金も、その期限が迫つてもなか〳〵集つて來ない。年を越しても回收は順調にゆかなかつた。乾字金の引替は一層はかどらず、殊にその壹分判は便利であつたためか最も回收狀態が悪く、兩替屋における切賃も新分判が銀四・五分なのに對し、乾分判は二匁以上であつたといふ。[1] 當局はしば〳〵兩替屋を督勵し、二年八月には乾字金の通用も來る亥年（四年）に限る旨告示したが著しい効果はなかつた。[2] 兩替屋も一定額引替に苦しみ、當局も他になす術を知らなかつたもの〻如くであつた。[3]

引替不振に加へて當局の神經を尖らしたものに相場の混亂があつた。江戸時代の金銀錢標準比價は金一兩＝銀六十匁＝錢四貫文となつてゐたが、正德の頃には銀の惡化が最も著しかつたため、正德三年（一七一三）には江戸・大坂共に金一兩銀八十二匁といふ相場であつた。[4] 然るに正德四年の改鑄令以降、銀は少しづ〻騰貴し、殊に享保に入つてはその速度を早めていつたのである。

かくの如く銀高値をよんだ根本的な原因は恐らく正德改鑄令における銀の優遇にあると思はれる。卽ち金においては純金四匁〇五の新金・慶長金と、二匁六九の元祿金、二匁〇七の乾字金の交換比率が二對一であるのに、銀においては新銀・慶長銀の四分の一しか純銀を含まぬ四寶銀、四割しか含まぬ三寶銀が、新銀・慶長銀と二對一の通用を認められたのである。つまり金はほゞ改良された内容通りの差が交換・流通に際してつけられたのに、銀は新舊の差が半分にとゞめられた。即ち舊銀は實際の内容に倍する價値が幕府から與へられた。こゝに極めて悪質のものではあつても、舊銀に人氣が出て相場が高くなつたのである。[5] さうして兩替屋をはじめとする人々の思惑や投機が相場をいよ〱吊り上げていつたのである。

正徳四	（江戸）	五月十四日	八九匁余（改鑄令前日）
		同月十六日	八三匁――七六匁
		十月廿六日	七三匁
	（大坂）		七五匁
享保二	（江戸）	春夏平均	六九匁七五
		秋冬平均	六四匁二〇
	（大坂）		六五匁
享保三	（江戸）	五月	五八匁三五――五三匁七〇
		七月	五五匁五〇――五三匁六〇
		八月	五〇匁五〇――四九匁六〇
		九月	四九匁五〇――四三匁八〇

かゝる傾向は幕府の喜ぶところではなかつた。何故ならば幕府財政においてはは貨幣は金を本位として居り、淺草

における藏米の賣却、旗本への金俸、諸支拂など悉く金が基準であつた。從つて銀相場の騰貴卽ち金相場の下落は幕府やその家臣達にとつて損失となるのである。更に又、通貨の統一と安定に努力してゐる折から、商人達が相場を變動させることは、統一・安定への妨害と考へたのである。

江戸の有力な商人の中にも相場の變動を嫌ふものも少なくなかつたらしい。享保二年（一七一七）十二月五日、江戸本兩替屋は町奉行より「頃日銀高直諸商人迷惑之由願出候、其譯如何」（傍點引用者）と質問をうけ、翌年にも屢〻十組問屋仲間より町奉行に相場安定について嘆願してゐる。[6] 同五年には江戸の白木屋・越後屋など大呉服商十二軒と大坂の船橋屋・信濃屋・袴屋など江戸屋衆（大坂の江戸との取引專門の大呉服問屋であらう）九軒との間に相場を六十日に一定して取引を行ふ協定が成立した。その往復書狀をみても、相場の變動にいかに江戸・大坂兩地、殊に江戸商人が惱まされてゐたかゞ察せられる。[7] また九年に京町奉行は三井・富山・家城・伊豆藏など京都の大呉服商に對し、江戸表で相場六十日一定を數度願つてゐる者があるが、商賣に差支へたり、物價が騰つたりはせぬかと質問した。これに對し呉服商達は相場が一定すれば商賣勝手よく、物價騰貴もないであらうと答へてゐる。[8] 金遣ひ・銀遣ひ兩地間の取引をする商人達にとつて、相場の變動は惱みの種であつたのである。

當局者達は常に、相場の混亂は兩替商の私利追求のための作爲であると見做してゐた。新井白石も金銀改鑄の都度通貨の相場が混亂するのは、兩替屋が利益のため共同謀議して祕かにその價格を定め、その價格でなくては賣買を不可能にするからであると見做し、「つゐに天下の利權は兩替の者共の掌の中に落候」（白石建議七）と述べてゐる。またその頃改貨に關して幾人かの人が述べた意見の中にも、金銀の相場の變動は皆これ兩替屋の謀議によるものであるから、假令今後古の如き良貨を發行しても、又々彼等が何を企み出し、世の中の害となるかわからぬ。たゞ願はくは、公儀の定めに背き、私に相場をたて定め、天下の人を苦しめた罪を糺明して、兩替商若干人を罪すれば、相場も平靜となり、金銀改造にも及ぶまいといふ意見があつた。白石はこれに對し「其利を謀り候は小人の恒の心に候上はふかくとがむべき事にしあらず候」と反對してゐるが[9]、その內心は、室鳩巣に語つたところによれば、兩替商を幾人か處刑すれば相場の安定を期しうると思つてゐたやうである。鳩巣は白石に、三十人が五十人でも、彼等故に天下の難儀となつてゐるのであるから、一々はり付にしても苦しくはあるまいと、兩替屋處刑斷行を勸めてゐるが、白石は理窟上では理解しえても、實行はできなかつた[10]。

しかし彼等に對する警戒は嚴しく、正德四年の改鑄に際しては、特に全國の兩替商に向つて觸を發し、元祿以降金銀改鑄の都度、通用停止し世の難儀となるのは、兩替商が濫りに相場を高下して過分の利を求めんとするからである。今度金銀を慶長の制に復舊するといつても、改鑄完成迄には多年を要するので、其間通用割增等の制を定めた。凡そ兩替を家業とする以上、時に應じて相當の相場を立てるのは勿論であるが、若し今後金銀通用の妨げを仕出す者があれば急度嚴科に處し、その旨訴出す者にはその罪人の家財を褒美として與へる旨告示した。さうして此後、引替・通用促進等何か事ある每に、兩替商に對しては、新金銀令の出た折「別して被㆓仰出㆒候趣も有ㇾ之」事を繰返し繰返し念を押し、注意を喚起せしめ、不正者は容赦せぬ旨申渡してゐる[11]。

かゝる情勢であつたから享保に入つての銀相場の急騰については、當然兩替屋は當局から嚴しい干渉を蒙つたのである[12]。當時江戶の兩替屋といふのは、本兩替町・駿河町に店を構へる本兩替屋と、江戶各地の錢屋(錢兩替屋)であつたが、幕府當局と直接交渉をもつてゐたのは本兩替屋であつて、錢屋は本兩替屋の監督をうけることによつて間接的に當局と交渉をもつにすぎなかつた。從つて銀相場の變動に際して幕府から種々の干渉をうけたのも本兩替屋であつた。本來錢屋は金錢の兩替を業務とし、その相場は彼等の仲間で立てたが、金銀兩替は扱はなかつた。然るに元祿の改鑄以降通貨混亂に乘じて多くの錢屋が本來本兩替屋の業務たる金銀兩替に從事し、相場の變動による利潤をかせぎ、年々營業者は激增していつた。これに反し本兩替屋は當局と深い關係にあるが故にその嚴しい干涉を蒙り、營業も振はず休廢業者が續出した[13)]。享保三年六月十八日、本兩替屋仲間は町奉行に書面を以て

先年は兩町(本兩替町・駿河町)兩替屋三十四五軒御座候所、當時は十六軒外無レ之、脇〻兩替屋も、前〻は三十四五軒御座候處、近年は夥敷人數ニ相成(中略)諸商人脇〻兩替屋に加り、其內ニは御代官樣御屋舖方御用相勤候者等打集り商仕候故、自ら高下勝ニ御座候、且大勢ニては不行儀ニも相成候故、精〻制し申候得共相用不レ申候、向後は右之者共辻商不レ仕候樣被ニ仰付ニ被レ下度(兩替年代記)

と述べ、同閏十月五日にも「世上兩替屋并商人共多候故、中〻私共力ニ而難レ防候」と述べてゐる。本兩替屋には既に激增してゆく脇の兩替屋(錢屋)を統御する力はなくなつてゐたのである。

幕府當局もかゝる事情を知るに及んで、從來單に引替や相場の面においてのみ干涉を加へてゐたのを改めて、兩替屋の營業それ自體の統制に乘出すに至つた。享保三年閏十月朔日、本兩替屋の代表が町年寄に呼ばれて「古來より天秤員數并定り候兩替師有レ之候哉」と尋ねられたが[14)]、これは幕府が、江戶兩替屋の中、若し古くから天秤の數のきまつてゐる仲間があれば、その者だけに營業を許し、他は廢業させようとしたのではあるまいか。(天秤は兩替商の最も重要な道具で、その營業權の象徵であつた。從つて天秤員數の定つてゐるといふのは、營業軒數の定つてゐる事を意味する)。然るに江戶の兩替屋には一定した天秤員數はなかつたので、當局は新たに設定しようとした。これより前、正德の末頃から幕府は兩替屋の數と營業の狀態(兩替專業か他の商業と兼業か)を各町名主に報告せしめてゐた

が[15]、同月廿三日各名主に對し「町內兩替屋之內壹人身上宜敷者書付、今日中早々差出候樣」命じた[16]。さうして翌々廿五日町奉行所に各名主を呼集め、此後江戸中の兩替屋は今度書出さしめた六百人の者に限り、他は天秤を名主方へ取上げ、一切營業させぬやう申渡した。同時に寺社奉行支配下の四百人の兩替屋も三十五人に限定された。各名主は證文を入れて之を誓つた[17]。以後江戸兩替屋は、商賣を他人に讓る時は勿論、自分の子に相續せしむる時でも、名主・五人組連名で町奉行の許可を要するに至つたのである[18]。この結果江戸の兩替屋が濫增したために通貨の統制が亂れるといふことも防止可能となり、現存を許された兩替屋に對しても、當局が營業權を支配することによつて、命令を徹底せしめうるやうになつた。又一方六三五人の兩替屋は幕府から營業權・獨占權を確認・保證されたことになり、營業上多大の利益を與へられたのである。享保の當局者は江戸に成長してきた商業資本を或面において保護し、或面においては嚴重に統制して、經濟政策を遂行してゆかうとしたのである。通貨政策における江戸兩替屋の統制もかゝる意味で重視せねばならぬ。猶、この觸書にはまだ「株」の語は見えず、江戸兩替屋仲間に關して始めて「株」の語が使用されたのは天明四年（一七八四）の觸書であるが[19]、實際には享保三年から株仲間が成立したと見るべきである。

この兩替屋株仲間成立の三日後、幕府は突如新通貨政策を發表した。それは次の三箇條を內容としてゐた[20]。

一、來る十一月一日から新金銀を基準として物價を定める事（從來は乾字金・四寶銀が基準であつた。）

二、引替・通用の比率を改める事

イ、金は從來より純金含有量に相應せる比率が施行されてゐるので變更なし。

ロ、銀は次のやうに改める。

新銀に對し元祿銀は二割半增（從來通り）

同　　寶永銀は六割增（從來五割增）
同　　永字銀は十割增（從來通り）
同　　三寶銀は十五割增（從來十割）
同　　四寶銀は三十割增（　同　）

三、通用又は引替期限を次の如く定める。

イ、乾字金引替は來る寅年（享保七年）限り

ロ、元祿金引替は亥年（同四年）限り。

ハ、舊銀は來る寅年限り。

要するに以後四ヶ年餘の歲月で通貨を急速に統一しようといふ計畫である。

正德の改鑄に際して、立案者たる新井白石は通貨統一は二十年を要すると見てゐた。[21]その實施に際しても、銀は特に交換の比率を緩くして急激な變動をさけ、不足の分は年々產出の銀を以て補つてゆくといふ方法をとつたので、統一迄に相當長年月を要するのは當然であつた。然るに享保三年の令においては「銀ハ正味不足多有レ之によつて、灰吹銀にて足銀被二仰付一候處、近年山々より出候銀の出方ニては、貳拾ヶ年餘ニても成就計かたく候、依レ之金之通、向後銀之有目にて吹直被二仰付一候」と、從來の方針を改め、急速に統一しようとしたのである。これについて正德改鑄の當事者は、三年程早すぎたと批評し、また決定するに當つても衆議區々で決し難く延引してゐたところ、吉宗公の獨斷で發令をみるに至つたといふ。[22]その影響を考へればなみ〳〵ならぬ決斷を要することであつたと思はれる。

この發令は各方面に大きな衝撃を與へた。殊に銀の割合の大變化は上方の「銀遣」の諸國に甚しい混亂をもたら

し、又物價の變動によつて江戸も少なからぬ影響を蒙つた[23]。銀の相場にも響いて、銀相場は著しく高くなつた。幕府は兩替屋に六十匁の公定相場の勵行を嚴命し、時折銀を拂下げて市場を賑はさうとしたが相場は下らず、四十匁代から甚だしきは三十七匁にも達した。本兩替屋は當局の嚴しい干渉をうけて遂に十一月中頃から營業を中止し、その間屢ゝ公定相場廢止を嘆願して、漸く翌四年三月廿日に至つて相對相場が認められるに至つた。相場はその後も暫くは

元文元年現在舊金銀殘高表

	鑄	殘	
○元祿金	一三、九三六、二二〇兩	七七五、一九〇	五・六%
○乾字金	一一、五一五、五〇〇	六七七、三一〇	五・九%
○元祿銀	四〇五、八五〇貫目	一三六、〇八八	三三・五%
○寶永銀	二七八、一三〇	一一、〇三二	四・〇%
○永字銀	五、八三六	七三七	一二・六%
○三寶字銀	三七〇、四八七	三、一四二	〇・八%
○四寶字銀	四〇一、二四〇	四、六九五	一・二%

四十匁代を上下したが、六年頃から五十匁代に下り、年と共に落着いていつた。[24]

通貨の引替も五年後の享保七年末を限ると告示されても、早急には進まず、金・銀共に引替促進の觸が屢〻下されたが、兎に角七年末を以て舊金銀は通貨としての效力を失ひ、以後は潰金銀として幕府が買上げることになつた。元文元年（一七三六）金座・銀座の調査によると、當時舊金銀は別表（前頁）のやうに引替未了で殘つてゐる。[25] これによると元祿銀の殘額は少なくない。また新銀の製造が間に合はず、享保末年迄一部では從來通りの割合で通用してゐたといふ。[26] 金も乾字金は享保十五年に至つて殘高も多いからとて再び通用が認められた。[27] 故に完全な通貨統一とはいひえぬが、さほど經濟界を混亂する問題とはならなかつた。そこで享保七年末を以て、さしも元祿以來の大問題であつた通貨も、略〻理想に近い形で安定期に入つたといひうるのである。その着手は家宣公の遺命によるが、その完成は吉宗公以下享保の政府の多大の努力の賜物であつた。

註

1、兩替年代記　享保元年九月、同二年八月廿日、同三年二月四日

2、御觸書寛保集成三十二、兩替年代記　享保元年九月―十二月、同二年八月廿日

3、同年代記　享保元年九月廿八日

既ニ時今引替之儀ハ、切賃差出し乾分判相調、御定高ニ都合仕候、此後は失脚仕て成共出情可ㇾ仕候旨申上ル。

同　十二月

其後彌集方無ㇾ數ニ付、十二月願出候節、仰ニ、御觸前ニも被ㇾ仰出ㇾ候得共、集不ㇾ參候上ハ出雲守（中山時春）様ニも被ㇾ遊方無ㇾ之旨被ㇾ仰

4、江戸―兩替年代記、大坂―三貨圖彙物價之部（以下特に註記せぬ場合は之に同じ）
5、銀に對するかゝる措置については、改鑄の觸書の中で
只今通用之銀の事は、慶長の古銀に引くらへ候に、其品大に同しからす候へハ、其品に應し候て割增を定められ候ハヽ、公儀御費用にも及はすして、慶長御定の品のことくになし返さるへき事に候へとも、世のためにおゐてハ其損失あるへき事に候を以て、わつかに拾割增の法に定められ候て、其不足の所におゐてハ、公儀御費用を以て償はれ候所にて候（御觸書寬保集成三十二）
と述べてある。「世のためにおゐては損失あるべし」といふのは、實際の內容通り、四寶銀の價値を四分の一に落しては變動が大きすぎるといふ配慮であらうが、その背後にはこの改鑄の中心人物谷長右衛門の活躍があつたのではあるまいか。谷は折たく柴の記によれば堺の商人で、京の吳服師鷲津見（龜屋）源太郎を介して幕府の改鑄に參與するに至つたといふ。また月堂見聞集には京三條通堺町西入とあり、攝陽奇觀には大坂今橋とある。これらに店があつたのであらうが、要するに上方の豪商の一人である。故に銀價の變動をつとめて小さくしようとはかつたものと考へられる。老中以下幕府諸役人の意見でないことは、白石が「こゝらの人々銀の事もとより其患とする所にあらず」、むしろ當時通用の金の價値半減こそ頭痛の種であつたと記してゐることから想像できよう（折たく柴の記下）。いはゞ谷長右衛門の口を通じて、上方商人の利害が正德の改鑄に反映したものと見られよう。
6、兩替年代記
7、舊三井文庫文書一四五九號（三井高維「兩替年代記關鍵」資料篇所收）
8、舊三井文庫文書一二五〇號（兩替年代記關鍵所收）

10、兼山祕策第二册　正德三年閏五月九日附
9、白石建議四、
11、御觸書寛保集成三十二
12、兩替年代記　享保二年十二月五日・同三年五月廿五日・六月十八日・八月六日・九月十八日・廿九日・閏十月五日、月堂見聞集卷九　享保二年十一月十三日京都町觸
13、本兩替屋の人數は寛文四―六年（一六六四―一六六六）四十人を數へたのを最高に、以來年々漸減して、寛文十年乃至延寶八年（一六七〇―一六八〇）は三十人前後、享保三年（一七一八）には十六人となつてゐる。（三井高維「兩替年代記關鍵　考證篇」所載「江戸の本兩替仲間人名一覽表」）一方錢屋は元祿頃には三十數名であつたが、（元祿十二年「錢屋組合判形帳」、兩替年代記　享保三年六月）享保三年には六百名近くに達してゐる。（御觸書寛保集成三十三）
14、兩替年代記
15、正寶事錄二十四　正德五年十二月廿一日、同二十六　享保三年閏十月廿一日（猶この觸によれば同年二月にも調査したとある）
16、正寶事錄二十六
17、御觸書寛保集成三十三、正寶事錄二十六、政要前錄　乾上、享保撰要類集十
18、兩替年代記　享保七年六月、日本財政經濟史料卷六所收　寛延四年十月錢屋番組證文
19、御觸書天明集成四十六

20、御觸書寛保集成三十三

21、上銀造られ候事は、上金造られ候よりは其事たやすからず候へば、其年限のほどかねて定申難く候、二十年の内外には其功終るべき事とは存じ候（白石建議五）

此後十餘年をも過候に及びて、新金の世に行はれ候事も年久しく、萬物の價も相定り候時に至ては、をのづから新金壹兩につきて四貫四五百錢にも相當り、二十年を過ぎ候はゞ金銀錢の三つ其價平かにして、慶長の法のごとくにたちかへるべき事に候歟（白石建議七）

22、兼山祕策第四冊　享保三年十一月廿九日附、同十二月廿四日附

23、同前

一、此度金銀引替新法被二仰出一候て、關東筋は金遣にて候故、當分指て替申儀も無レ之候へ共、西國上方、偖は御國抔も難儀の旨沙汰有レ之候、有馬玄蕃頭殿家來などひしと行當りつぶれ申様に申候、四分一の身上に成申同事に候へば尤に存候（十一月二十九日附）

一、此度金銀通用御新令、諸國一統に被二仰出一候、其御地抔も御詮議にて、諸士中も難儀之由承申候、左様に可レ有レ之と奉レ存候、京都西國一統つぶれ申様に申候、當地抔は金遣に候故、「當分夫程難儀は不レ仕候得共、物價くるひ候て間違候もの有レ之候、金納の所々抔は急に一倍に成故、ひしと難儀仕體に候、其上物價四倍に罷成候て、又は金子三四十匁替に交易不レ仕候ては、京都の賣人も續申間敷由申候、左候へば當地も可レ爲二困窮一候（中略）ちと急に御座候故、諸人行當り難儀仕候、此度の御新令三年早く候由、先日御先代金銀吹替の事に預り申人被レ申候、いかゞ成行可レ申哉、愚見に及儀にて無レ之候（十二月廿四日附）

吹塵録上　貨幣之部四
如斯故、今迄拾貫目之身代ハ貳貫五百目ニ相成、夫故ニ諸色高直、右之通混雑ゆへ、金七拾五匁ニ成り、銭三拾目となり、米貳百拾匁となる、
右ニ准シ諸色共皆高し、十一月朔日〆米も相場を立直し、百四拾目を新銀三拾五匁ニて賣買す、（中略）世其外諸色銀四ツ割五割六割之上リ、代呂物高下一日ニ三四度宛替る、十一月十日時分〆廿日頃迄諸色直段下り、世間静になる、又廿一日〆金銭米高し、是〆山中栄とめとなり、薪大ニ高し、薪壹駄ニて五七匁上る、山中片田舎ハ四ツ寳銀捨れたると心得、四ツ寳銀ニて何によらす品物を悦ふ者あり、又四ツ寳ニて品物を買、相場を聞て變改するもあり、夫故に論たゆる事なく、四ツ寳銀壹貫目ニて新銀貳百五拾目なれハ、今いやな四ツ寳銀戀しく成る者もあり、四ツ寳ニてハ品物安く賣様になり、新銀にては高く賣もあり、又十二月ニ至リては、新銀を好、買込候品物を賣氣ニ成、人之氣之替る事秋の夜の雲の如く、金銀の狂ひハ人の心忽ちいたましめ、命をも捨ん事此一儀ニあり、君ハ民を食とし、民は食を以命とす、此金銀騒動ゆへ、銭高く成、米も高く成、諸色も高く、盗人多し、村はつれにて人をなやます事是より起るなり、
基熙公記七十九　享保三年閏十月廿九日・十一月五日・八日・十四日
24、兩替年代記
25、向山誠齋「甲辰雜記」二・七
26、三貨圖彙巻十八
27、御觸書寛保集成三十三

第二節　支出の抑制

幕府財政をはじめ一般武士の經濟生活にとつて、年月を逐うて支出が增大してゆく事は容易ならぬ問題であつた。勿論これに對して享保以前に全く何も對策が講ぜられなかつたのではなく、歷代の武家諸法度の條文をはじめ、儉約をすゝめ、奢侈を禁じ、分に應じた生活を命じた法令は甚だ多い[1]。時には淀屋辰五郎・石川屋六兵衛などの豪商の奢侈を罰したこともあつた[2]。しかし政治機構は徐々に複雜になり、生活程度は向上し、物價が消費の增大・通貨の混亂に伴つて高騰してゆくので、支出の削減は容易の業ではなかつた。しかも儉約を命ずる當局が、儀禮の重視などにより、政治を一層繁雜・華美なものとし、支出增大の原因を作つてゐては、命令の徹底を期することは不可能であつた。かゝる情勢下に登場した吉宗公は如何にして支出削減に努力したであらうか。以下その狀況を觀察しよう。

I　儉約の勵行

紀州時代の吉宗公の儉約・奢侈抑制の徹底してゐた事については旣に述べたところであるが、將軍となつてからも、その質實な氣風を幕府全體に浸透させようと努力した。日常の衣食は木綿・玄米など甚だ粗末なものを好み、器物その他も贅澤にならぬやう細い注意を拂つた。例へば或時茶碗に葵の紋の燒付けてあるのを見て、今後は特にかゝる事はせぬやうに命じたといふ。又公は諸臣が華美な衣服を着る事を嚴に戒めた。老中阿部正喬と側衆北條氏澄が、夫〻何か將軍の指示を仰がうとして御前へ出た所、公は用件には答へずたゞじつとこちらを見つめてゐるので怖ろしくなり、その儘退出し、紀州から公に從つてきた小笠原胤次にその事を物語ると、衣服が立派過ぎるからであらうと注意された。そこで衣服を質素にして又公の前に出ると、今度は何事もなかつたかのやうに、用件に答へてくれた。

それから後は皆綸子などの贅澤なものは着ぬやうになつたといふ。兼山祕策には「御儉素の儀…………創業の君の様に相見へ申候」と評してゐる。[3]

公はかくの如く自ら範を垂れて個人生活の簡素化を諸臣に勵行せしめると共に、幕府政治の徹底的な緊縮を指令した。家繼公の葬儀の際の梓宮《しきゆう》も豪華に過ぎるとて改造せしめた。これは既に完成して居たので、改造すれば費用は却つて多額を要する旨言上する者があつたが、費用は構はぬ故、質素な物とせよと命じたといふ。又吹上の庭にあつた美亭も取毀さしめた。[4] 此等は單に費用を節約するためではなく、從來の華美な風俗を一掃しようといふ新將軍の根本方針を明示するためであつたと考へられる。

公の儉約の方針は第一に儀禮の面の節略にあつた。享保六年（一七二一）は常憲院（綱吉公）十三回忌に當つたが、從來常憲院の年忌には靈廟のある寛永寺で執行するは勿論、增上寺に於ても法事があつたのを、今回から上野のみとした。[5] 翌七年には有章院（家繼公）の七回忌が執行されたが、この度からは勅使下向を辭退し、讀經も萬部であつたのを千部以下に限つた。一般もこれにならひ、その分に應じて營むやう命じ、また「近代禮物等莫大之品多く、末々之輩ニ至てハ、外をかさり、實儀を失ひ候」とて此等を減少するやう命じた。しかし日光のみは格別であつて、朝廷より例幣使をも仰付られてゐるのであるから、今後も年忌法事に勅使を仰付られるやう朝廷にお願ひすることゝなつた。[6] その他すべてに簡略な法要が營まれた。[7]

寺院の建立も著しく制限した。享保二年神田の護持院が燒失すると、その地は收公して火除地とし、護持院は小石川の護國寺と合併し、しかも從來幕府の手で行つてゐた諸堂舍の修理を、今後は兩寺領二千七百石の中から費用を出して行ふことゝなつた。[8] 又同年奈良興福寺が燒失して、その再建を朝廷から幕府に求められた折も、修理の料は寺領の中に見込んであり、且從來幕府で造立した例はないからとて之を拒んだ。[9] 五年三月には上野の大猷廟（家光公）が燒失したがその再建を許さず、嚴有廟（家綱公）に併祀させ、公自身の廟も建立を許さぬ旨を明かにした。[10] 翌年には寛永寺本坊の修理を行つたが、その際幾多の部屋を取拂ひ、小規模のものにしてしまつた。[11] 又同年小石川傳通院が燒失したが、その再建は法事に差支へない程度に留め、壯麗にすべからずと命じたといふ。[12] かくの如く幕府や朝廷と深い關係にある寺院も、その造營に著しい制限を免れなかつた。一般の寺社の造營も當然制限せられたのである。[13]

神社の祭禮も、屋臺を禁じ、ねり物の人數を削減し、華美を禁ずる等の制限をうけた。[14] 節句の諸道具なども華美にわたらぬやう屢〻命令が繰返された。[15]

節略はかゝる儀禮的な面にとゞまらず、享保六年には元拂納戶頭・賄頭・腰物奉行・細工頭に經常費の節約を命じ、「上より被₂仰出₁候御用之品ニても、御物入掛り候品有ㇾ之候ハヽ、其了簡をも可₂申上₁」旨令した。[16] 同十年には寺社奉行所關係の經費節略令を發した。[17]

享保七年五月には水野忠之が勝手掛老中に任ぜられたが、その際大名・幕臣全員に向つて、近年幕府の收入少く、一方堤防修理や飢民救濟等臨時の支出が增加し、甚だしい財政難に陷つて旗本などの切米も圓滑に支給しえぬ現狀を說明し、今後の情勢によつては幕府が多數の幕臣の生活を支へ得ぬ狀態に至る恐れありとて、生活の引下げを命じた。同九年には音信・贈答・嫁娶の規式饗應、婦人の衣服、乘物・挾箱・長持等の塗物、夜着蒲團等細々とその限度を明示する觸が出た。忠之退職後もこの方針は變らず、同十六年・二十年・寛保三年（一七四三）など屢〻儉約令が發せられた。[18] 儉約令は江戶時代を通じて殆んど常時發せられてゐるが、將軍率先して質素な生活に努め、思切つて儀禮を節略し、儉約令を下々迄徹底せしめたところに享保政治の一特質が窺はれるのである。

註

1、御觸書寛保集成　衣類之部・儉約之部・風俗之部・金銀之部・諸商賣之部等參照
2、辻善之助「日本文化史」Ⅵ　江戸時代に於ける平民文化の發達と武家文化の崩壞參照
3、兼山祕策第三册　正德六年六月廿一日附、享保元年九月朔日附靑地禮幹書簡
4、兼山祕策第三册　正德六年五月廿四日附、六月廿一日附、明君享保錄一
5、政要前錄　乾下　享保五年八月十六日
6、同　坤下　同　七年三月十四日
7、有廟命令集
8、有德院實紀卷四
9、基熙公記七十八　享保二年十一月廿二日、兼香公記廿八　同　廿五日
10、政要前錄　乾下　兼山祕策第四册
11、同　坤上　享保六年八月
12、有德院實紀卷十二、同附錄卷十五
13、政要前錄　乾下　享保三年十二月
14、御觸書寛保集成二十一
15、同　三十六
16、憲法編年錄三十九

17、有徳院實紀巻廿一
18、御觸書寛保集成十九

II　商業統制と貿易の制限

奢侈品の製造・販賣を禁じ、また物價騰貴を抑制することは、儉約令の勵行と表裏をなす政策である。これらも亦かねてより屢〻命令が發せられたが、享保期において特に嚴重に勵行された。殊に注目すべきことはその政策の徹底を期せんがため、商業資本の統制を新らたな方式の下に實行したことである。卽ち株仲間の成立がそれである。尤も株仲間の成立はその業種により、又江戸・大坂等の場所により、年代も區々で、享保期に初めて成立したものではないが、江戸の株仲間にとつて最も劃期的な年は享保六年（一七二一）であつた。卽ち此年十一月、幕府は諸商人・職人に組合を結成せしめ、新規の品の製造と火災後物價を騰貴せしめる事を禁じ、組合員の連帯責任を以て法令を遵守し、新規の開業・轉廢業・轉居の屆出、組合不加入者及び法令違反者の監視と屆出を命じた。しかし組合員の數を限る事なく、加入さへすれば自由に新規開業を認め、同業者が之を妨げる事のないやう令した。1)

これより前、幕府の方針は彼等が仲間を作つて種々の申合をなすのを禁止して居り、明暦三年（一六五七）・天和四年（一六八四）と禁令が繰返され、2) 近く享保三年（一七一八）にも

一、前々米高直に隨ひ、諸色直段も高直之由相聞え候、此節者追々米直段も下直に成候得共、諸色直段幷諸職人手間代やとひ賃等曾下直に無ㇾ之由、惣而御定座職之外、諸商ひ銘々心次第に賣買可ㇾ仕處、御停止を相背き、銘々申合せ、仲間をたて、直段を極め、人々心次第之直段下直に賣買は成がたく樣に仕候由、粗相聞不屆之至、彌以人々心次第に賣買仕、諸直段賃銀等下直に相成候樣可ㇾ致候、若諸商人・諸職人・日雇之者迄、頭取いたし、其

類ひ申合仲間をたて、直段等相極め候族有レ之においては、召捕、急度曲事可ニ申付一候事

といふ觸が發せられてゐる。[3] 然にる同六年の觸は却つて商人等の申合せによつて新規商品の製造・販賣を禁じ、物價を統制させようといふのであるから、こゝに至つて幕府の對商業政策は明かに大轉換をしてゐるのである。前に兩替屋株仲間が新通貨政策發布の數日前に結成され、新政策施行に協力せしめられた事を述べたが、今回の措置もそれと同じ意味をもつ事はいふ迄もない。

　諸商人の仲間がこの令によつて遽に成立したものでない事は、明暦以來仲間申合禁令が繰返されてゐるのを見ても明かであるし、元祿年間十組問屋仲間といふ江戸時代最大の仲間が、幕府權力と直接結付く御用商人達の勢力を抑付けることによつて成立したについては前に述べたところである。十組仲間は略當局の默認するところであつたが、一般には許されてゐなかつたので、私的な結合で、仲間・組合といふ名稱を避けて、戎《えびす》講などゝいふ信仰團體の假面をつけてゐたものもある。しかし實質的には同業組合として、享保頃には都市商業の上に確乎たる力をもつに至つたものが少なくなかつたのである。享保の政策はかゝる情勢を容認し、これに對應すべく新勢力として擡頭してきた商人仲間を公認し、仲間による獨占を許すと共に、これを支配下におさめる事によつて商業を統制しようとしたのである。要するにこの新商業政策は享保期が幕府政治の轉換期であつた事を最もよく示すものゝ一である。

　勿論奢侈品禁制・物價の抑制はかゝる措置にとゞまらず、儉約令と同樣、屢〻細〻と指令された。[4] 物價に關しては享保六年、九年、十一年、十二年、寛保二年、三年と繰返された。奢侈品については享保六年に端午の節句の人形・雛人形・破魔弓・羽子板・諸道具に關する種々の制限令、九年には婦人衣類の最高價格制定、二十年には雛人形についての再令、寛保二年には季節的食品の販賣時期が定められた。所謂「はしり」の物を禁じたのである。貞享三年

（一六八六）・元祿六年（一六九三）にも同様の令が出てゐるが、その際には制限は野菜・果物類のみで「魚鳥之類ハ時節かまひなくとれ次第可レ賣レ之」とあつたのが、今回は魚類も鳥類も物によつて制限の中に入られた。享保の緊縮政治はかくの如く細〻と生活に干渉したのである。

貿易に關しては、享保の初年、老中等は前に新井白石が中心になつて作つた所謂「正德の新令」をやめようとした。しかし長崎奉行等はその廢止に反對し、結局吉宗公の裁斷によつて存續と決定した[5)]。その後も貿易を制限して金銀の海外流出を防がうといふこの新令の精神はよく守られて、制限は漸次强化されていつた。正德の新令における制限額は

唐　船　一年三〇艘　銀六〇〇〇貫目（內、銀の代りに渡す銅三〇〇萬斤）

オランダ船　二艘　銀三〇〇〇貫目（內、銅一五〇萬斤）

となつてゐたが[6)]、享保四年には唐船に對し、翌年にはオランダに對し、明年より新通貨を基準とするから貿易額は半減する旨通達した。オランダに對しては金二萬五千兩、內銅百萬斤となつたが、十八年に至つて輸入額を銀千百貫目とし、銅はもとのまゝ百萬斤といふことになつた。更に寬保三年（一七四三）に至つて近年出銅が少くなつたからとて貿易額を半減し、銀高五百五十貫目、銅五十萬斤としたが、オランダ側の苦情により延享二年（一七四五）には銀高千貫目銅九十萬斤に、翌三年以降は一一〇萬斤と金千兩になつた[7)]。（延享二年は吉宗公の將軍をやめた年であるから、制限が緩められたのも改革政治の終焉を示す一事實かとも思はれる。）

唐船に對しては、元文元年（一七三六）に來航船數を二十五艘に減じ[8)]、更に同三年には二十艘とした[9)]。寬保二年には又々十艘に減じた上、銅も三〇〇萬斤を一五〇萬斤と半減した[10)]。これも延享三年に至つて緩められ、二〇艘二〇〇萬

斤となつた。[11]

かくの如く幕府が貿易制限を强化していつたのは、前述のやうに金銀銅の流出を防止するためであつたが、當時の問題は中でも銅の減少であつた。卽ち金銀の減少に伴つて、貿易は漸次銅に頼るやうになつてゐたが、その銅の産額が年々減少して、長崎に必要な額が集まらなくなつてきたのである。折たく柴の記（卷下）によれば元祿十二年（一六九九）には八百九十萬斤必要な銅が七百萬斤しか集らず、正德に入つては四百五十萬斤の豫定が百五十萬斤も不足したといふ。享保時代に入つても、種々の制限にも拘らず銅の不足は解決しなかつたので、遂に元文三年（一七三八）には大坂に銅座を設けて專賣制を施行するに至つた。[12] しかしかゝる獨占機構を設けた結果は必ずしも芳しからず、銅の價格は抑へられた上、一々大坂に廻漕する失費もかさんで、鑛山業者の經營を困難ならしめ、銅生産の不振もつのらせる原因となつたのである。[13]

銅の不足に伴つて重要貿易品となつてきた俵物（海鼠・鮑・鱶の鰭等の海産物の俵詰、淸國に於て料理の材料として珍重された。）の輸出についても、此時代劃期的な政策がとられた。俵物の輸出は長崎俵物請方舊記によれば延寶（一六七三―一六八〇）頃には始つてゐたらしい。正德の新令に於ても、唐船一艘につき銀三十貫目分づゝ、定額外の交易に使用する事を認めてゐる。[14] それが銅不足の甚しくなるにつれて、次第に定額内の貿易品として重視せられるに至り、享保十四年に長崎に雜物替會所が設けられて、帶屋庄次郎・近江屋庄之助ら三名が雜物替幷代り俵物頭取となり、延享元年（一七四四）には長門屋傳助・帶屋庄次郎・品川作十郎・近江屋庄之助など八名が「永遠俵物一手請方」を仰付られて、從來千百貫前後であつた集荷を千八百貫請負ひ、翌年四月俵物會所の名稱を許された。[15]

俵物の貿易上における比重は、淸の雍正七年（一七二九　享保十四年）同國官吏上奏文に

査商船回棹貨物、向例四分銅斤、六分係彼處海菜等貨物名曰包頭（雍正硃批諭旨四七）

とあり、寛延二年（一七四九）唐船一艘の取引高銀二七四貫目餘の中、銀價にして銅一一五貫目餘、俵物・諸色一五八貫目餘といふから[16]、甚だ重要なものとなつてきたことがわかる。後、田沼時代になると俵物の輸出によつて外國金銀の輸入すら行はれるに至つたのである。[17] かくの如く、從來いはゞ輸入一方であつた貿易が輸出も行ふに至つた轉機は、享保十四年乃至延享元年の俵物政策に負ふ所大であることを忘れてはならぬ。銅といひ俵物といひ、貿易面においても、將來種々の意味において問題となる幾多の事柄の緒が、享保期に開かれてゐるのである。

扨、右の如き貿易額の制限に伴つて生じて來たのが密貿易の問題である。既に正徳頃から盛んに行はれ、甚だしいのになると番船を攻撃し、上陸して略奪を行つたりした。[18] そこで正徳四年（一七一四）に幕府は取締令を發し、西國諸藩にも嚴重取締を命じたが容易に効果があがらぬ。殊に諸藩では消極的で、長崎奉行が犯人をつきとめた上、逮捕を要求してくれば捕へて差出すが、進んで犯人を捜査することはしない。形式的に領内の者に證文を差出せたり、誓紙血判させたり、或は觸書をよんできかせたりするだけであつた。そこで享保四年（一七一九）には「是等之事ハ無益之儀、改之名聞迄ニて書付ニ預ケ置、畢竟吟味之本意は不ニ相立一事に候、右之類無益なる故、自今堅無用ニ可レ被レ致候（中略）向後ハ一人成共、召捕候を專一ニ可レ被ニ申付一候」と、積極的に逮捕に乘出す事を命じた。[19] さうして僅かでも逮捕した藩へはその藩士に迄賞を與へ、密貿易品を告訴した者にはその取引品を與へた。[20] 又同三年に常習密貿易の主謀者三人が捕へられ、老中以下死罪に處すべしときめた所、吉宗公は特命を下して釋放させ、その代りにこの三名をして最大の首魁者先生《シャンスイ》金右衛門を逮捕させた。[21] このやうにして享保の中頃迄には密貿易の問題も靜かになつたのである。

享保時代の貿易政策はかくの如く一路制限強化へと進んでいつた。その根本方針は寛保二年（一七四二）の制限令中の「唐物不㆑渡候とて日本之産物不足之物ハ無㆑之、薬種計之事ニ候」[22]といふ文句によく表れてゐる。これは新井白石の「我有用の財を用ひて彼無用の物に易んこと、我國萬世の長策にあらず、古より此かた、我國いまだ外國の資を借らず、されば今も薬材の外は他に求むべき物もなし」（折たく柴の記中）といふ貿易論と全く一致し、その他當時一般の貿易論でもあつた。蓋し織田・豊臣政權乃至德川政權初期以來この頃に至る迄の貿易は、外國との關係とはいつても實は國内市場相手の商業であつた。卽ち物資の輸入價格と國内市場價格との差による利潤のみを目的としたものであつた。諸政權は貿易を支配してこの利潤を確保することによつて自己の經濟力を強くし、全國支配の基礎を固めたのである。しかしこの方法は日本國内において自己の領國の致富をはかる事は可能であつても、日本全國の經濟力を増すものではなかつた。江戸幕府の全國支配が確乎不動のものとなれば、かゝる貿易の存在意義は次第に薄れてくるのみならず、夥しい貨幣の海外流出によつて全國的な經濟力は著しく低下してきたのである。貿易無用論がかゝる形の貿易に對して唱へられ、制限が强化されてきたのは必然であつた。

當局はかくの如く貿易制限を强める一方、輸入品の國内生産をはかつた。旣に家宣公も貿易の事情を聞き、これについて、現在輸入せねばならぬといふ薬材の如きも、古く我國に産した物が少なくない。又曾て産しなかつた木綿・煙草などは現在何處でも出來るのであるから、假令古來日本にない物でも、種子を求め、土地を選べば生産しうるであらう。織物についても古く倭錦などゝいふものもあつたのであるから、外國の織物を用ひずともよからう。先づ織物を試みに作らせて見よとて、京都町奉行に命じた。これはやがて公の薨後に獻上された[23]。また正德三年には白糸（輸入糸）の輸入減少し西陣機業が不振となつたのを救ふため、和糸（國内産糸）を西陣で用ふる事を奬勵し、各地に和糸の增產をすゝめてゐる。[24] 享保に入つてからの詳細は後に產業の奬勵として述べることゝするが、朝鮮人參等各種の藥種・砂糖等の生產に努力が拂はれたのである。やゝ後になつて各地に產業が發達してきた原因の一端はこの政策が與つてゐるといへよう。

次に、前に引いた寛保二年の貿易制限令を見ると「商賣物之價、［日本之產物餘分を以交易可レ致筈之處、當時不足銅を唐阿蘭陀えは直段安ク買取らせ、其餘分ハ長崎出銀之內ニて償候と申儀不相當之事ニ候」とある。この令は結論としては貿易を半減するといふのであるが、貿易は產物を以て交易するのが原則であるといふ點と、銅を安く外國に買はせてやるのは不當であると述べてゐる點に注目すべきであらう。卽ち前者は從來の貨幣乃至貨幣原料のみによる、いはゞ輸入一方の貿易への批判であり、後者は從來の對內的利潤のみを顧慮し、對外的損失を全く無視した貿易への批判である。（國內市場價格と差をできるだけ大きくするため、輸入價格をつとめて低く評價せねばならぬ。そのためこちらから渡す銅の價格も相場を無視して低い値段にしてゐたのである。[25]）後世田沼時代の貿易政策や本多利明その他の重商主義的貿易論へ通ずるものが、こゝに認めうるのである。前の俵物政策といひ、この觸書にあらはれた思想といひ、政治はこゝに轉換して、江戶時代の後期に入つてゆく事をしみじみと感ぜしむるものである。

註

1、御觸書寛保集成三十六
2、同　右
3、三貨圖彙物價之部卷六
4、御觸書寛保集成三十六

5、兼山祕策第三冊　享保二年八月八日付
6、德川禁令考　第六　卷六十二
7、通航一覽　卷百六十・百六十二
8、御觸書寬保集成三十五、（通航一覽卷百六十では享保十八年となつてゐる）。
9、通航一覽卷百六十
10、御觸書寬保集成三十五
11、通航一覽卷百六十
12、御觸書寬保集成三十三
13、石井孝「幕末における幕府の銅輸出禁止政策」（歷史學硏究　一三〇）
14、德川禁令考　卷六十二
15、長崎俵物請方舊記摘要、俵物一件之覺
16、沼田次郎「日淸貿易に於ける一問題」（歷史地理　六八ノ五）
17、辻善之助「田沼時代」、內田銀藏「德川時代、特に其の中世以後に於ける外國金銀の輸入」（日本經濟史の硏究上）
18、折たく柴の記卷下
19、御觸書寬保集成三十五
20、有德院實紀卷十一、御觸書寬保集成三十五
21、兼山祕策第四冊　享保四年二月七日付

22、御觸書寛保集成三十五
23、折たく柴の記巻下
24、御觸書寛保集成三十六
25、石井孝　前掲論文

III　緊縮政策の批判

享保時代の徹底した緊縮政治に對しては、當時幾多の批判が公然と、又は密かに行はれた。家宣公の岳父として、正徳時代の禮樂整備に關係のあつた近衛基熙は、始の中こそ「公方慈悲遍二諸人一、武士盡數(マヽ)歡喜」などゝ、吉宗公に好感をもつて居たが、時がたつにつれて幕府の政策に反感をもつに至り、「東武政敗無二慈悲色一、諸民困窮歟」「只大樹御慘惜沙汰而已」「大樹御政務諸民有レ恨也」などゝ日記に記してある。基熙はこの後終生幕府の方針に不平を述べ「毎事戰國之風也」とも批評して居る。[2] 基熙の不平は、一には家宣公時代の政策が次々と改められてゆく事に對する反感と、又一には幕府が興福寺の復興援助を拒否した事、或は賀茂祝職について爭が起つた時、近衛家は林家を譜代の祝職たるべしと推してゐたのに、所司代が仲裁に入つて次第轉補ときめた事など、[3] 武家のやり方に基熙の意に反する事が多かつたゝめである。しかし又、單にかゝる特殊な感情的な原因のみならず、日夜儀禮の中にのみ生活する公家にとつては、吉宗公の儀禮その他形式主義を排し、簡素な政治を推進しようといふ方針は、全く相容れざるものであつたからであらう。

正徳政治の中心であつた新井白石も、吉宗公の政治に贊意を表さなかつたのは當然のことであつた。彼はそのおかれた境遇から、政治批判には甚だ愼重であつたが、[4] 佐久間洞巖に與へた書簡の中で天子諸侯卿太夫士庶たゞ〳〵儉をのみ宗とし、禮の節文といふものなく候はむには、鴻濛未判の世にこそは候はむずらむ、天地すでにわかれたち候はむ後は、禮なく樂なくしていかに人道はたち候はむにや、今の學士大儒の論にもこれに似たる說候など承候、心得がたき事に候

と當時の緊縮政策を評し、又洞巖宛の他の書簡中に於て室鳩巣を評して

此人ゆきがた、明君家訓にてゆきがた御察し候べく候、土器につき候味噌にて大臣の大饗をも濟し候はんやうにとの心得にて、此一筋に至ては墨翟・晏平仲のゆきがたのごとくにて、時に相應せられ候事にやと、いづれの道にも榮遇は私祝に不堪候

と述べてゐるが[5]、「時に相應せられ候」といふ言葉の中に、時の緊縮政治への批判がうかがへる。

その室鳩巣は全般的には緊縮政策に同意してゐるが、時には當時の儉約のやり方を評して、吝嗇の精神から行ふ儉約は奢侈と同樣弊害があるとか、現在華麗の風は次第に薄くなつてきたが、すべてに苛酷になつたゝめ、諸臣の間に忠孝の氣風がなくなつてゆくやうに思はれるなどと述べてゐる。また貞觀政要を將軍に進講した際、弓工が唐の太宗の自慢の弓を、木心正しからざる故良弓に非ずと評したといふ逸話を說明して、正しからずといふのは惡事ではない、善い事でもそれが偏つてしまへば不正となる、例へば現在儉約を勵行してゐるのはよいことであるが、それが極端にはしつては却つてよくない結果になると評してゐる[6]。

室鳩巣と同じく吉宗公に召出されて政治上の諸問に與つた荻生徂來[7]（一六六六―一七二八）は、當時役人がいろ〳〵儉約について詮議するのは無駄な事である。自分の知る限りに於いても、過去五六十年間に物價は二十倍にもなつてゐる。これを以て類推すれば今後も時と共に物價は騰り、世の中は詰つてゆくであらう。それ故假令現在永久の格とい

ふものを定めても、それを守ることができず、たゞ役人は日夜息をきらし顔をほてらして儉約の世話をやくのを務と考へ、やがてはそれも手が届きかねるであらう。萬民はたゞ將軍が金を溜めるのが好きでやつてゐると考へるであらう。後世にもそのやうに沙汰されるのは無念のことではないかと述べ、旅宿の境界、即ち農村を基盤とする武士が農村を離れて都會に純消費生活を營む現社會體制を改めずして、單に現象面でのみ儉約を勵行するのは無意味であると批判してゐる。これはたしかに當代第一の經濟思想家としての鋭さを思はせる。[8]

徂來の門弟太宰春臺は、今の世は上の者が奢侈を好めば金錢が流れ出て民間の潤ひとなる。上の者が儉素を好めば金銀皆上の蓄藏となつて下の苦しみとなる。かくの如き相違を知らないでたゞ古の如く儉約を勵行しようとするのは柱に膠するの類であると述べ、更に今の儉約は小役人を澤山おいて瑣碎の事を吟味し、切りつめることをいふが、孔子の言にも「君子不レ盡レ利以遺レ民」とあり、落こぼれのないやうにするのは君子の仁道ではない。却つてそれは國の禍となり、忠の不忠といふものであると評してゐる。[9]

享保六年(一七二一)評定所に設けられた目安箱(これについては後に述べる)に投じて忌憚なく吉宗公の政治を批判した浪人山下幸内の上書には、儉約政策を次のやうに批判してある。

將軍樣の御しまつ被レ遊金銀御溜め被レ遊候へば、一天下の萬民皆々困窮仕候、纔の問屋共賣物を〆候てさへ、其儘其物の高直になる、無上のつまり申にて御賢慮可レ被レ遊候、(中略)天下の金銀は將軍の物なり、古より武將の金銀に御手支被レ遊たるを不レ聞、さらば御大事のあらん時は、海内の寶はおのづから集る事的然なり、縦ば不足に候へ共、由井丸橋ごときは大望にさへ金には手をつかんずと承傳候、いはんや治國太平の御代に於て、金銀を〆、萬民を困め給ふ御小機はいかなる事に候哉、當時諸大名の困窮は如何成故と被二思召一候哉、日本の金銀は不レ易日本に御座候へば、只すくむと能通るとの違にて、全此源を御考可レ被レ遊候事（中略）金銀箔類御停止被レ遊、扨又子共手遊の大人形・雛の道具等、結構成物の類御停止被レ遊候の趣、乍レ恐御器量せまく、則押付日本衰微の元にて御座候、乍レ恐御評議を奉レ察候に、世上奢申故困窮仕たると被レ爲二思召一、無益之子共手遊等に箔をつかひ候儀、金銀をついやし候も一途に御了簡被レ遊候と奉レ存候、ヶ様の無益の物を高直に調申者は、貧賤の者の調ものにては無二御座一候、いづれも大身か内福ものもて遊ぶ事に御座候間、溜り金銀を出させ、小身なる細工人等へ金銀をはぶき、玆を以賽の通用と罷成申候、（中略）しかるに右の被二仰出一、諸職人諸商人何を仕候ても賣れ不レ申、其日を過しかね申候、扨こそ内福者の金銀動不レ申すくみ候故、おのづから世上困窮仕候、奢と申は下を困め、上たる者の婬逸遊興を悉く仕を奢ものとは申候、金銀澤山持たるものゝ、高直成る物を調へ申候を奢とは不レ申候、（中略）中々細成費等に御心を被レ爲レ附候て、天下の困窮止申者には無二御座一、却て夫に付て困窮仕候、如レ是を武門の小乘と申候て、格の内にかゝる自由自在曾て不レ成物にて御座候、武門の大乘ならずしては一天掌を見るがごとくには不レ被レ爲レ成候

又、田中丘隅（一六六二―一七二九）は武家が質素儉約と稱して出入町人などの利益を少くし、更には農工商の方から自分の方へ利益を取らうとする者があり、或は勝手役人などと稱して世上の義理を缺き、百姓を虐げる者がある。此等が用ひられる時は武士の心は賤しくなり、利欲の事のみいひ、知行を貪ることを考へるものであると述べてゐる。[10]これは將軍の儉約政策に直接批判を加へたものではないが、その實行中に生ずる弊害について論じたもので、その源を辿れば儉約政策の性格にも及ぶであらう。

かくの如く享保の緊縮政策に對しては、儉約そのものに反對のもの、本質的には贊成しても實施について批判的であるものなど、いろ〳〵の批判が述べられた。殊に山下幸内上書・鳩巣の講義・徂來の政談・田中丘隅の民間省要の

如く、將軍に呈せられたものが少なくないことに注目すべきである。

上述の諸意見について考へてみるに、一は社會體制と政策との矛盾を指摘するもので、徂來は都市生活と商品貨幣經濟をそのまゝにしておいて、現象的な面をのみ引緊めても、弊害こそあれ、效果はないと論じ、春臺は情勢が異つてきたから今では上の者が奢れば下は潤ひ、上の者の儉約は下の困窮を招くと述べてゐる。これらは儉約には賛成しつゝも、當時の政策には批判的であつたのであるが、山下幸内の場合は奢侈肯定の立場にあつて、述べてゐる事は全く春臺と同樣である。

また一には儉約政策の實施に際しての批判であるが、結局は政策の目標に對する批判と考へられる。即ち論者それぞれ立場が異るため、全く一樣には扱へぬが、大たい儉約とは、上下各〻分に應じて生活を切りつめてゆくことであるのに、幕府は利を好み、金をためるため儉約を勵行してゐると見て、これを非難してゐるのである。こゝに當時の儉約政策の性格があらはれてゐる。これは後に述べる收入增大策と共に、聚斂・征利などゝ儒者から非難を蒙つたもので、白石が室鳩巢にかこつけ、晏子・墨子の如しと評してゐる如く、かなり徹底した實利主義である。現實に幕府財政はかくの如く徹底的な再建策を要したのではあるが、元祿・正德期の儒敎に基く理想主義的・形式主義的政治理念が、享保期に入つてかゝる實利主義へと轉換して、この時代の政治の一性格をなしてゐるのである。

儉約政策は幕府財政にも社會にも或程度の效果と影響をもたらしたが、都市生活の向上といふ時代の趨勢を制御しようとするものだけにその徹底的な遂行は至難の業で、旗本以下多くの人々は儉約を喜ばず、命令の遵奉にも甚だ消極的であつたものゝ如くである。當時「公儀の法度は三日法度」などといふ諺が世にはやされた。特に儉約令が忽ち效果を失ふことを嘲つたものらしい。[11] 儉約令を諷した落書も少なからず行はれた。今その一二を掲げてみよう。

○釋尊極樂へ之御觸（抄略）

一、此度京都南都兩大佛より申來候は、娑婆世界以之外儉約に付、諸法事物も輕く成候、諸佛金色など停止に可レ成沙汰之由、因レ玆極樂世界も向後急度儉約を相守可レ申事

一、往古より善人成佛申付候もの、其品により上品上生、中品中生、下品下生と相分るといへども、自今法事等も輕く成候上は、大形は下品下生にて事濟可レ申事

一、菩薩の位に至候善人罷來候節は、三尊來迎有レ之候へ共、向後は來迎に不レ及候、觀音勢至迎に被レ出候事可レ爲二勝手一事

附り、靈香薫じ花降せ候事可レ爲二無用一候、無レ據亡者に候はゞ、虎屋五種香幷神明前作り花用可レ申事

一、觀音勢至迎に被レ出候節、天蓋蓮臺抔持候儀無用に候、蓮葉一枚の上に亡者差置候も規式は相濟可レ申事

○閻魔王より地獄への觸（同前）

一、今度釋尊より被二仰渡一候は、娑婆世界以之外儉約に付、亡者共も儉約を相用候、地獄の者共猶以儉約を申付候間、劔の山其外獄中所々廣小路出來候間、夜廻りの鬼共隨分入レ念度々相廻り、捨ものなどなきやうに用心可レ致事

一、向後萬事儉約を相守り、只今迄鬼共虎の皮のふんどし致し候へども、以後は相止め、自今は木綿にて虎の皮染にざつと染用可レ申候、且又鐵の棒も樫を用可レ申候、尤角など金銀にてたみ(マヽ)候事堅く可レ爲二無用一事

○制札　（同前）

一、狐稻荷の鳥居を不レ越前に、結構成衣類を着し、刀を帶候之由、不屆之至也、向後女に化候共、金糸縫箔鹿子

小袖可㆑爲㆓無用㆒候、其外過分之致方候は可㆑爲㆓越度㆒事

一、鱣《うなぎ》頃日は殊外長く相見え候、先規之通一尺八寸に可㆑限、御定より長鱣有㆑之ば、見合次第料理可㆓申付㆒事

一、小金虫餘り結構成色に而候、自今以後眞鍮虫と可㆑唱、但し金魚も同然たり、銀魚は不㆑苦事

一、機織虫之儀、先年御定之外、珍敷織物不相應に候、高機織之儀堅可㆑爲㆓停止㆒事

一、蟬、とんぼう、羽にすゞしを用候事、日野生絹に而可㆑仕候、夏虫春秋を知らぬ族は麻布を可㆑用事、

一、くちなは茶宇島に似たり、向後木綿島に相見え候樣に可㆑仕事

一、蜘蛛の巢、三尺梁外大きに不㆑可㆑仕、但大蜘は品により鞠（マヽ）付候而不㆑苦事、勘略之節に候間、たち來る蜘の振舞向後一汁三菜に可㆑限事　（享保世話二）

ともあれ、儉約は吉宗公と享保の政治の最も大きな特色の一といふべきものであり、後世模範とされたところであつた。前述のやうに幾多の批判はよせられ、又一般の不評は蒙つたが、將軍率先して支出の削減につとめ、一時なりとも幕府財政を健全な狀態に戻し得た意義は重視せねばならぬ。

註

1、基熙公記七十五　正德六年六月廿一日

2、同　七十八　享保二年四月廿五日、五月廿二日、九月二日、同　八十四　同七年三月廿七日、

3、同　七十八　同二年四月十日、兼香公記　二十四　同元年十二月十三日

4、白石與佐久間洞巖書

老拙、今は大かた世の中の事聞もし候はぬ樣にと常に心がけ候、承候事はとにかくにおもふ事も候は、人の習に

候、おもふ事は口にも漏候故の事に候
某等覺候て、歴々の人々おもはぬ外の禍にかゝられ候は、土佐の野中、備前の熊澤、當所の山鹿、長門の宇都宮、會津にて四家合考の作手、柳川にて九州軍記あらはし候人、近き比も肥後の蟠龍子、皆々撰述の書の事にて、初はさこそ祕しもこそし候はむずれ、天知地知汝知にて、世の申沙汰し候事、次第々々にひろがり候て、皆々終りをよくせられず候

5、この書簡の年月は不明であるが、同文中に明君家訓について言及してゐるから、享保に入つてからのものであることは明かである。（明君家訓が評判になつたのは享保六年頃である。）

6、兼山祕策第三冊　享保元年十二月廿四日附、第四冊　同三年十一月廿九日附、第六冊　同八年正月廿二日附、木心正しからずといふ逸話は、或時太宗が自慢の良弓十張を弓工に見せたところ、弓工は木心正しからざる故良弓に非ずと答へた。太宗はこれをきいて感心し、朕弓馬を以て天下を取つたのである故、弓は澤山見てゐるが、この弓工に目利は及ばなかつた、まして天下を取つて日が淺いから政治にゆきとゞかざる事あるも計りがたいとて、以後五品以上の京官をして政治の得失、百姓の病苦を奏せしめたといふ話である。

7、荻生徂來は通例徂徠と書くが、徂徠と書いてあるのは多く後世のものである。先哲像傳所收印譜・譯文筌蹄序文・太宰春臺斥非の序等には徂來とある。（辻善之助「日本文化史V」第四十章參照）又、澹泊齋文集（内閣文庫本）の「八」には悉く徂來とあり、「七」には一個所徂徠とある。更に歴史地理六十六卷七號（昭和十一年）彙報欄に、神奈川縣秋谷で徂來の眞蹟が發見され、日本徂來と自署ありと記してゐる。これらによつて徂來と記した方がよいと思はれる。

8、政談巻二
9、經濟錄巻五
10、民間省要中篇巻一
11、政談巻三、民間省要上篇巻七

第三節　收入の增强

財政安定に努力する當局が、支出を抑制すると共に收入の增强につとめたのも亦當然のことゝいはねばならぬ。當時最大の財源たる農民貢租に關しては最も力を注ぎ、徵收制度の改正、新田開發、產業の奬勵等の手段によつて貢租增徵をはかつたが、大名よりの上ゲ米、旗本からの借上げ、運上等の諸收入も財政面に重大なる位置をしめてゐた。

I　貢租徵收制度の改革

貢租の徵收に關して當代に見られた改革の中特に大きいのは定免制の施行と、貢租の增徵である。定免といふのは貢租を課する場合、毎年收穫量を檢査して、それに一定の貢租率を乘じて貢租額を決定するのではなく、過去の收穫量の平均（十ヶ年程度）に貢租率を乘じた額を數年間（三―七年間程度）の貢租額ときめる方法である。毎年收穫を檢出する方法を檢見（毛見）といふが、これによると幕府の收入は豐凶に著しく左右されるに對し、定免法によれば數年間は收入を一定しうるのである。

定免制の施行は刑錢須知（五）によれば享保七年（一七二二）からである。この前年幕府は、近頃代官の中に勤方不良の者があり、更迭しようと思ふが人が不足してゐる、そこで追つて相應の者を任命する迄天領の一部を管理せよと

高松藩・松山藩に命じた。その際全般的な管理方針を示したが、その中の一條に、

一、御年貢收納方之儀、百姓ニ得心致させ、定免ニ極候様、連々以可ニ申付一候事

といふ箇條がある。[1] 恐らく幕府はこの頃から定免へ切替へてゆく準備をはじめ、翌七年から實施に入つたのであらう。尤もその計畫はこれより前に立てられた事もあつたらしいが、何故か延期されたものと思ふ。[2] その實施は直ちに天領全體に强制されたのではなく、前の高松藩・松山藩への命令にもあるやうに農民を説得して行はれた。後年の地方《じかた》書たる地方落穂集（巻四　寶暦年間）地方凡例録（巻三　寛政年間）などに檢見取の村も少なからぬ事が記してある。

定免制はその年季内でも或程度以上の不作の際には檢見が行はれた。享保七年には一國一郡にも影響する程の損毛で、一村全體が願出た場合に限り、檢見とするといふ規定であつたが、十二年には五分以上の損毛がある時は檢見を行ふといふ事になつた。その翌年には後に述べるやうに全面的に貢租の增額が行はれたが、それを納得した村には四分以上の損毛の場合貢租の引方を認め、同十五年には全般に認めるに至つた。更に十九年には三分以上の損毛から引方が認められるに至り、以後は變化がなかつた。[3]

何故にかくの如く定免年季内の損毛による貢租減免の認可が緩かになつたのであらうか。享保十九年引方認可を損毛四分以上から三分以上と改めたのは、その前年の代官一同の建議によるが、その中で彼等は次のやうに述べてゐる。卽ち年季内の貢租減免について最初かなり嚴しかつたのは、一つは定免に無經驗のため減免すべき程度がわからず、最初にあまり低度の損毛で減免を許しては後にこれを高めるのが困難である考へた事と、一つは凶年には少し苦しくとも豐年には餘る故それで償ひうると考へた爲めである。しかし實施してみるとそれは甚だ百姓の苦痛となるの

で、貢租減免認可の損毛の程度を引下げるべきであるといふ意見である。この時代の貢租徴收の情況は、殊に享保に入つて貢租率が强化されてからは猶更の事、多くの農民に豐年と雖も餘剩を許すものではなかつた。從つて僅かの凶作でも忽ち夫食《ぶじき》貸・種貸の請求が起る。[4] まして定免制が施かれて凶作にも平年作と同額の貢租が課せられては夫食貸の要求が激增するのは當然であつた。そこで幕府は享保九年に代官等に命を下して、格別の損毛でない限り救助を受けずに取續くやう心掛けよと農民等に諭さしめた。しかしあまり效果がなかつたと見え、十八年に至つて再び代官に對し、近年夫食貸が夥しく增加したが、今後格別の譯もない時は貸さずにすますについて所存を申述べよと命じた。その答申が前の代官等の建議となり、翌年實施されたのである。要するにこの頃に至つて農民よりの貢租徵收は限界に達したのである。幕府の經濟的基礎が專ら農業生產におかれてゐる以上、農民生活を最低限にでも維持せしめるには、夫食貸・種貸等の補助を不斷に行ふか、或は貢租賦課を緩和する外はなかつた。定免制施行に伴ひ漸次行はれていつた貢租減免條件の緩和は、かくの如き事情を背景として行はれたのである。

猶畑も元文二年(一七三七)迄は定免年季内に田と同樣損毛による檢見が認められたが、この年に至つて棉作を除き、他は損毛による貢租の減免は認めぬことゝなつた。蓋し畑は二毛作・三毛作が行はれるため、一作に損毛を蒙つても打擊は比較的少くてすむと考へられたからであらう。[5]

次に檢見の方法にも修正が加へられた。檢見には曾て、代官や勘定衆が檢する前に手代を遣して下檢分させる小檢見といふのが行はれてゐたが、正德三年(一七一三)になつて賄賂等の汚職が甚だしいといふので停止になつた。[6] 然るに享保四年(一七一九)に至つて、小檢見がなくては作毛の善惡もはつきりつかめず、農民にも不利であるといふ代官等の請願が容れられて復活された。[7] 又この頃有毛《ありげ》檢見といふ方法が行はれるやうになつた。田畑には檢地の際「位附」

といつて上・中・下の品位をつけ、それによつて石盛つまり段あたり標準收穫量を定めてあつた。（上田十五＝一石五斗　中田十三＝一石三斗等）これは米の量であつて籾のまゝではその倍の量といふことになつてゐた。（卽ち上田籾三石）檢見においてはその三百分の一、卽ち一歩當りの籾の量を算出し（上田では一升　中田では八合六勺六）、實際に各品位夫〻に坪刈りを行つて得た量と比較して、その差を各品位別に全體の田畑にかけて收穫量を決定する。この方法が從來行はれてゐた檢見法で畝引《せびき》檢見といはれた。この場合檢地の際定められた品位がすべての基準となつてゐるが、年がたつにつれて同じ品位の田でも實際の收穫量に著しい差が生じてくる。それを無視して同一品位一率に收穫量を算出してゆくこの方法は現實にそぐはぬものとなつてきた。そこでこの品位に拘らず一筆每に坪刈りを行ひ收穫量を決定する方法が有毛檢見で、享保に入つて天領はすべてこれによることになつたのである。[8)]

小檢見にしても有毛檢見にしても、農民に接觸する役人間に不正が生ずる危險は多分にあるのであるが、それにも拘らず享保期に入つて實施又は復活されたのは、當局の意圖が最大の財源たる農業生產の實態をつとめて確實に把握しようといふところにあつたがためである。しかもそれは貢租を適正にして農民生活の窮乏を緩和しようといふのではなく、略〻一世紀前に行はれた檢地以降の生產力の向上の結果を、確實に貢租の對象として把握しようとするものであつた。

享保十二年の夏幕府は代官に對し貢租の査檢を嚴重にする事を命じ、勘定奉行・同吟味役に督勵を命じた。[9)]この結果天領は全面的に貢租が增額され、その增額を納得した村に限り、翌十三年以降定免年季内における貢租減免を損毛五分以上から四分以上に改める事を許したのである。又努めて村入用を減少せしめてその分貢租が增すやう取計ふ事、農民が增額を納得せぬ場合は定免の年季をなるべく短かくする事、納得した場合には年季は十年にでも十五年にでもする事などを令してゐる。[10] 更に十三年には從來四公六民であつた割合が、五公五民に改められたといふ。[11] 尤も實際に收穫の五割が貢租となつた事はないやうで、享保時代の比率は次の通りである。[12]

	高（千石）	租（千石）	率
享保　一—六（平均）	四、〇六八	一、三八一	〇、三三九
同　七—一一	四、二二一	一、四三五	〇、三四〇
同　一二—一五	四、四三九	一、五六二	〇、三五二
同　一六—元文一	四、五四〇	一、三九三	〇、三〇七
元文　二—延享二	四、六〇〇	一、六〇八	〇、三五〇

兎に角享保十二年以降貢租增徵に力を注いだのは事實で、數字上にも四公六民が五公五民と迄はゆかないでも若干の增收となつて表れてゐるが、やがて數年後には貢租率は右に見る如く減少していつたのである。これは定免制の所でも見たやうに、農民の貢租負擔の限界に達したがためである。遂に享保十九年に至つて幕府は取箇《とりか》再吟味を代官に命じた。去る十二—十三年のは貢租增徵のための吟味であつたが、今回のは「作物の出來方不ㇾ宜、御取箇不相應成村方」は「定免年季之內ニ而も可ㇾ遂二吟味一」といひ、又損毛のない村でもよく廻つて取箇を考慮せよと令したもので、明かに貢租緩和の方針が窺はれるのである。[13]

かくして幕府の貢租增徵策は享保の半頃から農民の貢租負擔の限界といふ大障壁に行き當つて停頓を餘儀なくさせられた。この後元文に入つて再び代官を督勵して增徵に懸命の努力を拂ふが、これは節を改めて述べることゝする。

猶、從來本途《ほんど》物成《ものなり》つまり最主要貢納品たる米以外に、荏・大豆・漆・餅米・薪等を農民に納入させて居り、村によつては此等の産出が乏しいか或はない所もあつて、わざ〳〵購入して納めさせてゐたのを、享保七年諸代官に吟味せしめ、或物は廢止し、或物は産出する村にのみ課し、廢止の分は米又は金で納入させるやうにした[14]。これも農村の實狀に卽した課稅を行ふといふこの時代の一貫した方針に基くものである。

註

1、政要前錄　坤上、天享吾妻鑑

2、民間政要上編卷二

3、刑錢須知五

地方落穗集・地方凡例錄共に損毛三分以上引方相立とあるから、享保十九年の決定が後迄用ひられた事がわかる。

4、夫食貸も一種の救助米ではあるが、飢饉の際の所謂御救米とはやゝ異り、凶作時に於ける農業生産維持の目的で行はれるもので、男女共六十歲以上又は十五歲以下は對象から除外されてゐる。貸付けられた米麥類は年賦返濟するのである。（刑錢須知五）

5、刑錢須知五

6、御觸書寬保集成二十三

7、德川禁令考　四　卷三十四

8、地方落穗集卷四、地方凡例錄卷三

民間省要（上編卷一）に近頃色取といふ檢見が行はれ出して、上中下の位を無視して取箇をきめるやうになつたと記してあるが、地方凡例錄によると色取檢見といふのは至つて古い法で畝引檢見以前のものであり、詳細には知る人はない、たゞ有毛と似てゐる所があるので有毛を色取といふ人もあると記してあるから、民間省要の色取も有毛の事であらう。さうすると凡例錄に有毛檢見は神尾若狹守（春央《はるひで》　一六八七—一七五三）が吉宗公に進言したとあるが、彼は元文元年迄は納戸頭で、かくの如き進言をなすべき地位にゐない。既に享保六年著の民間省要にも見えるのであるから、彼に關係のない事は明かである。神尾は元文以降勘定方として大いに活躍し、殊に地方關係では有能であつたらしいので、享保時代の財政關係の諸政策が彼の名の下に語り傳へられてゐるのであらう。

9、有徳院實紀巻廿四

10、徳川禁令考四　巻三十五所引　御勝手方御定書、刑錢須知五

享保十二年の令はたゞ十分吟味せよといふのみで、取箇を増せとは記してない。しかし右御定書（同十三年四月附）の最初に

一、去年取箇を増した結果、隣村との釣合を見て、不釣合の場合、いづれを上げ、いづれを下ぐべきか考へる事

一、去年取箇を増しても猶引上ぐべき村は、如何程にすれば相應となるか

一、去年取箇を増した結果、増過ぎた所があれば、如何程下げれば適當となるか

一、去年取箇を増した結果、適當となつた村があるか

といふ四箇條に付、諸代官が更に檢討すべき事を命じてゐるが、去年取箇を減じたといふ事は何處にも見當らぬ。故に十二年の令は全面的な増徴令であつたのである。

11、刑錢須知五　幕府は享保十年から六公四民にしようとしたが困難であつたので五公五民にとゞめたといふ。

12、向山誠齋　癸卯雜記四所收　御取箇辻書付（これには享保元年以降の毎年の天領の高と貢租が記載されてゐる）

享保時代をこのやうに分けたのは次のやうな理由によつて試みに行つたのである。
一、享保七年は水野忠之が勝手掛老中に任ぜられて財政再建に着手した年である。
二、同十二年は本文に記す通り貢租増徴令が發せられてゐる。
三、享保十六年は、水野忠之が免職となり、同時に勝手掛が廢止になつた(徳川理財會要　乾　第一門巻一)翌年であり、前記御取箇辻書付によるとこの年から元文元年迄貢租収納が著しく少くなつてゐるのである。
四、元文二年には松平乘邑が任ぜられて勝手掛が復活し(寛政重修諸家譜巻九、徳川理財會要　乾)、同時に貢租増徴令が嚴達された年である。又前記御取箇辻書によるとこの年から貢租収納は急増してゐる。

13、徳川禁令考四　巻三十五、刑錢須知五

14、憲法編年錄

Ⅱ　新田開發

財政收入の增加に努力を續ける當局が、既存の耕地よりの貢租增徴と並んで、未耕地・荒廢地の開發に積極的に乘出したのは、この時代の財政々策上特筆すべきものゝ一である。新田開發は戰國末期から盛んに行はれて、殊に江戸時代に入つてから元祿頃迄は著しく、各藩共これによつて收入は大いに增加した。しかし耕地は無限に增加しうるものではなく、當時の土木技術の發達の程度と肥料の關係から、元祿頃には一つの限界に達した。卽ち初期においては開發には今日の如き大河川下流平野などは水利技術の關係などから不可能で、專ら入會地・牧草地などが對象となつてゐたが、それは又本田に對する肥料の供給源をなす土地であつて、開發後肥料の需給に問題を生じたり、或は新田

に水を供給するため本田の灌漑に支障を來す事さへ生ずるに至つた[1]。享保期の幕府當局も最初は右の如き本田への支障を顧慮し、享保五年五月・同六年六月の二度にわたつて諸代官に下した農村統治に關する命令の中で、新田が出來るのはよいが、古田畑や牧場の障となることが度々あるから、かゝる所は開發無用たるべしと命じてゐる[2]。

しかし開墾による村高の增加を制限したのではなく、同年閏七月の令によれば、荒地として村高から差引いた所の中、努力次第で耕地に復活可能でありながら、その地主のみの力では不能のため打捨てある所は、その村中の百姓に協力を命じ、更に大きい時は代官が吟味をして普請せしめ、猶大規模な場合には歸府の上伺ふべしと令し、代官等が入念吟味する事を命じてゐる[3]。

翌七年になると新田政策は急に積極的となり、七月二十日の令では幕府の費用支出を要さぬ新田開發は代官の一存で開墾申付ける權限を與へ、たゞその所の百姓の加はらぬ町人のみの請負新田に限り、幕府に伺ふやう命じた[4]。その六日後には江戸日本橋に次のやうな高札が立つた[5]。

一、諸國御料所又は私領と入組候場所にても、新田に可ㇾ成場所有ㇾ之ハ、其所之御代官、地頭幷百姓申談、何も得心之上、新田取立候仕形、委細繪圖書付ニしるし、五畿内は京都町奉行所、西國中國筋ハ大坂町奉行所、北國筋關八州ハ江戸町奉行所え可ㇾ願出ㇾ候、願人或は百姓をたまし、或ハ金元之ものえ巧を以勸メ、金銀等むさぼり取候儀を專一に存、僞りを以申出ものあらハ、吟味之上相とかむるにて可ㇾ有ㇾ之事

その土地の代官・領主・農民の了解を得るといふ條件はついてゐるが、明かに他所からの資本が新田開發に投ぜられるのを奬勵したものであり、届出の役所を本來農村を管理せざる町奉行所としてゐる事、江戸日本橋に高札として掲げた事によつて、當局は江戸・大坂・京都を主とする都市大商業資本の投下を期待してゐた事は疑ふべくもない。既

に小規模な土木事業による新田開發は限界に達して、次には大河川の下流域平野の開發或は大きな湖沼の干拓による他、耕地の著しく増大する可能性はなくなつてゐた。それには町人の大資本が必要であつた。又大町人達も商業・高利貸業によつて獲得した利潤を土地に投じて寄生地主を兼ねる事は最も有利であつて、元祿頃から、例へば大坂平野における鴻池新田・菱屋新田の如き大きな町人請負新田が開發されてゐたのである。

この高札の二月後、新田開發に關して發せられた二つの觸も注目すべきものである。その一は新田開發をなしうべき土地でありながら、その土地が私領の村にも附いてゐてこれ迄開發できないでゐる所は幕府より開發仰付ける、但し私領一圓の中にあるものは除くといふのであり、これは高札の始にある「私領と入組候場所」といふのと同じであらう。その二はこれをうけて自今以後幕府から開墾仰付けられた場所からの年貢は、私領地であつても幕府が徴收するといふのである。[6] 幕府より開發仰付けるといふのは要するにかゝる天領に接續する未墾地に對し幕府が開發權を主張するものと見られよう。一般に諸藩領にしても知行地にしても、その所領の大きさは石高で表示されてゐるので、檢地帳に記載された耕地が基礎となつてゐるのではあるが、支配權は耕地に限らず一定範圍の非耕地も當然含まれてゐる。故に本來ならば假令天領に接續してゐようとも、貢租徴收權は勿論、開發權もその領有者側にあるべきである。然るに今回の發令によつてそのやうな土地の開發權・貢租徴收權は幕府のものとなつた。幕府・諸藩・諸旗本皆農民の貢租に專ら依存してゐる以上、耕地が増大して收入が増加する事を望むのはいふ迄もなく、殊に全般に經濟的窮迫に苦しんでゐるこの頃はその要求は特に切なるものがあつたと思はれる。かゝる際收入を増加せしむる可能性ある土地の一部を幕府が取り上げるといふ事は、幕府權力維持・强化のため諸藩や旗本を壓迫するといふ事になるであらう。殊に大藩は私領一圓の中に開發可能地があらうからよいが、小藩や旗本への影響は少なからぬものがあつたと想像される。

かくの如く町人資本の力を利用し、諸藩や旗本の所領へ喰込んでも天領を増加させようとする幕府の努力は、又次の事實からも窺はれる。それは享保七年下總東金に開墾すべき土地がある旨浪人が目安箱に投書したので、役人が出張調査したところ、果して五六萬石もの田地が出來さうな所であつた。そこで早速開發に着手したが、勘定奉行以下の諸役人は、浪人の心附く程の所にこれ迄氣付かなかつた責任によつて、暫く將軍に目通りを遠慮した事である。[7]又同じ頃、大井川の川堰普請及びその附近の新田開發に關して、吉宗公は責任者萩原美雅《よしまさ》（一六六九―一七四五）に大綱を面命し、それ以外は一切獨斷を許し、莫大な費用支出も、美雅の要求次第滯りなく支出するやう勘定所へ命じた。その支出のためその夏旗本以下に給すべき切米にも事缺くに至つたといふ。[8]更にその翌年には代官自身が見立て開發した新田は一代の中その貢租の十分の一を與へることゝした。[9]このやうにして新田開發は享保七年頃から積極的に推進されたのである。

新田は開發後暫くは鍬下年季といつて年貢が免ぜられた。地方落穗集（巻七）には三年とあり、地方凡例錄（巻二）には「三年ニテモ五年ニテモ」とあり、享保六年閏七月の荒地開墾令によれば「二三ヶ年或ハ四五ヶ年モ差免」とある。[10]同十一年に新田檢地條目が定められたのも、七年以降積極的に着手された新田開發の鍬下年季がきれる頃となつたからであらうか。

新田の檢地に際し、その田畑の位付は本田の位付を基準にし、その土地の性質によつては隣郷とも比較して、上は上の下、中は中の下、下は下の下とし、石盛も一斗づゝ少くする等、本田に較べ幾分緩める規定となつてゐた。[11]又享保十五年には定免制の村は從來は開墾をすると年季內でもその分貢租を增したが、今後は百姓持高の一割以內は年季が終つてから增額することゝした。[12]

このやうに享保に入つてから新田開發に積極的な努力が拂はれた結果をみると、天領の高は次の如く變化してゐる。[13]

享保 元 年	（一七一六）	四、〇八八、五三〇石
同 七 年	（一七二二）	四、〇四三、三二〇
同 十一年	（一七二六）	四、三一〇、一〇〇
元文 元 年	（一七三六）	四、五六五、三五九
延享 二 年	（一七四五）	四、六二八、九三五

卽ち新田開發にあまり積極的でなかつた享保七年迄は高は四百萬石をやゝ上廻る程度で停滯し、むしろ七年は元年より四萬石餘少い。然るに七年以降は年々漸增し、四年後には二十七萬石、更にその後十年間に二十五萬石、その後十年間に六萬石と增加して、吉宗公退隱の年延享二年迄二十三年間に六十萬石近く增加してゐるのである。これは嚴しい檢地の勵行にも負ふ所少くあるまいが、やはり新田開發の推進政策の成果であつた。

しかしかゝる努力もやがて限界に達した。前にも述べたやうに當時の新田開發は、治水技術の進步と町人の資本や幕府の支出によつて、大河川下流平野の開拓、湖沼の干拓等大規模な工事が多かつた。大堤防を蜿々と築いて川幅をせばめ、その側迄耕作する。一度大雨が降つて增水すれば狹められた水路を狂奔する水は忽ち堤防を越えて耕地を潰滅させる。[14] 開發が進めば進むにつれ、災害防止のための支出は增大し、しかも猶幾多の損害は防ぎきれなくなる。天領の高の增加も享保時代の末期を最高として以後全く停滯してしまふのである。元祿期から享保期にかけてが江戸時代の絶頂であるといふ見方を裏付ける一事實に、この天領の高の增減をあげる事ができよう。[15]

註

1、古島敏雄「近世日本農業の構造」第三篇第一章　近世初期に於ける耕地開發と治水技術の發達、民間省要上編巻一・三
2、政要前錄　乾下・坤上
3、御觸書寛保集成二十三
4、憲法編年錄
5、御觸書寛保集成二
6、同　二十四
7、兼山祕策第六册　享保七年八月三日付、有德院實紀巻十四　同年五月三日條
8、兼山祕策　同日付
9、地方凡例錄巻六
10、御觸書寛保集成二十三
11、地方落穗集七、地方凡例錄ニ所載　享保十一午年被二仰出一候新田檢地御條目
12、德川禁令考　巻三十五
13、向山誠齋　癸卯雜記四　御取箇辻書付
14、眞壁用秀　地理細論集巻四、古島敏雄「近世日本農業の構造」
15、前揭御取箇辻書付により、延享以降天保十二年迄の天領の高を記すと次の如くである。

延享一	（一七四四）	四、六三四千石	最高
同二		四、六二九	最高
同三		四、六三四	最高
同四		四、四一六	以後激減
寛延一―寶暦五	（一七四八―一七五五）	四、四〇五	以下一〇年平均
同六―明和二	（一七五六―一七六五）	四、四二五	
同三―安永四	（一七六六―一七七五）	四、三八〇	
同五―天明五	（一七七六―一七八五）	四、三六二	
天明六―寛政七	（一七八六―一七九五）	四、三九三	
同八―文化二	（一七九六―一八〇五）	四、四九三	
同三―同十二	（一八〇六―一八一五）	四、四五三	
同十三―文政八	（一八一六―一八二五）	四、三二八	
同九―天保六	（一八二六―一八三五）	四、二〇五	
同七―同十二	（一八三六―一八四一）	四、一九二	

Ⅲ 産業の奬勵

江戸時代の商品生産は中頃から著しくその發達の度を高めてゐる事は今日ほゞ異論のない所である。從つて享保時代前後が丁度その移行期にあるといひうる。元祿期から享保期にかけて江戸の住民に人氣を得た「現銀安賣かけ値なし」といふ商法は、決して輸入生糸による西陣などの奢侈的製品によつて成立つものではなく、相當程度に國內生產の發達が前提となつて始めて可能なのである。[1] 田中丘隅は近頃世上下男下女の類が拂底した理由について、昔は紬一疋織つても金二分とはならなかつたのに近頃は一兩以上ともなり、草鞋一足昔は漸〻四五文のものが今は八九十文となる。織物類を始めとしてすべて倍以上となつたので、後家・娘・男兒に至る迄百姓奉公を嫌つて渡世をするやうになつたからであると述べてゐる。[2] 享保初期には既にかなり農村の家內工業が興つて居り、それが農民達にとつて下人として富農の家で働くより有利な仕事となつてゐたのである。

これらは士・農・工・商の工卽ち都市居住の職人達の工藝的な生産とは全く異る新しい形の生産、いはゞ工業生産の第一步であつた。かゝる生産の發達によつて各地に特產物ができるやうになつた。幾多の藩ではこれら自國內の特產物を獨占して、藩收入の重要な財源とし、無限に增大する財政收入の欲求と農民よりの貢租徵收の限界との矛盾を緩和させようとした。幕末の政爭に登場する諸雄藩の經濟力には、かゝる生產力と專賣制度に依存する所極めて大きいものがあつたのである。既に享保時代に太宰春臺は、對馬藩が朝鮮人參を、松前藩が蝦夷地の物資を、薩摩藩が琉球の貨物を、又石州津和野・濱田兩藩が紙を、夫〻專賣制にして、爲めに財政豐かである事を例として、

此等の經濟に倣て計策を用ひば、大小諸侯の國に何と云ふことなく土產なきは非ず、土產の出づるに多きあり、寡きあり、土產少き所は其民を敎導し、督責して、土地の宜に從ひて百穀の外、木にても草にても用に立つべきもの

を植ゑて土物の多く出るやうにすべし、又國民に宜しき細工を教て、農業のひまに何にても人間の用に立つべきものを作り出さしめて、他國と交易して國用を足すべし、是國を富ます術なり、と述べ、それらの産物を專賣制にして、藩の財源となすべしと論じてゐる。[3)]

享保時代の幕府の政策にも、各種の産物の奬勵といふことがみられた。しかしそれは若干の藩に於けるが如き新らたな財源開發といふ積極的なものではなく、收入の增强は專ら依然として農民よりの貢租徵收に求めてゐたので、奬勵は次に述べるやうにむしろ消極的な意味から行はれたのである。

第一は貿易に關するもので、年を逐うて强化してゆく貿易制限に應じて、輸入必要品の國內生産をはかつたのである。殊に前にも述べたやうに藥品以外は不必要品・贅澤品であるといふ貿易觀に基いてゐるので、その主力は專ら藥材・藥種の國內生産であつた。享保七年(一七二二)には千葉郡小金野の瀧臺野といふ土地三十萬坪を、丹羽正伯・桐山太右衞門に管理せしめて和藥を栽培させた。同十三年には甲州郡內領上吉田村の田邊伊豫に對し、「近代藥草之儀取扱仕、江戸えも往來候付、物入有レ之故」、富士山麓に縱二町・橫四町の芝原を與へた。[4)] これは藥種を栽培せよといふ命令ではないが、藥種栽培の保護奬勵である事はいふ迄もない。又各地の山野に自生する藥草調査のため丹羽正伯・植村佐平次等が巡歷した。[5)] 當時最も貴重・高價な藥であつた朝鮮人參は、朝鮮から林駝童といふ者が二本持渡つて來たのを吹上園中に植ゑ、更に宗氏に命じて百濟・遼東の二種を取寄せて植ゑた。さうして鳥見役西脇十郎右衞門が樹藝巧者といふので吹上添奉行に拔擢し、丹精せしめた結果成績は良好であつた。そこで吹上の他小石川藥園・駒場・田安・濱御殿の庭・駿河・京都・日光などで栽培し、三家・諸大名にも頒け與へて丹精せしめた。[6)] 元文三年(一七三八)には日光で多量に出來るやうになつたので自由に購入する事を許し、翌年には栽培用の種子も一般に販賣する事になつた。[7]

薬品以外で重要なのは甘蔗及び砂糖である。砂糖は當時既に必需品でありながら専ら輸入に仰いでゐたが、享保十三年に薩摩藩士落合孫右衞門を召して甘蔗を濱御殿の庭に試植させ、ついで駿河・長崎などで栽培させた。製糖については同十一年に長崎に入港した唐船船頭等の書上げに基き、吹上園吏岡田丈助に命じて研究せしめた。吉宗公自らもいろ〳〵試みられた。しかしこれは輸入品に較べてかなり劣るものしかできなかつたといふ。[8]

以上は輸入品の國内生産であるが、貿易に關しては前に述べた俵物もその一に加へておく必要があらう。これは銅の輸出を制限するため新らたな輸出商品として、享保期から幕府が積極的な奬勵の第一歩をふみ出したものである。

貿易制限に伴ふものについで、第二は貢租確保の目的から、農民生活を支へるための副業として奬勵したものがある。享保十三年には唐胡麻から油を絞り出し、燈油や蠟燭にするといふ二人の商人の願を許し、關東八州の天領私領共この兩人から唐胡麻の種を受取り、植ゑ付けるやうすゝめてゐる。「悪田地芝地原地之所ニても無ㇾ構出來候之由、百姓勝手にも可ㇾ相成ㇾ候」といふのが當局の請願許可の理由であらう。[9]その翌年には關東地方の代官達に對し、農民を督勵して茶種を栽培させるやう命じた。これは近年その栽培を命じたところ、木陰畔岸に少々づゝ植付て手入もろくにせぬ。或は作るのをやめてしまつた所もある。これは格別の年貢や運上がかけられると邪推したり、そのやうな事をいひふらす者があるからときく。右のやうに手入が悪くとも上方に劣らぬ出來ぶりであり、値段も米につぐよい値であつて、百姓の勝手になるのであるから、當年から相應に茶種を作り、手入を入念にするやう申付け、度々見分するやうにといふ命令である。[10]これらはいづれもそれを直接貢租の對象にしようとするのではなく、これら商品作物の栽培によつて百姓の勝手卽ち農民生活の補助をはかり、貢租の負擔に耐えられるやうにする目的を以て奬勵したものである。

農産物に關して特に有名なのは甘藷の栽培である。これについては青木昆陽（一六九八—一七六九）の事蹟が一般によく知られて居り、甘藷先生と呼ばれてゐる。昆陽漫錄（卷五）には

敦書民間ニ在リシ時、番薯ハ甘藷トモ云フ饑年第一ノ助ユヘ、諸書ヲ考ヘ集メテ一卷トナス、享保十九年敦書ニ命ジテ養生所ノ壖地ニ作リ試ミシム、敦書元來、近年關東島々困窮シテ飢人在リト聞クニヨリテ、思ヘバ罪人ヲ島々ヘ流サル、ハ、罪人ノ天年ヲ終ヘシメラレンタメナルニ、却リテ飢ウレバ、上ノ御惠ミニ違ヒ、甚ダ不便ナルコトユヘ、番薯ヲ考ヘ集メシナレバ、關東島々ヘ渡シ度ト申シ上ゲケレバ、關東島々ヘ渡サル

とあるから、早くから甘藷の栽培について關心をもつてゐたことは知られるが、昆陽が果して甘藷について建言した最初の人であるか否かはわからない。

深見有隣の言によれば、享保十七年の近畿以西の大蝗災の時、彼は長崎の事情に通じてゐるので、吉宗公から彼地の飢饉の様子について質問をうけた。これに對し彼は、長崎は土地の米が僅か十日間の食糧にしかならず、一度廻米が延着すれば下々の者は甚だ困窮する。そこで三十年前、父新右衛門（高玄岱）が長崎に住んでゐる時、薩摩から唐芋の種を取寄せ植付けてみたが成功せず、百姓達も乘氣でなかつた。しかるに享保六年自分が長崎に行つた時はかなり盛んに作つて代用食ともしてゐた。今度の飢饉にも夫食として役立つであらうと答へたところ、吉宗公は唐芋の性質及びその栽培法について質問された。そこで彼は唐芋の用途は代用食の他、糀代・葛代など甚だ廣く、濱邊など田畠になしえぬ土地に植ゑるので百姓の利益となる事、及び栽培法も聞傳へてゐる限りを述べた。同十八年冬になつて、長崎から平野良右衛門といふ鍛冶が江戸に來たが、この者がその植方を知つてゐるので、早速有隣から將軍に伺

つて、吹上庭方にその方法を口授せしめ、薩摩・長崎から種芋を取寄せ、吹上において試植し、その成績がよかつたので、次第にひろまつたものといふ。[11] これによれば深見有隣も甘藷の關東移植の先驅者であり、平野といふ鍛冶も忘るべからざる人である。

甘藷は早くから九州方面では栽培して居り、かの享保十七年の蝗による近畿以西の大飢饉に際しては、甚だ飢餓を防ぐに役立つ事が知られた。その飢饉の狀況についての大坂城代の老中への報告書によれば、

八里半と申いも、肥前筑後兩國所々にて商、澤山ニ相見へ申候、飢人之食物ニ宜敷由申候、此八里半と申は琉球いも之儀御座候

とある。[12] この報告は恐らく具さに將軍の耳にも達したであらうから、飢饉における甘藷の役割も現實に知る事ができ、將軍以下當局の甘藷への關心がこれから昂まつたものと思はれる。かくて深見有隣の獻言が求められ、又靑木昆陽らに試植を命ぜられ、やがて關東各地にひろめられたものであらう。

次に櫨の栽培も江戸ではこの頃始められた。これは享保三年藪田助八に命じて紀州から種を取寄せ、吹上に試植させたところ、次第に成果があがつてきたので、この實から蠟を取る方法を知つてゐる丸屋治兵衛に命じて芝新堀端・品川御殿山・吹上などにて栽培せしめ、その實を殘らず年々治兵衛に與へた。又治兵衛自身でも戸田（現埼玉縣北足立郡）の空地に蒔いたが、これは洪水で流失し、以後は行はなかつたといふ。[13] これはひろく一般に奬勵したか否か不明であるが、櫨は一部の藩例へば長州藩の如く後世專賣制を施行して藩の重要な財源としたものであつて、これを新しい產物として關東にもたらした事は注目すべきであらう。

享保時代の產業奬勵の事績としてあげられるのは以上のやうな事である。それ〴〵重要な產物ではあるが、前述の

やうに皆直ちに幕府の利益になるものでなかつたことには注意せねばならぬ。勿論薬品を栽培すれば輸入が減り、茶種や唐胡麻によつて農家の收入が增せば貢租の負擔に耐えられるといふやうに、結局は幕府の利益に歸するが、幕末諸藩の政策のやうに、これらが直ちに收入となるものではなかつたのである。享保期の幕府の財政々策にはやゝ露骨に利益を追求する傾向があるのに、これにはそれが著しくない。幕府の經濟は農民からの貢租をのみ基礎として他に求めてはゐなかつたのである。

　これらの政策によつて最も利益を得たものは商業資本であつた。若干の例外を除いて幕府が何か奬勵すると、一部の商人が獨占販賣權等を獲得してゐる。享保七年丹羽正伯に從つて小金野の廣大な地に藥種栽培を許された桐山太右衞門は、その直後藥種問屋として他の二十四人の同業者と共に和藥改會所の設立を認められ、「脇々にて山々より出候和藥直買不ㇾ仕、貳拾五人之問屋共之内ニて勝手次第相調可ㇾ申候、若相背、和藥直買仕候ハヽ、急度曲事可ㇾ申付候」といふ特權を得、同九年には唐藥にもその權限が擴大された。[14] 又日光產の朝鮮人參も岡肥後といふ藥屋に限り販賣が許された。[15]

　茶種の栽培が奬勵されたのとほゞ同じ頃、享保十二年（前述の享保十四年の茶種栽培促進に關する代官への命令に近年奬勵するやう申渡したがあまり百姓が實行せぬとあるから、最初は十二・三年頃奬勵したのであらうか）には中橋廣小路大和屋七郎左衞門が獨占購入權を獲得してゐる。唐胡麻は淺草橋の喜兵衞・佐右衞門兩名の請願によつて農民に奬勵されたもので、この兩名は農民に種子を與へ、獨占的に購入する事が認められた。俵物が會所を構成する商人達の請負に任せられ、獨占が許された事は前に述べた。

　このやうに獨占の特權を與へられた商人が介入したので、幕府は直接にこれらの生產を管理する事なく、この點幕末の諸藩と著しく異つてゐる。諸藩が藩内の各種産業の利益を確實に吸收して經濟力を强化したに對し、幕府が十分にそれをなしえなかつたところに、幕府瓦解の一因が存するが、その源は實にこの享保期の政策に迄溯及しうるであらう。

註

1、我衣

現金安賣掛直なし、根元は、元祿年中、越後屋八郎左衞門と云呉服屋、本町にて仲間はづれのものなり、これによつて駿河町木戸際に間口六間に奥行十間ほどに住て、絹・紬・郡内・棧留・木綿染の類を仕入、上物はなし、上物は本町にて調る事なり、然るに町人男女共、衣裳能き物御停止、絹以下と御觸有レ之節、春の事なれば年始に出る事不レ能、郡内紬を人々求めたり、右越後屋御觸なき前に郡内等の安物多く仕入たれば、此節格別下直に見えて、人々越後屋へと集る故、繁昌のよふに見ゆる、後には贔負出來て、同直段にても越後屋〳〵とて大に繁昌す、（中略）其後家城（本町）伊豆藏（同）富山（同）皆々寶永より現金掛直なしとなる、長谷川町に荒木、日本橋一丁目白木屋皆々越後屋にならふ

2、民間省要上　卷四

3、經濟錄拾遺

4、御觸書寛保集成三十五

5、有德院實紀附錄卷十五、德川理財會要卷三十三　物產ノ部　蕃殖方第三

6、仰高錄、有德院實紀附錄卷十五

7、御觸書寛保集成三十五
8、仰高錄
9、御觸書寛保集成三十四
10、同　　　二十三
11、仰高錄
12、虫附損毛留書
13、仰高錄、有德院實紀附錄卷十七
14、御觸書寛保集成三十五
この會所は何故か元文三年になつて廢止となり、問屋を經なくとも買へるやうになつた。
15、同　右
16、同　三十四・三十六

VI　上ゲ米・借上・運上

享保七年（一七二二）七月諸大名に對し、以後毎年高一萬石に對し百石づゝ米を差出す事を命じた「上ゲ米」の制の創始は、幕府の增收策の中最も思切つた手段であつた。從來幕府は普請手傳など臨時に諸大名に奉仕させたり、或は獻上物といふ名目で何かの金品を差出させてはゐたが、前者は諸大名統御の政治的意味が強く、又その時に應じいづれかの藩に命ずるものであつた。後者はいはゞ一種の贈答品であつた。然るにこの上ゲ米は諸大名領に對する課税であり、政治的意圖からではなく經濟上の目的で賦課されるに至つたのである。幕府は諸大名を支配してはゐるが、幕府も亦最大の大名であつて、その領地からの收入でのみ全國統治の經費を賄つてゐるといふ幕藩體制の性格の變質の第一歩である。いはゞ幕府が最大の大名といふ性格から君主への性格へ一歩近付いたといへよう。しかもこの代りに參勤交代の江戸在府期を半年に短縮したのである。參勤交代が幕府の巧妙な諸大名統御策の一として幕初から實施されてきた重要な制度であるだけに、假令廢止ではなくとも、一年が半年に短縮された事は大きな變化であつた。かゝる改變を敢てして迄も上ゲ米による增收をはからねばならなかつた程、當時の財政狀態は重大な段階にあつた。諸大名への上ゲ米令にその樣子を切々と訴へ、耻辱をも顧みず仰出すと記して居る。[1] 猶老中その他役人等歸國しえぬ大名は、一般の大名の三分の一の割合で差出すことになつた。上ゲ米の總額は約十六萬石、卽ち幕府貢租年收の約一割、又幕府の毎年家臣に支給する切米・扶持米總額の五割强に相當した。[2]

しかしこの制度もこれ以上發展することはなく、享保十五年(一七三〇)に至つて、來年より上ゲ米をやめ、參勤交代も復舊する旨發令され、以後幕末迄變らなかつた。[3] 當時は後に述べるやうに米價が著しく下落して[4] 幕府はその維持に惱んでゐたが、上ゲ米の制もその原因となつてゐると考へられた爲め廢止になつたのであると、一般人は見てゐたらしい。[5] 幕府の財政が一應享保七年頃の如き窮迫したものでなくなつた事と、米價維持のため諸大名に米の貯藏や買米をさせるに付き、諸藩の負擔を他の面で緩和させようといふねらひがあつたのであらうが、その背後に當局者が上ゲ米令や參勤交代制の變更を、全く變則的なもので單に一時的な手段として行つてゐるものであると見倣してゐたがために、こゝに至つて復舊されたものであらう。

上ゲ米のやうに長く續けられたものではなかつたが、旗本・御家人の切米の借上げも享保七年に行はれた。尤もこれは少し意味が異つて、借上げを財源として何か他の費用に充てたのではなく、收入が少くて支給が困難であつたからである。即ち同七年五月の觸によれば、六年冬（十月）渡の切米の一部が減額されたが、これは七年になつて渡すことができた。しかし今後滯りなく支給してゆく見通しがたゝぬので、七年の冬切米の中から、その春、前年冬殘分として支給した分を減額するとある。[6] その額は百俵につき金四兩づゝであつた。[7] 又これも臨時の措置ではあつたが、享保十六年には加賀藩より金十五萬兩を借りて買米費に充てた。これはその翌年返す筈であつたが、翌年は七萬兩、その翌年に殘額を返濟する事となつた。[8]

幕府の收入には通常の貢租以外に銀座運上・朱座運上・長崎運上・大坂諸川船運上・大坂川口石錢・相州浦賀石錢・大坂上荷船運上・堀江地代・過書船運上・高瀬船運上・鹿ヶ谷入木運上・保津川貳拾分一・川船運上・小普請役金・町役金・御納戸獻上金などゝいふ諸收入があつたが、[9] 享保期にはこの面ではあまり著しい變化はなかつた。たゞ長崎の運上金額の變更は比較的大きなものであつた。長崎運上金は元祿八年（一六九五）伏見屋四郎兵衞が銅の代物替を許された代償として千五百兩納めた事に始まり、その翌年一萬兩に增額され、更にその翌年には高木彥右衞門が二萬兩を納入する事によつて代物替獨占の特權を奪つた。高木は長崎の町年寄の資格で代物替支配の特權を得たので、運上は以後長崎の町が負擔することになつた。同十二年には更に改正になつて、當時長崎の商人達が分配に與つてゐた地下配分金と稱する貿易利益金七萬兩と各種經費を控除した殘りを運上として納入することになつた。折たく柴の記（卷中）によれば正德の頃その額は四萬兩といふ。

この配分金と運上金は正德新令においても確認されたが、享保四年（一七一九）三月貿易上の計算基準を新金銀によることにした際、地下配分金は舊金で三萬兩增加して都合十萬兩、これを新金にして五萬兩といふことになつた。同八年に至つて配分金と運上金の關係が改められ、從來配分金その他を差引いた殘りが運上金となつてゐたのを、運上金を差出した殘りを以て配分金その他に充てることになつた。さうして運上金の額も五萬兩と增額されたのである。その代り從來「元直段に而除き」と稱して、一部の者がもつてゐた、長崎商人の手を經ず直接淸・蘭人から元直段で購入する特權が廢止された。但し對馬・五ヶ所糸割符・朱座・高木作右衞門調進の砂糖龍眼肉・町年寄年頭獻上物及び進物・諏訪社神納品・奥醫師藥種は「元直段に而除き」の廢止を免れた。[10]

　しかし貿易が抑制されてくるに從つて利益も自ら減少し、運上も地下配分も豫定通りにはゆかなくなつた。享保十六年（一七三一）には運上金は漸く三萬兩、地下配分金は定式の五分（二萬五千兩か）、十七年には運上金三萬兩、配分金六分（三萬兩か）しかできぬ狀態にたち至つたので、十八年には運上金五萬兩の中一萬五千兩を免除して三萬五千兩とし、地下配分金を四萬兩とし、前年の未納の分は之を免除した。ついで元文元年（一七三六）には更に來航許可船數の減少に伴ひ、運上金と配分金の關係を享保以前の制に戻し、配分金四萬兩を確保した殘りを運上金とすることゝした。[11] 貿易制限强化に伴ふ長崎地下人救濟のためには、遂には運上金の收入も放棄せざるを得なくなつたのである。

　上ゲ米といひ長崎運上金といひ、享保時代に行はれた貢租以外の面における增收策は、共にこの時代の半ば頃から或は廢止され、或は著しく減收となつてしまつたのである。

註

1、御觸書寬保集成三十

御旗本ニ被二召置一候御家人、御代々段々相增候、御藏入高も先規よりハ多候得共、御切米御扶持方其外表立候御用筋渡方ニ引合候ては、畢竟年々不足之事ニ候、然とも只今迄は所々御城米を廻され、或御城金ヲ以急を辨られ、彼是漸御取つゝきの事ニ候得共、今年ニ至て御切米等も難二相渡一、御仕置筋之御用も御手支之事ニ候、それニ付、御代々御沙汰無レ之事ニ候得共、萬石以上之面々より八木（米）差上候様ニ可レ被二仰付一と思召、左候ハねは御家人之内數百人御扶持可レ被二召放一より外は無レ之候故、御耻辱を不レ被レ顧被二仰出一候。高壹萬石ニ付八木百石積り可レ被二差上一候、且又此間和泉守（水野忠之）ニ被二仰付一、隨分遂二僉議一、納り方之品、或新田等取立候儀申付候様ニとの御事候得共、近年之内には難二相調一可レ有レ之候條、其内年々上ケ米被二仰付一ニて可レ有レ之候、依レ之在江戸半年充被レ成二御免一候間、緩々休息いたし候様ニ被二仰出一候

何も在府之儀ニ付ては、江戸人多ニも候間、此以後在府之間も少キ儀候條、可レ成程は人數可レ被二相減一候

この上ゲ米令の文章について室鳩巣は次のやうに批評してゐる。

御耻辱をも不レ被レ顧に有レ之儀など、近頃不レ入御文體、後世の議論も生じ可レ申樣に存候、御文盲被レ成二御座一候故、只御質直に被二思召一まゝ御調被レ遊たるもの（中略）御自身の御文言にて、少御自慢の方に御座候（兼山祕策第六冊享保七年七月七日附）

又新井白石も佐久間洞巖に宛てた書簡の中で、「天下の人不レ顧二耻辱一候やうになりゆき候ては、いかに可レ有レ之候やらむ。」と評してゐる。（この書簡は高天漪の死を報じた九月二日付のものであるから、天漪の歿した享保七年のものである事は疑ひあるまい。卽ち上ゲ米令の二ケ月後である。さうしてこれは洞巖が八月八日及び十日付の書簡を以て、何か白石に意見を求めたに對して答へてゐるのである。故に恐らくその時期から推して、上ゲ米令の文章に對する批判であると思はれる。）鳩巣といひ、白石といひ、君主に莊重な威儀を求める儒者と、粗服・粗飯で容儀にかまはず、實質を尊ぶ吉宗公との政治理念の相違が明瞭に示されてゐる。

2、月堂見聞集、享保通鑑（享保通鑑には十八萬七千石とある）。

3、御觸書寛保集成三十一

4、吹塵録下所收の張紙値段によつて上ゲ米令發令の頃と廢止の頃の米價をみると次の通りである。(但し百俵＝三十五石の値段)

享保六年	春	三九兩
	夏	四一
	冬	四六
七年	春	五三
	夏	四九
	冬	三三
十四年	春	二五
	夏	二四
	冬	二四
十五年	春	二五
	夏	一九
	冬	二六

春＝二月
夏＝五月
冬＝十月

5、兼山祕策第八冊　享保十五年六月附

9、御觸書寛保集成十九

7、兼山祕策第六冊　享保八年正月二十二日付（青地齊賢宛青地禮幹書簡）

切米借上や上ゲ米は落書の好餌となつた。次に若干を掲げる。（享保世話巻一）

○御藏御借米滞候に付小倉山狂歌

春過て夏まで取らぬ御借米
　質を取てふあたまかく山
千はやぶる神代も聞ず春かしの
　夏まで取らで只勤とは
淋しさに隣へ行て咄せしに
　いづくも同じ春かしの沙汰

○物揃

まだ出ぬもの　追はぎと夏御張紙
不断苦しむ物　馬の籠ぬけと御切米取

○八島の直し、八木島、下かゝり曲舞 町の者くわせぬ流

よしむね権物に藏米とりて渡しがたし、然れ共勝手はいまだ直りきらず、されば此米を公儀にとられ、大名に恥辱なりといはれんは不念の次第成べし、よしそれ故にいわれんは仕方なし、はた本の命つなぎと思ふべし、取らずば扶持方渡さじとて、欲に引るゝ米取の、名は末代にさらすぞと語り給へば、忠之さて其外の人までもみな勘定を致しけり、上シテ水戸は請付ず、水野はおそるゝの三家の心の厚さ故、公儀には取給ふなとおしむは世の為め、おしまぬは一命なれは、身を捨てゝこそ公儀にも、佳名をとどむべき、水戸殿の沙汰成べけれ

8、兼山祕策第八冊
9、向山誠齋　甲辰雜記十五
10、通航一覽四　卷百六十二・百六十九
11、御觸書寛保集三十五

第四節　財政の安定

元祿以降崩れてきた幕府財政再建のため、享保時代に吉宗公を中心として幕府が遂行した各種の改革は、以上の如くである。かゝる努力を以てしても猶解決しえぬ問題もあり、又新政策の施行によつて新たに發生してきた問題もあつて、幕府財政は根柢から再建されたとはいへぬ。しかし當局の努力は決して徒勞には終らなかつた。

第一に混亂を極めた通貨は、享保七年(一七二二)を以て整理が一段落つき、翌年からは慶長・正德の金銀一本に統一された。勿論前にも記した通り元祿以降の通貨の中一部のものは相當量の未回收があつたが、そのため特に經濟界が惡影響を蒙ることはなかつたと思はれる。

同じく七年末には、十四年前(寶永五・六年)から滯つてゐた出入の町人に對する支拂が行はれた。その總額は十六萬兩であつたが、三割引で支拂はれる事を納得した者には卽金で渡し、全額を希望する者には年賦で償還することとした。大ていは三割引で卽座に請取る事を願つた。[1] その額は十萬八千兩といふ。又同年には金の分銅六枚が出來上つた。これは幕初家康公が金四十數貫目を以て一枚の分銅とし、これを三十六枚作つておいたところ、後になつて財政難によつて悉く使ひ果してしまつたのを、享保期に入つて再び作つたものである。[2] この七年といふ年は幕府が近來不作で貢租の收納も思ふやうにゆかず、あまつさへ水害による出費もかさんで、切米の支給すら果しにくいとて、旗本・御家人の切米を遲缺配し、更に「恥辱をも顧みず」諸侯に訴へて上ゲ米を求めた年である。その年に一方では商人に十萬兩餘の債務を償還し、金分銅六個を作つて金藏に貯へてゐるのである。いはゞ大名・旗本の犧牲において幕府とその出入商人の利益がはかられたものともいへよう。室鳩巣はこれに對して「此時代無益のふんどん瓦石の樣に罷成」と述べ、「當時の樣子、施を御好の方は稀にて、御吝嗇の方御見被ㇾ成候故、迎合仕候者のみ聞候て、色々聚斂の道を開申候、第一御儉約方主付被ㇾ申候水野和泉守殿、老中の權を執て聚斂を事と被ㇾ成候故、御勘定頭など其方へ參申候」と批判してゐる。[3] 府庫の充實といふ事が水野忠之以下財政擔當の役人達の唯一の目標であり、將軍の方針であつたので、たゞでさへ苦しい經濟狀態の大名・旗本等に更に負擔をかけるのも辭さなかつたのである。

その成果として最も大きいのは、享保の中頃（十五年以前）奥金藏に新らたに百萬兩の金が貯へられた事である。[4]

又享保九年には甲府の金藏に九千兩貯へられた。[5]

このやうに金銀の蓄積ができてゆく一方、支出にも或程度ゆとりがあらはれて、享保十二年には將軍の居室が建てられた。[6] 有德院實紀附錄（卷二）によれば

御受職の後、唐破風造の四足門をよび有來る御まし所をもこぼたれたり、これそのかみ勘定奉行荻原近江守重秀うけたまはり、金玉をちりばめ、華美を盡して造營せしかば、その費七十萬金に及びしとなり、（中略）然るに御みづからは、かの御まし所こぼたれしのち、その側にいさゝかのこりたる廊をしつらひ、そこにおはします事十二年の久しきにいたれり、此廊は東西にむかひたれば、炎暑のころ、朝夕の日さし入て暑さ堪がたく、侍臣さへいとくるしとおぼえたるに、少しもいとはせ給ふみけしきなくすませ給ひぬ、のち天下もやゝ豐かに、四民もうるほひしに

及び、享保十二年二月にいたり、はじめて御まし所の新營を仰出され、金銀のかざりをとゞめ、もはら質素につくられしとぞ、

とある。翌十三年には日光社參が行はれた。詳細については後述に讓るが、寛文三年（一六六三）四代將軍が參詣して以來六十五年ぶりの事であつた。

以上の如き諸事實から考へれば、享保十二・三年を中心として前後數年間は、吉宗公や水野忠之以下の努力空しからず、幕府財政の再建も成就したといひうるのである。間もなく米價の問題などからこの安定は崩れるのであつて、この數年間に動搖の芽が育て上げられてゐるわけであるが、兎も角もこの享保十二・三年を中心とする數年間は、上に名將軍吉宗公を戴き、老中水野忠之・松平乘邑・町奉行大岡忠相等の賢臣よく之をたすけ、幕府財政をはじめ經濟界も一應安定して、江戸幕府政治の最高頂を示してゐるのである。

註

1、兼山祕策第六冊　享保七年十二月廿七日附

2、同　享保七年十二月十二日附

分銅の大きさは兼山祕策には黄金六百枚とある。金一枚とは大判一枚でその重量は約四十四匁であるから六百枚では二十六貫餘となる。然るに有德院實紀附錄（卷二）には金四十四貫七百目・銀四十六貫目を以て作るとあり、向山誠齋「癸卯雜記」八所收寛延三年（一七五〇）二月の「奧御金藏御金銀之覺」には當時金分銅三個が殘存し、その金目は四十二貫四百・四十三貫三百・四十四貫六百五十と記してある。又新井白石も折たく柴の記（卷中）に「神祖の御時黄金千枚づつを以て大法馬《オホフンドウ》をつくられ」と記してゐる。千枚は四十四貫目程である。恐らく兼山祕策の六

百枚は何かの誤りであらう。
3、兼山祕策第六册　享保七年十二月十二日附
4、向山誠齋「戊申雜綴」所收　御勝手方覺書
貯へられた年代については「右除金銀前ゝは無二御座一候處、享保年中百萬兩御除被レ置候內、享保十五戌年五百石以下拜借金渡」とあるから、十五年より前のものである。
5、戊申雜綴所收　御勝手方覺書
6、有德院實紀卷廿四

二　財政改革の限界

第一節　米價の暴落と大飢饉

I　米價の暴落

元祿以降露呈された諸弊害を除去し、幕府財政を再建强化すべく施行した改革が相當の成果を收めた事は既に述べたところであるが、やがてその遂行に伴つて新たな障碍が生じてきた。その最大の問題は米價問題であつた。米價變遷の跡を辿つてみると、元祿以降は通貨の混亂、放漫な財政支出、風水害や富士の噴火などの災害による凶作が加つて全般に米價は高かつた。享保に入つてもこの傾向は變らず、殊に五―七年は不作も手傳つてかなりの高價となつた。太宰春臺は享保七年の米價が元祿以來の最高であると述べてゐる[1]。幕府はかゝる狀態に對し、米商等の思

惑や投機による米價騰貴の抑制につとめた。取締の對象となつたのは米の買占と、正米取引でない、手形による延賣買であつた。これについては既に承應三年（一六五四）に、藏元が米商から三分の一程の敷銀を受取つて手形を渡し、現米は藏に預つておく事、或は國元から藏屋敷にまだ送つてきてない米の手形を發行する事を禁止してゐる。寛文三年（一六六三）には、賣買契約後三十日以内に藏から出すべき事を令し、違反者は死罪以下の刑、五人組と年寄も米屋でなくとも處罰、手代の責任は主人にもかゝるといふ嚴しい罰則を設けた。しかも延賣買は取締の目をくゞつて續けられ、後には遣來《やりくり》兩替屋といふのも出來て、取引に正銀も用ひず全くの空米の信用取引になつたのである。當局は享保六年（一七二一）閏七月先づ觸によつてこれを禁じたが、その後堂島の相場所へ捕手を向けて仲買の主要な者を逮捕し、翌年も違反者を逮捕して財産を沒收した。[2)]

しかし太宰春臺は經濟錄（卷五）に於て、今の世は米價が騰れば武士・農民は勿論利益を得るが、商工とてもさして苦しまぬ、米價が下落すれば四民皆害をうけると論じてゐるが、幕府の方針もこの意見と同樣であつた。米價が高い時、米商人等が不當な利得を目的として經濟界を混亂させるのを防止するため、延賣買の取締りなど行つたが、積極的な米價低落策は講じてゐない。然るに一度米價下落の傾向を見るや、多大の力を注いで低落を防いだ。それは高騰時の比ではなかつたのである。

騰貴の傾向は七年を頂上として終り、八年には明かに下向の途を辿つたが、同年九月には京・大坂に對し「不實之米商賣之儀、米下直に候節、細ニ不レ致二吟味一候て可レ然候」と達し、翌年二月にも「今以米直段下直に付、諸人却て難儀致し候由ニて、不實商之儀彌吟味强ク無レ之樣相心得可レ申」と令をかさねた。[3)]幕府は米價維持のため米穀取引を活潑ならしめんとし、商人等の投機を默認したのであるが、同十三年に至つては「延賣の義勝手次第」と公認したのである。[4]

この間米穀取引の利權をめぐつて商人間に激しい爭が續いた。彼等は皆幕府より米相場支配の特權を受けんとして爭つたのであるが、幕府もそれを利用して米價の低落を食止めようとしたものであらう。その最初は享保十年十一月で、江戸本材木町紀伊國屋源兵衞・大坂屋利右衞門及び北新堀野村屋甚兵衞の三人に對し、

一、江戸・大坂に於て自己の資金によつて無制限に米を買入れる事
一、その買米を詰置くため淺草御藏拜借を許す事
一、大坂城米江戸表へ廻送の中、十萬俵爲替申付け、淺草御藏へ上納する事
一、大坂にて米相場を立てる事を許し、脇にて相場を立てるのを禁ずる事
一、諸大名大坂着米入札の節、落札人より一石に付銀二分宛口錢として差出させ、一分は三人が受取り、一分は仲買に分配する事
　但し民間の商品米には口錢を課さぬ事

といふ權利を與へた。[5] 三人は大坂中の一切の米仲買の名前を登錄させて、これに木札を一枚づゝ渡した。[6] かくてこの三人は大坂における米相場に絶大の權力を獲得した。大坂の米相場がやがて全國の相場に決定的な影響力をもつてゐるだけに、この特權の重要性は甚だ大きいものであつた。しかもこの場合、江戸の資本が大坂に進出していつたことに注目すべきである。

然るにこの翌々年、卽ち享保十二年二月にはこの三人の特權は奪はれて、中川淸三郎・川口茂右衞門・久保田孫兵衞の三人が之に代り、且堂島に米會所を設立する事を許された。更に十五年五月には又もやこの三人に代つて江戸町

人多木善太郎等五人が米會所支配の特權を獲たのである[7]。

この間大坂の米仲買達は米會所に反對運動を續けてゐた。最初は大坂町奉行と交渉をしてゐたが、やがて江戸に代表を送つて勘定奉行に請願し、更に老中水野忠之に訴へるなどしたが、容易に取上げられなかつた[8]。しかし享保十五年八月に至つて遂に「大坂米商之儀古來致來り候通」といふ事になり、冬木の會所は僅か三ヶ月で廢止となつたのである[9]。會所がこのやうに激しい變遷をみせたのは、恐らく米相場が會所の有無に拘らず低落の一途を辿るのみであつたので、次々と山師が立ちあらはれて、自分こそ幕府のためをはかるなどと請願して前任者を押除けようとしたためであらう。しかしこれらの山師たちの懷を肥しこそすれ、米價調節の效は擧らなかつたのである。結局大坂の仲買達の反對が勝利を得たのであつた。猶同年七月には江戸においても數名の者が米延賣・切手賣相場會所を願つて許可されてゐるが、これもその後永くは續かなかつたもの丶如くである[10]。

次に幕府のとつた手段は米を買込んだり或は貢租を貯藏したりして、市場への供給を減ずるといふ事であつた。享保十四年には米屋が米を買込んでおくのを許し、（不〻苦候とあるがむしろ奬勵したのであらう。）それについて金融を圓滑にする必要上、同四年以來施行してゐた借金出訴不受理の令の一部を修正し、米買置の目的を以てなされた借金については、訴訟を受理すること丶した[11]。幕府自らも十五年正月から米の買上を始め、同年秋收納の年貢の中六十萬石は籾のま丶貯藏し、その分だけ米を買上げ、更に翌年も續行した。その年には買米資金として十五萬兩加賀藩から借用してゐる。諸大名に對しても貯米を奬勵し、又十六年には二十萬石以上の大名に對し買米の用意あるべしとの令を出したが、これは諸大名の財政狀態が許さなかつたらしく、實行はされなかつた[12]。同じ年大坂の町人達にも買米を命じた。最初は町年寄に命じて買米せしむべき者の名前を差出させようとしたが異論が多くて人數が集らぬ。そこで今度は町奉行所から鴻池善右衛門・和泉屋（住友）吉左衛門などゝいふ豪商百三十數名を指名したが、これもなかなか全員が承諾するに至らぬ。そこで次には大坂の町中に割當てゝ消費させることゝした。[13] 米仲買等に對しても仲間年行事監督の下に、家持は三十石乃至百石、借家人は二十石乃至五十石迄の買米を切手で行はしめ、奉行所でその切手を封印した。[14]

又幕府は大坂・江戸への廻米を抑へるため、大名に對し貢租米の輸送を制限するやうに命じ[15]、江戸においては米問屋の組合を入荷地方別に作らせて廻米統制を行はせた。卽ち江戸の米問屋は伊勢町・本船町・小舟町・堀留町・小網町・堀江町附近の所謂「河岸」にあり、何處の產米も差別なく引受け、入津員數なども一括して町奉行に報告してゐたが、享保十四年に至つて下り米問屋・關東米穀三組問屋・河岸八町米仲買・地廻米穀問屋・脇店八ヶ所に分れて組合を作ることになつた。[16] 翌年にも、前年の令に拘らず、上方筋からの江戸着米の取捌きを近頃猥りに脇々で行ふやうになり、米價にも悪い影響を及ぼすとて、高間傳兵衛以下八人の問屋以外決して取扱つてはならぬ旨重ねて令してゐる。[17]

この他、十六年七月にはこれ迄酒の公定價格があるため釀造元は利益があがらず、次第に廢業者が增加し、米價のためよろしくないといふのでこれを廢止し、且幕府の買上米を奈良・池田・伊丹などの業者に代金日延拂で買はせ、休業者を減らさうとした。十二月には業者に酒造用米を多量に買ふ事を奬勵し、資金のない者には高間傳兵衛の買置米を延銀で買取らせる旨通達してゐる。[18]

このやうにして幕府は米價を高めるのに手段をつくしたのであつたが、その効果は殆んどなく、十年以降數年間は低米價に惱みぬいたのである。

註

1、經濟錄

米價騰貴の傾向を明かにするため、新金銀建に切替へた享保三年末から四年にかけての米價と、同六・七年の米價とを比較してみよう。

（大　坂）

	匁
享保三年十一月	三三
四年	四二
六年	七〇〜八〇
七年　六月	六二〜七二

（江　戸）

	兩
享保四年春	二九
夏	二七
冬	三三
六年春	三九
夏	四一
冬	四六
七年春	五三
夏	四九
冬	三三

大坂――三貨圖彙物價之部
米一石の銀價（匁）
江戸――吹塵錄所載張紙値段
米一〇〇俵（三五石）の
金價（兩）

江戸・大坂共かなり騰貴してゐる。殊に大坂は二倍に達してゐる。しかも享保三・四年頃の價格も、舊金銀の價格にすればかなりの高値であるから、六・七年頃の米價は甚しく高いといひうる。

2、堂島舊記卷一、天享吾妻鑑
3、御觸書寛保集成三十四
4、濱方記錄卷一
5、御觸書寛保集成三十四
6、濱方記錄卷一
7、同　右
8、堂島舊記卷一
9、濱方記錄卷一
10、御觸書寛保集成三十四

江戸の會所が廢止になつたといふことは何にも見えぬやうであるが、その後江戸の切手賣・延賣などこの會所の活動を示す記事が全くみられぬので、割に早くなくなつてしまつたものと思はれる。例へば享保二十年の觸で江戸・大坂に多量の米を輸送するのを禁じたが、その際大坂の切手賣も現米同樣多額の切手を出さぬやう命じてゐるのに、江戸の切手賣については全く言及がないのである。（御觸書寛保集成三十四）

11、御觸書寛保集成三十四
12、同　右、兼山祕策第八冊

13、享保十六年買米一件控、草間伊助筆記巻一（大阪市史　第三・第五）
14、堂島舊記巻一
15、御觸書寛保集成三十四
16、日本財政經濟史料巻三所載　米穀一件米商法調、向山誠齋　甲辰雜記二
17、御觸書寛保集成三十四
18、享保撰要類集、大阪市史第三　御觸留

II 大飢饉

連年の米價低落防止に苦惱してゐた幕府は享保十七年（一七三二）に至つて今度は大飢饉に襲はれた。卽ち同年夏近畿以西は突然蝗の大群の來襲をうけ、稻は殆んど食ひ荒らされてしまつたのである。當局の調査によれば被害をうけた諸藩は次の如くであつた。[1]（△印は損害半分以下のもの）

〔畿内〕
岸和田（岡部長富）
△高槻（永井直期）　△三田（九鬼隆抵）　△尼崎（松平忠喬）　△櫛羅（永井直亮）　△高取（植村家包）
△小泉（片桐貞起）

〔山陽〕
廣島（淺野吉長）　萩（毛利宗廣）

△明石（松平直常）　△林田（建部政民）　△小野（一柳末昆）　△岡山（池田繼政）　△津山（松平長熈）
△松山（石川總慶）　△足守（木下種恭）　△新見（關　政富）　△福山（阿部正襲）

〔山陰〕

松江（松平幸千代）　母里（松平直員）　廣瀬（松平近房）　津和野（龜井玆滿）　濱田（松平康豐）
△鳥取（池田吉泰）

〔南海〕

和歌山（德川宗直）　松山（松平定英）　松山新田（松平定章）　小松（一柳賴邦）　今治（松平定胤）
西條（松平賴安）　大洲（加藤泰古）　宇和島（伊達村昭）　吉田（伊達村豐）　高知（山內豐敷）
△高松（松平賴豐）　△德島（蜂須賀宗員）

〔九州〕

小倉（小笠原忠晴）　中津（奧平昌春）　小倉新田（小笠原定權）　豐後府內（松平近貞）　岡（中川久忠）
臼杵（稻葉董通）　佐伯（毛利高寬）　日出（木下長保）　杵築（松平親純）　森（久留島光通）
佐賀（鍋島宗敎）　平戶（松浦誠信）　大村（大村純富）　唐津（土井利實）　植松（松浦　致）
島原（松平忠雄）　五嶋（五嶋盛道）　熊本（細川六丸）　人吉（相良長在）　福岡（黑田繼高）
秋月（黑田長治）　柳河（立花貞俶）　久留米（有馬則昌）　三池（立花種甄）　延岡（牧野貞俱）
高鍋（秋月種弘）　對馬（宗　方熈）
△鹿兒島（島津繼豐）　△飫肥（伊東祐永）　△佐土原（島津忠就）

これによれば畿内以西は殆んどすべて被害地で、就中中國・四國の西部、九州の東部地域が最も著しかつたものゝ如くである。この災害によつて歳入の半分以上を失つた諸藩を總計すると、原石高四百九十萬石餘、享保十二年より十六年迄五ヶ年間の貢租平均收納二百三十六萬石餘、その約七三%に當る百七十三萬石餘が減收となつてゐる。[2)] また損害半分以下の諸藩の中、損害額の知りうるものを集計すると、原石高約二百萬石、その中約六十八萬石を失つてゐるのである。[3)] この他その方面の天領、旗本知行地も同程度の損害を蒙り、罹災飢民は全體で約二百六十五萬人、餓死者一萬二千人餘、牛馬の損害一萬五千頭に及ぶといふ大損害であつた。[4)]

被害の報告は勿論頻々と幕府に到達し、當局も亦罹災各地に役人を派遣して視察せしめたのであるが、はじめの中は例年未だ新米の出廻る時期でなく、しかも前年からの持越米が夥しくあつてもてあまされてゐたためか、損害の報道の大きい割に米相場には影響なく、年末から來春にかけて如何なる狀態になるか、當局者も全く見通しがつかなかつた。そこで八月末に至つて老中は、かゝる問題に最も關心深かるべき大坂の主要な米商等の意見を求めた。米商等の考へでは、一村或は一領をとつてみれば相當の損害の場所もあらうが、平均して考へれば取沙汰されてゐるやうな中國・西國筋全般の大凶作とも考へられぬ。大坂への入荷は若干減少しても元來米が多いのであるからさほど騰貴もすまい。來春になつて一石銀六十匁（十七年春は三十六――四十匁）程にもならうかといふ甚だ樂觀的な見通しであつた。[5)] しかし當局者は奧羽・北陸・東海道方面の諸藩・知行所に命じて例年より多くの米を上方へ積登らせ、大坂へなりとも罹災地へなりとも廻すやう指令し、米商の米も之に准ずべき旨令した。ついで當分米を江戸に廻漕することを制限した。[6)] 當局の方針はつとめて多量の米を大坂に確保しておいて、情勢によつて災害地に積出さうといふのである。大たい九月中に五萬石を最も被害甚しい地域に送り、暮から正月にかけてその他の被害地に十四五萬石を送ると

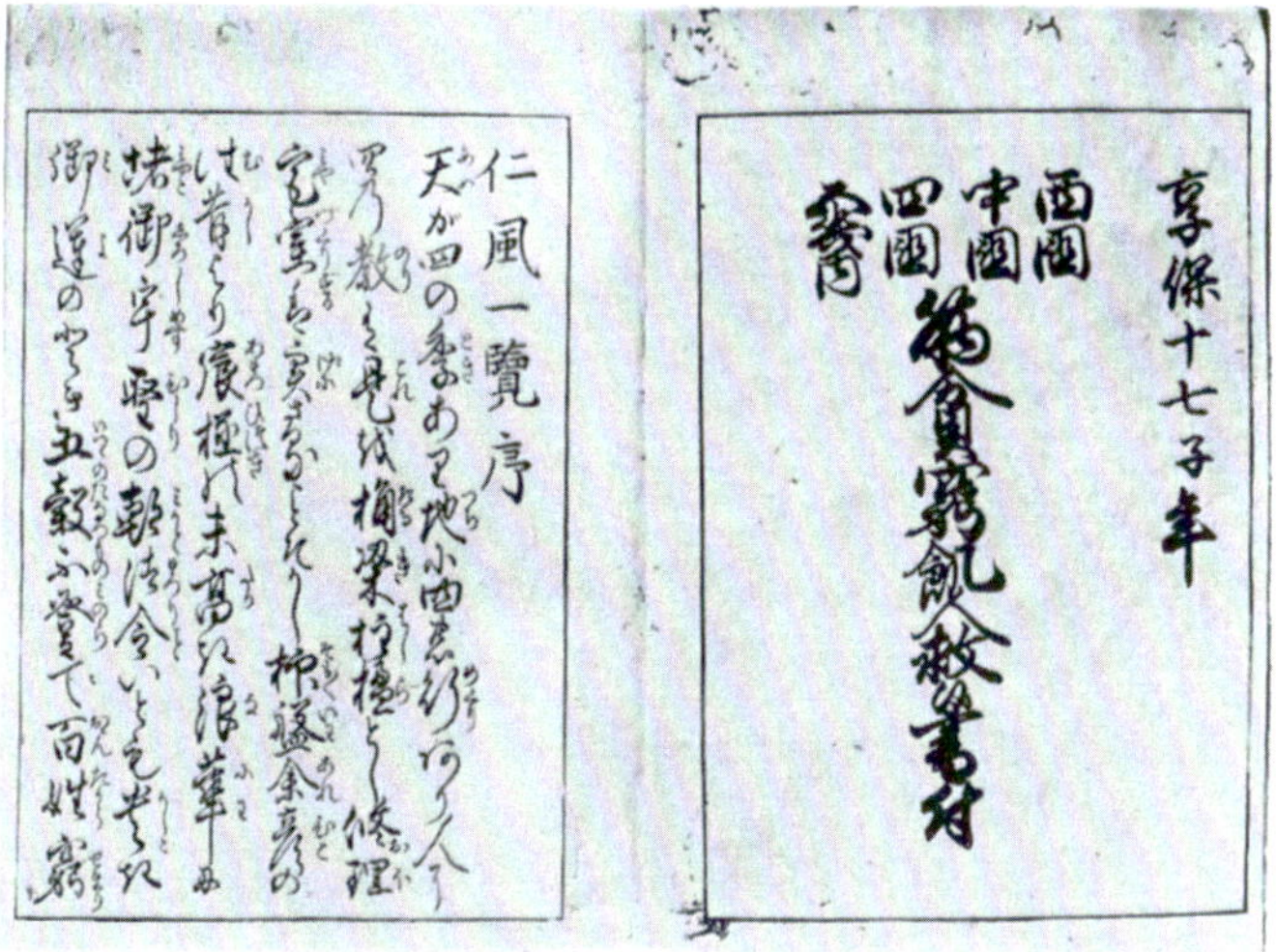

五　仁風一覧

いふ豫定をたてゝゐた。[7] たゞ關東地方の諸藩・知行所に對しては十月に、作毛がよいから貯米をするやう申渡してゐるが、これは江戸の萬一の場合に備へてのことかと思はれる。[8] 又罹災地の大名・旗本の中、享保十二年乃至十六年五ケ年間の貢租額の平均に對し、十七年の貢租が半分以下の所には石高に應じて拜借金を貸與し、罹災民の賑救に力をつくさせ、十九年から五ケ年賦で返納させることゝした。その總額、萬石以上四十五人、金三十二萬七千兩、萬石以下二十五人、金一萬二千百四十兩に達した。[9] 更に十月には伊勢・出雲・宇佐・鹿島・香取・石淸水及び寛永寺・延暦寺・護持院の諸社寺に於て祈禱せしめた。[10]

しかし日を經るに從つて被害は甚大なことが判明し、災害地向の米の需要はます〳〵多く、大坂に準備してあつた米ではとても應じきれぬ。そこで十一月に入つて各地の米を購入し、又諸藩の大坂廻米を督促し、更に大和郡山藩以下十二藩に管理せしめてゐた用米をさいて大坂に送り、翌年正月にも篠山藩以下十八藩保管の用米を輸送せしめた。[11] 平常でさへ財政難に喘いでゐた諸藩は更にこの災害を被つて、ともすれば幕府の救濟に賴り、積極的に飢民救助策を施行する所が少なかつたので、幕府は數次にわたつて救荒策を指令し、飢民の多く出た場合は領主の責任を問ふ旨申渡した。さうして特に餓死者を多く出した松山藩主松平定英(一六九六—一七三三)は出仕を停められた。この他紀州藩主德川宗直(一六八二—一七五七)・鳥取藩主池田吉泰(一六八七—一七三九)らも戒告をうけた。[12] また幕府は十二月に罹災各地に高札をたて、近鄕近在が相互に援助し合つて飢餓をしのぐやう令した。[13] 京・大坂の豪商をはじめ民間から多數の義捐があり、その合計は金二百八十兩、銀二百六十貫目、錢三萬六千六百貫文、米一萬四千石、雜穀六千五百石、その他衣服・農具・薪炭・木材・食料品が厖大な數量に達した。後にこの災害がおさまつてから義捐に應じた人々の名前を悉く記して「仁風一覽」と題し、元文元年(一七三六年)大坂から發行した。吉宗公はこれを見て、特に上製を作らせ、京都・日光に獻じた。[14]

かくの如き當局の懸命の努力にも拘らず、災害は遂に大坂・京都・江戸三都の生活をも脅かすに至つた。大坂では例年各地から集る米も今年は西國方面に廻漕されてしまつて、越年米は僅か十八萬石餘、前年のそれに較べて僅か十分の一にも及ばぬ。相場も從つて百目から百五十目と、從前の數倍に騰貴した。當局は或は酒造米を禁じ、或は民間の土藏を調査して貯米を賣拂はしめ、窮民には一日男二合女一合宛賑救し、各社寺・富豪等も屢〻施米を行つたが、町民は極貧者のみならず一般に不安の念強く、或は將軍上洛、或は德政、或は金銀吹替などの噂が亂れ飛んだ。[15] 江戸も暮頃には米價の騰貴著しくなつたので、十二月にはそれ迄西國地方へ米輸送促進のため、自由に江戸からの米廻漕を認めてゐたのを改めて、町奉行が發する浦賀奉行への通航證を必要とすることゝし、また關東地方に知行地を有する三千石以下の旗本の米を淺草の藏に買ひ込ませた。翌十八年正月には前々年から禁じてゐた奥州・關八州からの白米の江戸移入を許し、又江戸の米屋に對しては貯米を最寄次第に賣出し、若し米を隱匿する者あらば訴出すべしと令した。貯藏米の販賣に當つては前に定められてゐた問屋・仲買・小賣などといふ販賣組織も無視することを許した。[16] しかし米價騰貴による困窮者の增加は少なからず、そこで米五千俵を出して各名主に渡し、窮民に一日男二合女一合の割で與へさせ、二月には地主・家主に命じて困窮者の地代・店賃等を免除せしめた。[17] また正月末には普請奉行稻葉正房、目付石河政朝を監督とし、佐竹義峯(秋田)、上杉宗憲(米澤)、松平容貞(會津)、秋田賴季(三春)、溝口直溫(新發田)、藤堂高豐(伊勢久居)を手傳として費用を出さしめ、江戸の窮民十五歲以上七十歲に一人前錢五十文を與へて江戸城の堀ざらへを每日行はしめ、生活の補助たらしめた。[18]

この間江戸町民の不安は日に〳〵つのり、十七年暮から十八年正月にかけてしば〳〵多勢打揃つて町奉行に訴訟し、當局が米價引下げ策を講ずることを請願した。前記の貯米賣出令、販賣組織の無視、廻米制限などの廢止はかゝる町人達の壓力によつて發せられたのである。この頃最も有力な米問屋高間傳兵衛が多量の米を買占めてゐるといふ噂が立つてゐたが、これを知つた傳兵衛は正月二十三日、米二萬石を拂下げる案を申請し許可を得た。しかし時既におそく二十五日の夜約千七百人の者が傳兵衛方を襲撃し、家屋・家財・帳簿等を破却してしまつた。所謂「うちこわし」が起つたのはこれが最初であつた。當局はこれに對し、訴訟に出た主要な者を處罰しようとしたが町奉行の案に從つて説諭にとゞめ、傳兵衛方を破壞した首謀者一名を重遠島、三名を重追放に處した[19]。

この後當局懸命の努力の結果、混亂も次第に鎭まり、麥の收穫から次の米が出廻るに及んで平常に復した。しかし幕府財政の蒙つた打擊は著しいものであつた。それは近畿以西を襲つたかの災害が非常に大きかつたによるのではあるが、その背景に、後に述べる如く、假令僅かの災害でも耐えられぬ程餘裕を失つた農民生活、そこからあふれ出た都市貧民、常に社會にくひ込んで利益を吸收する商業資本の著しい發達などといふ大きな社會問題が存在するのである。しかも幕府財政の再建に全力を注ぐ享保期の政策が著しくそれを助長してゐることも見逃しえぬところである。

註

1、虫附損毛留書

2、日本災異志　飢饉之部

3、虫附損毛留書

4、日本災異志

有德院實紀（巻三十七）には「すべて山陽・西海・四國等にて餓死するもの九十六萬九千九百人とぞ聞えし」とあ

るがこれはあまりにも多過ぎるやうに思へる。

5、虫附損毛留書
6、御觸書寛保集成二十五
7、虫附損毛留書
8、御觸書寛保集成三十四
9、同　三十一、虫附損毛留書
10、同　二十五
11、虫附損毛留書、御觸書寛保集成三十四
12、御觸書寛保集成二十五、虫附損毛留書
13、長崎實錄一（日本財政經濟史料一）
14、仁風一覽、日本災異志、有徳院實紀卷四十三、同附錄卷四
15、三貨圖彙物價之部卷六、草間伊助筆記卷一（大阪市史五）、月堂見聞集卷二十六
16、御觸書寛保集成三十四
17、同　三十九、草間伊助筆記一
18、有徳院實紀卷三十七、月堂見聞集卷二十六
19、有徳院實紀卷三十七、枯木集、東京市史稿變災篇第三卷、救濟篇第一卷、原平三・遠山茂樹「江戸時代後期一揆覺書」（歷史學研究一二七）

Ⅲ　再度度米價の低落

十七年夏發生した蝗の害による近畿以西の大飢饉のため暴騰した米價も、十九年には平靜となつて、二十年に入ると又もや幕府は低落防止に頭を痛めることゝなつた。卽ち大坂における相場をみると、最高時の十八年正月頃は一石銀百匁を越してゐたのに、同年暮には三十七八匁から四十五六匁となり、翌年には三十一二匁から四十五六匁、二十年には三十匁から四十三匁位と漸次低落していつたのである。[1] 江戸の方でも毎年二月の相場をみると、十八年には一兩に七斗一升乃至八斗してゐたものが、十九年には一石八升乃至一石二斗六升、二十年には一石四斗五升乃至一石五斗九升と下落してゐる。[2]

そこで幕府は二十年十月に至つて、この冬から諸國拂米を、江戸は金一兩につき米一石四斗以上に、大坂は米一石に付銀四十二匁以上に買ふべしと令し、若しそれ以下で買つた米屋からは、十月十五日以降米一石につき銀十匁づゝ運上を差出させることゝした。さうして賣方買方双方から數量・價格・相手等を、江戸は一月毎に町奉行所に屆出で、大坂は五日毎に町年寄總會所に屆出させることゝした。これに對し米屋からは品質による差別を申立てたので、翌月には上米が一兩に一石四斗、一石に四十二匁以上とし、下米が一兩に一石五斗、一石に三十九匁以上として、中米はこの中間といふことに改めた。[3]

しかし米問屋達は損失を恐れて止むを得ざる場合しか購入しない。或は取締の裏をくゞつて公定以下で購入する。武家の方でも拂米が容易に捌けぬので種々の名目をつけて安く米を拂下げ、或は金銀の代りに米を低い値段に見積つて渡す。それも幕府から定められた河岸八町の米問屋へは公定以下では賣れぬため、脇の米屋へ拂つてしまふ。[4] かくて幕府の米價統制も米入荷徑路統制も效力を失つていつたのである。

かゝる情勢下に當局は米價高揚に一層の力を注いでいつた。二十年暮には前の蝗災で諸藩に貸與した金の回收を翌年三月迄延期し、拜借金上納に因る拂米の增加を防いだ[5]。又大坂の米仲買には十萬石、米方兩替には三萬石、夫々諸藩拂米の買請を命じ、購入の終了せざる中は帳合米取引を禁じた[6]。翌二十一年には前の十六年の例に從つて大坂町人に買米令が出され、北組四萬三千石、南組三萬九千石、天滿組九千石計九萬一千石の他、個人的に買米を命ぜられた者もあつた[7]。又例年江戶・大坂へ奧羽・北陸方面から米が入荷するのは四月頃であるが、これでは近國の米が捌けぬ中に重ねて遠國の米が入る事になるので、六月迄入荷させぬやう指令した[8]。米の公定價についても、自然の相場は容易に好ましくならぬと見て、二十年十二月五日からは一段引上げて、上米一兩一石三斗(一斗引上げ)、一石四十三匁五分(一匁五分引上げ)以上、下米一兩一石四斗五升(五升引上げ)、一石四十匁(一匁引上げ)とし、更に二十一年正月四日からは上米一兩に一石二斗五升以上、下米一石三斗五升以上、三月からは上米一兩に一石二斗、一石に四十八匁以上、中米一石に四十三匁以上、下米一兩に一石五斗、一石に三十八匁五分以上、下々米一兩に一石七斗五升、一石に三十三匁以上と改めた[9]。又この年各產地によつてその產米に上・中・下の別を定めた。(例へば五畿內・播磨などは上米、肥後・筑前などは中米等々)かくて米相場をたてるといふ事は表向き行はれなくなつたが、裏においては下落甚しく、五月頃には二十數匁に迄下つたのである[10]。

こゝにおいて四月十六日堂島の仲買達は嘆願書を作つて御定値段の廢止を願ひ、廢止にさへなれば相場が自由になり、諸國からも買手が入つてきて米は忽ち捌けると、自由取引の利益を强調したが許されず、さらばと翌月には諸藩拂米代金の三ヶ年賦上納を願つた[11]。

しかしこの諸否の示されぬ中に、彼等の惱は解決したのである。卽ちこの月幕府は「世上金銀不足に付」といふ理由で金銀改鑄を行ひ、金銀共に品質を落し、又金は形を稍〻小形にした文字金銀を發行した。さうして六月には米の公定價格も廢止し、又切米・知行米の賣却も河岸八町に限るのをやめて自由にした。[12] この後は米價も次第に騰り、暫くは當局もこの問題から解放されるに至つたのである。

註

1、三貨圖彙物價之部卷七

3、享保撰要類集

3、御觸書寛保集成三十四、大阪市史第三、三貨圖彙物價之部卷七

4、享保撰要類集

5、御觸書寛保集成三十一

6、大阪市史第三

7、大阪市史第五所收　草間伊助筆記卷一

8、御觸書寛保集成三十四

9、同　右、三貨圖彙物價之部卷七、濱方記錄卷一

10、三貨圖彙物價之部卷七

11、大阪市史第三

12、御觸書寛保集成三十三・三十四

Ⅳ 米價問題の原因

享保の十年頃から以降かくも幕府を惱ました米價問題の原因は何處にあるのであろうか。その年の豐凶が少なからぬ影響を及ぼす事はいふ迄もないが、前述のやうな激變が單に自然的條件にのみ決定的に左右されて生じたとは考へられぬのである。當時の米作の狀況を調べてみると、暴落の年必ずしも全國的豐作ではなく、又かの十七年の蝗災も近畿以西に限られ、關東は同年も豐作といはれてゐた。しかもそれ迄米價暴落に惱む程豐作が續いてゐたならば、何故にあのやうな著しい打擊を、前年迄の余力によつて緩和しえなかつたのであらうか。又かの蝗災であれ程深刻な飢饉に見舞はれてゐながら、次の出來秋から又もや低米價に惱まねばならなかつたのは何故であらうか。こゝに我々は自然的條件をはなれて社會的條件を重視せねばならぬのである。

享保十六年（一七三一）十月大坂堂島の米仲買達は、米價低落に惱む幕府が金銀吹替を考慮してゐるといふ風聞を耳にするや、早速言上書を作つて米價問題に關する見解を述べた[1)]。彼等の所論は

一、連年格別の不作でない事
一、金銀が不足してゐる事
一、大坂・江戸への廻米が增加してゐる事

といふ三つに要約することができる。さうして今後の見通しとして、從來每年九月十月頃新米が入荷する折、古米は五—八萬俵で、十萬・十五萬俵と殘つてゐるのは稀であつたのに、近年は次第に多く、二三十萬俵から四五十萬俵となり、昨十五年は六十萬俵、又年內に捌き切れず年を越す米は從來三四十萬俵で、五六十萬俵となるのは珍らしい事であつたのに昨年は百二十萬俵あつた。今年は更に多く、九月の古米は百三十萬俵、越年米は二百萬俵に達するであ

らう。この代銀は凡そ三萬數千貫目、とても大坂の町人ばかりでは買ひきれず、又買つたとしても大坂にあるのでは所持人が替るばかりで意味がない。しかも米は時日がたつにつれて痛むし、來年の作が相應であつた場合を危惧して必ず相場は軟弱となつてゆくであらうといふのである。そこでその解決策として町人へ買米代銀の貸付、京・伏見・堺の町人へ買米命令、幕府の多量の買米、及び諸大名に貯米を命じて大坂廻米七十萬石減少をあげてゐる。又金銀の品位を下げる事も引替の割合を正當にすれば米價引立に役立つが、若し質を落しても割增をつけぬならば良貨はかくされてしまつていよ〳〵金融狀況は惡化するであらうと述べてゐる。更に之に追加して、當時借金による身代限りの際、債權者が多數あつても先訴の者にのみ權利を認めるので不正も少なからず、ために金融や信用取引に惡影響を及ぼして、これが米價の障りともなつていると記してゐる。

更にその翌年四月當局から「米下直に候儀は如何用之品に哉、其方共存寄幷世上風聞等承り候儀有レ之候ハヽ、何色之儀に不レ限無二遠慮一以二書付一申上候樣に」といふ諮問を受けて次のやうに答へてゐる。卽ち米が安いのは全く大坂に米が多過ぎるからである。何故多過ぎるかといへば、

一、諸大名財政難のため相場に構はず米を賣拂ふ事

一、先年銀札發行再許となり[2]、諸藩では銀札で米を買上げて大坂で賣拂ひ、正銀を持歸るので、大坂に米が多くなる。

一、銀札通用の國は米が足りず、飢饉困窮の者も出てゐるのに、正金銀持出が禁ぜられたり、或は他國から米麥を輸入するのを許されぬので、大坂の安い米が出てゆかない。

一、從來は近國はもとより遠國迄も貸賣していたのに、近年は債權者が十分保護されぬ惧れがあるので貸賣を行はな

い。

といふ理由をあげ、今後も安くなるであらうと述べ立てゝゐる。又大坂両替屋は、今の金銀の位がよすぎる爲め米價が下るのであると答へてゐる。[3)]

これらの諸見解に基いて考へるのに、米價低落の最も大きな原因は、江戸・大坂、殊に大坂の市場への米穀供給の過剩にあつた。しかも諸藩の財政難に因る米穀出荷の絶對量の多大であつたことゝ共に、全般的な不況に因る商人の購入能力の減退も少なからず響いてゐるのである。諸藩の財政難はこの頃に始つたことではないが、當時の不況の中にそれは一層深刻になつていつた。さうしてそれらはすべて享保初期以来の幕府の財政々策と密接な關連をもつてゐるのである。卽ち幕府の政策は屢ゝ述べたやうに、元祿以降顯著に崩れていつた財政を再建し、富を再び蓄積することを目的としてゐたので、膨脹・混亂した通貨を收縮・統一し、支出を大いに緊縮し、收入の增大につとめたのであるが、このため社會は武士といはず農民といはず商人といはず、全般的な不景氣の波に襲はれた。米價問題もこゝに生じたのであつて、政策と社會の發展狀態との矛盾から生じた一現象なのである。

第一に通貨を改良・統一した事は享保政治の一大成果ではあつたが、貨幣のみ慶長の昔に復しえても經濟界は復しうべくもなかつた。そのため貨幣不足の惱みは次第に深刻になつていつた。新井白石が貨幣改良の計畫をたてた時には、物價騰貴は貨幣數量の增大と品質の下落の双方によるものであるから、品位を慶長の昔に返し、又改良によつて數量も減少すれば物價は平靜となるといふ貨幣論に立つて居り、[4)]享保の通貨政策もこの理論に基いたのであつたが、荻生徂來は之を批判して、

金銀ノ員數ヲ元祿ノ比ニ比スレバ半分ヨリ内ニ減ジタレドモ、慶長ノ昔ニ返ル故、慶長ノ比ノ如ク世モ過易キ筈ノ

事也、金銀ノ性ヨクナリタレバ、諸色モ下直ニ成筈ノ事ナレドモ、町人ノイタヅラニテ諸色ノ直段ヲ下ゲヌト云フ人アレドモ、是又世界ノ有様ヲ知ヌ人ノ云タル事也、慶長ノ比ヨリ今日ニ至テハ、既ニ百年ニ及ブ、其時ヨリハ段段ニ世上ノ人高下貴賤ニ不レ限、人々ノ身持家ノ暮シ方不レ覺奢ニナリ、今ハ又其奢世ノ風俗ト成テ、世界ノ常ト成故、是ヲ止ムベキ様無シ、（中略）元祿金銀吹改メテ御藏ニ金充タリシニ、程ナク大地震ニテ御藏ノ金皆普請ニ入リ、其金民間ニ廣マリ、民間金復多クナリシ故、人ハ彌奢リ、商人彌利ヲ得テ、一人ノ身一軒ノ家ニテモ物入ノ品多ナリ、又竈ノ數一軒ハ二軒ニフエ、二軒ハ四軒五軒ニフエタリ、御城下ノ端々ニ家居立續キタルコト、亦田舍ノ末々迄商人ノ一面ニ行渡リヌルコト、某覺ヘテモ元祿以後ノコト也、然ヲ今金銀半分ノ内ニ減リ、慶長ノ昔ニ返レドモ、世界ノ奢リ風俗ノ常ト成タル所ハ慶長ノ比ト遙ニ別也、フヘタル竈モ昔ニ復ラザレバ、半身代ニナリテ世界困窮ナル筈ノ事成ヲ、世界ハ善ナル筈ト云ハ、世界ノ全體ノ姿ヲ知ラズ、愚昧ト云ベシ、諸色高直ニナル子細ハ、元祿ノ時金銀ニ歩ヲ入テ金銀ノ位悪ク成故ニ高直ニ成ルニモ非ズ、亦金銀ノ員數フヘタル故ニ高直ニ成タルニモ非ズ、元來旅宿ノ境界ニ制度無キ故、世界ノ商人盛ニ成ニヨリ事起テ、様々ノ事ヲ取雜ゼテ、次第〳〵ニ物ノ直段高ク成タル上ニ、元祿ニ金銀フヘタルヨリ、人々奢リ益々盛ニ成、田舍迄モ商人行渡リ、諸色ヲ用ル人益多クナル故、益高直ニ成タル也、左様ニ成タル世ノ有様ヲバ其儘ニ仕置テ、當時金銀計ヲ半減ニナシタル故、世界半身代ト成テ金銀引張不レ足、依レ之世界再困窮シタル事明也、（政談巻二）

と論じているのである。つまり徂來は當時の社會の困窮の原因の一を、經濟界の變遷の考慮なく慶長の制に復古せしめた通貨政策にありとしているのである。

元祿以降の貨幣悪鑄が經濟界を混亂したことは事實で、そのため新井白石以下貨幣の復舊に努力したのであったが、その結果は財政危機の本質的解決にならぬのみならず、通貨の異常な收縮政策は商品・貨幣經濟の進展と矛盾して、著しい不況の時代を現出したのである。都市において厖大な貨幣支出を餘儀なくされている諸藩は、止むなく貢租米を賣り急いだが[5]、商人達も之を引受ける資力を缺いてゐた。米價下落の重大な原因がこゝに求められるのである。[6]

更に幕府の緊縮政策と增收政策が不況に拍車をかけた。かゝる政策に對して當時いかなる批判が行はれたかは前に述べたが、その中で山下幸内は「金銀は片寄安きものにて、多有所へ段々集り、少くとぼしき所は間も無滅するものにて御座候へ共、上より隨分融通自由に成候に御心を不ㇾ被ㇾ附候へば、兎角すくみ安きものにて御座候、是困窮と豊成の境にて御座候」とて、幕府の嚴しい儉約と金銀蓄藏策がやがて社會全般に困窮をもたらすことを攻撃している。[7]太宰春臺は「上ノ人奢靡ヲ好ミ玉ヒ、屢ゝ土木ヲ興シタマヘバ、商賈ハ貨物ノ售レテ金銀ヲ取ルコトヲ喜ビ、百工ハ其業ヲ鬻テ大利ヲ得ルコトヲ喜ビ、都下ノ傭夫ハ日々ニ賃錢ヲ取コトヲ喜ブ、」。「若上ノ人儉素ヲ好ミ玉ヘバ、金銀皆上ノ蓄藏ト成テ、工商以下役徒ノ細民迨、利ヲ得ルコトナキ故ニ却テ困窮ス、」と當時の政策の影響について論じている。[8] 結局これらの意見が適中したのであつて、前出の堂島米仲買等の言上書にも「御武家様方御江戸半年御詰被ㇾ遊候上、御儉約强く成、萬民之稼無㆓御座㆒」といふことを米價低落の一因に數へてゐる。「我衣」にも

享保三年公儀御儉約嚴く被㆓仰出㆒依ㇾ之自然と公儀へ御金納て不ㇾ出、下々自然と金銀ひつぱくして、諸商ひも薄く、年々せまり、次第々々に金をへらし、一年〳〵と見合す内、元手もなくなり、さて俄に儉約すれども不ㇾ及、これによつて買べきものも不ㇾ調して間に合せる時代なり、一向商賣てい渡世になりかね、明地明店仕廻家等場所宜敷所に多くあり、かへつて場末の店賃安き所へと引うつり、我勝にかけねなしにても元をこせば買人を外へやら

じとわれ勝に商賣するゆえ、諸色之直段をのづから素人もよくをぼえ、高直には不レ買、大方掛値なしのように成たり、然れども米は下直なる時節にて町人も漸とりつゞきけり

と、當時の不況について記してゐる。

要するに米價問題の生じたのはかゝる不況によるもので、それは幕府の財政再建政策に大きく影響されてゐるのである。つまり商品・貨幣經濟の發展につれて增大の一途を辿つてゐた貨幣支出を抑へ、缺乏してゆく富の蓄積を再び行はうといふ努力が新たに全國的な不況を招き、武家の絕大の財源たる米價の暴落となり、その政策の遂行を阻止してしまつたのである。

更にこの政策は農村に大きな影響を及ぼした。既述の如く享保になつて貢租增徵の努力が拂はれたが、それに伴つて夫食貸・種貸など農民の生產活動を維持させるための努力も增大してゆかねばならぬことゝなり、やがては貢租增徵も一時ゆるめねばならなくなつた。これは要するに農民生活の彈力性が失はれてきて、僅かの不作にも蒙る打擊が著しくなつてきたことを示すものである。農民生活をかくもぎり〳〵の線迄追込んできたのは結局過重の貢租であつた。荻生徂來は「昔ハ年貢ヲ强ク取レドモ百姓潰レズ、今ハ惣體年貢易ナリ、其易キ處常ト成テ、少シ高ケレバ早身上潰ル、モ、百姓ノ暮シ總體奢テ、其奢今ハ常ト成、是ラノコトガナラネバ百姓一分トテ門ヲ張リテハ居ラレヌト思故也」(政談卷二)と述べてゐる。徂來の奢といふのは安定した都市生活の餘波をうけて農村も生活が少しづつ複雜になつてゆくことをさしてゐるのであるが、かゝる日常生活の面からも、農具・肥料・作物等の農業生產の面からも、又その他の面からも徐々に貨幣經濟の中に捲込まれて、窮乏の狀態に次第に深く陷つてゆく農村にとつて、その上貢租が重くなることは生活を破壞されることであつた。かくして一時幕府はその農村政策を修正せざるをえなかつた。

前述のやうに殆んど專ら農民よりの貢租を財源としていた幕府にとつて、貢租徴收が限界に達したことは、財政再建の限界に到達したことでもあつた。

この頃貢租が過重になつていつたのは獨り天領のみならず、ほゞ全般の傾向であつた。それには幕府の上ゲ米賦課も若干影響したであらう。又通貨の縮少が大きく響いてゐると思はれる。これらの米は年々大坂市場にあふれていつた。中には「納屋物」として民間商品米の如く送られた。しかしこのため地方には米が不足していつた。堂島米商の言上書にも、大坂や江戸で米が暴落の際、國によつては米が拂底して高く、中には「困窮及二飢渇一、或海草或草木之根葉を朝夕之飯料に仕候所之多く御座候由風聞仕候」とある。兼山秘策（第八冊）にも、享保十六年四月、二十萬石以上の大名に對し買米の用意をせよといふ命令が出た時、「近年以來諸國甚困窮、米穀の貯一向無レ之、各國用の米も無レ之程に罷成候、何を以東都大坂等にて買米可二罷成一候哉、近頃下情に不レ通被二仰渡一候と諸人申候」と記してある。大坂町奉行の蝗災地視察報告書中にも、西海道・南海道の多くの國々は、大坂・江戸が連年米價暴落に苦しんでゐた際、連年不作で米麥の貯がなかつたと記してある。不作による食糧の缺乏といふのも、亦單に自然的條件によるものでなく、社會的條件に少なからず左右されるものと考へる。卽ち農村は過重な貢租のため生産生活の維持すら不可能となり、その結果減收になるということもあつた。ほゞ江戸時代の中頃以降、不作が慢性化した感があるのである。天領においても吉宗公の隱退する延享（一七四四―一七四七）頃から、石高は減少してゆく。しかし諸藩は貨幣獲得のため、止むを得ざるもの以外は大坂へ送つてしまふ。かくて中央では米の暴落に苦しみ、地方では不作に悩む狀態となつたのである。かゝる所へ近畿以西の大蝗災となつた。平年においてすら全く餘力のない農村の蒙つた打撃は甚大であつた。農村のみならず、不況に喘ぐ都市も突然の米價暴騰に困窮した。さうして江戸時代最初の「うちこわし」

が発生したのである。草間直方(一七五三―一八三一)は祖父の言として

享保ノ飢饉ト云フハ、全ク前年打續キ豐熟故、米穀ヲ土芥ノ如ク賤シメシヨリ、九州・中國始メ西國諸侯難澁ニ及ト云リ、如何トナレバ享保十年ノ頃ヨリ五六年ニ至リ、年々諸國豐作ニテ米價下落シ、一石四十目ヨリ廿八九匁ナリ、コレニ依テ諸侯方金銀通用不手繰ニナリ、公私ノ辨用ナリガタク、無㆑據民ヲ聚歛シ、國内底ヲ叩テ年々米穀ヲ拂出セシニヨリ、纔一ヶ年の飢饉ニテモ備貯コレナキ故、士民ノ撫育モ成ガタク、逼至ト難澁セラレシナリ、然レバ凶作ノミニモアラズ、國々金銀不手繰ノ上ノ不熟故、至テ難澁ニ有シ(三貨圖彙物價之部巻六)

と記してゐる。蓋し正當の觀察であろう。

かくして享保の政治は却つて自己の存立の基礎である農村を不健全な狀態に追込んでいつた。かくなつては幕府政治の眞の再建は不可能であつた。いよ〳〵危機は本格的な段階に入つてきたのである。

又、當面の問題として、折角享保七年から始めた蓄財も、米價問題のため支出してしまつた。即ち大名・旗本等の援助費のみでも、享保十五年(一七三〇)暮には米價下落による困窮扶助として、五百石以下の小身の役人悉くに三十兩乃至一兩を貸與し、十ケ年賦返濟とした。十七年九月には蝗災救助資金として、五割以上の損害ある者に對し、夫々石高に應じて貸與した。その貸與總額は三十數萬兩に上る[10]。この他米下落時の買米代金、蝗災時の天領救濟資金等莫大の支出を餘儀なくせられた。奥金藏百萬兩の貯金銀も忽ちにして消費し、元文の改鑄の際には漸く二十一萬兩が殘つてゐるに過ぎなかつたといふ[11]。財政改革、幕府の致富政策は又振出しに戻らざるをえなかつたのである。

註

1、濱方記錄卷八

2、金銀錢札發行再許は享保十五年六月

3、三貨圖彙卷十二

4、白石建議四、兼山秘策第一册所載　新井白石「物價論」

5、各藩の米は藏屋敷に送り込まれたのみならず、一般商米である「納屋物」の中にも少なからず混つて大坂に送られるやうになつてきたことが、享保十五年七月の大坂米商人に對する觸で知られる（濱方記錄卷一）。恐らく幕府から大坂廻米減少令が出てゐるので、公然と之を增加させるのを憚つたのであらうか。

6、兩替商舊記卷一

享保七壬寅年極月卅日限、品々之銀通用止む、扨次第々々米下直に成る、扨て大名衆御旗本衆迄次第々々困窮被ㇾ成、商人職人等も以之外困窮す、其所以は元祿銀始四ツ寶迄總合通用する所百萬貫目餘可ㇾ有者、新銀一色三十萬貫目不ㇾ足通用にて、國中之通用滯事多しと云り、米は下直成と雖も世上不商内にて難澁候也

7、山下幸内上書

8、經濟錄卷五

9、新田開發の項　註十四參照

10、御觸書寛保集成三十一、虫附損毛留書

11、向山誠齋　戊申雜綴所收　御勝手方覺書

第二節　元文以降の財政々策

I　通貨政策

享保の初年以來幕府は正德の政策を繼承して、通貨の整理・收縮に努めたが、その結果は前述の如く、經濟界に甚だしい不況を齎し、財政再建に大きな支障を來すに及んで、通貨政策轉換の餘儀なきに至つた。

その最初は享保十五年（一七三〇）正月、去る七年暮を以て通用を停め、以後は潰金の値段で金座に買取ることになつてゐた乾字金を、今猶殘存が多いといふ理由で通用再許可したことである。[1] 乾字金は形こそ小さいが質はよいので、慶長金・正德金の半額を以て流通が認められることを願ふ聲も少なくなかつたやうで、それが政策に反映し、通貨不足緩和に一役擔はせることゝしたのであらう。[2] 尤も禁止中もひそかには流通してゐたであらうと思はれるが、[3] 兎に角この令で流通が圓滑になつたことは當然であらう。さうしてこの措置は慶長の昔に復さうとする從來の政策の一つの修正であつた。

同年六月には寶永四年（一七〇七）以來禁止してゐた藩札の發行を、從前行つてゐた場所に限り認めることゝした。その年限は二十萬石以上は廿五年、二十萬石以下は十五年とし、期限がきても猶繼續を望む者は、その際勘定奉行に屆出ることゝ定めた。[4]

これより前、享保四年に京都町奉行は同地の兩替屋を招いて、今度山城國で銀札を發行しようと思ふが差支へはないかと問うた。これに對して兩替屋は

一、兩替屋は正金銀を取扱ふ商賣であつて、若し銀札通用となれば職にはなれてしまふ。

一、人々が札遣ひを嫌つて他國で賣買するやうになれば正金銀は自ら他國に流出し、當所の困窮となる。
一、諸國の商人が札遣ひを嫌つて京都に入る物資が減り、物價騰貴をもたらす。
一、上納も銀札によるものでなければ下々は安堵せぬ。
一、當地は全國を相手に取引が行はれる所であるから、一國限りの札遣ひでは事が早急に運び得ぬ。
といふ難点を列擧して反對した。結局この計畫は中止になつたものゝ如くである。[5] この計畫が樹てられた理由は、この前年十一月から新通貨政策が施行せられ、特に銀の割合は激變し、銀遣ひの地方に著しい打撃となつたので、銀の不足を銀札によつて補はうとしたものかと思はれる。又同七年には江戸で札遣ひが始まるといふ噂が流布していたのを幕府は否定してゐる。[6] この後幕末迄、幕府直轄地では紙幣の發行はなかつた。

十五年に諸藩に發行を認めたのは、資金不足緩和の目的でからあらう。恐らくこれを以て經費不足を補ひ、貢租米の賣却を差控へさせ、又正金銀の餘裕を作つて大坂・江戸において米を買はせようとしたのではあるまいか。しかしその結果はあまり好ましいものではなかった。多くの藩札は不換同様になり、著しく信用を失ひ、しかも藩内の正金銀流通は許されぬといふ狀態であつた。前にも述べた享保十六年・十七年の堂島米仲買等の言上書によれば、諸藩では紙幣で領内の米を買集めては大坂に出荷して賣捌き、正金銀を持歸つてしまふ。そこで大坂の米過剰と通貨不足が一層助長されて、米價が一段と下落したといふ。[7] まさに幕府の豫期してゐたであろう事と逆になつたのである。享保十八年(一三七七)三月、幕府は紀伊藩の前年秋以來の蝗災對策がよくないのを責めると共に、銀札の狀態がよくないためその發行を中止させたが、その狀況は次の通りである。[8] 卽ち

一、銀札を正銀に引替へようと思ふと、その八割しか正銀を渡さぬ。それでも度々引替があればよいが、銀不足とて

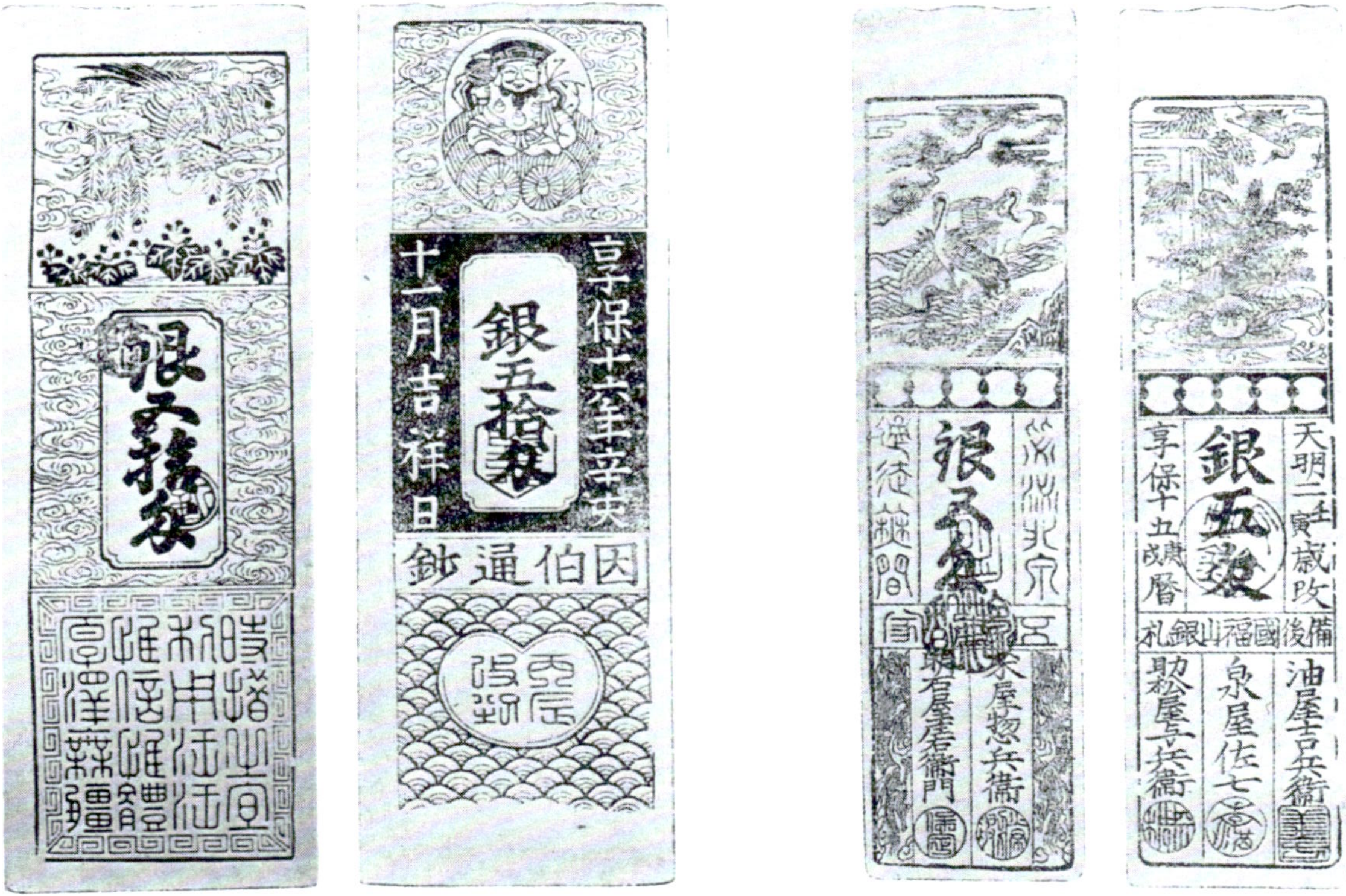

六 藩札

年に一二度しかない。

一、引替不圓滑のため價値が下落し、額面の半値にしか通用せぬ。

一、年貢は札で納入を許されず、正金を一兩につき銀六分づゝ割増を拂つて引替へて貰つて納入する。

一、藩は札を以つて産物を市價より安く買取つて、大坂にて正金を獲得する。商人が大坂にて賣つた場合は、その三分の一の正金を役所に納め、札と引替へる。

これらの諸弊害のために領民は札遣ひに甚だ困窮してゐたのである。これは前記の米商等の言上書の内容を裏書きするものであり、他の藩と雖も五十歩・百歩であつたのであろう。ともあれ、貨幣の不足に悩む各藩にとつて、藩札は甚だ有難いものであつたのである。

さてこのやうに初期の通貨縮少策がやゝ動き始めた頃、何處からともなく貨幣改鑄の噂が流布しはじめた。享保十六年十月の堂島米商等の言上書にも「金銀御吹替之御沙汰可レ有ニ御座一歟抔蜜（マヽ）々風聞に候」とあり、大蝗災で人心動搖してゐる同十八年正月頃、京都でも金銀吹替の噂があつた。[9] 同二十年十月及び翌元文元年五月には、大坂三郷に對して、金銀に關する流言を禁ずる觸が出た。[10] 又同じ頃、何人が何人に宛て記し出したものか不明であるが、改鑄の風評をもとにして、「金銀吹替評」と稱する改鑄反對論べ述べられた。

この間當局は秘密裡に改鑄の計畫をたて、當時の金七千兩に銀を加えて一萬二千四百兩を試みに鑄造せしめた。金座はこれに約六ケ月を要してゐる。[11] 恐らく銀も同様の改鑄準備がなされたことゝ思ふ。また元文元年（一七三六）四月金座・銀座に命じて慶長以来の金銀の鑄造額・現在流通額を調査報告せしめているのも改鑄準備の一であつたのであろう。[12] かくして同年五月十二日、「世上金銀不足ニ付通用不自由之由相聞候」とて金銀を改鑄することを明かにしたのである。この金銀を文字金銀といふ（又は古文字或は眞文字）。この改鑄によって金は一兩の目方を四匁七六から三匁五〇とし、質も純金約八六％から約六六％に落し（純金量は舊金の約五七％）、銀も純銀八〇％から四六％に下落させ（舊銀の五七・五％）、流通額の増大をはかつたのである。このため引替の際、金は六割五分、銀は五割の増歩を與へたが、通用の際は新舊無差別に取扱ふべきことを命じた。[13]通用の際にも割增を附けては、結局相對的には通貨量の増大にならぬとみたのであらうか。ともあれ、この改鑄によつて正徳以來の通貨政策は一轉し、收縮の傾向が增發へと變つたのである。

この改鑄に伴つていくらかの混亂が生じた。先づ改鑄發令直後の五月廿八日には十組問屋仲間が町奉行に對し、無差別通用令の爲め貸借關係に於て甚だしい損失を蒙る者もあり、從つて取引も自ら不圓滑となる事を指摘し、昨年五月より本年五月迄の賣物代は從前の金銀で取引したい旨願つた。しかし奉行は之を許さず、「兎角金壹兩ハ壹兩ニて損も徳も無〻之筈」、此節商賣物の價格に新金古金の別を設けた者は嚴罰に處する旨申渡し、再びかゝる件を願出る事をも禁じた。[14]同年九月には全國農村に對し、年貢や運上の金銀納に際し、「金壹兩ハいつれ之金ニても壹兩、銀壹貫ハいつれ之銀ニても壹貫目之積り」で納めるやう指令した。[15]然るに一般では自ら引替割增の比率で新舊金銀の割合遣ひが行はれて居り、當局もやがて公認せざるをえなくなつた。[16]

引替も容易に進行しなかつた。そこで當局はしば〳〵觸を下し、[17]殊に三年以降は割合遣ひもやめ、引替の增歩も減らして金は三割增、銀は二割增とするからとて引替の促進をはかつた。その結果元文四年（一七三八）三月末日を以て引替をやめるに至つた。この後延享元年（一七四四）殘存額が多いという理由で再び割合遣ひが認められ、寶曆九年（一七五九）迄つゞいた。しかし古金銀の殘存・流通はさほど大きな問題を起さなかつたやうである。

又相場も一時混亂した。銀は改鑄後次第に騰貴し、元年六月の四十九匁を最高に二年・三年と五十一乃至五十二匁位の相場がつゞいた。このため元年六月末には江戸本兩替屋の手代が牢に入れられるといふ事件すら起つたが、同四年頃から下りはじめ、寛保に入つてからは幕府の希望する六十匁前後の相場に落着いた。[19] 金銀の質が下落し、且増發されたことによつて錢相場も相當に騰貴した。殊に錢屋等の買占めや貯錢がこれに拍車をかけたのであらう。享保末には江戸で金一兩に錢五貫百文、大坂で錢一貫文に銀十二匁程であつたものが、忽ち三貫文から二貫六百文、二十匁から二十二・三匁にも至つた。このため幕府は貯錢や買占を禁じ、或は大名の藏屋敷の荷物たりとも容赦なく關所その他で調べて、江戸・大坂から錢が運び出されるのを防ぎ、或は兩替屋の錢兩替高を調査するなど取締りに力を盡した。江戸では元年九月、十三人の錢屋が貯錢の罪を以て入牢せしめられ、その中三人は遠島に處せられてゐる。[20] 一方盛んに鑄錢を行つて金銀増加に伴ふ錢の不足の緩和をはかつた。その狀況は次の通りである。[21]

鑄造開始	鑄造場所	鑄造額	鑄造年數
元文 一	深川十萬坪	(歳額) 一〇萬貫文	五
	本所小梅村	〃 一五	七
	山城鳥羽	〃 五	一〇
二	龜井戸村	(日額) 一五〇貫文	
	秋田銅山	(歳額) 一〇萬貫文	一〇
	紀州名草郡宇都村・中島村	〃 八	七
三	攝津西成郡上中島村	〃 一〇	一〇
四	深川平野新田	〃 一五	三

	本所押上	〃	三〜七	六
	仙臺石巻	〃	七	三、五
寛保一	攝津高津	〃	二〇	
二	足尾銅山	〃	四	五

かくの如き夥しい鑄錢の效あつてか、錢相場も寛保に入ると次第に下り、一兩四貫文、一貫文十五匁前後に落着くに至つたのである。[22]

かくて改鑄後數年間を經過して後、文字金銀は安定した通貨となり、文政二年（一八一九）に金が、翌三年に銀が改鑄される迄八十餘年流通した。慶長金銀を除いてかくも長く續いた通貨はない。此點まさに草間直方が「萬代不究ノ善政」と稱贊する如く、當を得た通貨政策であつたといひうるのである。[23]

註

1、御觸書寛保集成三十三
2、民間省要下編卷三、經濟錄卷五
3、柴謙太郎「乾字金の流通に就て」（歴史地理　四十五卷六號）
4、御觸書寛保集成三十三
5、月堂見聞集卷十二、三貨圖彙附錄卷三
6、大成令補遺
7、濱方記錄卷八
8、蟲附損毛留書

9、月堂見聞集巻二十六
10、大阪市史第三
11、吾職秘鑑甲（日本財政経済史料巻三所載）、向山誠齋　甲辰雜記七
12、甲辰雜記二・七
13、御觸書寛保集成三十三、大日本貨幣史
14、兩替年代記關鍵巻一資料篇所收「元文元年新金古金無差別通用の御觸に對する江戸十仲間歎願書」
15、御觸書寛保集成三十三
16、三貨圖彙巻十九、御觸書寛保集成三十三
17、御觸書寛保集成三十三　元文元年八月・十一月、同二年三月・七月・閏十一月、同三年二月・十二月觸
18、御觸書寶曆集成二十六
19、兩替年代記
20、兩替年代記、三貨圖彙巻五、大阪市史第三、御觸書寛保集成三十三、廻船問屋式法帳
21、大日本貨幣史
22、兩替年代記、三貨圖彙巻五
23、三貨圖彙巻十二

Ⅱ　財政の再整備と限界

貨幣の改鑄によつて米價問題を一應切りぬけることに成功した幕府は、再び財政の整備に着手した。それは元文二年（一七三七）六月十四日老中松平乘邑《のりさと》（一六八六―一七四六）が勝手掛に任ぜられたことに明らかに窺ひうる。[1]乘邑は當時老中の最古參で、吉宗公の信任もあつく、且すぐれた才能と諸大夫首座たる大給《おぎふ》松平といふ家格を以て、大きな權勢を有してゐた。勝手掛老中は享保十五年（一七三〇）水野忠之が老中を辭して以來自然消滅の狀態にあつたのを、ここに乘邑の任命によつて復活したのは、將軍が彼の才能に期待する所大なるものがあつたからであらう。彼はこれ以前も享保十三年の日光社參、同十七年・十八年の蝗災による大飢饉の措置などに大いに能力を發揮してゐるが、特にこの後の活躍は大きかつたのである。

乘邑の任命と共に注目せねばならぬのは、同月朔日神尾春央《はるひで》（一六八七―一七五三）が勘定奉行に任ぜられたことである。[2]といふのは春央は前年納戸頭から勘定吟味役に任ぜられたばかりであつて、僅か一年で直ちに勘定奉行に昇進するといふのは異例といはざるをえないからである。彼はこの拔擢に十分應へうる財務官として能力をもつてゐた。後世神尾若狹守の名は享保時代の財政々策の代表的施行者として取扱はれ、彼の關與せぬもの迄彼の業績として傳へられてゐる程である。[3]

乘邑・春央がこれから最も力を注いだのは貢租徵收の强化であつた。當時の貢租徵收狀況をみると、前に述べたやうに享保十二年頃から一時增徵に力が注がれたが、漸次それがゆるみ、殊に十六年以降は一段と緩和され、元文元年に至つては百三十三萬石と、享保十二年の百六十二萬石に較べて三十萬石近く、前年に比しても十數萬石收入が減少した。[4]そこで翌二年六月老中は勘定奉行に對し、去年さほどの風水害もなかつたのに年貢が大きく減少し、殊に定免の減免が甚しかつたのは何故であるか。代官の吟味不行屆、且勘定奉行の代官督勵がよろしからざるが故と考へられる。大たい代官に心がけの悪い者あり、手代も不正を働き、就中遠國に差置く手代は一層甚しいとの風聞がある。奉行がこれに心付いて居らぬのであらうか。今後勤務不良の代官は早々罷免し、手代の不正は速かに處罰せよ。若し今後代官・手代の不正が外より聞えたならば奉行の越度とすると令した。勘定奉行は又この旨を代官に伝え、「大躰之儀ニ而ハ引方不ニ相立一候様」「御取箇不ㇾ抜様ニ吟味至極被ㇾ詰」と貢租徴收を督勵した[5]。

　これからの貢租徴收がいかに嚴しかつたかは「胡麻の油と百姓は絞れば絞るほど出るものなり」と神尾春央がいつたと傳へられてゐることによつてよく表はされてゐる[6]。甲子夜話（巻五）に

神尾若狹守春央は、享保中の勘定奉行にて、人となり才智ありて威嚴なりければ、國用を辨ずるにおいては功績多かりしとなん、一年諸國を巡見せることありしに、其威名を聞傳へていかなる苛刻の事もあらんやと土民ども安き心も無りしに、道すがら輿中より見渡したる計にして經過せり、然るに隱田ある所は自ら訴へ出で、沃土の免低かりしは自ら免を上げて申出けるにぞ、多くの國益とはなりける、若州嘗て堀江荒四郎を薦て、これにも所々巡察せしめ、賦税を増益せること多かりしとかや、其頃中國にてかくぞ落首しける

東からかん《雁》の若狹《神尾》が飛で來て野をも山をも堀江荒しろ《四郎》

といふ逸話を載せ、松平乘邑に關する數々の非難を書記した「倭紂書」にも、乘邑が春央に命じて徹底的に新田開發・檢地・貢租賦課を行つて諸民を困窮せしめ、剰さへ皇室や攝家などの領地に入つて檢地を行ひ、公家を憤激させたとある。これらの個々の事實の眞否は兎も角も、勝手方老中松平乘邑と勘定奉行神尾春央の任命以後、貢租增徴が如何に嚴重に行はれたかをよく物語るものである。

増徴は數字上にも明瞭にあらはれて、元文二年には貢租額百六十七萬石と、前年より約三十四萬石増加し、以後若干の増減はあるが一般に多く、延享元年（一七四四）は百八十萬石で江戸時代を通じての最高額である。この前後の狀況を比較してみると、次の如くである。

	高（千石）	租（千石）	率
享保　一二──→一五（平均）	四、四三九	一、五六二	〇、三五二
同　一六──→元文一	四、五四〇	一、三九三	〇、三〇七
元文　二　──→延享二	四、六〇〇	一、六〇八	〇、三五〇

卽ち元文二年以降は以前に比し約二十萬石の増徴を示し、前に増徴に努めた享保十二年頃と略々同率となつてゐる。[7]
（租額が多いのは新田開發の進行、檢地の徹底による天領の高の増加によるものである。）

　又享保十七年（一七三二）の蝗災に、罹災諸藩へ貸付けた金の返納は、元文三年（一七三八）迄に全額返納ということになつてゐたが、諸藩財政不如意のため延々になつていたのを督促して、寛保二年（一七四二）を限つて完納させた。[8]借りた金を返すとはいふものゝ、災害のため消費してしまつたものであるから、その取立は諸藩にとつて相當の負擔となつたことは想像に難くない。幕府はこれらの收入によつて、米價問題で失つた金銀藏の蓄積を再び開始し、寛保二年には江戸奧金藏、延享二年には大坂金藏の貯金銀を恢復したのである。[9]

　しかしこの恢復は決して健全な基礎の上にされたものではなかつた。貢租の徴收も新田の開發も既に限界に達して居り、それを突破することは結局農民生活を破壞し、幕府政權の基礎を崩壞させるものであつた。享保十五六年以降の緩和はその限界に止らんがためであつた。しかしそれも米價暴落や大飢饉によつて財政が崩れたゝめ、限界内に止るを得ず、元文以降は限界を突破して收入をあげねばならなくなつたのである。社會的な面からみた財政々策の限界は次に譲つて、今延享以後の幕府の收納の數字に示された結果のみをみても、いかに當局が財政再建に懸命の努力を注がうとも、享保以降新らたな體制にうつらざる限り、恢復の望はなかつたことが知られるのである。[10)]

江戸幕府貢租十ヶ年別平均

	高（千石）	租（千石）	率
延享三〜寶暦五	四、四二九	一、六六九	〇、三七六
寶暦六〜明和二	四、四二五	一、六四七	〇、三七二
明和三〜安永四	四、三八〇	一、五一八	〇、三四七
安永五〜天明五	四、三六二	一、四六四	〇、三三六
天明六〜寛政七	四、三九三	一、四一三	〇、三二二
寛政八〜文化二	四、四九三	一、五三七	〇、三四二
文化三〜同一二	四、四五三	一、四九六	〇、三三六
同一三〜文政八	四、三二八	一、四六三	〇、三三八
文政九〜天保六	四、二〇五	一、三八〇	〇、三二八

註

1、寛政重修諸家譜巻九
2、有徳院實紀巻四十五
3、收入增强の節、貢租制度の項で述べたが（註九）、彼の關與せぬ有毛檢見の實施が彼の進言によるものとされてゐる（地方凡例錄）ことなど、そのよい例である。
4、向山誠齋　癸卯雜記四　「御取箇辻書付」、前節貢租制度參照
5、德川禁令考四　巻三十五・三十四
6、西域物語下
7、御取箇辻書付參照。年代の區分は、享保十二―十五は貢租增徵に努めていた時代、同十六―元文は緩められた時代、元文二―延享二は再び增徵に努めた時代である。（貢租制度の項註十四參照）
8、御觸書寛保集成三十一
9、戊申雜綴　御勝手方覺書
10、御取箇辻書付

第四章　社會問題の對策

第一節　商人勢力の發展と武士の窮乏

享保期の幕府が如何に多大の力を財政問題に傾注したかは前章に述べた如くであるが、商品貨幣經濟の著しい發達によつて社會體制との間に生じてきた矛盾は、單に幕府財政の破綻となつて現れたに止らず、更に廣く社會の各方面に種々の問題を發生せしめた。

その第一は武家の困窮であつた。財政的に苦境にあつたのは幕府のみでなく、諸藩といはず、旗本・諸藩士といはず、大ていの武士が程度の差こそあれ經濟的窮迫に苦しめられてゐたことは前に概觀したところである。商人の經濟支配・致富、武士の窮乏は當時のいやしくも經濟・社會を論ずる者の最も主要な問題とする所であつた。その中にあつて既に熊澤了介(一六一九—一六九一)はこの問題を取上げて、交通の要地に都市が發達し、生活の奢侈化が長ずる事、貨幣經濟の發達、然るべき法制(了介は當然の式といつてゐる。)がない事、この三ヶ條が根本的な原因となつて、士民は困窮し、たゞ經濟界を支配する豪商のみが富を增し、やがて天下は亂れ、國は亡ぶものであると論じてゐる[1]。了介の危惧は、その死後元祿・正德年間を經過して、一層はつきりした形となつてあらはれた。荻生徂來は、

武家御城下ニ集居バ旅宿也、諸大名ノ家來モ、其城下ニ居ヲ、江都ニ對シテ在所トハ云ヘドモ、是又己ガ知行所ニ非レバ旅宿ナリ、其子細ハ、衣食住ヲ初メ、箸一本モ買調ヘネバ成ラヌ故旅宿也、故ニ武家ヲ御城下に差置トキ

ハ、一年ノ知行米ヲ賣拂テ、夫ニテ物ヲ買調ヘ、一年中ニ遣切ユヘ、精ヲ出シテ上ヘスル奉公ハ、皆御城下ノ町人ノ爲ニナル也、依レ之御城下ノ町人盛ニナリ、世界次第ニ縮リ、物ノ直段次第ニ高直ニ成テ、武家ノ困窮當時ニ至テハ最早スベキヤウモ無ナリタリ（政談巻一）

と述べてゐる。武士が都市に奢侈的消費生活を營み、土地を經濟的基礎としながら商品・貨幣經濟に日常生活のすべてを依存せねばならぬといふ矛盾が最も本質的な問題であるといふことは、この二人のすぐれた經濟思想家によつて正しく指摘せられたのである。それ故、了介も徂來も武士土着論を展開させるのであるが、それは實現させうることではなかつた。

武士の消費生活に寄生する商業・高利貸資本は年と共に着々と富を積んでいつたが、元祿以降となると經濟界は明らかにその支配下に入れられた。就中江戸・大坂間の商品取引に絶對的な勢力をはつてゐる十組問屋仲間をはじめ、問屋の勢力は著しく伸長した。主要商業はこれら問屋仲間によつて獨占され、價格・供給量調整等も行はれるに至つたのである。「貨物ニハ各行家アリ、行家トハ、今ノ世ニ云問屋也、行家ニハ必黨アリ、黨トハナカマナリ、江戸・京・大坂ヲ始トシテ、其外處々ノ行家等黨ヲ結デ一朋也、何事ニテモアレ、國家ニ變アリテ物ノ價ヲ增スベキ時ハ、驛使ヲ馳テ其黨ニ告知スル故ニ、國ノ急ニ乘ジテ卽時ニ其價ヲ貴クシ、或ハ乏キヲ見テ、有力ノ行家其物ヲ占ル故ニ、卒ニ騰躍スル也、四海廣シト雖ドモ、掌ニ握タルガ如クニ自由ヲナスハ、黨ヲ結ブト、驛使ノ往來便利ナルトノ故也、玆ニ至テハ上ヨリ嚴令ヲ出シ、刑罰ヲ立テ威セドモ、如何ニモスベキ様ナシ」（經濟錄巻五）、「商人ノ勢盛ニ成テ、日本國中ノ商人通ジテ一枚ト成、物ノ直段モ遠國ト御城下ト釣合テ居ル故、數百萬人ノ商人一枚ニナリタル勢ニハ勝レヌ事ニテ、何程御城下ニテ御下知有テモ、物ノ直段下ラヌ筋モ有」（政談巻二）といふのも決して誇張ではなくなつたのである。

経濟上の實權を商人に握られた武士は、膨脹した消費生活の程度を切下げることもならず、貨幣支出の增大に苦しんだ。武士の借金が極めて重大な問題となつてくるのである。大名貸については前に町人考見錄によつて述べたが、多數の豪商が貸倒れで破産させられても猶盛んに貸付が行はれた程有利なものであつた。太宰春臺は

昔熊澤了介が、海內諸侯の借金の數は、日本に在らゆる金の數に百倍なるべしといへるは、寬文延寶の年の事たり、其れより七十年を經ぬれば、今は千倍なるべし、今諸侯の借金を數の如く償はんとせば、有名無實の金何れの處より出んや（經濟錄拾遺）

とその夥しさについて述べてゐる。旗本・御家人などの借金は更に甚しいものであつた。掛屋・札差をはじめ高利貸業者はこれに乘じて豐かになつていつたのである。

武士の借金の甚しさについて次のやうな一挿話がある。それは或時誰かゞ吉宗公に、近頃御家人の困窮甚しく、祖先傳來の武具も質に入れる者多く、有名な武器も今は多く質庫にあり、まことに士たる者として恥かしい。東照宮もさぞ歎かれようと話したところ、公は、否、東照宮の神德によつて無事の世となり、武士たる者も弓は袋に、劍は鞘に納まつているのを常の事とし、剩さへ武器を質庫に入れ置いても、人々見なれ聞きなれて恥る者のないとは、天地開闢以來かゝるめでたい時もあるまい。東照宮もさぞ悅ばれるであろう。だが、その中で治に居て亂を忘れず、武備に心がけ、武器を愛護する者あらば、これはわけてます〳〵神慮に適ふであらうといはれた。德川實紀は「恥ありてかつ格らしめむとの盛意なるべし」と記してゐる。[2] 旗本の知行取の中には、また知行所の百姓に命じて田畑を質入れさせて金を借りさせる者もあり、享保二十年（一七三五）に禁ぜられてゐる。[3] このやうに借金が多くなるとその返濟も

滯つて貸主との間に問題を起すことが多くなつてくるが、武士の中には「金子を借り候て濟候は初心の事」と放言する者すらあり、また評定所から呼出しをうけても家臣も差出さぬ者も少なくなかつた。[4] 貸主側もこれに屈せず、「後家妻子を差出し、供を割、理不盡成體致し、駕籠馬に付、門玄關へ相詰、慮外致し」或はまた武士方門前へ「町人小はた札を立、致二催促一候體、法外成ル致方」などで對抗したのである。[5] 高利貸業者はしば〳〵公的權力によつて不利な取扱ひを蒙つたけれども、武士の貨幣缺乏といふ絶對的に有利な條件の下に、順調に成長していつた。武士の借金は一層深刻となつてゆくのである。

かゝる武士の困窮と商人の經濟的優位は、身分的秩序に大きく影響を及ぼしはじめた。西川如見（一六四八―一七二四）は、古くは百姓より町人は下の身分であつたが、いつしか天下は金銀遣ひとなつて金銀財寶みな町人の支配するところとなり、貴人の前にも出るやうになつたので、百姓より町人が上の身分のやうになつたと述べてゐるが、[6] 百姓の上どころではない。武士と雖も町人に頭を下げざるをえなくなつてきたのである。これについて山下幸内はその上書の中で、歷々の武士たるものが、近年は稍ゝ身上のよい町人と文通するのに大てい樣付の手紙を書く。或は出會つた際の挨拶にはお互に殿を付ける。武士も町人も見境難い。これは全く武威が薄くなつたゝめで、町人も自分達が用をたすので武士が立つてゆけると考へる者が多く、武士も町人のお蔭と何んとなく考へてゐるのは苦々しいと述べてゐる。太宰春臺も、凡そ衣服は貴賤上下を區別する目印であるのに、現代は衣服の制度がなく、殊に武士は貧困なために惡衣を着し、庶民は豪奢な者が多いので美服を着てゐる。故に武士はいつも庶民におされ、自然に武士の方から商賈の輩に諂ふことがあると、町人が次第に優越してくることを慨いてゐる。[7]

金銀の威力によつて、假令四民の最下位の身分とされてはゐても、町人の中には大名にも匹適する豐かな生活をし、多くの武士から一目おかれるやうな者も出現するに至つたが、更に婚姻などの關係を結んで下級武士の一角に進出するに至つた。婚姻・養子の際多額の持參金を求めるといふことについては、すでに寛文三年(一六六三)の諸士法度、寶永七年(一七一〇)の武家諸法度に禁令が見えるが一向止まなかつたらしく、荻生徂來・太宰春臺等もその弊害について論じてゐる。[8] 身分違ひの養子、殊に町人が金によつて武士の養子となり、旗本・御家人の中に混つてゆくことは、知行や家族制度の甚だ重大視される時代故、一層ゆゝしい問題であつた。いはゞ旗本・御家人の一部は一種の株となつて、賣買の對象とされるに至つたのである。[9] 勿論これは一部の問題であつたが、身分制度が内部的に崩れ始めた事を物語るものである。

かゝる情勢に對し、幕府はもとより種々の對策を講じた。先ず借金については、寛文元年(一六六一)・貞享二年(一六八五)・元祿十五年(一七〇二)の三回にわたり、その年以前の借金銀等に關する訴訟は受理せぬ旨發令した。[10] しかし元祿十五年以降はその制限がなかつたので、金銀關係の訴訟は又もや激增した。享保三年(一七一八)には公事數約三萬五千七百件の中三萬三千件、四年には二萬六千件の中二萬四千件が金銀出入であつた。[11] そこで評定所一座は四年九月協議して、上納金銀・爲替金銀・質金銀を除き、他は前例にならつて同年以前のものは審理せぬことを老中へ進言したところ、翌十月老中は評定所に對し、これ迄取扱つてきた事件はそのまゝ審理し、今後のものは受理せぬやう申渡した。かくてその翌十一月、今後金銀の出入は受理せざる旨觸れたのである。[12]

この令は、金銀の貸借は「人々相對之上之事」であるからその返濟も相對で行へといふのであつて、決して德政令の如きものでないし、この令を悪用して不正を行ふことは、發令の際にも、又翌年二月にも嚴に戒めてゐるが、債權者にとつて甚だ不利な法令であつた。そこでこれに對する批判が幾多述べられた。殊に最も大きな影響を蒙る諸問屋は屢〻町奉行に此令の不可なる事を陳じた。就中五年十二月差出した十組問屋一同連署の訴状は、言葉は歎願であるが、内容は當時の商人の經濟上の實力を背景としつゝ、此令が如何に社會に悪影響を及ぼすかを指摘して、その撤回を強く要求したものである。[13] 又山下幸内もその上書に於て、此令は德政と誤解されやすい事、また誤解されなくとも武家はこれを悪用して借金を返さず、町人を苦しめて一度は利益をうるが、やがて金融の途はふさがり、日本の困窮の因となると述べてゐる。荻生徂來も、貸借は古聖人の世から行はれてゐる事であつて、此道が塞される事は道理に背くとて、此令に反對し、むしろ以前の貸借は明瞭に德政として切捨ても、今後は公事を取上ぐべきであると主張してゐる。獨り田中丘隅は全面的に此措置に賛成してゐる。[14]

かくの如く種々の論議をまき起したこの措置は、兎も角以後十年間は強行されたが、享保十四年に至つて米價低落防止のため米屋に米の買置をさせる必要が生じた。そこで同年四月米購入の目的で借入れた金については特に奉行所で訴訟を受理することゝして、資金融通の圓滑化をはかつた。ついで十二月には「近來金銀通用相滯候由相聞候」とて、同年正月以降に生じた問題についての出訴を認めるに至つた。かくて金銀出訴不受理の一件は終つたのである。[15]

借金に關しては又享保十四年（一七三〇）には、元祿十五年（一七〇二）以來の借金利息を五分以下に制限し、今後のものについては相對次第とするも高利を戒めた。[16] 更に同九年には淺草藏前の札差を片町組・森田町組・天王町組の三組に分け、人數を一〇九人に限り、他は札差を營む事を許さぬことゝしたのも、札差は旗本・御家人の最大の債權者であるためこれを統制する目的から行はれたものであらう。[17]

養子の問題については、享保十二年高橋吉太夫といふ者が實子あるにも拘らず、金銀によつて養子をしたことが發覺し處罰された折、各職の頭に令して、今後不正な養子を嚴重に取締らせた。十八年には旗本・御家人が陪臣・浪人の子を養子にする場合は、その子は必ずその旗本などの親類筋の者、及び妻の従弟違、復従弟等を範圍とすることゝなり、元文元年には妻の方は認められなくなつた。尤もこれは「御直參之次男三男等片付之ため」とある。[18]つまり旗本・御家人の養子には、陪臣・浪人より他の旗本などの次男・三男を優先させ、直參の家の所謂「冷飯喰」を始末させようといふ目的であつた。この場合町人については全く言及のないのは、武士たる陪臣・浪人すら許されぬのに、身分の違ふ町人が直參の家に入ることなどは當然許されぬことであつたからであらう。

かくの如く種々の對策が施行せられたのであるが、いづれも本質的解決ではありえず、むしろ享保期の政策は根本的に上述の問題を助長するものであつたのである。卽ち前章でしばしば指摘した通り、當局は財政問題の解決のため商業資本の勢力を利用することにつとめてゐる。そのためには都市商人の勢力がかくも發展してきた現狀を公的に容認せざるをえず、又彼等の利益をも許さざるをえなかつたのである。例へば幾多の經濟論者が商業資本の團結と獨占によつて、彼等の經濟界支配が確實になつたと論じてゐるが、彼等の團結や獨占は享保期に入つて全般的に公認せられ、又奬勵せられたものである。更に享保七年の暮には十四年以前綱吉公時代からの幕府未支拂金十萬兩餘を出入町人に支拂つたが、[19]この年には「御家人之内數百人御扶持可レ被二召放一より外は無レ之」狀態であるからとて、「御耻辱を不レ被レ顧」諸大名に上ゲ米を課し、參勤交代の制を變更した年であり、旗本・御家人の切米も十分に渡しかねて減給を行つた年である。[20]何故にかゝる財政危機の際に返濟を行つたかは明らかでないが、兎に角當局は商人からの借入は好まなかつたらしい。この頃室鳩巣が京・大坂の豪商から若干の利付で金を借入れて切米等の資金としては如何と進言したに對し「左樣の儀は當分の儀にて、此度の僉議には不レ預事に候、御先代以來御藏も空虛に罷成、御臺所入も無レ之ものを、人の存候て批判し笑可レ申かとて、色々の計略を以勝手を取續たるものに候、計略を以御取續可レ被レ成ならば、只今迚も可レ被レ成事に候得共、其は皆當分いやいやの儀にて、御同心不レ被レ成事に候」（兼山秘策第五册）とこの案を却けてゐる。幕府はこの年から水野忠之を勝手掛老中として財政再建に本格的にのり出したが、その方針は財源を専ら農民からの貢租徴收に求め、これによつて收支の均衡ある財政をうちたてようとした。他の方面殊に商品流通面などに財源を求めることは不健全な策で、臨機の措置としてならば兎も角、根本的な再建を計つてゐる場合には、眼前多少の利益を無視してもかゝる權道はとらぬといふ態度をとつたのである。結局幕府と商業資本との關係は、前述のやうな體制で健全な財政を樹立するために、例へば新田開發、米價調整、物價抑制、新規物資製造禁止、通貨統一、農民副業奨勵等において當局が彼等の力を利用したのであるが、彼等はその間に公然と勢力を擴充・鞏固にし、經濟界支配を確立したのである。しかも武士は全般に、當局者の先づ府庫を充實するといふ政策の影響をうけて、經濟的苦境を一層甚しくされたので、商業資本への依存を更に強くせねばならなかつた。その最もよい例が、貨幣缺乏緩和のため享保に入つて年々貢租米の賣拂が激増し、遂にかの米價問題を招いたことである。かくては當局が借金その他表面的問題に如何に努力しようとも、解決をみることは不可能であつたのである。

註

1、集義和書十三
2、有徳院實紀附錄巻十九
3、向山誠齋　癸卯雜記八　御觸書寛保集成二十二　領知并作毛等之部
4、倭紂書、御觸書寛保集成四十四
5、殘集柳營秘鑑十（日本財政經濟史料巻六）、御觸書寛保集成四十四

6、町人嚢巻一
7、經濟錄卷九
8、政談卷四、經濟錄卷九
9、辻善之助「日本文化史Ⅵ」第四十五章
10、御觸書寛保集成四十四、御當代記卷二
11、新編柳營秘鑑（日本財政經濟史料卷十）
12、政要前錄乾下、御觸書寛保集成四十四
13、日本財政經濟史料第七卷、三貨圖彙物價之部卷六
14、山下幸内上書、政談卷二、民間省要下篇卷四
15、御觸書寛保集成三十四・四十四
16、同　四十四
17、同　四十九
18、御觸書寛保集成十八
19、兼山秘策第六冊
20、御觸書寛保集成十九・三十、兼山秘策第五・六冊

上ゲ米は年約十八萬七千石（享保通鑑）といふ。當時の相場一石一兩とすれば（享保七年はこれより高い）約十八萬七千兩、その半分以上が十四年以來の借金のため商人に支拂はれたのである。

第二節　農村社會の變動

都市において武士の消費生活に寄生してこれを脅かしていつた商業・高利貸資本は武家政權存立の基盤たる農村にも侵入し、江戸時代當初の様相を著しく變化せしめていつた。これについては既にその趨勢を概觀したが、[1]享保期ともなれば商人勢力の制覇は確乎たるものとなつた。前にも言及したが、享保五年（一七二〇）十二月金銀出訴不受理の令に反對した江戸十組問屋仲間の口上書には、農村社會における商人の役割を次の如く述べてゐる。[2]即ち百姓達は收穫物の中から年貢・諸役を差引くと年中の生活をする程の餘剩は殘らないので、數々の副業をして之を商人に渡し、その利益を以て生計を營んでゐる。山村・漁村は耕地がないため、紙漉き・漁獵・製鹽などを家業とし、商人に賣渡して、年貢・運上を差上げ、又生活の資金ともしてゐる。若し商人との取引が不自由となれば、自ら年貢にも影響するであろう。殊に糠・干鰯《ほしか》等の肥料は農家にとつて不可缺の物であるが、その購入は現金では難儀なので、作物を質として商人から前借し、收穫後代金を支拂つてゐる。若し金銀相對令によつて貸借不自由となれば、十分に施肥もできず、從つて收穫も減少し、百姓は甚だ困窮するであらう。つまり農民生活から商業をしめ出しては、貢租納入すら不可能になるといふのである。

かくの如く農民生活に不可缺の存在となつた商業・高利貸資本は、しかしすべての農民に一様の福音をもたらしたのではなかつた。第一に全國的な商品取引の隆盛・消費生活の膨脹に伴つて物價が騰貴し、その影響がひし〳〵と農村に及んできた。田中丘隅の記すところによれば、例へば鍬・鎌などの農具も近年鐵が騰つた爲め高直となり、曾て三百文位の鍬が七八百文となつてゐる。馬も昔一二兩の馬で十分役に立つたが、今は十兩以下では用に立つものがない。馬具も高くなつた。肥料も新田開發の進行などによつて自給は次第に困難となり、購入肥料を用ふるやうになつた。そこで自らその價格も騰貴し、昔は一兩で五六十俵も買へた干鰯が、享保初年には七八俵も買へぬといふ狀態になつたのである。このほか日常生活における貨幣支出の増大、領主財政窮乏に伴ふ貢租負擔の増大（これは商業・高利貸資本の間接的影響である）など農業經營にとつて不利な條件が重なつてあらはれてきた。「百姓と云物渡世誠に淺ましき物にて、中々百姓にして百姓斗をかせぎ、心易く渡世の相立つ物にてなし」「片田舍山中野方海邊里方に至る迄、其の所々富家の有は、皆百姓にして商を兼たる者にあらで、誰か金銀を自由にするあらん、或は酒や糀や紺屋など、又それ〴〵の諸商賣、金を借し質をとるなど」商業・高利貸資本に屬する者にしてはじめて農村において安定した生活が營みうる狀態であつた[3]。かくて經營の成立たぬ多くの農民は借金に苦しみ土地を失ひ、富農層に土地は集積されてゆく。

こゝに農地賣買が大きな問題となつてきた。既に寛永二十年（一六四三）幕府は

一身上能百姓は田地を買取、彌宜成、身體不レ成者は田畠令ニ沽却一、猶々身上不レ可レ成之間、向後田畠賣買可レ爲ニ停止一事

と令し、同時に賣主は牢舍の上追放、買主は過怠牢、買取の田畑は取上げ、双方共本人が死んだ場合はその子が同罪、證人も過怠牢といふ罰則を定めた。又賴納《らいなふ》買といつて、形式は質入であるが、田畠を質に入れた者が年貢諸役を勤め、質に取つた者は作り得するやり方も、永代賣同然に罰することゝした。所謂「田畑永代賣買の禁令」である[4]。これについて田中丘隅の意見は、百姓が風水害・病氣その他の不慮の事によつて年貢の納入もできず、是非金子を必要とする時、この禁令のため田畑を賣る事ができず、止むなく質入れする。しかし賣却と質入とでは甚だ大きな差が

あつて、必要な金を得るのに賣る場合の一倍半もの田地を質に入れねばならない。賣る事が許されゝば、田地の一部を賣つて殘りの田地を耕作することが出來る場合でも、許されねば田地を悉く喪失せざるをえず、次第に百姓の數が減少してゆく。兎に角百姓にとつて田地の賣買は必要不可欠のことなのであるから、禁ぜられても名をかへ品をかへて止む事はあるまい。かくて本來貢租負擔者として重要な本百姓の田畑喪失防止を目的としたこの禁令も、結局幾多の抜道によつて事實上空しくなつてしまつてゐる。しかも禁令があるために、公然と賣買ができず、農民に著しい損失を與へてゐる。「殊に田地自由に賣買なくして、いづれの國、何れの郡、御料私領ともに、御年貢米金の無レ滯相濟事ありなんや」といふ現狀は、禁令の目的と全く矛盾するに至つてゐる。故に丘隅は「御慈愛還て國家大惱みと成る」「是上に立人、下々の意味をとくと辨へ知り給はざるの一失なり」と斷じてゐるのである。[5]

荻生徂來も、この禁令は無理であり、無理な法を立通さうとするので、そこにいろ〳〵の虚僞が生ずる。畢竟民に僞を敎へることになると、この禁令に反對してゐる。[6]

禁令の罰則は寛保元年（一七四一）一部が改正せられ、賣主は牢舍を除かれ、買主その他の過怠牢も過料と改められた。即ち若干緩和されたのである。ついで延享元年（一七四四）に至り、當局はこの問題について根本的な再檢討を行つた。即ち老中は先ず賣主に關して

元來所持之田畑ニ放れ申度ものハ無レ之候得共、年貢等致二不納一、無レ據儀ニ而御停止を致二忘却一たる事ニ候、然者向後所拂ニハ不レ及、過料ハ可二申付一事歟

と評定所に下問し、次に買主について、

右買候ものハ賣放し候ものとハ違ひ無レ據と申品無レ之候間、田畑ハ取上可レ申事ニ候、其上之過料ニハ及間敷哉之事

と尋ねた。又頼納買については

質置主も田畑作取に先様江渡し、其上に年貢諸役迄勤度事ハ決而無レ之筈に候得共、左様ニ不レ仕者金銀借し不レ申故、無ニ是非ー質ニ取候もの之好ニ任せたる事ニ候、然者田畑永代賣よりハ質取主之方者御停止を背候のみならず、不仁成所も有レ之候、田畑永代賣と違ひ、地所隱候と申處科重く候

とその意向を傳へた。評定所一同は之に對し、頼納買については

質置主―過料、質に取候もの―地面取上、過料、加判之名主―役儀取上、證人―叱

といふ罰則を定めて決定をみた。しかし永代賣については

田畑永代賣之儀者、寛永二十未年被ニ仰出ー候ニ付、只今迄右之通御仕置仕來候得共、御下知之通田畑ニ離れ申度ものの無レ之、無レ據賣買をも仕來候儀と奉レ存候、其上質地ニ入候程之もの者、請戻候手当も無レ之、流地ニ罷成候類數多有レ之候得者、名目替候迄ニ而、即永代賣ニ罷成候間、此度右御仕置者相止候而も可レ然哉ニ奉レ存候付、奉レ伺候

と禁令廢止を進言した。しかし老中は、若し永代賣買を許可すれば、不身上の百姓は目前の利によつて猥りに田畑を賣放す結果を招くであらう。どうしても差詰つた場合には質に入れる事もできるし、據ろなく賣つた場合にも罰は大分輕くなるのであるからとて、此の進言を却けた。かくて賣主は過料、加判の名主は役儀取上げ、證人は叱り、買主は買取の田畑取上げと決定したのである。[7] 罰則は殘つたのであるが、寛永・寛保の例に較べて遙かに輕減されてゐる。しかも前記のやうな決定迄の經緯をみれば、當局は既に田中丘隅や荻生徂來の意見の如く、永代賣や質入の止むをえざることを十分知つて居り、殊に賣主・質置主に同情的である。罰則の殘置は、禁令解除によつて永代賣を助長することを好まなかつたことに因る。かくの如き改正は全く社會情勢の變化に應じたものであるが、こゝに至つて幕

府が公然と本百姓の自作といふ江戸初期以來の政權存立の基盤から他の體制へのり移る態度を示したといふ意味で、極めて重大な改正であつたといはねばならない。

扨これより前、農民達は田中丘隅の言の如く、永代賣の禁令のため田畑の質入を行つて年貢その他の支出にあてゝゐたが、それが盛んに行はれるに從つて質地に關する訴訟も激增した。そこで享保三年（一七一八）になつて次のやうな訴訟規則を制定した。8)

年季十年乃至五年間のもの…………年季明ケ五年以内

年季二年乃至三年間のもの…………年季明ケ三ケ年以内

證文に年季記入なく、金子有合次第可ㇾ請返ㇾ旨記入してあるもの…………證文の年より十年以内

右の期限内に訴出たものに限り受理する。

質地年季は十年以内とし、それ以上長期のものは訴出ても受理せぬ。

質地證文に名主加判（置主が名主ならば相名主・組頭・年寄加判）なきものは受理せぬ。

卽ち證文記入の年季が切れた後でも一定年間は訴出れば田地受戻ができるやう取計ひ、それより後は流地にするといふのであるが、やがて享保六年暮に至ると、富裕な農民や町人が質流の田畑を多く手に入れ、自ら永代賣同然の結果となるとて、今後質流を一切禁止し、年季の明けた質地は手形を仕直し、以後は無利息で毎年金高の一割半づゝ返濟し、元金の切次第何年經過してゐるものでも土地を地主へ返さしめることゝした。たゞ以前の質地小作の年貢の滯つてゐるものを取立てることは認めたが、利率は一割半以下に制限した。又現在年季中の質地の利率も、訴出れば一割半以下に改めさせることゝした。次に享保二年以降訴出て流地の判決をうけたものも、元金殘らず差出して受戻しを

希望すればこれを許すこととしたが、たゞ既に流地を配分してしまふか、他に質入してゐるやうな場合は許さぬこととした。更に質地の借入金は地価の二割引たるべしと定めた。[9] 窮迫してゆく本百姓をどうにかして維持してゆかうとする幕府の思ひ切つた手段であつた。

しかしかゝる強行手段は却つて逆效果を生じ、窮乏せる農民等は容易に田畑を受戻すこともならず、又かゝる發令によつて質入の條件も一層悪くしていつた。越後頸城郡・出羽村山郡に於ては、農民がこの發令を知るや、質地返還要求の强訴や暴動を起し、質取人を襲撃し證文を奪還するといふ事件が起つた。かくて幕府は八年八月に至り、「質地請返シ候事も成兼、却て迷惑致候者有レ之、金銀之借し借りも手支候由相聞え候」とて、質地流しを再び認めるに至つた。ついで元文二年（一七三七）には流地に關する規則を改めて、

一、名主加判のない質地證文（名主の置いた質地の場合は相名主又は組頭等の役人の加判のない證文）
一、年季が十年以上の質地證文
一、享保元年以後に年季の明けた質地は、年季が明けてから十年以上經過したもの
一、金子有合せ次第請返すべき旨證文に記してある質地は、質入の年から十年以上經過したもの

此等については訴訟を受理せぬ事を村々に令した。[11]

かくの如くして、享保期には農地の移動に關する諸制度がかなり緩和され、土地賣買が事實上認められるに至つた。次第に過重になつてゆく貢租徵收を確保するにはそれも「無レ據儀」[12] とみなされたのである。その結果土地は一部の富農（前述のやうにそれは大てい商業・高利貸業を兼ねてゐる）に集積し、多數の農民は土地を喪失してゆく傾向が助長された。富農達はその土地を自家經營せず、不耕作地主と化す傾向にあり、土地を喪失した農民達も一部は

都市に吸收され、一部は下人等の勞働力と化したが、多くは小作人として、極めて不利な條件の下にでも農地に留らざるをえなかつた。田中丘隅は享保初期の狀態について、「百姓の田地二十石以上百石餘の持高の者、十が一も自分の地を手作するはなし」と記してゐる。[13]高い勞働力を傭つて自家經營するより、小作人に作らせた方が遙かに有利であるといふのである。不耕作地主と小作との關係が丘隅のいふやうに、自作が十に一もない程一般的に成立してゐたとは思へぬが、享保期がその顯著な轉換期であつたといひうる。[14]さうして當局は貢租徵收確保、更にその增徵といふ政策上、この轉換を前述の如く容認し、幕府は農村社會における新しい基盤にのりうつらうとするのである。

さてこのやうな農村社會の變動につれて重大問題となつてきたのが、一揆・强訴・逃散《ちょうさん》などの農民の騷擾事件であつた。江戸時代を通じてかゝる事件の發生件數は享保期以降急激に增加し、殊に享保期は天明・天保・慶應の三期と共に最も頻發してゐるのである。[15]しかも發生地域についても、諸藩領より幕領が增加したこと、初期には邊境山間の發展がおくれてゐると考へられる地帶に多かつたものが、平原地帶など先進地と考へられる所に移つてきてゐることなどの特色をもつてゐる。[16]今吉宗公在職中に發生した主要な騷擾事件を記せば次頁の表の如くである。[17]

その規模についても元文三年（一七三八）磐城平に起つた一揆は「百姓都合八萬四千六百餘人」といはれた。同年暮から翌年正月にかけて生野銀山周邊に發生した一揆に對しては姫路・龍野等十二の藩・知行所より出兵し、岡山藩・鳥取藩も出動態勢に入るといふ程のもので、「天草以來の珍事」と沙汰せられた。[18]同四年鳥取藩に起つたものも參加人員約三萬、因・伯二國にわたるものであつた。[19]更に重視せねばならぬのは、前にも述べたが、享保十八年（一七三三）江戸時代最初の「うちこわし」事件が將軍お膝元たる江戸に發生したことである。この暴動は未だ農民の反抗と如何なる連絡も認められず、規模の小さいものではあつたが、享保・天明・天保・慶應の一揆昂揚期の頂點に江戸或は大

享保時代主要百姓一揆

發生年	地域
享保二（一七一七）	伯耆・因幡、備後
三（一七一八）	備後
四（一七一九）	周防岩國
五（一七二〇）	紀伊、磐城白河、岩代會津
七（一七二二）	但馬生野、信濃上伊那、越後東頸城
八（一七二三）	出羽村山郡
一一（一七二六）	豊後日出、美作津山
一四（一七二九）	岩代伊達郡・信夫郡
一六（一七三一）	陸中鬼柳村、飛驒高山
一七（一七三二）	伊豫、出雲
一八（一七三三）	伯耆坪上山、飛驒高山、丹後加佐郡
元文三（一七三八）	磐城平、但馬朝來郡
四（一七三九）	伯耆・因幡、美作勝北郡、但馬生野
寛保二（一七四二）	伊豫砥部、肥前松浦
三（一七四三）	越前大野

坂と、大都市における「うちこわし」が發生してゐる事實を考へれば、後の大暴動の先頭をきつたものとして、その意義を重大視すべきである。

幕府はこの情勢に對し、享保六年（一七二一）には「惣百姓諸事ニ付大勢集リ神水ヲノミテ一味同志徒黨ガマシキ儀

堅ク制禁ノ事」と令を下した。[20] 一揆に關する禁令はこれが最初である。同十九年（一七三四）には代官に對して

若惡黨もの等有レ之、人數も入可レ申刻、江戸え相伺、彼是可レ及二遲々一節、少々之儀は直近邊之大名え申達、呼寄可レ申候、相應ニ人數可二差出一旨、萬石以上之領主えも申達置候間、可レ被レ得二其意一候（御觸書寛保集成二十三）

とその對策を指令してゐる。前記の如き大規模な農民蜂起には一代官所の力を以てしては如何ともしがたくなつてきてゐるのである。更に寛保元年（一七四一）には「地頭江對し強訴、其上致二徒黨一逃散之百姓御仕置之事」を定めた。これは大體從來の慣例を成文化したものであるが、たゞ注目せねばならぬのは、寛永二十年（一六四三）に、地頭・代官の仕置惡く、百姓が堪忍しえぬ時は、年貢を皆濟しさへすれば、近郷へなりとも立退いても咎めないといふ觸が出てゐるが、[21] これを今回改めて、

地頭申付非分有レ之ハ、其品ニ應し、一等も二等も輕く可二相伺一、未進於レ無レ之ハ重キ咎ニ不レ及事

とした事である。つまり重くは咎めぬとはいふものゝ、寛永の令で無罪と定めたものを改めて罰することゝしたのである。この原案が評定所から老中に提出された時、老中は寛永の令の存する事を評定所に注意したが、評定所一座は、地頭・代官の仕置が惡くとも、其所に居たまゝ歎願・陳情すればよいのであつて、徒黨して立退くとは不屆である。それを咎めないのは影響がよくないと主張して、處罰と決定したのである。[22]

こゝに幕府上昇期たる寛永時代と、旣に下落期に入つた享保時代との差を明らかに窺ひうる。農民の反抗がかくの如く大規模に、頻繁に、しかも全國各地に勃發するに至つたことは、武家政權の基礎が根柢からゆるぎ出したことを意味してゐる。殊に農民からの貢租を增徵して財政再建をはかつた享保期の財政々策にとつて、かゝる反抗を誘致してしまつたことは大きな蹉跌であつた。改革の限界はこゝにも示されてゐるのであるが、財政方針を貫かうとする當

局は事の理非に拘らず反抗的態度にはすべて强壓を以て臨まうとしたのである。既にそこには寛永時代の如き餘裕ある態度はもちえなかつたのである。

江戸幕府の農村政策が貢租徴收確保といふ目的で一貫してゐることは創立以來不變であるが、特に享保期においては窮乏せる財政を再建するため貢租增徴に多大の力を注がねばならなかつた。そこで、元來財政窮乏の原因は商業・高利貸資本の發達に由來するものであつたに拘らず、この時代にはむしろその力に賴つてでも貢租を增徴しようとしたのである。卽ち前述の如く本百姓の土地喪失、地主小作關係の成立の趨勢を助長する政策をとつたのも、本百姓に田畑を賣らせてゞも貢租を納入させようといふ目的であつた。又前章産業奬勵の項に記したやうな唐胡麻や茶種の栽培奬勵もかゝる目的からである。その結果商業・高利貸資本は農村に確實に地歩をしめたのである。

しかしかゝる政策は問題の本質的な解決をもたらさぬのみならず、現實の耕作者に対して、過重の貢租負擔に加ふるに商業・高利貸資本の利潤追求の對象といふ二重の負擔を負はしめたのである。土地を喪失し、生活上の餘力を全く失つた彼等は、凶年ともなれば忽ち餓死の危險にさらされねばならず、遂には各地に屢〻反抗をみるに至つたのである。これに對して當局は最早寛永期の如き、領主・代官の不法行爲に對しては年貢の未進さへなくば反抗を認めるといふやうな寛大さ、或は正德期の如き「そも〳〵當時天下無告の民、いづれの所にか來り訴ふべき……凡そ民の父母たるべきもの、其心とする所、かくのごとくなるべからず……訴ふるものも聽く人も、相怨み相にくむ心あらたまらざらんには、其情を得て、其心を服せん事かなふべからず」と越訴の農民に同情的態度を示し、「いかにも溫柔にして哀矜ある人」を選んで審理せしめ、越訴首謀者等の主張も十分きくといふやうな餘裕[23]を、享保期の當局者は持ちえなかつたのである。又それだけ農民側に於ても、寄生地主など商業・高利貸資本家及び彼等と共通の利害にある封建權力との對立がはつきりとしてきたのである。享保期の政策は、農村社會に對するものをみても、このやうにして、封建政權にとつての危機を本格的にしてゆくものであつたといひうるのである。

註

1、第一章二、第二節參照
2、日本財政經濟史料卷七
3、民間省要上編卷一・五、下編卷三
4、御觸書寛保集成二十三・四十四
5、民間省要下編卷三
6、政談卷四
7、徳川禁令考後聚二　卷十三
8、日本財政經濟史料卷三
9、御觸書寛保集成四十四
10、林　基「近世における階級闘爭の諸形態」(社會構成史體系)
11、御觸書寛保集成四十四
12、徳川禁令考後聚二　卷十三
13、民間省要上編卷二
14、古島敏雄「近世日本農業の構造」第四篇第二章

15、天明期・天保期の頻發が寛政改革・天保改革を必至ならしめた一條件として考へられてゐるに對し、享保期は所謂改革政治の進行過程に激增してくるところに、この改革と後二者との大きな差が考へられる。
16、原平三・遠山茂樹「江戸時代後期一揆覺書」（歴史學研究一二七）、林　基「近世における階級闘争の諸形態」
17、黑正巖「百姓一揆の研究」附錄
18、元文世說雜錄卷十九
19、林　基　前揭書
20、地方凡例錄卷十
21、御觸書寛保集成二十三
22、德川禁令考後聚二　卷十三
23、折たく柴の記卷中

第三節　救　貧　政　策

都市生活の繁榮に引寄せられて都市人口も逐次膨脹していつたが、これに伴つて生ずる問題について識者の關心が昂つてきたのも享保の頃からである。荻生徂來は「百千萬般ノ患ハ皆御城下ニ人ノ聚リスギタル處ニ歸スル也」（太平策）と斷じ、武家の經濟的衰頽をこゝに求めると共に、又「都鄙ノ疆ナキ時ハ農民次第ニ商賈に變ジユキ、國貧シクナル者也」と農村人口の都市吸收の弊害を述べ、これらの人口を「地頭ノ權威ヲ以テ呼返サンニハ輙ク成ベキコト也」と「人返し」に論及し、紀州・水戸・肥前・薩摩等諸藩の「人返し」策について記してゐる。[1] 室鳩巣も江戸の人口膨脹が物價騰貴、風俗悪化の原因となり、江戸衰微の本となるとて人口減少策を述べてゐる。[2] しかし享保期には人口減少策はまだ行はれなかつた。

都市人口の膨脹は農村人口の都市流入に因る所大なるものがあるが、こゝに貧民の増加といふ問題が生じてくる。卽ち農村より流入する人口の多くは、前節に記したやうな情勢下に土地を喪失した者、或は小作人等貧農の家族の一部などゝ考へられ、都市に入つては日雇取り、振賣商人等主として下層民を構成するのである。彼等は火災・飢饉・疾病等の災害に最も脅されやすい存在であつたが、殊に享保期の緊縮政策による不況には大きな打撃を蒙つたものと思はれる。それ故享保期の當局者は都市貧民（主として江戸）の救濟に多大の力を傾けたのである。

先づ享保六年（一七二一）六月には、現在は生活が成立つてゐても類燒に逢へば忽ち渇命にも及ぶと思はれる者を調査し、同年九月に至つてそれらは今後類燒すれば數日間扶持米を給することゝし、又名主・五人組の共同責任として、これと同様の者があれば早速訴出づべき事、及び若し該當者の中、身上を立直したか或は他へいつた者があれば届出る事を命じた。同時に家族の者或は當人が重病で生活困窮する者にも届出によつて扶助を與へることゝした。類燒困窮者の調査・届出の命令は七年正月・八年正月にも繰返された。[3] 又九年十月十四日には三田の新馬場にて乞食六千餘人に施米が行はれた。尤もこれは社會政策といふ意味からではなく、文昭院の十三回忌に當り、吉宗公の增上寺參詣によるのであろう。[4]

享保十七年關西以西の大蝗災の影響をうけて、江戸の米價が暴騰した時には、貧民救助のため江戸城の濠ざらひに使つて賃錢を給した。[5] 寛保二年（一七四二）には江戸川・古利根川・中川・綾瀬川・淺草川（隅田川）・小貝川・鬼怒川・渡良瀬川等關東諸川大洪水となり、堤防決潰し、大きな被害があつたが、當局は直ちに池田（岡山）・毛利・細川・藤堂・阿部・間部等諸大名に普請手傳を命じ、關東諸川の大工事に着手した。その際勞働力には「御救」であるからとて、請負人足の使用を禁じ、附近の農民を使用せしめ、人足一人につき米一升七合を支拂つた。[6)]

貧困者の醫療についても注目すべき政策がとられた。當時極めて高貴な藥であつた朝鮮人參の栽培に吉宗公が力を注ぎ、相當の成績をあげたことは前に述べたが、[7)] 元文元年(一七三六)には人參を購入しえぬ者に對し、町奉行番所に願出れば人參の莖・葉を施與することゝし、「曾て六ケ敷事ニては無レ之」と願出をすゝめてゐる。[8)] 貧者に迄高貴藥を服用させようといふこの觸も重視すべきものであるが、最も重要な施策は享保七年の小石川養生所の設立である。

この年小石川傳通院前に住む小川笙船(一六七二―一七六〇)といふ町醫者が、貧窮の病人のため施藥院を設立せられたいとの意見を目安箱に投書した。幕府はこれを採用し、同年暮に至つて小石川藥園にこれを設けて養生所と名付けた。町中の極貧の病人、獨身にて養生しえぬ者、或は一家皆病氣の者は同所において治療を受ける事を許し、入所治療中は生活の扶助、夏冬の衣類、夜具等も支給し、又自宅から治療に通ふ事も許した。翌八年二月には看病人はあつても貧困のため療養費に事欠く者は入所治療を認め、同年七月には入所手續を改め、從來は奉行所に訴出て吟味をうけた後、名主の判をもらつて養生所に赴いたのを、直ちに名主又は月行事の判をもらつて養生所に赴くやうにして便宜をはかつた。治療は幕府の醫者岡丈庵・林良適に命じ、小川笙船も之に與り、又緊急の場合には附近に居住する幕府の醫者木下道圓、藤堂高陳(伊勢久居)の藩醫八尾伴庵、三宅康雄(三河田原)の藩醫堀長慶も治療に與るやう命ぜられた。望月三英も難病の者の治療に赴き、更に官醫も町醫もひろくこゝにおいて自己の技倆を試みることを許された。十年十月には行路病者や負傷者を無宿・非人同樣「溜り」へ入れることをやめ、養生所に入れることゝなつた。養生所では本道・外科から眼病の治療もした。[9)]

かくの如くこの時代には貧困者に對する社會事業的な施策がかなり幕府によつて行はれた。從前に比し格段の力が注がれてゐる。これは吉宗公の發意による所少なからぬものがあつたと思はれる。醫療については後にも言及するが、公の關心は甚だ强いものであつた。殊に養生所の設立は小川笙船の目安箱投書によるものであるが、目安箱の投書は封のまゝ直ちに將軍の下に提出し、將軍がこれをみて意見の採否を決し、その採るべきものは各老中以下に命令するのであるから、公が笙船の意見に同意した結果設立をみるに至つたものである。幕府が相當力をこれに傾けてゐたことは望月三英の如き當時の名醫に迄養生所における治療に當らしめ、又諸藩醫にも緊急の際治療を命じたことからも察せられる。使用する藥品もかなりすぐれたもので、このため下吏の不正横領事件も起つたといふ[10]。又次のやうな逸話も公の社會事業的關心を示すものであらう。卽ち望月三英が市川團十郎の治療をしたことについて、橘收仙院(宗カ)が將軍の御脈をみる者のあるまじき事と咎めたところ、三英は乞食非人と雖も求められゝば診察すると答へた。公はこれをきいて三英の意見を尤もとしたといふ[11]。又貧民施療ではないが、享保六年幕府は大坂の名醫古林見宜を出府せしめ、江戸の醫師に講義せしめたが、滯在中町人の治療をうけることを許したのもかゝる精神からであらう[12]。當時の身分的特權意識の强い世の中に、これらは相當の仁政と稱せらるべきものといはねばならぬ。

しかし救貧事業のもつ意味の重要性は、かゝる仁政稱讃以外にある。卽ちそれは本節最初に記した如く、元祿頃から極めて顯著になつた都市生活の繁榮と表裏をなして、かゝる仁政の對象となる生活困窮者が增加していつたことである。さうして享保期になつて特に社會事業的施策が必要となつたのは、決して將軍の個人的嗜好によるものではなく、かの緊縮政策から生じた不況が、彼等に大打擊を與へたことによるものと考へられるのである。これは又、農村人口の都市流入、農村の荒廢、それから大都市における「うちこわし」事件など、江戸時代封建體制の根柢をゆさぶる社會の大變動と密接な關連をもち、それらを背景として考へねばならないのである。

註

1、政談巻一
2、獻可錄巻上
3、御觸書寛保集成三十九
4、有德院實紀巻十九
5、前章「大飢饉」の項參照
6、御觸書寛保集成二十五
7、前章「産業の奬勵」の項參照
8、御觸書寛保集成三十九
9、有德院實紀巻十五、同附錄巻十五、御觸書寛保集成三十九
10、有德院實紀巻十五
11、甲子夜話巻六、有德院實紀附錄（巻十五）には「一説に俳優を療治せしは三英にはあらず、村田長庵なりともいへり」とある。
12、御觸書寛保集成三十九

第四節　風俗の匡正と武藝の奬勵

享保時代の風俗匡正策としてあげられるのは次のやうな事柄である。

第一には當時異常な流行をした情死の取締りである。情死の流行は近松の世話淨瑠璃などの好材料として、曾根崎心中・天網島その他幾多の所謂「心中物」が戯曲・演劇に作られ、現在迄傳へられてゐる程であるが、幕府は享保七年（一七二二）の暮に至つて、かゝる心中事件を出版し讀賣りする事を禁じ、名主・月行事にも責任を課して取締りに當らせた。[1] 翌年二月には情死者の死骸は取捨てゝ葬儀を許さず、若し一方が存命して居れば下手人（死刑）とし、双方共存命の場合は三日間晒し物とした上、非人手下《ひにんてか》とすることに定め、又これを繪双紙や歌舞伎狂言などに作ることを禁じた。この際當局では情死のことを相對死《あいたいじに》と稱してゐる。[2]

次に、新吉原以外の江戸の町に、遊女或はこれに類似の女を置くことは前から禁ぜられたが、享保に入るやその罰則を公布し、遊女屋を營んだ者は家財殘らず取上げ、百日間の手鎖、遊女屋に自分の家を供したものは家屋家財沒收、地主は他所に居ても同樣の罰、家守は家財沒收、百日間の手鎖と定めた。[3] 又五人組は過料、名主は重い過料、遊女踊子等は三ヶ年間新吉原へ引渡した。この他幕府拜領屋敷、寺社門前町の場合、妻に私娼をさせた場合などの罰則が定められた。夫婦の場合、甚だしい貧困で、夫婦合意の上私娼になつたのは不問に附したが、夫に生業ありながら、合意せざる妻を無理に私娼とした者は死罪とした。[4] 享保の初め頃、私娼を盗み出した者があつた。町奉行が盗み出した者を盗賊として最も重く處罰しようとしたところ、吉宗公は之を聞き、それは奉行の誤りであるとて、私娼をおいた者のみを嚴罰に處し、私娼は盗み得にするやう命じた。[5] 隱賣《かくし》女即ち私娼の問題は一つには新吉原の特權がからまつてゐると思はれるが、又風紀取締の徹底した精神をも窺ひうる。しかし取締が少しでも弛むとみれば忽ち私娼窟は激増し、享保時代直後の寶暦の頃には深川や品川の全盛となるのである。

賭博の禁制も享保以前から屢〻繰返されてゐるが、この時代にも嚴しく取締つた。享保八年(一七二三)には全國に對し、賭博取締令と罰則を公布した。卽ち名主が取締りに當り、賭博をしたものからは過料を取り、その金は村入用にあてさせる。若し屢〻過料を取られても猶やめぬものは逮捕せよといふのである。又主要な博徒が逮捕された時は金五兩以上の過料を取り、若し十五日以内に差出さぬ時は、その者の親類・店請人・相店の者に迄責任を課し、それでも駄目な場合は一町全體に責任を負はせることゝした。又その防止に功のあつた名主には褒美を與へた[6]。

同十一年になると江戸における違反者の罰則を急に重くし、この旨日本橋に高札をたてた。卽ち首謀者と雖も同年正月からやめた者は許すが、若しやめぬ場合には流罪或は死罪、補助者は家財を取上げ、非人手下とする。密告者には同類であつても褒美銀二〇枚を與へる。家主・名主・五人組には違反者告訴の義務を課し、若し他から訴出られた場合には家主は家財取上げ、百日の手鎖、兩隣及び五人組は家財取上げ、名主町内は過料(五—三貫文)といふ重い罰を課することゝした。「是程ニ不レ被ニ仰付一候而ハ諸博奕十ノ物一ツ二ツも減し申間敷候」と當局は考へたのである[7]。

しかしかくの如き努力にも拘らず、賭博は一向にやまなかつた。形も三笠附、取退無盡、前句附、冠附、など附等いろ〳〵姿をかへてあらはれて當局を手こずらした[8]。その地域も全國的にひろがり、寺社・武家屋敷でも行はれるやうになつた。寛保三年(一七四三)には武家屋敷に部屋子と稱する者をかくし住ませることを禁じてゐるが、部屋子は武家屋敷における賭博の中心である[9]。

以上の如き風俗問題を、江戸初期のそれと比較してみると大きな變化がみられる。初期にあつて專ら取締りの對象となつたのは、旗本奴・町奴などの所謂「かぶき者」や辻斬・男色の流行などに代表される風俗であつた。そこには戰國の餘風ともいふべき殺伐さや、變態的な風俗が示され、また主從關係・權力關係の固定化にそむくものがあつた。それ故、戰争を一掃して平和を確保し、秩序を固定せんとする幕府の取締りの對象となつたのであるが、享保頃ともなるとかゝる風俗は既にみられなくなつてしまつた。これに代つて前記の如き風俗問題が生じてきた。これは都市の奢侈的消費生活が漸く頽廢・腐敗しかけてきたところに原因するものである。殊に生活の頽廢化の波が武士生活にひし〳〵と及んでいつたことに注目せねばならぬ。かゝる傾向に對して幕府は享保二十年（一七三五）に令を下して、諸大名・旗本が悪所に通ひ、似合はざる遊樂を專らとすることを戒めた。寛保三年（一七四三）にも布衣《ほい》以上の旗本を集めて、長時の酒宴、不似合の遊興・音曲、奢侈、不相應な供減《ともべら》し、町人等との心易い交際等を禁じ、特に役人の行動を愼しむやう命じた。又同年、近頃諸大名の留守居が所々の茶屋などで猥らな宴會・遊興をしてゐるとてこれを止めさせ、又彼等が黨を作つて主人も取扱ひにくいやうになつている狀態を改めるよう命じた。[10] 元文四年（一七三九）に尾張宗春（一六九六―一七六四）が、又寛保元年に榊原政岑（一七一五―一七四三）が、それ〴〵の身の行ひよろしからざる故を以て隱居謹愼せしめられたのも、一つには風俗肅正の方針からと考へられる。[11]

吉宗公が武藝を盛んに奬勵したのも、一つには公自身の嗜好によるところであり、又一つには「治に居て亂を忘れず」といふやうな精神からであらうが、武士生活を健康なものにしようといふ、風俗問題にも關したねらひがあつたと考へられる。

平和の永續、都市生活の享樂、學問の隆昌などに伴って、一般武士の生活の中から武藝への關心が薄れてゆく傾向にあつたが、特に幕府にあつては五代將軍の性癖により、武藝への關心は著しく低調となつた。鷹狩の如きは生類憐みのため全く廢せられて、元祿六年（一六九三）には鷹匠・餌指もやめられ、江戸の鷹匠町は小川町、餌指町は富坂町とそれ〴〵改められた。又同年には三家及び甲府家の鷹場も返上となつた。[12] 天和二年（一六八二）には巨船安宅《あたけ》丸を破却した。[13] 元祿十六年の關東大地震の際江戸城の武器庫が破壞し、武器も損害を被つたが、それらの修理も久しく行はれなかつた。「人々たゞ天下泰平をのみ賀し申され、其言わずかも兵革の事にふるゝを以て禁忌とす」（折たく柴の記卷中）といふ狀態だつたのである。六代將軍の時になつて新井白石は武庫修繕の沙汰あるべき事を進言したが、遂に行はれなかつた。舟も安宅丸破却以後關心が薄れて、幕府の舟は悉く腐朽し、長崎奉行の往來の際も西國大名に命じて送迎せしめるといふ狀態であつたが、これは白石の建議により改められ、舟の修繕が行はれた。[14]

かくの如く幕府にあつては武藝・武備への關心が日に〳〵低調となつていつた折、吉宗公は紀州において率先武藝に勵み、人夫十數人にて漸く擔ひうるやうな大猪を銃の臺尻で一打にするといふ武勇大力ぶりも發揮した。[15] 公が宗家を繼いだ際、紀州藩から供奉して來た人々は武術を嗜み、水練の心掛もあり、粗服を着け、剛健な氣風をしてゐて、「其さま誠に甲斐甲斐しく見えたり」といふ。[16] 公は將軍となつてから一層武藝に力を注いだが、就中鷹狩を好んだ。即ち公は將軍宣下に先立つ享保元年七月早くも若年寄大久保常春を鷹狩の係りとして、元祿以後廢止されてゐた諸役を再興し、放鷹地を定め、有章院の小祥忌を了へた翌二年五月初めて龜戸隅田川方面に放鷹あり、以後江戸近郷各地に頻繁に行はれた。三家に對しても古來の如く放鷹の地を與へた。[17] 又享保十一年三月末には下總小金原にて大規模な鹿狩が行はれた。これは家光公以來のことゝいふ。[18] 鷹狩などをしば〳〵行つた主旨については、公が享保十九年十月八日西丸側衆澁谷良信に「我等が鷹野、鹿狩をなすも、一身の樂と思ふ者もあるべきなれど、さにはあらず、治世に武を講ずべきたよりと、下の利病をしるると、これより外有るべからず」と語つたことによつて知られる。[19] この主旨は室鳩巣や山下幸内なども諒解してゐるところなので、早くから一般に知られてゐたのであらう。[20]かゝる主旨からいつて、公はしば〱の出行に際して警護等つとめて輕減し、道筋の掃除もやめさせ、商賣その他平常と變りなく營むやう命じた。[21]當時の武士の中には草鞋のはき方も知らず、腰を掲げる樣も怪しく、草野を奔走するのも婦女子の如く弱弱しいものが少なくなかつた。小金原の大卷狩に際しては、妻子と別れの盃をくみかはして恐る〱出てきたものもあつたが、次第に鍛錬されてきたといふ。時には銃獵も行ひ、率先武士の氣風の刷新につとめ、また屢〻農家にもちよつて下情をも視察した。[22]

この狩獵のためあまり頻繁な出行はいかにしても諸民の迷惑となり、時には鷹狩のため、土木工事に必要な蘆を刈らせてしまつたり、麥を刈取らせたりしたこともあつて批判も行はれた。室鳩巣は、常憲院は生類の憐みで諸人に難儀をかけ、今の將軍は殺生で迷惑をかけると述べてゐる。[23]山下幸内は、鷹狩等は戰場のための訓練といふが、今は自由に人數を扱へても、生死の場において誠の御用には立つまいと記してゐる。[24]「上の御數奇なもの　御鷹野と下の難儀」といふ落書も亦公の鷹狩りに對する世評の一つである。[25]

公は鷹について詳しい知識を有し、鷹匠達も舌を卷く程であつた。しかも鷹狩再興の際には、廢止以前の鷹匠頭戸田勝房を再び頭として、從前の例を質ね、また古書などを研究した程であつた。[26]

公はこの他各種の武藝にも力を注いだ。先づ馬術については、享保十年長崎に来た和蘭人ケイズル Hans Jungen Keijser を召して馬術及び療馬の法を傳へしめ、その後クリーデマン Godfreed Kriedeman、ウェルネル Jan Jephart Werner 等の馬術師も來朝した。ペルシャ馬、シナ馬の輸入も行はれたが、殊に洋馬の輸入には強い關心を示し、和蘭甲比丹を屢〻督促して、享保十一年(一七二六)から元文二年(一七三七)迄の間に二十七頭の輸入をみた。[27]

國産の馬の育成にも努力して、下總小金原・佐倉・甲斐に牧場をひらき、年々名馬を産する基を開いた。幕臣等に馬術を奬勵したのはいふ迄もなく、時には近習の隊を分けて賭馬などの遊戯も行ひ、又馬上での太刀打、槍、鐵砲、騎射などを練習せしめた。或時兩番士（書院番・小姓組）の乘馬をみた所、その中の或者は全く騎馬の經驗なく、馬はたゞ側の土手の草を食べてゐるばかりで今にも落馬しさうであつた。漸く助け下された此番士に、公はたゞ馬に精を出すやう命じただけで深く咎めなかつた。これに感じたこの番士は小普請入りを願つて三年間馬術に精勵し、やがて復職して機を得て公の面前で騎馬をお目にかけたところ、公は數年前の事を覺えて居て、大いにその精進ぶりを賞したといふ。公の馬術奬勵の巧みさを物語る逸話である。[28]

次に砲術は、元文三年初めて大筒役を設けて佐々木孟成《たけなり》をこれに任じた。孟成は砲車を考案し、或は丁火矢といふ火器を鎌倉で試射したり、種々の功をたてた。また江戸町奉行石河政朝の建議を容れて、初めて八町堀に砲術の道場をひらき、配下の同心に習練せしめた。西洋の銃砲についても關心を寄せ、享保六年には蘭人が鉄砲を献上したが、その試射を蘭人に命じた。同十五年には佛郎機《フランキ》（大砲）が献ぜられた。佛郎機については又紀效新書に記載してあるものを荻生徂來に研究せしめた。[29]

この他武器・武具については、或は古來の物を捜索してこれを閲覽し、或は古様の鎧を製造せしめた。新刀の製作にも關心を注ぎ、享保四年には万石以上の封内に住む刀工を調査し、その中精巧なるものを献上せしめた。[30]舟の製造・修理にも努力し、紀州の鯨舟を參考とした物も作らしめた。蘭人に對しても船舶・航海などについて、通詞を通じて屢々質問し、船の圖などを寫さしめた。水手揖取の技術も幕臣達に習熟せしめた。この他水泳・水馬・相撲等種々の鍛錬を諸臣に課した。このため幾多の武藝者が登用を受け、諸臣に武術を指南することゝなつた。一藝一能に秀でた浪人達は時を得て各地に道場をひらいたが、中には幕府より地を恩貸した者もあつた[31]。

公の武藝奬勵に關して最後に特筆せねばならぬのは、各種の武術の古禮・古道を再興したことである。先づ射禮については、公は紀州時代から試みて居たが、將軍となつてからは一層古禮の研究に力を入れ、諸家の秘書を求め、御家人等に習はしめて、享保十四年二月五日吹上において初めて弓場始の式を行ひ、以後毎年正月十一日に擧行した。流鏑馬も久しく絶えてゐたのを、諸家の記録を參考として再興したが、特に古式が全く傳はつたのではないからとて、騎射《きしや》挾物《はさみもの》と名付けた。これはしば〳〵行はれたが、就中享保十三年・元文三年には高田馬場穴八幡で盛大に行はれた。犬追物は研究したゞけで止まつたが、笠懸・圓物矢沙汰、草鹿《くさしゝ》・百手的射禮などは再興せられ、時折興行があつた[32]。

かくの如く、この時代には武藝・武備に著しい充實ぶりが見られ、吉宗公の事蹟の大なるものとされてゐる。元祿以來學問奬勵に力が著しく注がれた半面、武藝への關心が甚だ薄くなつてゐた折、將軍が率先してかくも武藝へ力を注いだことは、大いに世人への刺戟となつたことであらう。その效果は見るべきものがあつたのであるが、しかし都市生活の中に次第に崩れてゆく武士の生活に對する永久の支柱とはならず、公の退職の後ゆるんでいつたのである。

猶、公は善行者を表旌して、世人にこれを見習はせ、風俗匡正に役立たしめようとした。或年勘定吟味役萩原美雅に向つて公は、將軍となつてからは惡事のみが耳に入るが孝子・善行者は一度も耳に入らぬ、これは役人が法度を第一にするから、法律違反者のみ吟味し、善行者などは法にかゝらぬ故耳にとめぬからであらう、しかしそれは本意に違ふ、宜しく善人を吟味し恩賞を行ふべしと命じた[33]。享保時代には公のこの方針に從つて、孝子・忠僕・善行者が表旌せられたが、その中に强訴・一揆に參加せず、或はこれを阻止した者の表旌が少なくないのは注目すべき事であらう。又この表旌について次のやうな逸話がある。卽ち或時公は品川方面に鷹野に赴いたが、その途次賤しい男が七十歳餘の老婦を介抱してゐたので、徒士が退けようとしたが退かぬ。そこで事情をきくと、老母を連れて參詣にいつたが、途中老母が急病のため介抱してゐたといふ。公はこれを聞いてその孝行を賞し、白銀五枚を賜つた。ところが小松川に赴いた時、僞つて品川の孝子をまねて老母を背負つて出た者があつた。これに対し公は悪事を學ぶのではなく、孝行をまねるのであるからとて、これにも褒美を與へたといふ[34]。

註

1、御觸書寛保集成三十五
2、同　四十四、德川禁令考後聚四　巻二十二
3、御觸書寛保集成　四十六
4、德川禁令考後聚四　巻二十一
5、兼山秘策第四册　享保五年九月二十四日付
6、御觸書寛保集成四十七
7、同　二、德川禁令考後聚四　巻二十四
8、同集成　四十七
9、民間省要下編巻三、有德院實紀巻五十八
10、御觸書寛保集成十九
11、有德院實紀巻四十九・五十四、同附錄巻七、愛知縣史二、橋本政次「姫路城史」中

12、常憲院實紀巻二十八
13、同　巻六、折たく柴の記巻中
14、折たく柴の記巻中
15、兼山秘策第二册　正徳三年十二月四日付
16、翁草巻九十七所收　名君享保録
17、有徳院實紀巻二・三・四
18、同　巻廿二、同附錄巻十三
19、同附錄巻三十
20、山下幸内上書、兼山秘策第三册　享保二年八月八日附
21、御觸書寛保集成十五
22、有徳院實紀附錄巻十三・十四
23、兼山秘策第三册　享保二年五月十二日附
24、山下幸内上書
25、享保世話巻一
26、兼山秘策第三册　享保元年十月四日附、仰高錄、有徳院實紀附錄巻十三
27、齋藤阿具「徳川吉宗の洋馬輸入と和蘭馬術師の渡來」（史學雜誌　33—十二）
28、有徳院實紀附錄十二、甲子夜話巻十六

26、有德院實紀卷十二・三十一・四十八、同附錄卷十二、承寛襍錄、齋藤阿具「德川吉宗と西洋文化」（史學雜誌47―十一）
齋藤博士は拳銃と記して居るが、承寛襍錄には筒長二尺五寸とある。同一物であるとは斷定し難いが、蘭人を特別登城せしめて射擊せしめる事はあまり屢〻行ひうることではあるまいから、同一の事と思はれる。試射した人は襍錄にはヘンデレキ・レイマンとあるが、これは齋藤博士のライクマン Rijkman のことであらう。期日は襍錄にはたゞ三月とあり、齋藤博士は四月四日と記してゐるが、これは陽暦であるから陰暦にすれば三月六日に當る。
30、有德院實紀附錄卷十二
31、同　附錄卷四・九・十二、名君享保錄（翁草卷九十七所收）、齋藤阿具「德川吉宗と西洋文化」
32、有德院實紀廿七・廿九・卅一・四十七、同附錄卷十二、明君德光錄
33、兼山秘策第四冊　享保五年六月廿八日附
34、兼山秘策同前、御觸書寛保集成十九、有德院實紀附錄卷四

第五節　江戸の市政

幕府が各都市の中、最も江戸の市政に力を注いだのは當然のことであるが、就中享保時代には幾多の大きな施策が行はれた。例へば前に述べた救貧政策は概ね江戸の貧民を對象としたものであり、殊に小石川養生所の如き、特筆すべきものである。私娼取締・賭博禁止も江戸に力が注がれてゐたので、江戸の市政の一と見ることもできよう。しかしそれらは前に述べたところであるので、こゝにおいて先づ取上げねばならぬのは防火策である。

火事はさながら江戸の名物の如く、明暦三年（一六五七）の大火の後も殆んど連年相當の火事があり、武家の經濟的窮乏を促進する大きな原因となつてゐた。幕府は從來類燒の切米取に對しては切米支給を繰上げる等の救濟措置をとつてゐたが、享保六年には五年間に二度以上罹災した五千石以下の旗本・御家人には夫〻石高に應じ二百兩以下の金を貸與した。以後も時々貸與が行はれた[1]。享保六年に貸與金を受けた者は二千六百七十餘人、切米の繰上支給を受けた者は七千六百餘人といふから[2]、幕臣の大部分が屢〻火事の被害を蒙つてゐたことがわかる。

享保期の防火策として第一に記すべきは町人火消組合の創設である。これより前、江戸の防火には大名・旗本の人數が之に當つた。常設のものとしては、大名には江戸城・上野・芝・聖堂・護持院その他特定の場所を受持つものと、方角火消といつて江戸を東西南北にわけ、夫〻の方角を受持つもの及びそれらの方角の飛火・跡火を消すものとあり、旗本には定火消といつて、與力十人・同心三十人から成る火消組が八組乃至十五組（寶永元年以降十組）設けられてゐた。又諸番士にも夫〻寄場があつて、城附近の出火又は大火の節はそこに詰めることゝなつてゐた。この他大名には臨時の火消役が課せられることがあつた[3]。

これらの中、江戸の一般市街は專ら定火消の擔當するところであつたが、享保三年十月町人にも消火に當らせることになり、風の烈しい折の出火には、風上二町・風脇左右の各二町計六町から、一町に付三十人宛必ず現場にかけつけ消火に當らせることゝし、風がさほどでない場合も同樣居合はせた者がかけつけ、一町三十人には及ばずとも、五六人以上は必ず消火に當るやう命じた。この町火消には小家屋など破壞する權限も與へられ、又定火消が出動した場合には之に協力することゝなつた。同五年八月になると江戸の各町は夫〻地區別に「い」から「す」迄の四十七組（但「へ」「ら」「ひ」は「百」「千」「萬」と稱する）の組合に分けられ、各組合毎にその地區の消火に當ること

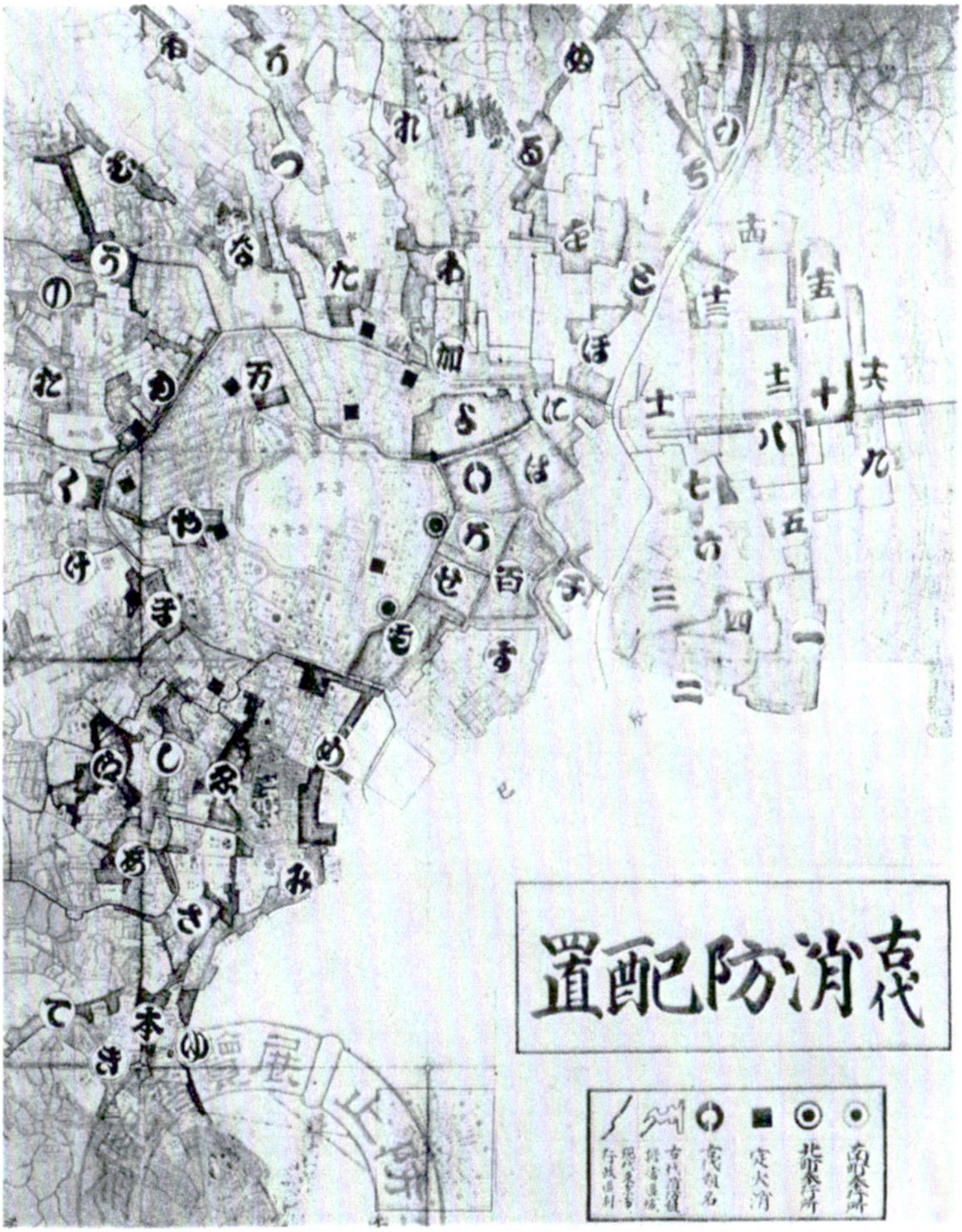

七　江戸町火消配置圖

になつた。有名な江戸の火消組合はかくて成立したのである。しかし四十七組に細分し、その組合のみで消火に當つたのでは往々にして力の及びかねることがあつた。そこで享保十五年に至つてこれを十組に再編成し、より多くの力を注ぎうるやうにした。[4] 又享保七年には番町・小川町・駿河臺の武家屋敷街に旗本の火消組合が設けられ、六十三に別れて夫々頭取が任命せられた。尤もこれは積極的な消火よりむしろ防火の役割をもつものであつた。[5]

防火施設としては今日迄活用されてゐるものに「火の見」がある。これは享保八年に設けられたもので、町家の屋根より九尺高くし、二町四方見通しうるやうにして、火之見番二人を定め、風の烈しい時は一人は「火の見」の上に登り、一人は番人の登つたことを拍子木で知らせる。卽ち今日の火災警報である。これと共に火消組合は出動準備態勢に入り、町民は火の元に注意する。又放火を警戒するために裏通への往來人などを調べる。若し「火の見」の者が煙か光を認めたならば下の者に知らせ、その場所にいつて調べさせ、出火と判定したならば鳴物で町内に知らせる。以上のやうな規則が出来たのである。[6]

この他名主・五人組の組織を利用して防火に當らせ、享保八年には名主三一四人宛の組合も結成せしめた。放火についての警戒は極めて嚴重で、擧動の怪しい者は不確實でも放火容疑者として町人が逮捕して役人に引渡すことを命じ、同類者でも仲間を捕へて差出すか、或は訴出ればその罪を許し、又殺人等の大罪は格別、その他の罪を犯してゐても不問に附する旨觸れた。享保四年には放火者を逮捕した者には褒美として銀二十枚を與へることゝしたが、同七年になると日本橋に高札を立てゝ褒美の銀を三十枚に增額した。この他、防火・消火に關しては頻繁に發令や施策をみた。[7] 享保二年二月には燒失した護持院の再建を認めず、燒跡を永久に火除地と定めた。これは防火と儉約と一石二鳥の策であつた。又同十五年には湯島切通し、本郷、小石川丸山附近の燒跡を、十七年には牛込御門内を夫々火除地とし、建築を禁じた。同六年には日本橋附近に空地を設けようとしたが、町人の願によりこれは取止め、その代り若し今後他に飛火するやうな火事を出せば、その土地を取上げることゝした。8)

家屋も瓦葺き・土藏造りを奬勵し、類燒を少しでも防がうと努めた。瓦葺きは赤坂の浪人伊賀蜂郎次といふ者の献言によると傳へられる。蜂郎次は元祿の頃幕府の下吏を勤めてゐたが、瓦屋についての上言を奉らうとしたところ、上司がこれをきいて、賤しい身分の者のすべきことでないと大いに叱つた。しかし强ひて三度迄上言しようとしたので遂に月俸・家財を沒收せられた。やがて享保六年閏七月、目安箱の制が設けられ上言の途が開かれたので、早速この旨を上言したところ採用となり、後には十人扶持をも給せられた。9)

しかし瓦屋・土藏造りについての發令は目安箱より早く、享保五年四月に見える。卽ち普請の際、土藏造りや塗家・瓦屋根は從來遠慮してゐるやうであるが、今後は勝手次第に行つてよいといふのである。10)この後蜂郎次等の上言があつたゝめか勝手次第といふよりはむしろ積極的に奬勵するやうになつた。同八年の暮には番町に住む旗本全員に石高に應じて金を貸與し、來年中に瓦葺きにするやう命じた。この後年を逐うて各地に同樣の措置をとり、やがて諸役宅や大名屋敷にも及ぼしていつた。一般の町家も同樣の命令を受け、殊に麴町は享保十二年に土藏造塗家に强制改修せしめられた。尤も命令が頻繁に繰返されてゐるところをみると、當時一般には不況の折からとて、改修はさほど順調に進まなかつたものと見える。11)

失火の罰則も大いに整備せられた。卽ち拾間以下の燒失は不問に附したが、拾間以上の場合には火元は類燒の多少により十日乃至三十日の押込とし、將軍御成の日と、平日でも三町以上燒失の場合は特に重く、火元は五十日、その地主・家主・月行事・五人組・風上風脇六町の月行事も夫々二十日又は三十日の押込に處することに定まつた。12)これより前、延寶六年（一六七八）には失火者は斬罪、その地の名主・五人組は牢舍といふ重い罰則が定められた。しかし近頃の火災は皆放火であると火消役が申立てゝゐるので、去年以來の失火者の捜索はせぬと附記してある。[13] 失火の刑罰は極めて重くなつても、恐らくかゝる所に抜道があつて、大ていが放火と見做されるか、又はあまり原因の探索はせられなかつたのではあるまいか。この後享保迄この罰則がそのまま適用されてゐたか或は若干の變化があつたのか不明であるが、享保期の罰則は延寶のそれに較べると著しく緩かである。全般にこの頃刑罰が輕くなる傾向にあつた。これについては後述に譲るが、火災の罰則の輕減もその一例である。しかし十間以内の火事の責任は不問に附すといふのは、つとめて火災を小規模に抑へさせるといふ實質的効果をねらつたものと思はれる。

かくの如く享保期には劃期的な防火策が施行された。「いろは」四十七組の火消組は江戸兒の象徵的な存在となり、白壁の土藏を打交へた甍の波は江戸の町の繁榮を物語つた。しかし火事は依然近代的消防の今日迄江戸の名物たる地位を失はない。當時完全な効果をあげえなかつたのは止むを得ぬとせねばなるまい。

次にこの時代には町人の遊樂等に種々の考慮が拂はれた。先づ祭禮については儉約の趣旨から華美な催物は制限したが、江戸の二大祭禮である山王祭と神田祭が、正德三年以來三年に一度に限られたのを、享保三年に舊例通り一年交代に擧行することを許した。

又各地に花樹を植ゑて遊樂の地を設けた。飛鳥山は享保五年以來櫻の植樹を始め、元文二年この地を王子權現の領とした。その後松・楓・躑躅も若干植ゑ、水茶屋・楊弓場の開設も許した。[15] 一說には、享保初頃迄は花見は貴賤共に上野で遊興してゐたが、吉宗公が祖廟の附近でみだりな事のあるのを心配して、近郊に春遊地を設けたもので、このため寛永寺が以前に比し、大いに靜かになつたといふ。[16]

享保十七年には隅田堤の寺島から木母寺門前迄の間に櫻百二十一本、桃二十八本、柳十七本を植ゑ、名主彌次右衛門に年々二貫七百文を給して育成せしめた。[17] 享保二十年から元文三年にかけて、中野の犬小屋の跡附近六万七千餘坪の地に桃數百株を植ゑしめ、十一軒の茶屋も設ける事を許して貴賤遊樂の地とした。現在も桃園という地名が殘つてゐる。[18] 享保二十年にはこれらの遊樂地に無頼の徒が横行し、遊樂の妨害をするといふので、與力同心を巡察せしめ、警戒に當らせた。[19]

猶、植樹については、この他に、享保七年江戸城の塀を取毀して松を植ゑさせたことがある。塀は屢ゝ大風に破損し、修理に多額の費用を要するからである。これについて公を「松平塀ナイ大夫様」などと呼び、「ある塀《有平》をとりて松風ばかりにする、おくは《菓子》《可笑》しなこと」などゝいふ落首も出た。[20] これは直接當時の江戸の民衆に關係したことではないが、今日見る皇居の青松はこの時に始るもので、後世江戸の美觀に大いに役立つた策である。

この他、吉宗公將軍就職直後の正徳六年六月には、江戸城の半藏口・竹橋・田安・清水の諸門を一般人が通行することを許可した。これは六年前の寶永七年、老中・側用人・若年寄等奥向に用件のある人々を除いて通行を禁じてゐたのを、古來に復したのである。[21] これも諸人の往來に大いに便となつたと思はれる。

又、享保七年には町役について改正が行はれた。從來町役は拜領屋敷・組屋敷の町屋などには課せられなかつたのを、今回全部に課すことに改めたのである。その際、從來は課役の基準が、間口五六間より十六七間迄、人足一ヶ年に二十二三人宛といふ極めて漠然としたものであつたのを明確に定めて賦課した。この結果前年は延九萬二千七百人餘、その賃銀百八十五貫目餘であつたが、十四萬二千人餘、二百八十四貫目餘と増加した。[22]

以上が享保時代の江戸に對する主要な施策であつた。この時代は經濟的にみても、江戸の經濟力が、先行する上方のそれに追付かうとして著しく向上して居た時代であり、幕府も財政の章で一言觸れたやうに、江戸の商人勢力の發展を保護する政策をとつて、江戸の發達に大いに努力をした。一般市政においても、防火をはじめ各方面で今日迄影響を及ぼし、且その跡を留めるやうな施策がなされたのである。江戸の町の歴史としても、享保時代は甚だ重要な時代であり、吉宗公の功績も大なるものありといはねばならぬ。

註

1、御觸書寛保集成三十

2、月堂見聞集巻十三

3、德川禁令考三、巻二十九・巻二十

有德院實紀（巻四）享保二年正月十一日の條に、「萬石以上の輩四方をわかち、火災のとき消防の人夫いだすべしと新に命ぜられる。もし火消隊の隊卒火所にいたり消防する時、この人々は火勢の程をはかり、街路・溝渠をへだて、外に及ばざらん事をむねとはからふべしとなり」と、日記・諸家譜・倍公書案・年表等によつて記してゐる。しかし大名に東西南北の方角の消防を受持たせたのは元祿武鑑にも見えるところであり、この時に新設とする實紀の記事は誤りである。この時の令は德川禁令考（巻二十九）に教令類纂から引いて、同月十八日の令として出してゐるが、大名方角火消は全く既存のものとして扱はれ、火事現場に定火消が先着してゐたならば、方角火消は專ら防火を主として、消火は定火消に任せよといふ、方角火消の性格・任務の規定が新らたに定められた所である。この頃大名火消と定火消と種々爭ひがあつたらしく、前年にも大名屋敷附近出火の際、大名の方で消してゐる所へ定火消が馳せつけても水の供給を妨害され難儀するから、相互に水を汲むやうに、この他何事も協力に違論のないやうに家中に申付けよと諸大名へ命令が出てゐる（御觸書寛保集成二十七）。享保二年の令もこれと同様の主旨から、相互の爭ひを防止するため發せられたものであらう。

4、徳川禁令考三　卷二十九、御觸書寛保集成二十七・二十八、憲教類典

5、御觸書寛保集成二十八

6、同　前

これ以前にも「火の見」はなかつたわけではなく、貞享三年（一六八六）の觸にも「火の見やくら」の語が見える。又家々の屋根に人をあげて見張つてゐたらしく、萬治四年（一六六一）、貞享四年の觸にその事が見えてゐる。享保の令は「火の見」を計畫的に配置し、その規格を定め、監視・通報等の規則を制定したところが從前より一歩進んでゐる。

7、御觸書寛保集成二十七・二十八・二

8、有徳院實紀卷四、御觸書寛保集成二十九・三十九

9、同　附錄卷九

10、御觸書寛保集成二十九

11、同　二十九・三十一

12、徳川禁令考後聚五　卷二十八

13、嚴有院實紀卷五十六

14、御觸書寛保集成二十一

15、新編武藏風土記稿卷十八　豐島郡之十

16、有德院實紀附錄卷十六

17、新編武藏風土記稿卷二十一　葛飾郡之二

18、同　卷百二十四　多摩郡之三十六

19、有德院實紀卷四十一

20、丕揚錄、近世外史、有德院實紀附錄卷十八

21、御觸書寬保集成十五

22、同　三十九、享保撰要類集

課役の基準（但し人足は一人銀二匁宛の割にて上納）

上之場所　間口五間ニ付　一年人足十五人

中之場所　同　七間ニ付　同

下之場所　同　十間ニ付　同

第五章　法律・制度の整備

第一節　司法關係の整備と法典の編纂

幕府政治の弛緩は裁判・刑罰等司法の面にもあらはれ、裁判の遲滯、判決の不正、賄賂の横行等の弊害が著しくなつてきた。かゝる事態については先づ正德二年（一七一二）評定所の面々に對し、次の如き訓誡が出された。[1] 卽ち

一、近年公事訴訟の件數が增大したにも拘らず、評定所の會合が短時間で終つてしまふといふ。道理を盡さぬ裁斷は最もよろしくない。

一、近來枝葉の事のみを穿鑿するといふ風聞がある。殊に論地は近年評定所で直接詮議せず、代官所に命じて檢使を以て裁斷するので、かゝる弊害が多いといふ。又近年極惡人を助けておいて「目明し」などゝ名付け、犯罪捜査に當らせる由、假令彼等が誤りをしないとしてもよろしくない。況んや彼等は遺恨や賄賂によつて理を非とするやうな事がいろ〳〵ある由、早く彼等の本罪を糺明し、自今以後停廢あるべき事。

一、近年は評定所の審議の際、一座の所存を殘らず表明することなく、最初申出した者の沙汰に任せて事を決してゐるといふ。これでは詮議といひ評定といつても本旨を失つてしまふ。

一、遠國よりの出訴者には江戸滯留の長引かぬやう取計ふといふ規則があるのに、近年は評定所・諸奉行所に於て公事訴訟の判決が延引するといふ。かくては輕賤の輩は敗訴者は勿論、勝訴しても經費負擔が莫大であらう。今後奉

行の面々はこれらを考慮して沙汰すべき事。

附、老中への申達・言上が毎事遅滞し、また老中の質問に對する答申に意味のわからぬ事もある。すべての事に滞りなく、申す所も明瞭に理解してゐるやうに取計ふこと。
一、公事訴訟について、權勢の所緣ある輩、或は賄賂を用ふる輩が勝訴するといふ風評が久しく行はれ、今に改まらぬ。奉行達はよろしく全員を戒しむべきである。
附、牢屋の役人も種々の私法を設けて、入牢者から賄賂を貪つてゐるといふ。急度嚴禁すべき事。

以上のやうな戒告によつて當時の弊害の大要を知る事ができる。ついで同六年四月にも裁判促進に關し、次のやうな命令が出た2)。
一、今後百日を超過して決し難い事件は、その始末を明記し、所存を幾通りも附札として差出す事。
一、借金公事增加のため、今後式日の中一日、立合の中一日、都合月二日をその專用の日とする。
一、從來未決者を簡單に入牢せしめえたので、五年も十年も入れておいて判決せぬ事があつたが、今後は殺人・盜賊の罪か、或は身柄を預ける所のない者、又は預けてはよくない子細のある者の他、未決中の入牢は愼重に考慮する事。
此等の訓戒の背後には新井白石の活躍があつた。當時の評定所は主として留役といふ書記の役人の發言に動かされて種々の不正多く、裁斷も遲滯し、獄中に容疑者が死んで後判決が下つて、鹽漬の屍を磔にするといふこともあつた。又老中の交迭により判決も變轉するといふやうに權勢の著しい影響を受け、評定所一座の無能・無關心も甚だしいものであつた。かゝる事實を具に觀察した白石は、封事を奉つてその弊を指摘し、かの訓戒の發布を見ると共に、不正の役人の罷免が行はれたのであつた[3)]。

享保時代に入ると、白石が一介の儒者の地位にあつて改革に努力したのと異り、將軍自ら强い關心を諸弊の除去に注いだので、更に著しい改正が行はれた。吉宗公のこの方面における新政の第一着手は、享保二年（一七一七）二月普請奉行大岡忠相を江戸町奉行に登用したことである[4)]。以後忠相は二十年間この職にあつて名奉行と稱せられ、元文元年（一七三六）には寺社奉行に拔擢せられ、終生公明な裁判に盡力した。吉宗公の眼力に狂ひはなかつたのであつた。また筧正鋪《まさはる》・杉岡能連《よしつれ》・細田時以《ときより》・神尾春央《はるひで》・萩原美雅その他有能な役人が町奉行・勘定奉行或は勘定吟味役に登用せられてゐる。此等の人々は或は財政面における手腕が期待されたものであらうが、又同時に裁判の面における活躍をも考慮してのことゝ思はれる。江戸時代の司法制度（勿論當時は行政と不分離であるが）においては、奉行にその人を得ることが特に健全な運用の要訣であつたのである。

吉宗公はかくていよ〳〵司法面の改革に盡力した。享保六年四月四日には吹上にて三奉行の裁判を親しく覽た[5)]が、この前後數年間が最も注目すべき改革の行はれた時期であつた。當時發令施行されたものは、訴訟取扱ひに關するものと、刑罰に關するものとに大別して考へることができる。先づ前者については、享保六年五月から六月にかけて訴訟手續に關する各種の規則が定められた。これは改正といふよりは從來の慣習を成文化したものと見られる。尤もその際若干の改正も行はれた。例へば寺社奉行支配の者から町奉行支配の者を訴へた場合、從來はすべて寺社奉行が目安に裏判して評定所の評議にかけてゐたのであるが、今後江戸の寺社領の場合裏判を要せず、先づ月番の奉行が吟味をして判決の承認を評定所に求めればよいことゝなつた。勘定奉行支配たる江戸近在の者と江戸の町人との訴訟も同樣の手續に改められた。これは訴訟人にとつても手續が簡單で利益となつたであらうが、目的はむしろ月六日しかない評定所の審理件數を減じて、裁判の促進をはかるところにあらう。又勘定奉行所においては從來その管轄下たる關八州の私領の者の訴訟は、領主に斷らずとも受理してゐたが、今後は領主に斷つて、領主からの屆書を必要とすることゝした。これはつとめてその領内で事を濟ませ、奉行所の手を煩はす事を少くしようとしたものと思はれる。いづれも改正事項は裁判の澁滯を解決しようといふ狙ひが窺はれる。6)

審理の促進については、又同六月奉行所の下役人等が手續を滯らせてゐる實情を指摘して、若しそのため人民が越訴でも行ふやうな事があれば役人等の責任を追求する旨令し、同十月には評定所の審理件數が多い時には、各自自宅にて證據などを調べておき、その上で式日立合等にて一座で審理することゝなつた。7) 同七年には勘定奉行・同吟味役を公事方・勝手方に分け、一年交代で夫々專心させることゝなつた。8) これは財政改革遂行の上からも必要な事であつたが、同時に裁判の促進にも關係少なからぬ政策である。寛保元年には、十ヶ月以上經過しても判決に至らぬ公事訴訟・諸請願及び僉議は、毎年新春老中に報告させることゝした。9)

審理の促進及び裁判の公正化については、前述のやうに正德の頃から配慮せられたのであつたが、正德と享保とを較べてみると、正德期には奉行等に對する訓戒などが主であるに對し、享保期には制度改正・人事更迭などが主となつて居り、遙かに實際的である。こゝにも正德期と享保期の性格の相違が窺はれる。

刑罰に關する改革をみると、先づ大きな改正としては連坐廢止がある。卽ち享保五年二月、町人百姓その他身分の輕い者については、主殺・親殺その他格別重い罪科を除き、死罪になつた者の子は追放と定めたが、翌六年四月には格別の重罪を除き、死罪は勿論獄門・磔の者の子も連坐を免れることゝなつた。遠島者の子弟の連坐廢止は五年十二月に決定した。10)

次に追放の刑に代へて過料の刑が設けられた。卽ち同六年二月、止むを得ざる場合を除き追放は止めて過料又は戸〆の罰を課することゝし、翌七年三月には諸藩に對し、悪事ある者を領内におくのを嫌ひ、他所へ追放することはあるまじき事であるとて、猥に追放すべからずと令した。又同月、追放された者が願へば、追放を赦免することゝした[11]。

連坐といひ追放といひ、いづれも特に戰國時代に廣く行はれ、これが江戸時代にも用ひられてきたが、こゝに至つて全廢とはならなかつたが、著しく制限せられたのは注目すべき變化である。殊に前者においては、家族の連帶責任追求が止められて個人に限られた事、後者においては、諸藩の割據主義の産物と見るべき追放の刑を全國的な立場から著しく制限した事、このやうな意義を重視せねばならない。

此等の措置は又刑罰の殘酷性を減少せしめる事でもあつたが、同様の措置として此頃拷問の大幅な制限が行はれた。卽享保七年老中は三奉行に令して、今後輕犯容疑者には勿論、重い科人に対しても證據がないのに猥りに拷問する事を禁じ、殺人・放火等死刑となるべき重罪の容疑者で、犯罪事實明白にも拘らず白狀せぬ者に對してのみ行ふ事とし、其他若し止むを得ぬ場合があれば、評議の上行ふ事と定めた[12]。元文三年には獄舍に關する規則を設けて、囚人の待遇などを大いに改めた。その主要な條項は次の如くである[13]。

一、衣類は無宿者に對しては毎年五月上旬・九月上旬に與へる。破れゝばその都度與へる。
一、宿ある囚人は右の兩度宿元より屆けさせる。
一、食事は當番の同心が下男に附添ひ檢査して入れさせる。
一、藥は下男に煎じさせ、一日三度物書當番の内一人附添ひ、同心が立合ひ、一人々々病人を呼んで渡し、牢内役人が取計つて服用させる。但し重病人は三度に限らぬ。

一、行水は五―八月は月六度、三・四・九・十月は月四度、正・二・十一・十二は月三度宛。

かゝる獄制改革については次のやうな話が傳つてゐる。或日河合久圓といふ坊主が城の玄關前で警衛の者の止めるのもきかず大聲放歌したゝめ入牢せしめられたが、やがて許された。實はこれは吉宗公の命によつたもので、久圓は獄内の實狀を知り、悉くこれを報告した。又同じ頃公が成島道筑に命じて或出獄者より獄の様子を聽取させたところ、四人の食物の甚しく惡いことが判明した。このやうにして獄の様子は大いに改められたといふ[14]。

又刑罰の上で後世永く用ひられるやうになつた幾つかの例がこの頃定められた。享保五年には出來心で盜んだやうな類は、金額にして十兩以上は死罪、十兩以下は入墨の上敲、但し家内に進入し、或は土藏を破つた者は金額の多少によらず死罪と定められた。江戸時代は十兩盜めば首が飛ぶと俗にいはれてゐるが、この時に定まつたものである[15]。敲といふ刑も同年の新設である。これは五十又は百、牢屋門前にて同心が肩背尻にかけてたゝくもので、輕犯罪に課した[16]。又同年には入墨追放といふ刑が設けられた。これは耳鼻をそぎ追放するのより一段輕い罪に課するものである[17]。犯罪の時效に關する制度も寛保から延享にかけて定められた。即ち逆罪・殺人・放火・追剝・强盜その他死罪以上の刑に處せらるべきもの、及び永尋ねを申付けられてゐるものを除き、その他の犯罪は十二カ月を經過し餘罪もなければ時效が成立することゝなつた[18]。

このやうに享保時代には司法制度や刑法の方面において大いに改革・整備が行はれ、江戸時代を通じて最も大きな轉機をなしてゐる。これは前にも述べたやうに吉宗公の深い關心による所大なるものがあり、奉行の任免をはじめ、各種の法律の改正に當つても公の意見によつて事が決した場合が少なくない[19]。このやうな公の發言の背後には、日本古代及び外國法典の研究が行はれてゐた。日本の古代法典では、享保六年人見美在《のりあり》・林信如・人見浩に令義解・令集解の加点を命じ、又公自ら延喜式を抄出した。支那の法典の研究には特に力を注ぎ、和訓や注釋を諸學者に命じて行はしめた。就中明律については成島道筑に命じて講義せしめ、荻生徂來は明律會典譯解を、紀州藩の儒者高瀬喜朴は明律釋義を作つて献上した。紀州藩時代にも儒臣榊原玄輔に命じて大明律譯解を作らしめたといふ。又唐律・淸律の研究も行ひ、唐律疏議の校正を荻生北溪に、大淸會典の和訓を深見玄岱・有隣に夫〻命じた[20]。

尤もこれらの法典の研究が直接内容的に當時の法律に及ぼした影響は大きなものではなかつたらしい[21]。しかしこれら日本古代或は支那の法典の研究が、吉宗公の幕府諸法規の整備・改正から更に御定書百箇條といふ法典編纂へ至らしめてゐることは想像に難くない。

右に記した御定書百箇條編纂の淵源は享保五年（一七二〇）にある。この年一月吉宗公は老中を通じて三奉行に對し、御仕置者について何々の罪は死罪、何々の罪は遠島、或は追放・過料・戸〆と大體定めて書記しておき、時に至つてその罪の輕重により斟酌するやうにと命じた[22]。かくて編纂せられたものが母體となつたのである。

この後十八年を經た元文三年（一七三八）御定書の草案は一應成り、更に數度の訂正を行つて寛保二年（一七四二）完成した。その後も改むべき所は逐次追加していつたが、延享二年（一七四五）に至り、追加すべき事は限りもなく出來るであらうから、今後はこれをやめ、追加すべきことは例書として添へておくことゝなつた。編纂主任は最初勘定奉行杉岡能連が命ぜられ、評定所一座に相談しつゝ之を行つたが、元文三年能連が死んでからは寺社奉行牧野貞通、江戸町奉行石河政朝、勘定奉行水野忠伸に仰付けられた。其後に大岡忠相もこれに與つた[23]。

御定書の體裁は上下二卷から成り、上卷は八十一條、司法關係の觸書や諸發令を輯め、下卷が所謂百箇條と稱せられるもので、百三條からなり、判例や慣習に基いて、判決の基準となるべき條例を記してゐるのである[24]。百三條の内容は更に五百餘の項目に分れるが、その中享保以前の例が採用されたのは約二六％、他は享保時代に改定又は發布をみたものである。これもこの時代いかに多大の力が法律關係の整備に注がれたかを明白に示す事實である。又その判例は刑事關係が主で七五％を占めてゐる。[25]

御定書は三奉行以外には秘密とせられ、[26] 又編纂の目的が判決のための大體の基準を設ける所にあつたので、自ら完全なものではなかつた。しかし江戸時代にあつて最初の且最大の法典であつて、吉宗公の法律關係の事蹟中最高のものとせねばならない。

その他享保時代には各種の法典編纂が行はれた。その一は觸書の集成である。これは御定書制定の直後、寛保二年七月御定書を擔當した寺社・江戸町・勘定三奉行が主任となり、延享元年に完成したものである。慶長二十年（一六一五）より寛保三年（一七四三）に亘る百二十九年間の觸書約三五五〇通を八十部に分け、五十卷にまとめたもので、寛保集成又は享保集成と呼ばれてゐる。以後これを先例として寶曆集成・天明集成・天保集成が編纂せられた。[27]

又同じく享保時代に幕府の諸令を編纂したものに享保撰要類集（四十二卷）がある。これは町奉行所の手に成るもので、公示せる觸書はもとより、老中より町奉行への命令・諮問、或は評定所一座や町奉行の評議等を六十部の部類に分けて載せ、種々の附紙も収めてあつて法令の沿革も知ることができる。この後町奉行所には撰要方といふ係を置き、編纂を續行させ、寶曆から嘉永迄各年號毎に集められた[28]（但し弘化を除く）。此等はいずれも觸書類の分類編纂であるから、御定書制定程の大事業とはいひ得ぬが、慶長以來厖大な觸書類を整理・類別して、後世への先例をこゝに開いた事は大きな事蹟とせねばならない。

この他寺社方御仕置例書といふ社人・僧侶の刑法の定書も編纂せられた。[29] 享保九年には享保度法律類寄というものが評定所で作られた。これは御定書の準備事業といふべきものである。[30] 又歴代の法令を編輯した「御法度書」十五冊も作られ、奥書物掛りに預けられたといふ。これは觸書集成の準備と見られよう。[31]

最後に吉宗公の法律關係の事蹟として記さねばならぬのは、庶民に法令を周知せしむべく努力したことである。公は常々「をしへざる民を罪するこそなげかしけれ」といつたと傳へられる。[32] 享保七年十月吉宗公が葛西方面に放鷹に出て、島根村の農家に休息したところ、家主吉田順菴といふ者が歴代の法度を集めて近所の子供達に手習ひさせてゐることを知り、褒美として白銀十枚を與へた。その後代官に對し、兼々法度の趣をよく守るやうに百姓共に申聞かせてゐる由ではあるが、末々の者は一通り申渡したばかりでは心に留め覚えてゐる者は稀であつて、そのため違反の罪に問はれる者が度々ある。これにつき、手習師匠などに申含め、法度書や五人組帳などを書習はせたり、讀覺させるやうにと命じた。[33] 元文二年には、質田畑に關して往々違法の證文を以て訴出ることがあるので、自今名主庄屋等は百姓に五人組帳を屢々讀み聞かせ、忘却せざるやうにすべしと令してゐる。[34] 此等の措置は特に當時漸く問題の多くなつた農村社會への對策として、農民に法令を熟知・遵守せしめ、違法行爲を抑へ、政策の遂行を圓滑ならしめようとしたものであらう。

以上のやうに享保時代の司法・警察等の面に於ける諸事業は、以後江戸時代を終る迄の先例となり、劃期的なものであつて、財政改革と並んで所謂享保改革中の大きな事蹟となつてゐる。特にその中にあつても御定書の編纂は、前にも記したやうに最も大きな事業であり、後世への影響も大きい。元來幕府の裁判は奉行の常識によつて行ふのが原則で、その際先例も參酌した。その先例が年月を經過するに從つて夥しくなり、前後矛盾する事も生じたので、大體の基準を定めたのが御定書であつて、この限りにおいて從前の裁判の原則を破るものでない。しかし當初の意圖は正しく後世に受繼がれるとは限らない。寛政元年（一七八九）に至つて評定所一座に對し、「御定之儀ハ下より御仕置を伺ひ候曲尺にて候、定り無レ之罪狀を定り候法ニ引當可レ申と强而附會候樣ニ而ハ却而御趣意ニ背き候事も可レ有レ之」と訓戒してゐるのは、次第に立法時の意圖が失はれて、御定書の例に拘泥する傾向が强くなつたのを、寛政改革に際して松平定信が匡正しようとしたものであらう。[35] 江戸時代も降るに從つて形式主義の風潮が一般に極めて强く、實情にそはぬことでも先例格式が絕對的に尊重された。[36] 御定書もこれにもれなかつたのである。[37] しかも御定書は三奉行以外には絕對秘密とせられた。尤も罰則を公示せぬのはこゝに始つたことではない。御定書の場合も、若しこれを公示すれば、奉行の常識による裁判の運營といふ原則を破ることゝなり、又巧みに法網をくゞらうとする者も出よう。これらを抑へようといふ意圖から秘密とせられたのであるといふ。[38] しかしこの秘密主義が幕府內における三奉行の權威を增すのに大いに役立つものであることも見逃しえぬ。御定書の條文を偏重し、これに拘泥することゝ秘密主義とは表裏をなして、恰も當時の學藝諸流派に於ける秘傳・奧義の如き役割をなすに至るのである。卽ち官僚に常に見られる排他・獨善的傾向を三奉行が帶びるのを助長せしめていつたのである。これを大局から考へれば軍事體制を移植して成立した江戸幕府政治體制の中に、官僚勢力を發展させてゆく役割を、御定書の制定が大いに果してゐるといひうるのである。

註

1、德川禁令考後聚一　卷二

2、同　右

3、折たく柴の記卷中・下　（特に下卷には評定所の弛緩を示す事實が幾多記してある）

4、有徳院實紀卷四、寛政重修諸家譜卷一〇六一、有徳院實紀附錄卷七
5、同實紀卷十二
6、政要前錄　坤上、徳川禁令考後聚一　卷八
7、政要前錄　坤上
8、徳川禁令考二　卷十五
9、同　後聚一　卷六
この制度は寛延三年（一七五〇）からは六ケ月に短縮され、新春をまたず、その都度報告することに變更された。
10、政要前錄　乾下・坤上
11、同　坤上・下
12、徳川禁令考後聚六　卷三十三
13、同　後聚一　卷二
14、有徳院實紀附錄卷九
15、徳川禁令考後聚四　卷二十五
16、同　後聚六　卷三十五
この採用には明律の影響が考へられるといふ。（石井良助「日本法制史概説」第四篇第九章第二節）
17、政要前錄　乾下
入墨は腕にするものであるが、その形は奉行所によつて異なり、それによつて加刑奉行所が判るやうになつてい

た。諸藩は多く額に行ひ、それも藩によつて形が異つた。(石井良助「日本法制史概説」第四編第九章第二節)

18、徳川禁令考後聚二　巻十一

19、禁令考後聚を見ると、享保時代の法律の制定・改正に際して、「御好之趣ヲ以」て改められたといふ記入が各所に見える。これは吉宗公の發言によるものであらう。寛政時代に松平定信が享保時代に編纂せられた律條(恐らく御定書百箇條であらう)を取出してみたところ、吉宗公自ら意見を述べた附紙があつて甚だ感激したといふ(甲子夜話巻二)。連坐の廢止せられたのも吉宗公の獨斷で仰出されたものといふ。(兼山秘策第五冊　享保六年閏七月四日附)

20、兼山秘策第五冊　享保六年十月廿四日附、有徳院實紀附錄巻十・十一、御代々文事表巻五、小出義雄「御定書百箇條編纂の事情について」(史潮　四―三)

21、三浦周行「法制史之研究」第一編第一　六・一五

22、享保撰要類集

23、徳川禁令考後聚首巻「御定書出來候節之書物取調候趣」(明和四年)、同後聚巻三十七「加納遠江守口上之趣覺書」、御觸書寛保集成四十九

24、徳川禁令考首巻

25、小出「御定書百箇條編纂の事情について」

26、御觸書寛保集成四十九

27、石井良助「御觸書編纂の沿革」(高柳眞三・石井良助編「御觸書天保集成」下附錄)

28、藤田安藏「享保至嘉永撰要類集」（史學雜誌四―四五）、阿部愿「奉行所書類解題」（同廿一―九）
29、仰高錄、三浦周行「法制史の研究」第一編第二　第四章第二節
30、小出　前掲論文
31、仰高錄
32、有德院實紀附錄巻三
33、兼山秘策第五冊　享保七年十一月廿五日附、御觸書寛保集成二十三
34、御觸書寛保集成四十四
35、徳川禁令考後聚巻二
36、辻善之助「日本文化史」V　第四十章
37、三浦周行博士は次のやうな一例をあげてゐる。卽ち寛政三年師匠の金品を盜んで逃げた者が捕へられたが、御定書にはかゝる缺落奉公人の場合十兩以上は死罪、十兩以下は入墨敲、但盜んだ金品を辨償し、主人が助命を願ふ場合には江戸拂として命は助けるとある。その男の師匠は助命を願つたが、犯人は金品を使つてしまつて全額の辨償出來なかつたので、之を如何に扱ふか問題になつた。評定所の一部は少額乍ら取戻され、被害者も之に滿足してゐるのであるから御定書の精神に反するものではないと助命を主張したが、老中はじめ多數の者は、辨償しえねば御定書の明文によつて死罪とすべしと主張し、遂に助命は却下されたといふ一件である（法制史之研究第一編第二第四章第二節）。これは全く御定書の文章に拘泥し、立法の精神を忘れた形式主義の表れの一例である。
38、三浦周行「法制史之研究」　前掲所

第二節　諸制度の制定

吉宗公が政治の改革を遂行するに當つて新設し或は改變した制度は數多くある。就中參勤交代制の變更と上ゲ米の賦課、御側御用取次の設置、勘定方の職務分掌などは重大な施策であつた。しかし此等は其他の多數の新政策と共に、夫〻他の章に於て論及してゐるのでこゝには重複を避け、特に獨立して論ずべき二つの制度の新設についてのみ述べることゝする。それは目安箱の設置と足高《たしだか》の制定である。

I　目安箱の設置

享保六年（一七二一）閏七月廿五日、日本橋に次のやうな意味の高札が立てられた[1]。

一、近頃屢〻方々に僞名や住所のない捨文をなし、法外の事もある。これにより來る八月より毎日二日・十一日・廿一日、評定所の外の腰掛の内に箱を出して置く故、書付を持參せる者はその箱の中へ入れる事。刻限は晝九ッ迄。かくの如く場所を定めた上は他所へ捨文しても取上げない。

一、御仕置筋につき御爲になるべき事

一、諸役人の私曲非分の事

一、訴訟しても役人が僉議をせず、永々放置してある場合は、直訴すべき旨斷つた上出すべし。

右の類は直訴する事

一、自己の利益になる事、又は個人的遺恨により人の惡事を申立てる事

一、不確實な事實を人に賴まれ直訴する事

一、訴訟に關しては其筋の役所へ申出ざる中、或は裁判決せざる中に直訴する事
一、すべて有態に申さず、少しでも取繕ひ、虚說を書載せる事
右の類は取上げず、投書は燒却する。次第によつては罪科に處する。投書は固く封じ、名前住所を書いてくる事

かくて八月二日初めて評定所前に箱が置かれた。これを目安箱と稱する。[2] この箱は錠を下ろしたまゝ申次の衆が吉宗公の前へ持參し、小姓が鍵をひらき封のまゝ公に渡し、將軍自ら開封することになつてゐた。[3]

目安箱の設置は吉宗公が紀州時代に、和歌山の城門外に訴訟箱を設けて政治上の參考意見を求めたことを先例として實施せられたのであらう。[4] 又室鳩巣もこれによつて言路を開き、政治上有益な上言を求むると共に、假令無用の言が多くとも、これが設置せられることによつて諸役人の油斷を封ずる目的を以て將軍に建言した。[5] この背景には高札の文面にもあるやうに、政治や役人に對する落書や捨文がこの頃著しく增加してきたといふ情勢を考へねばならない。落首・捨文は江戸時代を通じて常に見られるものであるが、特に元祿の頃から甚だ增加する傾向にあつた。その多くは政治のやり方が惡かつたり、役人が不正を働いたり、好ましからぬ者と考へられた時にこれを攻擊し、批判し、諷刺するもので、元祿の綱吉公や柳澤吉保・荻原重秀には幾多の落書が浴せかけられた。[6] 家宣公の代になつた時も落書はかなり多く（尤もこれは家宣公の就職を歡迎したものが多いやうである。）、これについて老中達は、あまり甚しいからこのまゝにしておいては人心動搖の端ともならうと禁壓しようとしたが、家宣公はこれに反對し、當局の惡い事を面と向つてはつきりはいへぬから、誰ともなしに落書にして遠慮なくいふのであらう、善惡に付下情が知りうるから、よい事は取上げ、惡い事は捨ればよいといふ態度で臨んだ。[8] 後年新井白石と室鳩巣が諫爭の路を開くといふことで議論した際、白石は家宣公のこの事に言及し、結局數多くの落書の一つとして上の用に立つものはなかつた

から、上より言路を開き、下々に言はせても一つも益はあるまいと述べた。鳩巣は之に反對し、落書などは價値のないものであるが、諫爭などを申上げるものは落書などをする者とは別であるから、言路を開けば正義の人はあると論じた。[8] 鳩巣は白石もこれに感服したと記してゐるが、その後白石はあく迄も自己を押通し、他人の建議等は逐一反駁して取るに足らずとしてゐたやうに見られる。正徳六年三月、近頃公事訴訟以外に願ありといふ者、或は幕府の御用を承りたいといふ者、又は幕府の御爲を存じてゐるといふ者、或は諸人の御救ひになるといふ者等、役所への請願者が激增してゐる。中には採用されるのもあるが、全く御爲めにも御救ひにもならず、却つて不都合も生じ、風俗を亂す因となるのもある。何事によらず、上からその心得もある者の所へ御尋ねある時申上げるのはよいが、御尋ねもないのに下々から申出るものあらば處罰するといふ令が出た。[9] 言路は全く鎖されたのである。當時は猶白石の發言力の強い時であつて、これも白石の發言による。彼は商人等が權力者と結付いて不正を働くのを防ぐ目的をもつて間部詮房に進言したのではあるが、その背後には前述のやうに他人の、殊に一般からの進言や建議を全く無價値なものと見倣す態度が大きく與つてゐるのである。然るに享保に入ると情勢はかなり異つてきた。卽ち享保四年の觸に於いて、前に諸請願は一切取上げぬと令したが、向後は理由の立つものは吟味する。若し不採用になれば願書を返却し、不採用の旨訴訟人に通告すると改められた。そこには違法の罪に問ふといふ文言もないのである。[11] 又享保三年正月吉宗公が上野からの歸途、下谷の茶店の主人が直訴をした。目付はこれを縛り、目安は町へ預けておいたところ、公は歸城の後目安を差出すやう命じ、且目付の扱方はよろしくないとて遠慮仰付けた。この後直訴者は縛らずに町へ預けておくことになつた。[12] このやうに吉宗公は率先して各種の献言や直訴にも耳を傾けて、政治上の利益になることは勿論、その他民間の情勢を知るに努めたのである。鳩巣の進言はかゝる情勢下に實現されたのである。彼は落書的なものには期待はしなかつたが、それでも諸役人の刺戟となる效果を考へてゐた。又それ以上に正々堂々の直言を述立てる正義の士の民間から現れるのを期待して、目安箱の設置を建議したのであつた。

しかし最初の中は自己の利益をはかるやうな投書が多く、鳩巣も「此の方より申し出したる儀に候故、氣の毒に存候、何とぞ直言の人も世に有レ之様にと存事に御座候」と甚だ心配してゐた。けれどもこの箱の效果は時がたつにつれて大いにあがり、有益な投書が幾多みられた。その最初で且最も有名なのは山下幸内の上書である。

山下幸内は江戸麻布青山邊に住む浪人で謙信流の軍學者といふ[13]。上書を目安箱に投じたのは同六年の秋の頃である[14]。その内容は吉宗公の政治に關し「衆人奉レ譽候品」と「衆人奉レ評品」と分けて批判をしたものである[15]。先づ好評の點を箇條書に列擧してゐる。卽ち

一、紀州から從つてきた者に過分の加增をせぬ事
一、法外の支出、役人の私欲を抑制した事
一、猥りに人を殺さぬ事
一、賄賂・輕薄追從を嫌はれる事
一、奉公人請人繼判停止の事
一、新田開發援助の事
一、金銀にて家督を讓り受けるのを抑へた事
一、新たに高札を定めた事
一、近頃絶えてゐた武藝奬勵の事

次に批判は主力を財政經濟の方面に注ぎ、特に當時の緊縮政策と幕府致富策を強く攻撃してゐる。卽ち

一、金銀出訴不受理について、一般にはこれを德政と考へ、借金を返さぬため、却つて借金の道もふさがり、困窮の種となつてゐる。諸大名なども借金・買懸金などを返さぬ者が多く、恥を恥とせず、名より利を取るといふ賤しい心になつてゐる。結局これらは上に立つ將軍が過料を多くとつたり、支出を始末したりするため、その心が自然と下へ移つたのである。將軍が金銀をためれば下の者は悉く困窮する。大體金銀は如何程澤山貯へても、それを食べることはできぬ。只大切なのは米である。それも國守以下であれば金銀を出して他領より米を買ふこともできるが、それでも賤しい心と、心ある武士は笑ふであらう。まして天下を統治する身においてをやである。

一、御家人の切米を金で支給したことに就いて、これは張紙値段より市中の相場の方が高かつたので、張紙値段によつて金で支給し、現米は幕府自ら市中に賣却すれば結局幕府の利益となる。これでは御家人は内心不服であらう。それは自ら戰場に於ける鋒先を鈍らせるものである。

一、狩獵が諸民の苦しみとなつてゐる。世上の風說では鷹狩りによつて軍隊指揮の練習をして居られるとの事、御尤もの事ではあるが、現在采配によつて自由に人數を動かし得てもそれは技術的な事であつて、生死の場に於ては御用に立つまい。眞の采配でなくては人を心服させることは不可能である。

一、神佛も國家を保つ道具の一部であるからおろそかにすべきでない。

一、武家の困窮について、金銀は片寄りやすいもので、上より氣をつけてゐないと、多くある所に集つてしまふ。このため大名以下皆困窮して武備も薄くなる。町人に對しても相手が少し富裕であれば、身分の別も分らぬやうな交際の仕方であり、町人のおかげで武士も立つやうな狀態である。

一、奢侈禁令は器量の狭いことである。贅澤品などを買ふのは金持であつて、これによつて貯へられた金銀が小身の細工人等に流れ、流通がよくなる。これは決して無駄ではない。然るに禁令が出てからは金持の金銀が動かず、世上は自ら困窮してきた。僅かばかりの費へに氣をくばつてみても容易に天下の困窮は止むものではなく、却つて困窮するものである。金持の金銀を消費させる事が通用自在の元で、武門の大乘といふものである。

一、明君家訓は漢土の風俗を以て日本に移さうとするもので、日本正道の武門に無禮至極のもの、絶板にすべきである。

このやうに宰内は吉宗公の主要な政策に對する批判を堂々と直言して憚らず、殊に財政問題に關しては、公の緊縮致富政策を却つて諸民を困窮せしむるものとして反對し、「紀州を御治被ㇾ遊候御質失不ㇾ申候…………國主より以下の心と、天下一統の御大將の御心とは大に違御座候」と極めつけている。宰内の上言は結局採用はされなかつたが、吉宗公は大いに喜んで、老中列座の上三奉行その他諸役人を集めてこれを見せた。そこで三奉行はこれを書寫したといふ。室鳩巣もこれを何處かでひそかに見るを得て、漸く目安箱も一つの役割を果したことを喜び、「さて〳〵何世にも人有ㇾ之と存候て感涙に及申候」と記してゐる。[16] この噂は忽ちひろまり、歴々の人も宰内に會はうとして門外の車馬絶えず、遂に轉居するに至つたといふ。京・大坂にも傳はり、當時その話でもちきつてゐた程であつた。[17] 後世寛政の改革に際し、老中松平定信はこの上書を同僚の松平信明・松平乘完《のりさだ》・本多忠籌《たゞかず》に廻覧し感想を求め、自らも感想を記してゐる。結局は定信もこの意見には賛しなかつたが「當時に符合の事も多御座候、大に心得に相成候儀、金銀のすくみ不ㇾ申樣にとの儀は大道術にて おもしろき事に御座候」と記してゐる。[18] これ程の反響をうれば宰内も亦満足すべきであらう。

この他、前に記した小川笙船の養生所設立の議、伊賀蜂郎次の瓦屋の建議も目安箱の投書によるものである。又享保七年の頃二人の浪人が上總下總に開發すべき荒地が幾多ある事を投書した。これによつて調査した結果、東金のみでも五六萬石の地があつたので本格的な開發に着手することゝなり、勘定奉行以下の役人は浪人等も氣附く所を氣附かなかつたとて、將軍に目通り遠慮せしめられた。[19] 同年七月二十六日、日本橋に高札を立てゝ新田開發希望者を募つたのも、或はこの投書に刺戟され、當局の氣附かぬ開發可能地を一般人に捜さしめようとしたものではあるまいか。

又同七年秋には小梅村の百姓庄藏といふ者が投書した。吉宗公は翌日勘定奉行を集めてその上書の大意を話し、又その地の郡代伊奈忠達《たゞみち》を通じて、奇特に思召す旨傳へしめた。[20] その後暫くして、關東の名主の子が政策批判の上書を投じた。これは漢文で記してあつて勘定奉行等に讀み得ず、勘定吟味役辻守參《もりみつ》のみ讀む事ができた。吉宗公はこれも珍重なる事と稱讃した。[21]

かくの如く目安箱は設置後程なく數々の效果をあげたので、享保十二年からは京都・大坂にても毎月三度町奉行所前に箱を設けることゝした。又元文元年にはそれらの町奉行管轄外の者のため、特に年に二回江戸から派遣せられた目付が交替の折、町奉行役宅前に箱を設ける事とした。これは町人でも百姓でも、代官・手代・名主等の私曲・善惡その他江戸へ言上したい事を投書するためで、箱設置の前には高札を數ヶ所に立てた。その文言は略ゝ江戸のものと同樣である。駿府・甲府も同時に設けられた。[22] 又江戸各町の自身番にも箱を置き名主に訴出られるやうにした。[23]

しかし此等の制度は浪人や町人・百姓のためのものであつて、旗本や御家人は利用することを許されなかつた。尤も當初は許されてゐたらしく、側役有馬氏倫も「拙者などにても右箱へ封事を入候てもよく御座候」と室鳩巣に語つたといふが、[24] 享保十年の觸に於ては明瞭に、百姓町人のためのものであつて、御家人が之に入れるのは心得違である、進言したい事は頭支配に申達し、若し申出がたい事は目付へなりとも申出るやうにと命じてゐる。[25] 當局は彼等の進言を抑へる氣は少しもないのみならず、むしろ享保四年には、從前の諸法令で現在不相應と考へられるもの、諸役所從前の慣例で取扱つてゐることで今日然るべからざる事、新規の儀で、何にても然るべき事に就いて、早速言上すべき事を全員に令し、又翌年その令をかさねてゐる。[26] たゞ當局は頭支配など直接の上司を越えて直訴や進言をすることを禁じたのである。しかしこの結果は旗本・御家人等の言路を塞ぐにもひとしく、上司等は多くの場合下僚の發言を差出がましいものとして抑へ、進言者は職を賭し、處罰を覺悟して、直訴か目安箱投書を決行せねばならなくなつたのである。[27] かくて多數の者は僅かに落首・落書などに不滿のはけ口を求めてゐたのであらう。元文元年には、近頃殿中にても落書雜説の取沙汰をしてゐるとて、之を禁じてゐる。[28] 幕府の股肱たるべき旗本・御家人等が一部の要路者を除き、政治に對しかゝる形で不滿をもらさゞるをえないことは、やがて幕府の不健全化の原因の一となるのである。[29]

註

1、御觸書寛保集成四十四

2、有德院實紀卷十三

箱の大きさは二尺五寸立方程、上に二寸四方の口があり、上の方は銅を張り、前に錠がある。(月堂見聞集)

3、有德院實紀附錄卷三

4、南紀德川史一

5、兼山秘策第五冊　享保六年九月四日・廿四日附

6、辻善之助「日本文化史」Ⅳ　第四十五章、寶永落書
7、兼山秘策第一冊　正徳元年五月十三日附
8、同　第二冊　同三年五月廿八日附
9、御觸書寛保集成四十九
10、折たく柴の記　下
11、御觸書寛保集成四十九
但しその翌五年、老中が三奉行に指令したところによれば、諸請願の中「諸人一同之御救」になるべき事のみ採用し、他は却下せよとある。「諸人御救」とは米穀がよくできるやうにする事と、人々が分限を守り費をせぬやうにすることであると述べてゐる(政要前錄乾上)。幕府が請願の禁をゆるめた目的は明かである。
12、兼山秘策第四冊　享保三年二月廿五日附
13、同　第五冊　同六年十二月九日・廿四日附
14、兼山秘策（五）同六年十二月九日附の鳩巣の書簡に「比日」と記してゐる。
15、山下上書
16、兼山秘策第五冊　享保六年十二月九日・廿四日附
17、新井白石與佐久間洞巖書
18、日本經濟叢書巻五所收　山下上書附論
19、兼山秘策第五冊　享保七年八月四日附

20、兼山秘策　第六冊　享保七年十一月廿五日附
21、同　　　　同　八年正月二十五日附
22、御觸書寛保集成四十四
23、承寛襍録
24、兼山秘策第五冊　享保六年九月四日附
25、御觸書寛保集成四十四
26、同　十八
27、例へば享保四年・五年の政治上の進言を求むる觸は、室鳩巣も小普請武藤庄十郎も、發せられたといふ事は知つても、頭から組中へ廻達せられなかつたと述べてゐる。恐らく頭・支配の所で留められてしまつたのであらう。しかし武藤は封事を認めて小普請頭に持參したところ、頭は仰天して、これは却つて身の禍となる、入らざる事であると却下したので、止むを得ず隱居して後これを有馬氏倫に差出して、吉宗公に取次いでもらつたところ、公はその意見を大いに傾聽したといふ(兼山秘策第六冊　享保八年二月十二日附、同　第四冊　同五年九月廿四日附)。同じく小普請の原八彌は頭へ申入れては容易に取次いでもらへぬとて、直訴をして閉門を命ぜられた（同　第七冊享保八年十月九日附)。このやうな例は兼山秘策や徳川實紀に散見してゐる。これらは相當固い決意の下に行つたことであらうから、かゝる決意をなし得ず、言はんとすることも言ひえずに終つた場合は更に多いことであらう。
28、徳川禁令考三　巻二十
29、辻達也「目安箱設置に關する一二の問題」（日本歴史　55）

II 足高の制定

足高といふのは一種の役料である。本來譜代大名や旗本・御家人が老中以下の各職務につくのは、支給せられた俸祿に對する義務である筈で、別に役料を受けるのは變則と見るべきであるが、次第に役務に伴ふ諸經費も增大し、ただでさへ生活に苦しむ旗本以下の者に負擔は容易でなくなつた事と、必ずしも高祿者が重職につくとは限らず、薄給の者が上級の職に拔擢せられて、費用の負擔に苦しむといふこともあつて、在職者には俸祿の外に特別の支給を必要とする狀態になつてきた。そこで寛文六年(一六六六)留守居・大番頭等約四十の役職にある者に夫〻一定の役料を支給することになつた。[1] 然るに天和二年(一六八二)になると此等の大部分の役料は廢止になり、現任者にはその役料の分だけ原祿に加增することになつた。[2] しかし原祿加增はこの時の臨時の措置で、今後役料の代りに加增を行ふことになつたのではなく、[3] 又しようとしても幕府財政が許すところではなかつたので、役料問題は諸旗本以下の經濟がいよいよ逼迫してゆく折から、當然再燃すべきものであつた。

果して元祿二年(一六八九)には勘定奉行・同吟味役・小十人頭・納戸頭・徒頭等の一部に、同四年には大坂町奉行に役料を支給することになつた。[4] ついで同五年には全面的に復活したのである。但し前の寛文期の役料は、その役に就任した者の原祿の多少に拘らず一定額を支給したが、今回の役料は、各役職に夫〻一定の祿高を定め、就任者の家祿がそれ以下の場合に限り支給することになつた。例へば留守居・大番頭は五千石以下の者に對して千俵、兩番頭は三千石以下の者に千俵、大目付・町奉行は三千石以下の者に七百俵を夫〻支給するといふのである。[5]

かくしてこの制度はその後暫く續けられて享保時代となつたが、享保八年(一七二三)に至つて大改革が加へられた。こゝに定められたのが足高の制である。卽ちそれは各役職に夫〻一定の祿高を定めることは以前と同じであるが、就任者の家祿がその祿高に達せぬものは、在任中に限りその額迄増額支給する。つまり高を足して支給するといふ制度である。例へば留守居・大番頭・側衆は五千石以下の者を五千石に、兩番頭は四千石以下を四千石に、大目付・町奉行・勘定奉行は三千石以下を三千石にするといふのである。[6] これによつて、この令の前書にも述べてあるが、役料の支給をうけても猶その職所定の祿に遙かに及ばぬ小身者も、在任中は相應の祿を受け得るやうになつた。それ故微祿の者の中からも人材を抜擢することが容易になつたのである。

この制度の創始については室鳩巣の献言がかなり影響してゐるものゝやうである。吉宗公は役料や俸祿の問題に深い關心をもつて居り、前年四月頃鳩巣に周及びそれ以降の爵祿の制度につき質問した。これに對して鳩巣が答へた末に現行制度につき次のやうな意見を述べてゐる。[7]

國主城主等の儀は周時の諸侯に准じ可レ申候間、是は相續勿論の儀に奉レ存候、(中略)扨其外諸大夫並布衣の面々、萬石以下を限り、知行高によりて位階を定め可レ然奉レ存候、譬ば何千石以上は第一、何千石以下は第二と申樣に、五六段ばかりも階級を定候て、其役儀の高下を定め、第一の相當は何の頭何の役、第二の相當は何の頭何の役と定め可レ然奉レ存候、是は周時爵位に因て相當の官職を定め申迄にて御座候、又周の仕田の格に因て、其役に隨て役料可レ有レ之候、其人若し徳有レ之、其祿の相當より一等二等越候て昇進仕候者も可レ有レ之候、其時は役儀より知行輕く候はゞ、役料の外に加増知可レ有レ之候、是又其勤方抜群の者には、周の賞田の格にて、是又加増地可レ有レ之候、さて其人相果申候歟、又は役儀辭退の時は、役料は不レ及レ申、加増地共に公儀に上候、一統に父祖相傳の祿に罷成可レ然奉レ存候、是則周の時秩祿を世々に仕までにて御座候

足高がこれを相當參考にしてゐることは想像に難くない。又吉宗公の紀州時代の財政面に活躍し、その後江戸に召さ

れて時折諮問に與つてゐた大島守正も、近習に關してかゝる措置をとられるやうかねて進言してゐたといふ。酒井忠擧も役人の祿がその職相應でない時はその任にたへざる者多く、自ら物を貪る者もある、今は少祿にて重職に居る者が多いが、其職相應の祿を與へられたいと進言した。[8]

猶、この年足高を定めたのは中央の役人の中、大ていは布衣以上少くとも御目見以上の役人であつたが、翌九年にはそれ以下の下級役人も夫々その役高が定められ[9]、更に十六年には一層範圍が擴大され、上級の役人で從來役料のみで足高の定められてなかつた者も大てい制定された。[10]また更に元文三年には京都・大坂・長崎等遠國の役人の足高も定められ[11]、これで足高の制は略〻完成したのである。この後足高の基準となる各役職の祿高が役高と稱せられ、武鑑にも記されるやうになつた。[12]

足高の制定によつて、前にも記したやうに、微祿の者からも容易に人材を登用することができるやうになつた。これは吉宗公の改革政治遂行に當つて、甚だ好都合の事であつた。今後低い家柄の者が多數重要な職務に任ぜられたのである。しかしそれを言ひかへれば、高祿の家に人がなく、微祿の者を求めねばならぬ現實が足高の制定の必要を生んだのである。これは正に「不才不德の人父祖の蔭にして大分の祿をついやし」と室鳩巣が述べてゐる如く[13]、開府以來一世紀餘を經て、幕府の世襲俸祿制度に生じてきた矛盾を解決せんとしたものである。これは吉宗公の時には有效な制度であつたが、結局は事態の本質的解決を生むものではなく、世祿制度の矛盾はつのつてゆくのである。

註

1、嚴有院實紀卷卅三

主要な役職と役料支給額は次の通り（單位俵）

留守居（二、〇〇〇）、大番頭（二、〇〇〇）、長崎奉行（二、〇〇〇）、大目付（一、〇〇〇）、書院番頭（一、〇〇〇）、小姓組番頭（一、〇〇〇）、町奉行（一、〇〇〇）、作事奉行（七〇〇）、新番頭（七〇〇）、勘定奉行（七〇〇）、百人組鉄砲頭（七〇〇）、旗奉行（七〇〇）、

2、吏徴別録、常憲院實紀卷五
3、通例この時から役職に就けば原祿加增が行はれることになつたといはれてゐるがこれは事實ではない。たゞその時の在任者に対してのみ加增されたのである。（井野邊茂雄「足高の制を論ず」――國學院雜誌二〇―一〇・一一）
4、常憲院實紀卷二十・廿三
5、同　卷廿五
6、御觸書寛保集成三十
7、獻可錄卷中、兼山秘策第五册　享保七年四月晦日附
8、有徳院實紀附錄卷三・五
9、御觸書寛保集成三十
10、有徳院實紀卷三十三
11、御觸書寛保集成三十一
12、井野邊茂雄「足高の制を論ず」（國學院雜誌二〇―一一・一二
13、獻可錄卷中

第六章　文化・教育政策

第一節　吉宗公の學問・教養

吉宗公の學問について室鳩巣は「御學文御好の儀は承不レ申候」、「御文盲被レ成二御座一候」など丶評してゐる。[1] 公は幼年の頃はあまり學問をせず、長じて後林鳳岡・木下菊潭等の講義をき丶、また高瀬喜朴・榊原篁洲に論語・孟子の國字註釋を作らせて座右の書とした。將軍就職後も林鳳岡を信任し、室鳩巣にも講義を命じ、荻生徂來も召した。又暇とには貝原益軒や熊澤了介の著書を座右に置いたといふ。[2] しかし儒學に關しては綱吉公・家宣公などの好學に遙かに及ばず、この點鳩巣の評は中らずとも遠からずといへよう。

和歌についても公は冷泉爲久に敎へをうけ、田沼意行《おきゆき》・巨勢利啓・磯野政武等の近習及び成島道筑を冷泉家に入門せしめ、更に當時公家中の和歌の名手といはれた中院通躬・三條西公福・烏丸光榮・冷泉爲久の四卿の歌を求めたといふ。[3] しかし吉宗公自ら詠まれたものはあまり多くないやうで、現在知られるのは次の數首である。

請繼し國の司のかいそなき惠まぬ民に惠まる丶身は
世の中を安からせんは身は賤しいやしからしとせんはくるしき
も丶櫻ひなも都もをしなへて錦の春に立歸りこん（明君享保錄卷四）

初　花

世の中の人の言葉の種としもなれとや花の咲はしめけん（葵花餘芳）

紅葉山にて朽木に霜のかゝれるを見て

時しあれは誰も心をおく霜の朽木もいまはみよし野の春（基熙公記　八十一）

又詩については「濱樓作」と題する次の如きものがある。

八月濱樓風雨霽、米簾挑處暑炎收、昇平今尙莫忘劔、三尺劔光四百秋（基熙公記　八十一）

近衞基熙が「於二和歌一者、尤無骨可レ笑々々（マヽ）」と評して居るやうに、[4] いづれもあまり巧みなものといふことはできぬ。

吉宗公は以上のやうに、當時の貴族や上級武家の敎養であり學問である儒學や詩歌の道にはあまり通じては居なかつた。しかし今日から考へれば公は決して無學ではなく、如何にも當時の社會の趨勢に相應しい、又公の性格をよく表明する學問を好んだのである。それは實用的且具体的な學問である。例へば前章に述べた如く、公は明律その他支那及び日本古代の法典を研究した。これは法制の改革に役立たしめるためである。有德院實紀附錄（巻十）の記す所によれば、谷本敎の縣令須知は實は公が奉行・郡代から常に耳にしたところ、及び公の考へたところを記したものであるといふ。もし事實ならば公は地方《ぢかた》の學にも通じて居たのである。又公は古典の研究を行ひ、桃花蘂葉・貞觀儀式・選塵裝束抄などの校定を自ら行つた。官職制度に關しては有職に通ずる公家や荷田春滿・在滿等に質問した。古文書によつて度量衡の制に關する研究も行ひ、六尺爲歩考といふ著述もある。[5]

公はまた自然科學の面に強い關心を持ち、特に天文・氣象等の觀測は自ら熱心に行ひ、オランダに望遠鏡を注文した他、自ら渾天儀・簡天儀等を考案した。又望遠鏡の鏡面に井字の線をひいて觀察を便にすることを考案したが、これは數十年後にオランダから献上したものに同じ物があつて、公の考への進んでゐたことに一同驚嘆したといふ。又

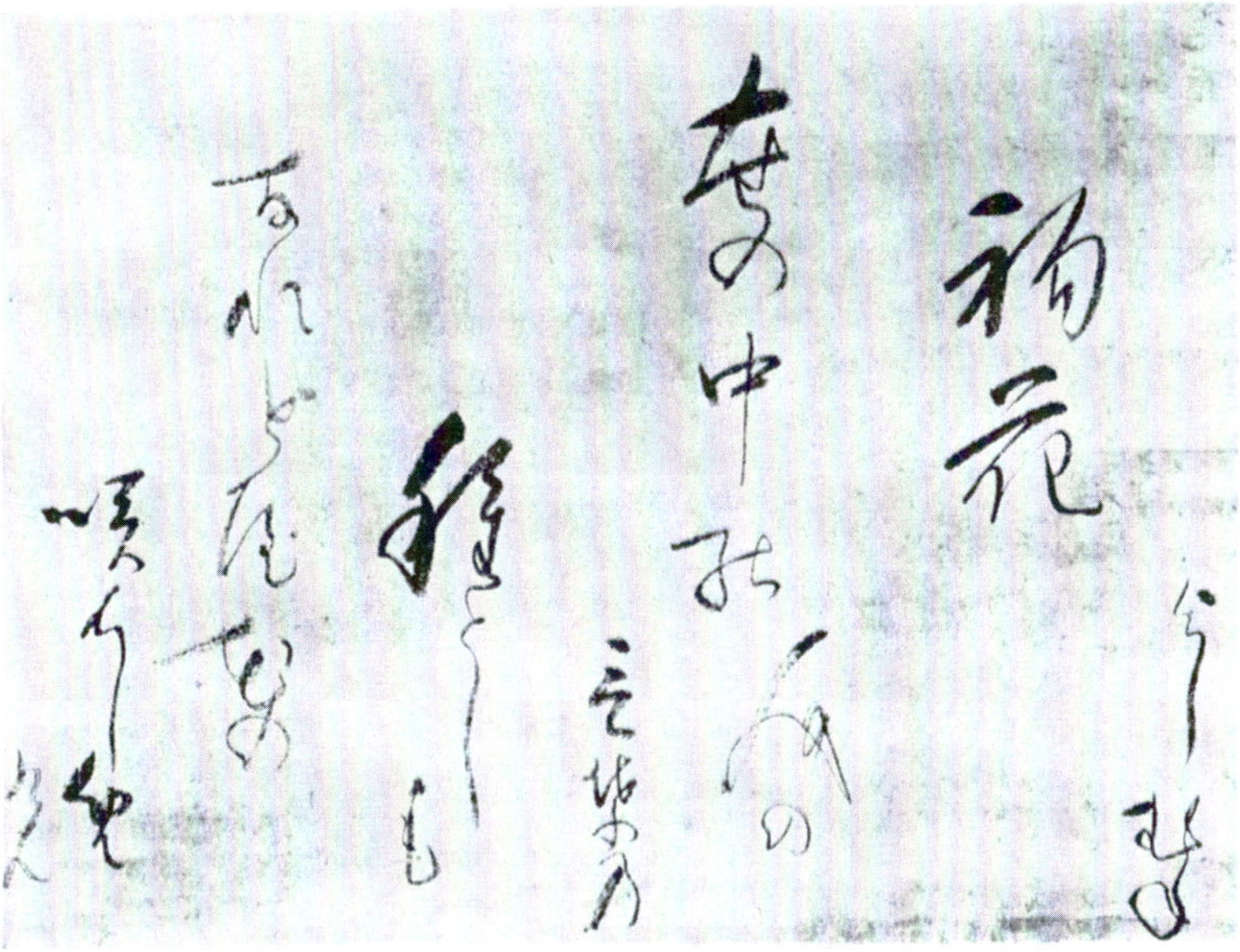

八　徳川吉宗公自筆和歌　松平乗承氏藏

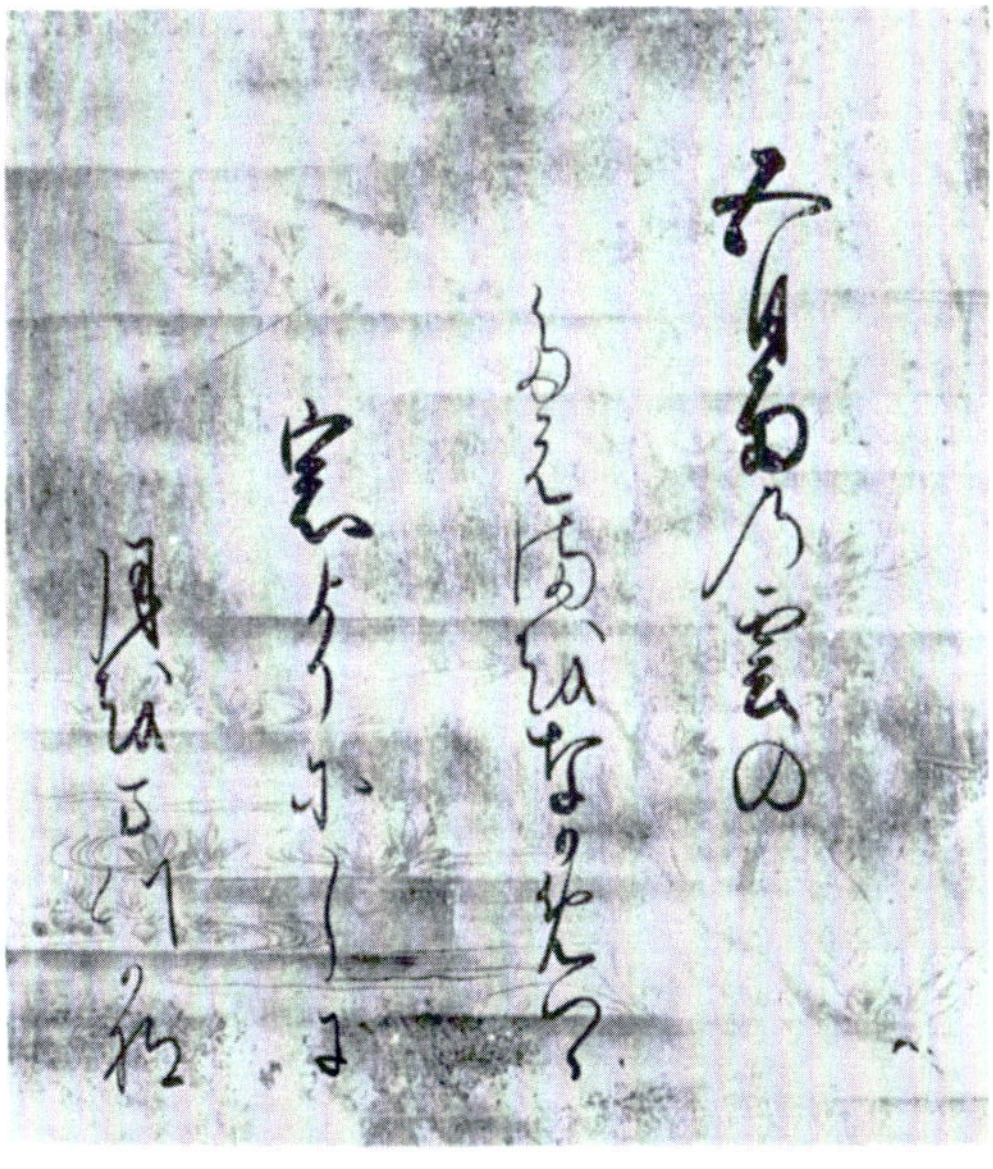

九　傳徳川吉宗公自筆和歌　徳川家正氏藏

城内の各所に木表を建てゝ日影を測定し、本丸の風呂屋口には桶を設けて雨量をはかつた。公はこれによつて寛保の洪水を豫知し、早期の準備ができたといふ[6]。

要するに吉宗公は觀念的な議論を好まず、具體的に正確な事實を究明する實證的・經驗的な學問を好んだのである。かゝる態度は徂來學派や國學者・蘭學者と共通する、當時の進歩的な學問的態度であつた。特に蘭學に就いては、後に節を改めて述べることゝするが、公はヨーロッパの自然科學的文化や技術の、事實に正確で進歩している事に注目し、オランダ人に種々の質問をし、各種の器具等を輸入し、又所謂「洋書の禁」を解き、靑木昆陽等に命じてオランダ語を學ばしめるなど、ヨーロッパ文化の吸收をオランダを通じて積極的に開始した。かくて享保期は蘭學發達史上劃期的な時代となるのである。我々は吉宗公の學問的關心について、儒者や堂上貴族には理解しえぬ進歩性を重視せねばならない。

註

1、兼山秘策第二冊　正德五年十二月十三日附、同　第六冊　享保七年七月七日附靑地齊賢宛靑地禮幹書翰（後者は室鳩巣自身のものではないが、鳩巣の言を傳へたものである）

2、有德院實紀附錄卷十・十一

3、同　附錄卷十六

4、基熙公記八十一　尤も同記所載の詩歌は名が明らかでなく、吉宗公の作と傳つてゐるだけである。

5、有德院實紀附錄卷十

6、仰高錄、基熙公記八十三　享保六年七月廿六日條、有德院實紀卷十五

第二節　學問の奬勵

吉宗公の學問は前述の如く、當時の通念からいへば聊か型破りといひうるものであつたが、諸臣に對しては儒學の教養を積むことも大いに奬勵した。既に紀州時代にも景山元質・祇園南海等に講義せしめ、家老以下百數十人の聽講者があつた。室鳩巣もこれをきいて「中納言樣平生學問の沙汰不レ承候處、學問致候樣などの事、此の度の事御奇特千萬奉レ感候」と稱賛してゐる。[1] 公は將軍となつてすぐの享保元年七月に雁の間に諸臣を集め、林信智に講書を命じた。これは元祿以後中絶してゐたのをこゝに再興し、以後恒例となつたのである。[2]

公は林信篤を大いに信任し、しかも官學といふ傳統的地位からいつて、湯島の聖堂を中核として學問奬勵策を推進しようとした。特に享保二年七月には、はじめて直參以外の武士を始め、町人・農民、貴賤を問はず聽講することを許し、毎月末聽講者の姓名を將軍迄呈出するやう命じた。[3] 講義は毎日二講座、四書・近思錄・孝經・小學などを講じ、丁の日は直參、半の日は貴賤混合といふことになつてゐた。[4]

しかし公の信任と期待にも拘らず、林信篤は父祖に遙か及ばぬ凡庸の人であつた。前に新井白石のためさんぐ〵に抑へつけられ、白石の失脚により漸く發言權を恢復したのであつて、到底文教政策推進の中核たりうる人ではなかつた。しかも當時幕臣間の學問への關心は著しく薄れていつたので、折角の聖堂の講義も聽講者少く、僅か數人といふ狀態で、それも減少する傾向にあつた。吉宗公はこの狀態をきいて信篤に對し、聽衆の少いのは大學頭が不精であるからであると叱責した。信篤はその後老中に向ひ、この頃深川の寺の石地藏に利益があるとて群衆してゐるが、地藏にすらかくの如く集るのに講釋に人が來ないとは沙汰の限りであると腹を立てた。人々はこれをきいて、何も地藏の迷信と講釋とを引合に出さずともよいと、その見識の缺如を物笑ひにしたといふ。一部では聖堂振興のため全儒役を交代に講義させようとしたが、信篤の反對により林家が依然獨占をつゞけたのである。[5] そこで享保四年十一月、林家以外の儒役に命じて八代洲河岸堀端高倉屋敷にて講義を開始せしめた。[6] 卽ち室鳩巣は論語、木下菊潭は大學・中庸、服部寛齋は孟子を擔當し、岡田竹圃・兒島平兵衞・土肥霞洲・荻生北溪等も加つた。鳩巣は新井白石も當然參加するものと思つてゐたが任命されなかつた。これは當時の情勢からいつて致し方あるまい。[7] 聽衆は貴賤混合で數十人はあつたが、さほど盛んにはならず、鳩巣も初から、芝居見物のやうに役者が代つたからとて集まるものではないと期待して居なかつた。番士の中にも多少は學問の好きな者もないではなかつたが、同僚が大半嫌ひなため、それに氣兼ねして參加せぬ狀態であつた。[8] 吉宗公はこの狀態を憂慮し、聽衆を增加し學問を振興する方策を考へしめた。しかし林信篤や木下菊潭・室鳩巣等が、現在の如く勝手次第に聽講せよといふのでは聽く者もあるまいから、もう少し强制的に命令を下されるやう願つたところ、公はこれに反對し、學問とは權力を以て命じても益がない。既に綱吉公時代に無理に學問を命ぜられて人々は懲りてゐるのであるから、他の所存を申すやうにとのことであつた。そこで木下菊潭は講堂の新設、講師を多數任命する事、講師に御文庫の書籍を自由に拜借させる事、及び講師の待遇をよくする事を提案した。儒役以外からも、儒敎に諸流があるのであるから、江戶中に幾箇所も講堂を設け、各流の人々に講釋を命ぜられたならば學問も振興するであらうといふ意見を若年寄に申入れた人があつた。鳩巣は講堂の件には反對で、衣食足て禮讓を知るといふから、今のやうに旗本が衣食に事缺く時、學校へ行くものではないと吉宗公に答へてゐる。鳩巣はあく迄も上からの嚴命によつて學問を强制し、その間に自ら學問への關心の昻まるのを期待した。又將軍自ら眞に學問を愛好し、近習が學問するやうになれば、その風が自ら下に及び、全國的に學問が流行するであらうとも述べてゐる。要するに彼は下から好學の風が生ずることは全く期待せず、將軍の權威をまつて始めて學問振興は可能であると信じてゐたのである。若州小濱藩の儒者松田善三郎も若年寄石川總茂に對し、重臣が率先して好學の範を示せば自然と一般に學問が盛んになるであらうと進言した。しかし吉宗公を始め重臣達はあまり自ら儒學に熱心ではなかつた。學校の建設も最初は支那の制度を研究して構造を決定し、場所も小石川御殿跡か、類燒の大名屋敷跡を選定しようといふ計畫であつたが、やがて在來の建物を利用しようといふことになり、高倉屋敷ではあまり見苦しいから濱御殿でも使用しようといふことになつてゐたが、それも何時しか立消えとなつてしまつた[9]。かくして幕臣間に學問を振興せしめようといふ努力も遂に決定的な方策の成立せぬまゝ、官學は不振の一途を辿つていつたのである[10]。

しかし官學の不振は決して當時の儒學界全般の不振の一端ではなかつた。勿論官學たる朱子學に對し、諸學派が競ひ起つて華やかな論陣を張つたのは元祿を中心とする時代であつて、享保以降に起つたのは折衷考證學派のみである。他は大局から見れば夫々師說を繼承してゐるので、この點からは興隆の一途にあるとはいひ得ぬ。しかし當時は學者としても室鳩巢以下木門の一派、荻生徂來・太宰春臺等蘐園學派、伊藤東涯等堀河學派をはじめ、三輪執齋・三宅石菴その他優秀な學者が續き、決して元祿に劣らぬ。又各藩の學校は元祿よりもむしろ享保時代に急激に增加し、以後時代と共にその數を增してゐる。幕府・諸藩に關係ない私塾も亦享保時代が飛躍的增加の時期であつた。此等の塾は聖堂や高倉屋敷と異り、多數の門弟を擁して榮えたのである[11]。このやうな現狀の下、吉宗公は單に官學の振興に努力を集中することなく、私塾に對しても保護を加へた。享保八年四月佐藤直方の弟子菅野兼山が目安箱に投書して、私塾を開きたいが土地がないので本所六萬の土地三百坪程を貸與されたいと願出た。吉宗公は町奉行に命じてその計畫を詳細に質ねしめた上、奇特の事としてその願を容れ、六萬の地はあまり遠いからとて新大橋附近の地を貸與し、更に金三十兩を與へた[12]。又享保十一年からは三宅石菴の塾懷德堂を大坂における幕府の學問所に準じて取扱ふこととなつた。石菴はかねてから大坂に塾を營んでゐたが火事で燒失した。享保九年石菴の門人である鴻池屋又四郎・道明寺屋吉左衞門等大坂の豪商達の手によつて尼崎町に講舍が再建せられ、これを懷德堂と名付けた。偶ゝ吉宗公は大坂にも學問所を建設しようと考へてゐたが、石菴の弟子中井甃菴が奔走した結果、同十一年より懷德堂を準官學として保護することゝなり、前の講舍の隣に地を賜ひ、學舍を建設したのである。以後百四十四年、明治二年（一八六九）廢止せられる迄、大坂住民の教育に大きな貢献をなしたのである[13]。

吉宗公は右の如く、或は聖堂・高倉屋敷に幕臣以外の者の聽講を許し、或は民間の塾を保護して、庶民の教育にも力を注いだが、庶民教育として見逃し得ぬのは六諭衍義の和譯である。六諭といふのは淸の世祖順治九年（一六五二）に、一孝順父母、二尊敬長上、三和睦鄕里、四教訓子孫、五各安生理、六毋作非爲の六箇條の德目を立てゝ國民に教諭するために八旗及び各省に頒行した一種の教育勅諭で、その後范鋐がこれを敷衍注解して民間に普及せしめたのが六諭衍義である[14]。これを琉球の學者程順則が淸に渡つて板行して持歸つたが、偶ゝ享保四年（一七一九）吉宗公が島津氏に淸朝の政治・風俗に就いて質問し、島津吉貴《よしたか》が之に答へた中でこれに言及し、その際幕府に献じた[15]。吉宗公はこれを庶民教育に役立たせようと思ひ、その和譯を享保六年の秋室鳩巢に相談したが、俗語が混つてゐるので、俗語に通じてゐる荻生徂來に命じ、同年九月二十二日に出來上り、同年末に板行した[16]。又公は鳩巢にこれを假名になほす事を命じた。鳩巢は早速三冊の本にして提出したところ、長過ぎるといふので書き改め、一冊に縮めて同六年九月末に提出した。公はこれに若干注文をつけた後、鳩巢に序文・跋文を命じ、江戸本石町にて寺子屋の師匠をしてゐる石川勘助が尊圓流の能書家であるといふので、勘助に命じて淸書せしめ、これを板行せしめた。これを六諭衍義大意と名付け、江戸中の手習師匠に手本にするやう命じた。當時江戸には手習師匠は八百四十人程あつたが、特に石川勘助・荒木蓉水・星合伊織・馬場春水・成瀬彌市郎・豐島善次郎の六人には一冊づゝ與へた[17]。この他吉宗公の庶民敎育政策としては、前章において法令を庶民に徹底せしむる政策として述べたが、享保七年葛西の醫者吉田順庵が代々の法令を手本として子供達に習はせてゐるのを賞し、同十一月代官に命じて各地で手習師匠などに之を行はしめたことも、公の敎育に対する關心の强さを物語る事例として見逃しえぬものである[18]。

要するに吉宗公も學問奬勵といふ點に於て、決して綱吉公・家宣公に劣るとはいひ得ない。たゞその目的に於て聊か前々代や前代と異つてゐる所があると思はれる。即ち元祿・正德期の學問奬勵は、儒敎的に正しい政治家を作らうとしたのである。勿論忠孝の奬勵など庶民敎化も行つたが、重點は將軍以下治める者が儒敎を體得し實踐しようとしたのである。それ故政治面に儀禮が重要な地位を占め、政策に理想主義的色彩が濃くなつてゐた。然るに享保の文敎政策は庶民の敎育に重點が注がれてゐた。治者のための敎育であるならば、聖堂や高倉屋敷に士庶混合の講席を設けるのは無意味である。これは旗本や御家人なども庶民と同様風俗惡化し、敎化せらるべき對象と見做されてゐたがためと思ふ。前述の如く學校設立の件は鳩巣が旗本の衣食を足らしむるのを先とすべしといふ意見によつて取止めになつたが、それについての吉宗公と鳩巣の問答中に「恒の産無レ之に恒の心あるは士の事と孟子に御座候へ共、只今の士中々行儀にても無レ之候」と述べてゐる[19]。享保期に於ける儒學は、結局、全政策上の一隅は確保し、相當の關心もこれに拂はれたのではあるが、元祿・正德期の如く政治全般を支配することはできなかつた。政治はより現實的・實利的な精神に貫れてゐたのである。

註

1、鳩巣小說上　正德四年三月九日付稻生若水書翰、兼山秘策第二冊　正德三年十月四日附

2、有德院實紀卷二

3、同　卷五

4、兼山秘策第四冊　享保三年九月二十三日附

5、同　右

6、有德院實紀卷九、御府內備考卷之五　御曲輪內之三

7、兼山秘策第四冊　享保四年十月九日附、有德院實紀附錄卷十

8、同　右　同三年九月二十三日附、同五年六月十一日附

9、同　第五冊　同六年二月十三日附、同四月十三日附、同五月十九日附、同六月四日附、同七年六月晦日附

10、甲子夜話（卷四）には官學の不振について次のやうな極端な話を載せてゐる。卽ち寶曆の頃奧儒者に中村蘭林といふ人があつたが、誰一人敬禮する者もなく、若い小納戸等は孔子の奥方の顏は美しいか醜いか抔と尋ねて嘲笑した。明和・安永の頃嚴しい儉約令が出た時、作事奉行が聖堂は無用の長物だから取崩して然るべしと建言した。老中がこれを將軍に上申しようとして御用取次に語つたところ、取次衆は聖堂の何んたるかを知らぬ。奥右筆組頭に聖堂に安置してあるのは神か佛かと質ねた。組頭はたしか孔子とかいふ事であると答へたところ、孔子とは何かと問うた。組頭が論語とかいふ書物に出てくる人と承ると答へると、取次衆は肯いて、あゝそれでわかつた、道理で聖堂取毀しの沙汰をきいて林大學頭が、唐へ聞えても外聞が悪いといつてゐたと聞いてゐる。それでは暫く見合せ

ようとて將軍には申上げなかつたといふのである。勿論眞僞の程は疑はしいが、當時の狀態をよく物語る逸話である。寛政改革に於ける所謂「異學の禁」の目的の一つに、かくの如き甚しい幕臣間の學問の不振を一擧に改め、聖堂を隆盛ならしめようといふ事がある。享保時代には自然に任せてゐたものを、寛政には相當强制的に行つたのである。

11、辻善之助「日本文化史」Ⅴ　第四十一章、同Ⅵ　第四十五章
12、兼山秘策第七冊　享保八年五月六日附、同十二月十三日附、有德院實紀卷十七、事實文編三十三
13、「近世日本の儒學」所收　藤澤章次郞「大坂の儒學」、高成田忠風「漢學を主としての私塾」
14、中山久四郞「近世支那の日本文化に及ぼしたる勢力影響Ⅱ」（史學雜誌25―3）
15、通航一覽六　卷二百三十八、辻善之助「日本文化史」Ⅵ　第四十五章
16、有德院實紀卷十三、兼山秘策第五冊　享保七年正月七日附
17、兼山秘策第五冊　享保六年閏七月十九日附、同八月廿四日附、同九月四日附、同十月十九日附、同七年四月九日附、右文故事卷六　御本日記續錄卷下、承寛襍錄、土屋筆記九
18、兼山秘策第六冊　享保七年十一月廿五日附、御觸書寛保集成二十三
19、同　第五冊　享保七年六月晦日附

第三節　學者の登用

吉宗公の信任を受けた學者としては先づ林信篤がある。信篤は正德時代には全く新井白石に抑へつけられて不遇を託つてゐたのであるが、享保に入つては屢〻公に召され、我が世の春を迎へたのである。公の信篤への信任ぶりについては、次のやうな逸話がこれをよく物語つてゐる。卽ち或時近習達が公の前で物語りをした折、一人が、先日或人が信篤に帀といふ文字を尋ねたところ知らぬといふ。ついで細井廣澤にきくと、これは衆の略字で俗字であると敎へてくれた。知識の博さに於てとても信篤は廣澤に及ばないと世に評判であると語つたところ、公は、否、信篤の學問は、これを呉服屋に例へればよい衣服を商ふ人の如く、常に錦繡の類のみを見てゐるから、木綿・紬の如きものには目もつかぬのであらう。俗字を知らぬからとて笑ふべきでないといはれたといふのである。[1] しかし公が信篤を重く扱はれたのは結局林家といふ官學として傳統のある家の人だからであつて、信篤は到底その信任に應へることはできず、敎育その他文化的政策推進のためには、公は他の有能な人々を用ひざるをえなかつた。

實際に活躍した人としては最初に室鳩巣をあげねばならぬ。鳩巣は正德元年（一七一一）新井白石の推擧によつて幕府の儒者となり、享保に入つてもその地位にあつたが、吉宗公にはじめて謁したのは享保六年（一七二一）正月十四日であつた。[2] この後時折講義を行ふやうになつたが、その樣子は全く儀禮的なもので、たゞなるべく短いものを簡單に說明する程度の事を要求されたにすぎなかつた。[3] しかしこの後彼は直接間接に吉宗公の諮問に與り、政治上重要な役割を果すに至つた。彼が參勤交代制の變更、旗本・御家人の學問振興に關する議に與り、また目安箱の設置、足高の制定について建議し、更に前田家に使して加賀藩政に關し質問して吉宗公に報告したことなどは既に述べたところである。享保七年から八年にかけて鳩巣が將軍の質問に答へ、又は意見を述べたもの十八編を集めたものが獻可錄（駿臺秘書・鳩巣上言錄などの別名あり）と名付けられてゐる。[4] その中から主要なものをあげると、先ず官職・制度・封祿等についての質疑應答がある。卽ち封建・郡縣の制及び秦漢以降の諸侯封建の制の變遷について、周代の世祿及び周以後の群臣の穀祿について、養子について、先祖の官位を家格とする例が異國にもあるや否やについて、周から宋迄の官吏選擧についてなど、これらは當時幕府財政の逼迫により、幕臣等に加增はおろか、俸祿の支給も圓滑をかくといふ問題、人材登用の問題などを解決するため、支那歷代の制度を大いに參考にしようとしたのであらう。また公は百官等の法制を定める事は敎道に先行すべきか否かについて質問した。鳩巣はこれに答へて、天下を治めるのに法制は不可決のことではあるが、形のみ具つても實質が伴はねばならぬから、風俗を正しくせねばならぬ旨述べてゐる。この質問は公が將軍の權威を强大にし、意志や命令を下部迄徹底せしめ、政治の改革完遂に役立たしめようといふ意圖に基くものであらう。次に先祖への追孝のためなすべき事柄について、鳩巣は支那の例によつて答へてゐるが、その中、享保七年壬寅（一七二二）は東照宮誕生の天文十一年壬寅（一五四二）と干支があふので、誕生日である十二月廿六日に特に祝をすることを建言して採用された。[5] 翌八年二月には將軍が聲色・飮食を節制して健康に留意する事、及び儉約政策をはじめその他施政上、諸役人が上役を恐れず十分討議するやうに取計はれたい旨建言した。又その頃武藤庄十郎といふ者が士民の困窮につき封事を呈したが、これについて鳩巣は庄十郎の意見を更に詳しく問ひ質すやう命をうけ、その意見の大要を報告した。同九月には五倫・五常の意味を假名で短くまとめることを命ぜられた。これは公が慈鎭和尙の五常の和歌五首を鳩巣に示し、それが適當であるか否か質ねたところ、鳩巣は少しづゝ違つてゐる旨答へた。そこで正しい意味を和歌にして差出すやう命ぜられた。しかし鳩巣は和歌はよみえなかつたので、假名書

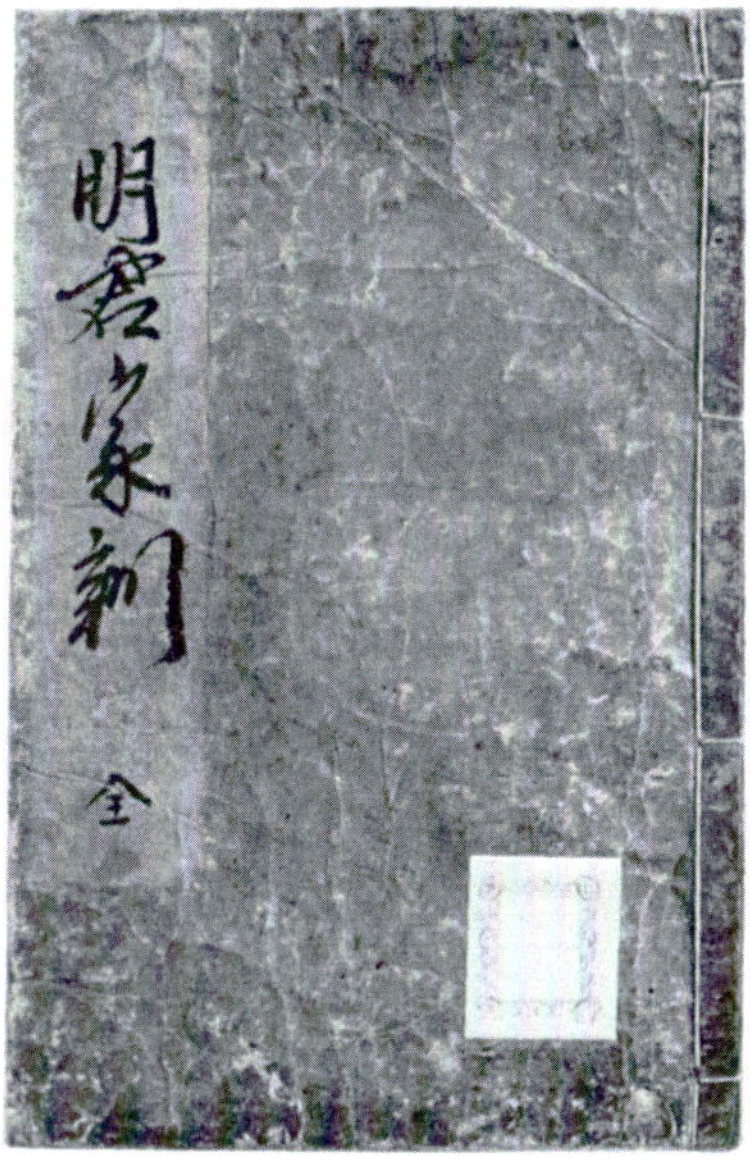

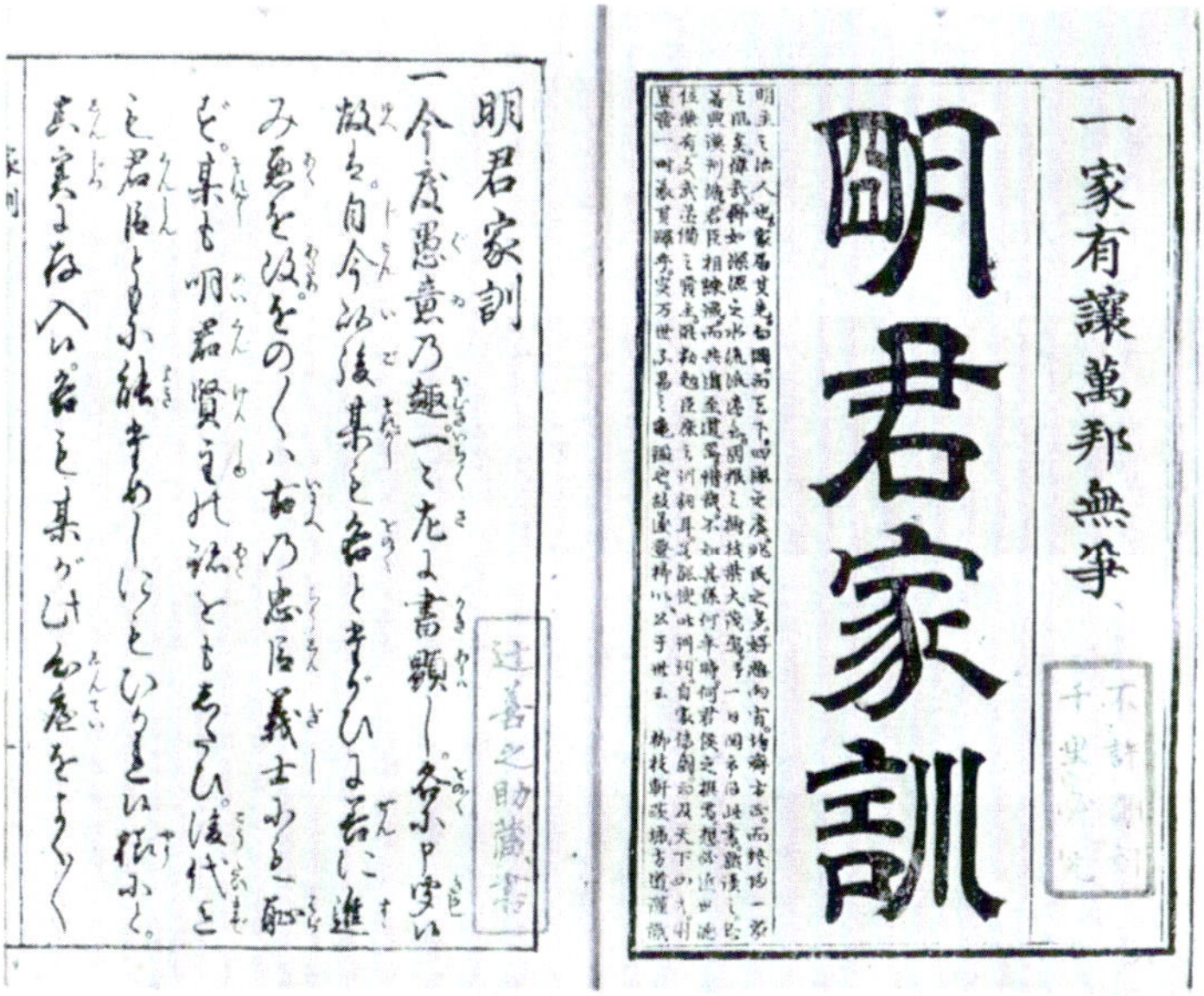

十　室鳩巣著「明君家訓」　辻達也藏

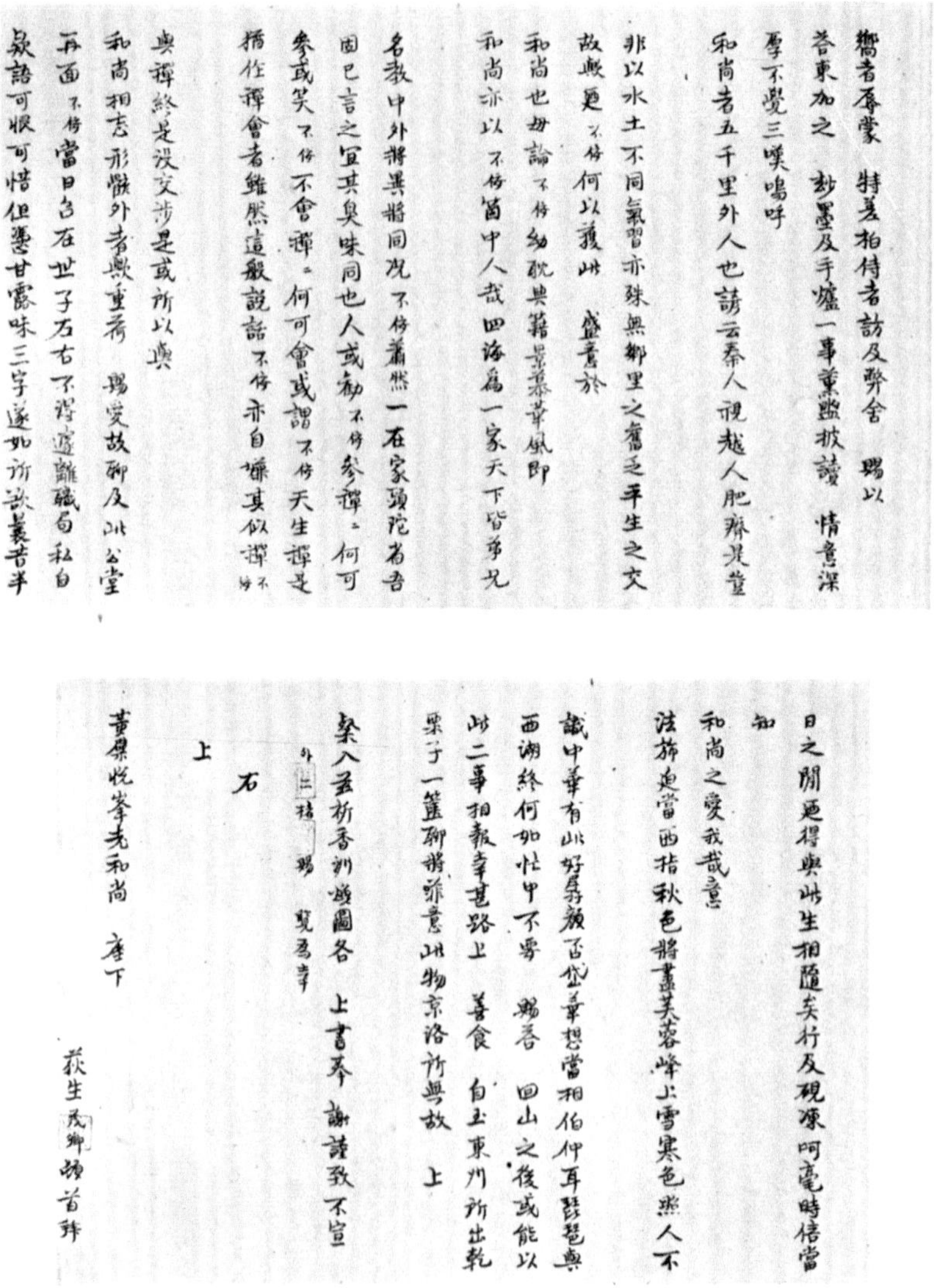
嚮者辱蒙　特差柏侍者訪及弊舍　賜以
吾東加之　紗墨及手爐一事兼盥披讀　情意深
厚不覺三嘆嗚呼
和尚者五千里外人也諺云秦人視越人肥瘠是豈
非以水土不同氣習亦殊無鄉里之舊乏平生之交
故歟迺　不佞何以獲此　盛意於
和尚也毋論　不佞幼耽典籍景慕華風即
和尚亦以　不佞箇中人哉四海爲一家天下皆弟兄
名教中外將異將同况　不佞著然一在家頭陀者吾
固已言之宜其臭味同也人或勧　不佞參禪〻〻何可
參或笑　不佞不會禪〻何可會或謂　不佞天生禪足
播作禪會者雖然這般說話　不佞亦自嫌其似禪　不佞
與禪終是没交涉是或所以與
和尚相志形骸外者歟重荷　賜愛故聊及此　公堂
再面　不佞當日已在世子右右不得遽離職司私自
款語可恨可惜但甞甘露味三字遂如所欲蓑苦半
日之閑迺得與此生相隨矣行及覡凍呵毫時借當
知
和尚之愛我哉意
法旆迺當西指秋色將盡芙蓉峰上雪寒色照人不
識中華有此好風顏否如華想當相伯仲耳琵琶與
西湖終何如忙中不需　賜答　回山之後或能以
此二事相報幸甚路上　善食　自玉東州所出乾
栗子一簏聊將菲意此物京洛所無故　上
染入並祈香刹嚴圖各　上書奉　謝謹致不宣
外二袂　賜　覽爲幸
石
上
黄檗悦峯老和尚　座下
荻生茂卿頓首拜

十一　荻生徂來書狀　　黄檗山塔頭眞光院藏

きにして献じたのである。[6] この他前にも述べた參勤交代の事、及び防火・治水・歩里寸尺の制などの意見がある。

鳩巣は純粋の朱子學者で、古學・陽明學を異學として排斥し、吉宗公にも時折正學・異學の別を進講し、また公が異學の徒も召抱へるのを甚だ心配してゐた。[7] 新井白石と同じ木下順菴門下であつたが、白石が儀禮を重んじ、威儀を正し、形式を整備し、外觀を盛大に飾つて、外から内に及ぼさんとする理想主義政治家であるのに反し、鳩巣は質素・誠實を旨とし、己を愼しむといふ型の學者であつた。その政治理念ともいふべきものをよく窺ひうるのが明君家訓である。これは鳩巣がまだ儒臣とならぬ頃、恐らく寶永の末に京都から出版したもので、[8] 君主が家臣に訓示する形式で、君臣の心得を述べたものである。その内容は次の如くである。

一、家臣は君主の施政・行動に些少の悪もあらば諫言すべき事
一、家中一同學問すべき事
一、父母に孝順、兄弟に友愛、親族に懇意、傍輩に信、家來に憐愍をかけるべき事
一、節義を嗜むべき事
一、節義・貞信ならば立居振舞不調法にても苦しからざる事
一、禮讓謙退を本とすべき事
一、質直朴素たるべき事
一、家老・頭分は追従を喜ばず、諸士は佞せざる事
一、士の寄合には禮儀を正しくすべき事
一、武備を忘るべからざる事

一、血氣の勇にはやらざる事

この書は享保に入つて次第にもてはやされたが、作者不明のため、或は水戸光圀、或は吉宗公、或は井澤某のものと噂された。[9] 吉宗公も近習の手を經てこれを閲覽し、簡要なることゝ考へ、近習の人々にも推奬したので、一層廣く流布するに至つた。[10] 新井白石は此書を評して、これは鳩巣の理念をよく示してゐるものであつて、「土器につき候味噌にて大臣の大饗をも濟し候はんやうにとの心得」であるとし、墨子・晏子の如き功理論であつて、それ故鳩巣が吉宗公の氣に入つたのであると述べてゐる。[11]

事實、鳩巣の質實な精神は吉宗公に通ずるものがあつた。しかしその鳩巣も當時の財政のあまりに實利主義的であるのには反對し、特に勝手方老中水野忠之を大聚斂の臣と非難してゐる。侍講の際、貞觀政要中の、弓工が木心不正、故に良弓でないと唐太宗に語つたといふ故事を例にひいて、極端な致富政策を諫め、又意見書も上つて、忠之の名を明らさまには記さなかつたが、その政策の批判を行つた。[12] 結局鳩巣は白石の如く大きな政治的抱負もなく、たゞ朱子學的道德を信奉する儒者に過ぎなかつた。その質實な精神が吉宗公に認められ、その支那知識が公に活用されたとはいへ、現實の政治運營の局に當つてゐる人達とは肌が合はなかつたのである。やがて鳩巣は享保十年十二月西丸奥詰儒者に任ぜられ、吉宗公の顧問的地位を離れた。恐らく公は鳩巣の人柄と學問とを以て、世子家重公及びその側近の教育に最適と考へたからであらう。[13]

次に吉宗公に關係ある學者として重要なのは荻生徂來（一六六六―一七二八）である。徂來は柳澤の家臣で幕臣ではないが、享保六年支那の俗語に通じてゐる故を以て、六諭衍義に訓点を附けることを命ぜられて以來、その豊かな學識によつて公の信任をうけ、種々の用命や諮問に與つた。享保十年には淸人朱佩章が將軍に献じた鄭世子朱載堉の樂書の校閲、同十二年には三五中錄の校正を命ぜられ、また明律會典譯解を作つて献上してゐる。[14] 就中、彼が晩年執筆献上した政談四巻は最も重要である。彼の學問は近世儒學の主流をなしてゐた朱子學の批判に始り、朱子學は聖人の道を後世の觀念を以て勝手に解釋したものであるとして、本來の姿にかへることを提唱し、新たな體系を作り上げたものである。卽ち徂來は道は自然に存在してゐたのではなく、聖人の作爲したものであると說く。聖人は天下安定のため禮樂・制度を作つた。それが道である。聖人とは個人道德にすぐれた人といふ意味ではなく、道を作爲した人といふ意味である。すべての人が努力によつて聖人たりうるといふことはない。聖人とは古への帝王のことであつて、二度とは出現せぬ。しかし聖人は後世永久の事を考へて道を作つておいてくれたのだから、それを實踐すれば天下安定は得られる。若し朱子學者の說の如く聖人を道德上無缺の人とし、聖人の出現によつてはじめて天下安定を期しうるとするのならば、恐らく天下安定は今後望みえぬであらうといふのである。つまり儒學の目的が宇宙論や個人道德と全く分離して、政治に集中したのである。[15]

政談は右の思想體系に基いて述べた政治論である。徂來はこの中において、「國之治方發端之事」から始めて、戸籍・市政・貨幣・財政・經濟・社會・官職・風俗等各般の問題にわたり、大小種々の事に就いて論じてゐるが、要は現社會に於て聖人の道を實踐するには如何にすべきかといふ事を述べてゐるのである。彼は當時の社會の根本的缺陥を「制度」のないことゝ、「旅宿の境界」であることの二つであると指摘した。「制度」といふのは「衣服家居器物、或ハ婚禮喪禮音信贈答供廻ノ次第迄、人々ノ貴賤、知行ノ高下、役柄ノ品ニ應ジテ、夫々ニ次第有」(政談巻二)をいふ。「旅宿の境界」といふのは、武家は本來知行所に土着して居るべきもので、江戸や各城下町に居住するのは一種の旅館住ひであるといふのである。此等を悉く改め、武士を土着せしめ、日常細事に至る迄身分的差別を明かにする事が天下安定の道、卽ち聖人の道であると說いてゐる。徂來は當時上は幕府から下は小給の扶持米取に至る迄、經濟的窮乏に苦しみ、町人は豐かになり、好ましからざる狀態にたち至つた原因が、都市生活の繁榮、商品貨幣經濟の發達にあることを明かに認識し、この根本原因を除去することこそ、武家本位の社會秩序を永久に保つ道であると考へたのである。その實現が可能であるか否かは問題外であるが、當時の狀態をかく認識していたのはまさに卓見といふべきであらう。

さうして彼は吉宗公に多大の事を期待しえた。新井白石や室鳩巣の場合はその理論上、君主たる者が個人道德に於て缺くる所ない人であつて、はじめて天下は安定するのであるが、徂來の場合には政治と個人道德は分離してゐる。君主は安天下の道を作爲すればよい。就職以來多數の人々から幕政刷新の期待をかけられてゐる吉宗公はまさにその條件に當てはまる人であつた。そこで彼は筆を執つた。「機事不レ密則害生ズルト云コト有テ、御政務ノ上ノコトハ明白ニ人ニ可レ語コトニハ非ズ。故此物語ハ弟子ニモ書セ候ハズ、自身老眼惡筆ニ認メ侍ル也、奉レ入ニ上覽一後ハ火中有度事也」と末尾に記してゐることによつても、全篇を貫いてゐる熱情と期待を察することが出來よう。

江戸幕府は元祿頃迄はいはゞ自然の趨勢に任せて向上してきたものである。しかしその趨勢は元祿以降は幕府に好ましからざる方向を辿るに至つた。そこで吉宗公は人爲を以て新たな道を開き、政權の强化をはかつたのであるから、徂來の說はそれを儒學的に根據づけたものと見ることができる。果して吉宗公は其處迄徂來の說を理解したか否かはわからぬが、徂來は種々の優遇をうけた。享保十二年四月朔日には特に謁見を許された。これについて公は、通例町醫者などが謁見を許されるのは當人から願出る形式をとるが、徂來は將軍の方から召されるのであるから同列に扱つてはならぬといつたといふ[16]。公はやがて彼を幕臣に召抱へようといふ考へをもつてゐたが、彼が翌十三年一月六十三歳を以て世を去つたので實現しなかつた[17]。しかしその翌年には遺著度量衡考の献上を命じ、同十八年に出版を命じたことによつても、その優遇を察することができる[18]。

徂來の一門の中、その弟荻生北溪(一六七〇—一七五四)も時折謁見した。享保十三年には足利學校から發見された宋本によつて七經及孟子を流布本と校合し、七經孟子考文補遺として出版せしめた。同二十年には服忌令改正參考のため喪服考を作らしめた[19]。享保九年七月には山田麟嶼(一七一二—一七三五)が僅か十三歳を以て儒員に召出された。麟嶼は幕府の醫師山田宗圓の子であるが、四五歳から書物を讀み、七歳の時四書五經の句讀を父にうけ、以來經史を日夜研究するといふ天才兒であつた。そこで父は本業たる醫學を學ばせず、荻生徂來の門に入れた。異學を排斥する室鳩巣も天下第一の才子と稱する程であつた。この評判が高くなると各諸侯これを招いて講義せしめ、遂にこれが將軍の耳にも入つて、儒員に弱年の身を以て召抱へられたのである。この後京都の伊藤東涯の門に學び、更に學問をみがいて歸つたが、生れつき多病であつた上、享保二十年に至り痘を病んで、僅か二十四歳で死去した[20]。

室鳩巣はかくの如く異學の徒が召出されるのを喜ばず、吉宗公に進言したこともあつたが受付けられなかつた[21]。公は學派の如何を超越して、儒者の知識を利用しようとしたのであつて、この點觀念的な議論を好む朱子學派より、實證的な古學派の方が自ら役に立つことになつたのである。

この他青木昆陽・深見有隣等が活躍したが、その事蹟については後述に讓る。猶新井白石は將軍代替りと同時に職を退いて不遇の地位にあつた。室鳩巣は新井白石を賴りに思ひ、參勤交代について公から意見を求められた時も、白石にきいてみたいが白石は内藤宿に住んでゐるのでなか〲會ひにゆく事もできぬと弟子に語つて居り[22]、高倉屋敷での講義が開始される時も、講師に白石が加へられる事を期待してゐた[23]。白石も亦、自分の娘の緣談をいかにすべきかについて鳩巣に相談の手紙を送り、「此事先以當時誰にても相談なされ被ㇾ下候はむ人も無ㇾ之、扨又俗人の分別に埒の明かぬ事にて候へば、貴兄より外に御決斷被ㇾ下候はん人無ㇾ之候」と甚だ頼りにして居り、更にこれにつゞいて當時の不遇に對する忿懣を述べて、これらにつき「衆愚のごときは論ずるにたらず候故、ひとへに貴兄に決し候はんと如ㇾ此に候」と結んでゐる。[24] 兩者の交りはかくの如くであつたから、將軍の信任を得てゐる鳩巣は、何時か白石の復活を庶幾つたであらうが、遂にそれは實現しなかつた。享保七年の末頃の事か、(或は八年初)吉宗公は直ゝ鳩巣に白石の學問について質問した。鳩巣は答へて、白石は古今に通じ博識の者である、世間に博識者は澤山居るが、多くは支那の事のみに博學であるが、白石は日本の事に殊の外詳しい、和漢の事引合せてよく辯ずる旨申上げた。公は稍々あつて、白石は文飾の多い者と聞いてゐるが如何と問うた。鳩巣はその通りとも何とも返答に困つたのでたゞ默つて居た。その後近習を以て、白石に質問しても返答するであらうかと尋ねられた。鳩巣はこれも返答に困つたが、上意によつて尋ねられたならば、知つて居る事を申上げぬ事はあるまい、但し近年老衰して物覺えが惡くなつてゐるとの事で、近い頃の事も忘れてゐる事がある旨答へたところ、その後何の沙汰もなかつたといふ。白石が享保の初め却けられたのは、當時の政局の情勢によるもので、吉宗公が白石を特に嫌惡したがためではあるまい。恐らく白石が正徳期の政局に相當の發言權を持つてゐたとはいへ、表立つた存在ではないので、吉宗公はその人物についてさほど知つては居なかつたのであらう。そこで公は鳩巣や徂來の學識を政治に活用しようとした時、白石の知識も同樣に役に立たしめようとして鳩巣に尋ねたのであらう。この頃となつては、最早享保初年の如き强烈な反白石の感情はなくなつて居たに相違ない。公が白石の事に言及したのもそのためと思はれる。しかし白石登用は遂に實現しなかつた。それが如何なる理由に因るものか、又鳩巣も何故親友について老衰してゐる抔と述べたのか、遽に斷定しえぬ。しかし結局吉宗公と新井白石とは相容れぬ性格であつた。公の現實主義・實利主義と白石の理想主義・形式主義とは氷炭の如くである。又人格も白石は溫厚な鳩巣と異り狷介である。故に再び公に登用を受けなかつた事が果して不幸であつたか否かも一概にはいひ得ぬであらう。

註

1、有德院實紀附錄卷十
2、同　實紀卷十二
3、兼山秘策第五册　享保六年正月十八日附、同二月十三日附
4、日本經濟叢書卷三所收
5、獻可錄卷上、兼山秘策第六册　享保七年十二月廿七日附、同八年正月四日附
6、獻可錄卷上、兼山秘策第七册　享保八年十月九日附、有德院實紀附錄卷十
7、兼山秘策第六册　享保八年二月十八日附、同第七册　同年十月九日附、同九年十一月廿八日附、同十三年七月二日附
8、明君家訓には發行年月が記してないが、享保六年（一七二一）六月四日附靑地齊賢宛書簡（兼山秘策第五册）に、「此書板行候て十年餘にも可ㇾ相成ㇾ候」とあるから、寶永（一七〇四―一七一〇）の末頃と思はれる。
9、兼山秘策第五册　享保六年五月十九日附、山下幸内上書
10、同　第五册　同六年六月四日附
11、新井白石與佐久間洞巖書簡

12、兼山秘策第六冊　享保七年十二月十二日附、同　八年二月十九日附、同第七冊　同年九月八日附
13、有德院實紀卷廿一　兼山秘策第七冊　享保十年十二月十三日附
14、代々文事表卷五、有德院實紀附錄卷十一
15、丸山眞男「近世儒教の發展における徂徠學の特質並にその國學との關聯」、同「近世日本政治思想における『自然』と『作爲』」（同「日本政治思想史研究」所收）
16、有德院實紀卷廿四、同附錄卷十一
17、同　附錄卷十一
18、右文故事卷六
19、有德院實紀卷廿九・四十一、同附錄十・十一、兼山秘策第六冊　享保八年二月十八日附、同第八冊　同十三年七月二日附、八月十三日附、九月十三日附
20、有德院實紀卷十九、兼山秘策第七冊　享保九年十一月廿八日、同十二月五日、月堂見聞集卷十七、先哲叢談後編卷四、井上哲次郎「日本古學派の哲學」
21、兼山秘策第七冊　享保九年十一月廿八日附
22、同　第五冊　同七年六月十三日附
23、同　第四冊　同四年十月九日附
24、新井白石與室鳩巣書
25、兼山秘策第六冊　享保八年正月廿五日附

第四節　蘭學の萠芽

享保時代は蘭學、つまりオランダ人及びオランダ語を介して西洋文明に關する知見を探求するといふ學問の發達史上に於ても、劃期的な時代であつた。それには吉宗公の西洋事物に對する強い關心が大いに與つてゐた。

公の關心は先づオランダ商館長の江戸參禮の際に示された。商館長が通商免許の御禮のため江戸に來て將軍に拜禮し、献上物をするのは慶長十四年（一六〇九）に始り、寛永十年（一六三三）以降は特別の事情のあつた場合を除き、毎年行はれるやうになつた。寛文元年（一六六一）からはその期日も一定して、正月十五日に長崎を出發して三月朔日に拜禮することに定められた。[1] 故に吉宗公が最初の拜禮をうけたのは享保二年（一七一七）のことであつたが、公は從來簾の中より禮を受けてゐた例を破つて、簾を撤して受けたのである。[2] 歴代將軍共異國人に對する好奇心は甚だ強く、拜禮の後、大廣間から白書院に移つて、さながら見世物の如く扱ひ、踊り謠ふのを始め種々の動作をさせ、諸役人や大奥の者も之を見物する例であつたが、吉宗公の好奇心は特に強く、日を改めて登城せしめ、各種の動作をなさしめたので、蘭人は甚だ之を苦痛にしたといふ。[3] しかし公は單に見世物的興味を以てのみ蘭人に對したのではなかつた。この機會に親しく種々の質問をして、蘭人の知識を吸收しようとしたのである。第一回の參禮の時には、曾て蘭人がもたらしたアストロラビウム Astrolabium（日影を計る器械といふ）を持出して、その使用法を尋ねた。またオランダには良馬があるか、これを日本に持渡ることはできるかなど〻尋ねた。甲比丹アウエル Joan Aouwer がそれは困難だと答へると、バタビヤにはどうかときかれたので、バタビヤには日本の馬に及ぶものはないと答へてゐる。更に鷹・時計などについても質問があり、寛文三年（一六六三）甲比丹インダイク Hendrik Indijk の献上したヨンストンス Jonstons の動物圖譜についても質問した。この他參府の度毎に或は馬術・射撃・飲食等を將軍の前で演ずることを求めたのである。[4)]

公はまた屢ゝ長崎又は蘭人の江戸宿舍に人を派して、各般の質問をさせ、各種の物品等の輸入を取計らはせた。使者として最も頻繁に蘭人と接觸したのは深見有隣・栗崎道有及び今村英生等である。有隣は明の歸化人の後裔、深見(高)天漪の長男で、書物奉行を勤め、享保五年から十二年迄長崎に出張し、淸人・蘭人について種々學んで歸つた。道有は和蘭陀流外科の家で幕府の番醫をつとめ、かの吉良上野介が淺野内匠頭から受けた傷を治療した人といふ。彼も亦蘭人江戸出府の際にその宿舍をしば〱訪問し、醫藥に關する質問を行つた。英生は當時大通詞で、かの白石とシドチとの對話の通譯に當つた人として名高い。享保に入つてからも頻繁に、江戸からの指令をうけて、蘭人に質問や注文を行つてゐる。[5)]

吉宗公は此等の人々を派して次のやうな質問や注文を出した。

第一に天文についてみると、享保七年には長崎に蘭人が四蘭里を隔てゝ人を見分け得る望遠鏡を所持するや否やを尋ね、なければ本國又はバタヴィアより注文するやう命じた。この頃殆んど毎年望遠鏡注文の命が出されてゐる。享保二十年・二十一年には深見有隣が江戸で蘭人を訪問し、月の運行・日蝕・月蝕・曆法・諸星の配列等天文に關する質問を行つて彼等を困らせた。二十一年には曆を作る蘭人一人を求めてゐる。また四分儀も求めた。有隣は元文・寛保に入つても屢々天文の質問をなし、またこの頃から西川如見の二男正休も、天文方として質問に加つてゐる。寛保四年にも長崎に幕府の使者がいつて、日蝕・月蝕について質問してゐる。[6)]

次に時計については、最初の參禮の際にも質問したが、享保十二年の參禮の時には、甲比丹ピーテル・ボーケステーン Pieter Boockesteijn の時計を差出させ、これを幕府の時計師に修理せしめようとした。この時計師といふのは實は建部賢弘であつたといふ。この後バタヴィアからは享保十九年・元文元年の兩度時計師が長崎に來た。これより前、享保十八年には長崎の時計師幸野吉郎左衞門がオランダ渡來の時計の長く破損してゐたのを修理した功を賞し、五人扶持及び年々長崎配分銀の内十貫目づつを給した。[7] これは賞與としては甚だ重いものであつて、公が單なる好奇心ではなく、西洋技術を日本に吸收しようと努めた一つの證據と考へうるであらう。

第三には地理については、享保元年の暮、一老學者（氏名不詳）が命を受けて出島を訪れ、持參の歐洲地圖に主要な都市名等を日本文字にて記入するにつき援助を依頼し、年を越して完成した。同二年にも江戸から役人がきて、甲比丹宅の世界地圖を詳細に檢分した。同十四年には側役加納久通の依頼をうけた通詞が、オランダを始め、歐洲諸國、シ、リー、サルヂニアなどの面積を尋ね、その翌年には深見有隣が江戸で蘭人にスモレンスク包圍の圖について質問した。

第四に船舶について、享保三年には江戸の命をうけた通詞が、船舶・航海等について質問し、また甲比丹居室の船や海戰の繪を模寫して江戸に送つた。同年入港の蘭船も圖寫し、更にかゝる船を注文しうるかと尋ねてゐる。

第五に武器については前にも述べたが、拳銃の射撃、甲冑の注文等の事があつた。

次に馬に關しては、公は外國馬の輸入を熱烈に希望した。蘭人はかゝる厄介な注文には困つたので、なるべく斷つたが、享保六年には馬具を献上した。ついで同八年に洋馬輸入の正式の註文が出された。それによると

一地より鞍下迄四尺五寸より六寸迄之男馬三疋

一右同尺之女馬　二疋

とあり、若し持渡れば褒美として定銀高の他に八百貫目分の臨時の商賣を許すといふ好條件を附した。以てその欲求の強さを知る事ができる。その翌年蘭人は持渡らなかつたところ、重ねて催促をうけ、若し途中で死んだならば腸を保存して持來れといふ嚴命であつたので、蘭人も捨置かれず、その翌十年五頭を持渡つた。この後殆ど毎年輸入され、元文二年迄に約三十頭に達したが、その後は行はれなかつたものゝ如くである。

洋馬の輸入と共に馬術師も招かれ、十年の初輸入の馬についてケイゼル Hans Jungen Keijser が來朝した。彼は翌春甲比丹と共に江戸にゆき、將軍の前で馬術をみせ、馬の病氣などについても質問に答へた。この年彼に代つてクリーデマン Godfreed Kriedeman が來朝したが、やがて病死したので、翌十二年にはケイゼルが再び來朝した。彼は江戸から命を受けてきた富田又左衞門に馬術を敎授し、また數度江戸に出て敎授を行ひ、享保二十年に日本を去つたが、船中で殺されたといふ。ついで元文二年にはウェルネル Jan Jephart Werner といふ馬術師が來て、翌年歸つた。猶オランダは將軍のかくの如く強い欲求を利用して貿易を好轉せしめようとして、ケイゼルに、將軍や重臣へ說得するやう命じたが、遂にその機會はなかつた[8)]。

馬以外の動物では、犬が屢ゝ輸入された他、我國にはない珍しい動物が注文された。卽ち火食鳥・麝香猫・孔雀・駝鳥・七面鳥・鵞鳥・インコ・紅雀・文鳥・九官鳥・鷲・黑鷄である。象は尋ねられたが蘭人が斷つたので、結局支那船で渡來した。

吉宗公は又植物についても種々珍奇な物を求めた。享保三年には胡椒樹を註文したがこれは途中で枯死した。同十年には蘭人渡來の椰子樹苗及び藥草を小石川藥園に試植せしめた。元文二年には說明附きの動物圖譜及び植物圖譜の注文があつた。又通詞を介して丁子・藥草について蘭人に質問したこともあつた。

次に醫學について、官醫は蘭人の江戸參禮の際に屢〻宿舍を尋ねて質問したが、公も亦種々の質問をした。享保九年には通詞が將軍の命をうけ、パレ Ambroise Paré の外科治療書につき質問をしたが、これは大さう破損してゐたので、その旨を告げると、その索引によつて各章の内容を日本語で書くことを求めた。又この年將軍はブランケルトの外科書を註文した。翌年には二度にわたつて小石川養生所の病人を蘭醫に診察せしめた。

食物に對しても公は甚だ興味をもち、享保九年には蘭人の食料品各種の見本を求めた。ついで將軍の內意を受けた坊主が調理の仕方を見、共に洋風の食事をし、洋酒を味つて歸つた。翌年にはナプキン・ナイフ・フォークその他を用意して登城せしめ、將軍の前で實演し、その翌日前年の坊主がきて共に食事をとり、色々書付けて歸つた。また將軍のためバター・鹽漬肉・燻肉を献じた。その翌年にも食事の實演、食料品の献上があつた。またバターの製法の質問もあつた。この後も食料品の献上、食事の質問、日本人との洋風の會食が行はれた。

その他建築・消火・硝子の製法・更紗の染法をはじめ、オランダの歴史・政治・軍備・刑罰・貨幣・貿易・商業・農業等々萬般にわたる質問が行はれたのである。

蘭人達はかくの如く頻繁な、しかも多方面の質問に煩はされた。殊に年一度の江戸參禮の折には、官醫をはじめ多數の人がその宿舍を訪れて質問をした。吉宗公が強い關心を示してからはそれが一層繁くなつたので、甚だ迷惑してゐる。その質問の程度は幼稚であり、好奇心から行はれるものも少なくなかつたであらうが、これが外國への關心を次第に強めてゆき、知識も普及し、蘭學の勃興の基礎を固めていつた意義は決して低く評價しえぬものである。

此事と並んで享保時代の重要事件は、享保五年の所謂「洋書の解禁」である。尤も洋書といつても歐文の書籍の事ではなく、漢譯されたものをいふ。杉田玄白は蘭學事始(上卷)に於て、鎖國以來歐文の讀み書きは嚴禁された爲め、通詞すらたゞ假名で言葉を書留める迄で、專ら口によつて習ひ覺えて御用を勤めてゐたが、享保に入つて通詞西善三郎・吉雄幸左衛門等が相談して、自分達だけでも文字を習ひ、オランダの書物を讀めるやうになれば、勤務にも甚だ好都合であるとて、此旨幕府に願出て聞届けられ、こゝにオランダ渡來以後百餘年を經過して、はじめて横文字を學ぶに至つたと記してゐるが、これが事實でないことは既に明らかにされてゐる。[9)] 長崎の通詞達は極めて不十分とはいへオランダ語を讀み書きすることは許され、且語學にはげむことを命ぜられてゐたのである。また一般人に對しても本來の意味での洋書の禁は不必要であつた。といふのは常時外人に接してゐる通詞達でさへ、滿足な語學力を有する者は極めて少いのであるから、まして一般人には殆んどなかつたといひうる。しかも歐文の書籍などは特種な人を除いて見ることもできなかつたであらう。更に嚴しい禁教令の下、敢て横文字を當局に遠慮なく手にする人は先づなかつたのである。（尤も禁令が出てゐなかつたからといつて、果して一般人が洋書を公然と讀んで當局がそれを看過したか否かはわからない。）然るにこれが漢譯された本となると事情は全く異る。多數の人に理解力があり、且入手も歐文のものに較べれば容易である。そこで寛永七年（一六三〇）「歐羅巴人利瑪竇等が作三拾貳種之書幷邪宗門教化之書」が禁書となつた。尤もこの三十二種の内容は悉くキリスト教關係のものといふのではなく、例えば禁書中の一たる幾何原本はユークリッド幾何學の飜譯であり、その他天文・曆法・地理・數學等のものも少なからず含まれてゐる。要するにキリスト教宣教師の手になるものは皆禁書となつたのである。然るに貞享二年（一六八五）に至つて十五番南京船の船載貨物の中から寰有詮といふ耶蘇教勸法書が發見されてからは急に船載漢籍の檢閲を强化し、その中に僅かでも耶蘇教に關する文言があれば、すべてこれを燒却又は墨消差戻に處し、時にはその船の貿易を禁ずるに至つた。

かくて嚴重な禁書令の下、享保時代を迎へたが、享保五年に至つて幕府は長崎奉行に對し

一、唐船持渡候書籍之内、邪宗門之儀聊も書載候書物者、貞享二年已來一切停止之事候得共、向後者右諸法儀に可ㇾ用類之文句等者彌停止可ㇾ致候、噂迄にて不ㇾ障文句書入候分者、御用物者勿論、世間江賣買爲ㇾ致候而も不ㇾ若《(マヽ)》候、尤吟味之節隨分入ㇾ念紛敷無ㇾ之様に可ㇾ仕候、以上

といふ指令を下した。これによつて從來單に宣教師の著述であるために、或は僅かな文句が禁に觸れるために禁書となつてゐた各種の書籍が日本に齎されうることになつた。これが所謂「洋書の解禁」である。この解禁によつて解除された從來の禁書は、寛永の三十二種中十二種、貞享以降のものは七種に及ぶ。但しこの令は公示されたものではないから、その後も徹底はしなかつたが、兎に角これによつて外國書籍の輸入の途は大きくひらけたのである。[10]

このやうに吉宗公は或は在留蘭人の知識を利用し、或は漢籍によつて、西洋文化に關する知見獲得に努めたが、享保時代の末頃になると更に一歩を進めて、直接オランダの文献を利用する事を考へた。かくて青木昆陽・野呂元丈が命を蒙つてオランダ語の勉强をはじめたのである。このため昆陽が長崎に留學したといふ說が事實無根である事は既に明確であるが、彼等は寛保の頃から毎年蘭人の參府の機を利用して質問を重ねた。結局その語學の力は全く幼稚な段階を出ることはできなかつたが、江戸における蘭學の第一歩はこゝにふみ出されたともいひうるのである。[11]

吉宗公及び享保時代に關係ある西洋文化移入についての事實は以上の如くである。これに關連して、若し鎖國後はじめてヨーロッパや世界に眼を向けた人といへば西川如見・新井白石をあぐべきであらうから、西洋文化移入の第一歩は元祿・正德期にふみ出されたと見るべきであらう。また本格的な蘭學の開始は明和八年（一七七一）の前野良澤・杉田玄白らの解體新書譯述着手の時と見るべきであらう。故に享保時代の西洋文化攝取はいはゞ蘭學の二葉時代に當るものであつた。しかしこの時代には、最高且絕對的な權力者たる吉宗公自ら强い關心を注いだことによつて、西洋

事物への關心を一般に著しく强めることができた。これはいはゞ後世蘭學の著しい發達の地固めであつた。次に西洋の事物は實用的なものとして受取られた。これが將來蘭學の性格を決定することになつたのである。後になつて幕府・諸藩は蘭學によつて西洋の知識・技術を利用するに務めたが、吉宗公は實にその先驅であつたのである。

註

1、齋藤阿具「蘭人の江戸參禮」第一回（史學雜誌　21—9）
2、有德院實紀卷四
3、齋藤阿具　前揭論文　第二回（史學雜誌　21—10）
4、齋藤阿具　前揭論文、同「德川吉宗の洋馬輸入と和蘭馬術師の渡來」（史學雜誌　33—12）、同「德川吉宗と西洋文化」（同　47—11）、板澤武雄「蘭學の發達」（岩波講座「日本歷史」第四回）
5、今村明恒「蘭學の祖今村英生」、辻善之助「日本文化史」Ⅵ　第四十六章
6、齋藤阿具「德川吉宗と西洋文化」（以下特に註記せぬものは專らこの論文に據る。）
7、御觸書寛保集成十九
8、有德院實紀卷十二、通航一覽六　卷二百四十五、齋藤阿具「德川吉宗の洋馬輸入と和蘭馬術師の渡來」
9、板澤武雄「蘭學の發達」
10、好書故事卷七十四、中村喜代三「江戸幕府の禁書政策」（史林11—2・3・4）、伊東多三郎「禁書の研究」（歷史地理　68—4・5）
11、蘭學事始上、新村　出「靑木昆陽傳補訂」（續南蠻廣記所收）

第五節　その他の文化事業

この時代の幾多の文化事業として既に述べたもの丶他には、先づ古書の採訪・蒐集がある。卽ち享保七年正月幕府は全國に令を下して、紅葉山文庫に缺本となつてゐる主要な書籍の表を示し、若しそれらを所持して居れば献上し、なければ家臣をはじめ領内の寺社・百姓・町人に至る迄尋ねて、所持するものがあれば差出さしめよと令した。[1]その書名は次の如くである。

新國史、本朝世紀、寛平御記、延喜御記、律集解、令、令抄、弘仁式、貞觀式、法曹類林、爲政錄、風土記、本朝月令、律、令集解、類聚三代格、類聚國史、

この令によつて諸大名・旗本はもとより、公家・社寺からも幾多の書が献ぜられた。その中には僞書もあり、重複もあつたので、鑑定・整理の結果、新たに文庫に加へられたのは次の通りであつた。[2]

御鎭座次第記、御鎭座傳記、御鎭座本紀、寶基本紀、倭姫命世紀、類聚神祇本源（以上各一冊）、類聚國史（廿八冊）、律（衞禁・職制）、令抄、令聞書（各一冊）、法曹類林（三卷）、諸道勘文（一冊）、爲政錄（十冊）、常陸風土記（一冊）、肥前風土記（二冊）

この鑑定には最初林信篤父子が當つてゐたが、その鑑定には誤りが少なくなかつたので、その後は專ら京都から荷田春滿が招かれてこれに當り、奥右筆下田師古《もろひさ》（後に書物奉行）及びその弟淺井奉政《ともまさ》もこれに加り、また公家では滋野井公澄・中院通躬等、大名でも水戸の宗堯や細川宣紀等が諮問に與つてゐる。[3]

ついで享保十四年には諸寺院に對し、古來傳來の稀覯本については、破損せぬやう修理を加へ保存に注意する事、

またその目錄を幕府に差出す事を指令した。[4] 更に延享二年にも諸家所藏の記錄・日記類の題名及び册數の目錄の提出を求めてゐる。[5]

古書採訪についで古文書採訪も行はれた。その第一回は享保二十一年四月で、駿河國に對し、今川家・北條家の證文等を所持するものは、その寫を駿府町奉行嶋角右衞門迄差出すやう令し、翌五月には武田家の證文及び奉行・役人等の證文の寫をも差出すやう指令した。これにより集まつた古文書は四十八册に達した。現在内閣文庫所藏の「判物證文寫」がこれである。[6]

これにつゞいて、元文五年から寬保二年にかけて靑木昆陽が命を受けて古文書採訪を行つた。昆陽は享保二十年、江戸町奉行與力加藤枝直の推擧で町奉行大岡忠相の知遇を得、幕府の藏書閲覽を許され、元文四年には幕府に用ひられ、留守居支配として十人扶持を給せられた。その翌年古文書採訪の命をうけたのである。

かくて昆陽は同年には甲斐・信濃兩國を、翌寬保元年に武藏の多摩・秩父兩郡及び信濃を、更にその翌二年には武藏・相模・伊豆・遠江・三河の五箇國を巡回して古文書の採訪を行つた。採訪に當つては奉行所から天領・私領・寺社領に命令を出して古文書を持主に便宜な場所迄持參せしめたので、かなり避遠の地のもの迄集められた。集まつたものを判定して採用と不採用とに別け、採用のものは江戸表に送つて影寫せしめた上持主に返却した。かくして集められた影寫の古文書が現在内閣文庫所藏の諸州古文書二十八册である。（尤も昆陽の集めたすべてが收められてはゐない。）この影寫は甚だ精細で、印章の如きも精確であり、よく注意がゆき屆いたものであつた。吉宗公も古文書影寫には甚だ興味をもち、自ら印章の影寫を行つたといふ。猶採訪の行はれた八箇國が徳川氏の舊領國であつたことも注意すべきことである。恐らく吉宗公はこれによつて徳川氏關係の根本史料を求め、正確な史實を探らうとしたのであらう。[7]

この他、享保六七年の頃には古來よりの武器・馬具・古筆・茶湯道具・切類その他實物的道具類について調べてゐる。薩摩藩では實物又は模寫を提出せしめてゐる。[8]

また古代の技藝等の復活も試み、享保十七年には曲水宴を行つた。これは中右記等の記錄により、古例を考證して擧行したものである。[9] 元文三年には古代の舞樂が演ぜられた。[10] 古代の染色についても、既に絶えてゐた技術を延喜式によつて考證し、享保十四年以來吹上園内に染殿をひらいて染出させた。かくて紫・紅・藍・葡萄・朽葉・山藍・縹・緑などの色を染出すことに成功したので、これらを集めて式内染鑑といふものを作つた。[11]

武家關係の舊儀・史實等の考證にも少からぬ努力が拂はれた。享保二年には天英院を通じて近衞基熙に弓矢太刀其外武家に用ふべき禮式の書、軍書（但し未刊の書）等の借用を求め、家人達からも借用した。また書物としては、公卿補任を模した武家補任、武家の華押を集めた武家華押譜、大坂陣の歷史を記した御撰大坂軍記等を編せしめた。[12]

書籍の蒐集・校定の業は日本の古書に限らず、外國特に漢籍についても行はれた。七經孟子考文補遺及び大淸會典については前に記したが、その他元文元年には圖書集成繪圖が舶載した。しかしこれは繪圖のみでなく全部を持つて來るよう命じて返却した。やがて二十八年後の明和元年に文庫に全部收められたといふ。ついで延享元年には冊府元龜・續文献通考・說文長箋等九部を注文し、その中六部の輸入をみた。[13] 享保十年には荻生北溪に命じて唐律疏議の考定を行はしめたが、これは文庫所藏のもので、本國の淸には既になくなつて居り、淸に逆輸出された。[14] また前に述べた「洋書の解禁」の結果、曆算全書・泰西水法・職方外紀がこの時代に輸入せられてゐる。[15]

書籍に關しては、古書採訪・漢籍輸入のほかに、當時の學者に研究を奬勵し、出版せしめたことも少なくない。これについても既に六諭衍義大意、室鳩巣の明君家訓、荻生徂來の度量衡考などについて述べたが、享保四年には前田綱紀が稲生若水(一六五五—一七一五)の編輯した庶物類纂を献じた。公は後に丹羽正伯に命じてこれを増訂せしめた[16]。享保八年には朝鮮人許俊の著した東醫寶鑑といふ醫書に訓点を附して出版せしめたが、同十五年に至り値段を引下げて賣出し、一般の入手を容易にした[17]。同十五年には庶民の療病のため、官醫林良適・丹羽正伯に命じて普救類方十二冊を編纂して、出版發賣せしめた[18]。この他享保十九年出版の並河誠所の五畿内志についても援助を與へてゐる[18]。

幕府は享保七年の觸を以て、新板の書物については制限を加へ、風俗に係るものや異説を禁じ、特に東照宮をはじめ徳川家關係の事を記すことを嚴禁した。しかし同十九年には五畿内志に東照宮の名の出るのを許し、今後も確かな書物には記入差支へなしと令した[19]。かくして當局は或種の書物の出版に對しては重大な制限を免除し、むしろ積極的に之を援助したのである。それが如何なる性格の書物であるかは、上に述べた諸書に於ても知られる。卽ち當局は、實用的なもの、正確な事實を明らかにしたものなどの出版を援助したのである。要するに享保時代の當局の行つた書籍・古文書の採訪・校定、その内容の考證、書籍出版の援助等は、他の文化政策と同樣、實用的・實證的性格で一貫してゐるのである。

かゝる性格は書籍關係以外の事業に於ても窺ひうる。先づ享保四年には日本總繪圖が作成された。これより前正保元年(一六四四)幕府は諸大名・代官等に命じ、各國の繪圖を作らしめた。これは一里を六寸に縮めたもので、つまり二萬一千六百分の一の縮尺であつた。ついで元祿十年(一六九七)に全面的改訂が行はれ、同樣の方法で十六年頃完成した。然るに此等を享保に入つて檢討してみると、幾多の誤が發見された。例えば縮尺は大たい一里六寸になつてゐるが、一枚の圖の中でも何分か狂つてゐるところがある。(殊に正保の差が甚だしい)またこれを基として日本全體の圖が出來てゐるが、各國の圖に差があるために甚だ不正確であつた。そこで享保四年に日本總繪圖作成の命が建部賢弘に下つたのである。その方法は先づ各地方に共通の一目標をきめる。さうして各國左右中三ヶ所の地點からその目標に對する角度を定める。例へば次の如くである。

山城國愛宕山

大和國　葛下郡二上嶽ヨリ　子九分

　　　　吉野郡高見峠ヨリ　亥十五分

　　　　武庫郡六甲山ヨリ　丑三十分

攝津國　能勢郡三草山ヨリ　寅□分

　　　　島山（マヽ）郡大澤村山ヨリ　子十二分

この目標は富士山の如く甚だ廣範圍から望見しうるものは別として、大てい一ヶ國に數箇設ける。このやうにして各地の方角の關係は略明かになる。次に精確を缺くとはいえ、元祿の圖を用ひて、これを更にその十分の一に縮め、今回の測量によつて明かとなつた各國の關係に從つて綜合すれば、正しい形の日本總圖が出來上るといふのである。このやうにして四年後の享保八年に日本總繪圖は完成した。賢弘はかゝる方法が不完全なものであり、全く精確を期するには天體を觀測して經緯を測定し、その上實地の測量を行はねばならぬといふことを知つてゐたが、事を急いだためか、或は技術的に猶不可能であつたのか、上記の如き方法によつた。[20] しかし兎も角、日本地圖作成の上の大きな進歩をとげたのである。

次に吉宗公は曆の改正にも大いに努めた。當時行はれてゐたのは貞享元年（一六八四）から用ひられた貞享曆であつたが、幾多の誤があるので改めようとしたのである。そこで享保六年には天文方澁川敬尹と猪飼久一に正しい曆を作ることを命じた。[21] その後建部賢弘(一六六四—一七三九)が數學にすぐれてゐることを聞き、賢弘に種々質問した。賢弘は亦京都の銀細工人中根元圭(一六六二—一七三三)が天文に詳しいとて、元圭を推薦したので、享保十二年には元圭を江戸に召し、十人扶持を與へた。[22] 公はこの兩人に淸の梅文鼎の曆算全書を飜譯せしめ、また西洋曆經によつて律襲曆(一名白山曆[23])を作成せしめた。一方實際の測量も續け、自ら城內に於て觀測を行つた。賢弘・元圭の歿後は西川如見の子正休、澁川春海の子則休を用ひ、神田佐久間町に天文臺を設け、改曆の準備はこゝに萬端整つた。そこで寬延三年(一七五〇)兩名は京都にゆき、土御門泰邦にあつてこの事を申述べたところ、泰邦はこの事は大事であるから京都に於ても十分試みた上でなくてはならぬといひ、梅小路に測量所を設けた。然るに同年櫻町上皇崩御のため延期となり、ついで翌年には吉宗公も薨去になつたので、遂に改曆は中止となつてしまつた。恐らく土御門家としては、古代からの家業を江戸の天文方に奪はれる結果となるのを好まず、改曆を澁滯させ、口實を設けて中止してしまつたのであらう。[24] 改曆の業は公一代の中に成就しなかつたとはいへ、天文の測定に西洋の新しい技術を加へ、觀測も十分行つて正確を期した事は大きな業績といふべきであらう。地圖といひ曆といひ、事實の正確さを特に尊重する精神より起つたことであり、いづれも吉宗公及びこの時代の思潮をよく示す事業であつた。

猶最後に文化關係の事として佛敎政策に一言觸れねばならぬ。吉宗公は佛敎にはさほど關心がなく、法會等も形式的に行つたと思はれる。しかも儉約の主旨から寺院の建立を制限し、寬永寺・興福寺・護持院の如き重要な寺院に對してすら或は規模を縮小し、或は復興援助を拒んだ。法會なども大いに節略した。僧侶の中にも特に信任された者もない。公は佛敎を信仰するにはあまりにも現世的精神の持主であつた。

たゞこの時代の佛教政策に於て注目すべきは、享保七年に發せられた諸寺院に對する掟書である。その内容は概略次の通りである。[25]

一、出家は品行・風儀を正しくし、生活を簡素にする事
一、堂社建立・修復勸化に見苦しい事をせず、施主の志に任す事
一、千部讀誦の際、人數不足、讀置差加禁止。法義は必ず住僧が勤むべき事。法義内容の輕賤雜言禁止
一、讀經廻向の態度は誠信たるべし。料物布施の處置に悋嗇の氣持禁止。供養の膳を節約する事
一、檀家には貴賤の別なく親切にする事
一、參詣の檀那家族の饗應を制限する事
一、不實の講を結ばざる事
一、僧侶訴訟を愼むべき事

この掟は天台・淨土・眞言古義・新義・臨濟五山派・大德寺派・妙心寺派・黄檗派・曹洞・修驗當山派・東西本願寺等各宗各派の本山から發せられた形をなし、内容も少しづゝ各派によつて異つてゐる。しかしこれは幕府の命によつたものであつて、當局の寺院取締りの基本的態度を示したものである。[26] 江戸幕府の寺院法度は、開府以來各宗各派それぞれに發せられ、寛文五年に至つて綜合的なものが發令された。この頃迄の目的は、當局が全國を完全に支配統一するため、平安時代以降年と共に俗的勢力化し猛威を振つた寺院を抑へ付け、反抗力を奪去り、當局の意のまゝに統御するといふところにあつたので、本寺末寺制度の確立、僧侶の任務、僧侶の官位與奪權の掌握などを主として規定したものであつた。それが享保ともなれば寺院勢力は當局にとつて最早いかなる脅威でもなかつた。檀家制度など、

權力の庇護に眠る僧侶は墮落し、社會教化の役割など全く擔ふべくもない者が大部分であつた。むしろそれは一般社會に害毒を流す事も少なくなかつた。この法度はかゝる弊害を除去し、風俗を匡正せんがために發令されたのである。しかし細部にわたつての當局の干渉も佛教界の大勢を變化せしめることは不可能であつた。

註

1、御觸書寛保集成三十五、日光本坊別本當役者日記、右文故事卷八
2、右文故事卷八
3、兼山秘策第七册　享保八年五月廿六日附、基雅卿記　同七年八月六日、有德院實紀附錄卷十
4、日光本坊別本當役者日記
5、御觸書寶曆集成二十七
6、御觸書寛保集成三十五、有德院實紀附錄卷十、相田二郎「江戸時代に於ける古文書の採訪と編纂」（史學會編「本邦史學史論叢」下）
7、相田二郎　前揭論文
8、月堂見聞集、別本歷年雜志、島津國史
9、有德院實紀附錄卷十六
10、同　實紀卷四十八
11、同　附錄卷十七
12、基熈公記七十八　享保二年六月十八日・七月十六日・十八日、仰高錄、有德院實紀附錄卷十

13、代々文事表巻五
14、有德院實紀附錄巻十
15、伊東多三郎「禁書の研究」上(歴史地理68―4)
16、有德院實紀巻九、同附錄巻十五、御觸書寛保集成三十五
17、右文故事巻六、御觸書寛保集成三十五
18、代々文事表巻十三
19、御觸書寛保集成三十五
20、好書故事巻三十七
21、政要前錄坤上
22、有德院實紀巻廿四
23、白山は元圭の號である。
24、仰高錄、有德院實紀附錄巻十五
仰高錄によると、土御門家は吉宗公在世中は西川正休等に慇懃であつたが、公の薨去と共に尊大となり、正休等を相手にしなかつたといふ。
25、憲敎類典四十四　寺社上
26、辻善之助「日本佛敎史」近世篇之二

第七章　享保改革の性格

第一節　吉宗公の性格

吉宗公が八代將軍として施行した政治の大要はこれ迄述べてきた如くであるが、その政治が當時の社會の大勢と如何なる關係を有し、また江戸時代三百年を通じて如何なる位置を占めるものであつたか。以下これについて考へてみたい。そのためには先づ吉宗公個人の性格が、享保期の政治・文化・社會、即ちいはゞその時代と密接に關係してゐることに注意せねばならない。或場合には將軍といふ絶大な權力者の性格であるがために時代に強い影響を及ぼし、或場合には時代の代表者として時代の精神によつて形成された性格なのである。

公の性格として第一にあげうるのは、現實的・實利的精神である。これは前に公の學問について見た際にも明らかに窺ひえたところであつた。即ち公は儒學の經義などについては綱吉公・家宣公に及ぶべくもなかつたが、古典の校訂・考證、天文・氣象の觀測等には大きな關心をもつて居た。つまり觀念的な論議などを好まず、具體的な事物に關する正確な知識を得ることに強い興味を持つて居たのである。さうしてその根底には獲得した新知識を幕府のために廣く利用しようといふ意圖があつた。その目的のためには儒者の知識も利用し、殊に蘭人からヨーロッパの文化を吸收しようと努めたのである。公のかゝる精神はその他の逸話・事蹟の中にも見ることができる。

例へば公は享保十三年日光に社參したが、從來將軍の日光社參には書物奉行が六國史を持つてゆくことになつてゐたのを改めて、道中近傍の地圖を持參せしめた[1]。日光社參に六國史持參などといふ全く形式的なことをやめて、實用的な地圖を持參せしめたのである。このやうな公の性格に對しては「虚文をすてて實を御好被ㇾ遊候と見へ申候、御尤成事に乍ㇾ恐奉ㇾ存候[2]」とか、「利を好ませ玉ふ御心、是第一の病根にて御座候（中略）君には何事も利を離候て損失を顧みず、義を正しく行候を有道の人と申候[3]」などゝ贊否兩論が行はれてゐた。新井白石も室鳩巣が將軍に重用を受けてゐるのは、墨子・晏子の如き功利的思想が時に相應したからであらうと述べて、吉宗公が一種の功利的性格を重んじたことを認めてゐる[4]。

公はまた起居行動などにも形式主義や儀禮を捨てゝ、簡易率直な態度をとつた。例へば或時公は白衣のまゝ老中にあつたが、これは老中とは毎事心易くあはねばならぬのであるから、その度に衣服を改めるには及ばぬといふ考へからである[5]。享保二年正月に火事があつて、本丸にも火粉が飛んで來るといふ騷ぎとなつた時、公は火事羽織を着けて大きな戸を自ら外し、その棧を傳つて屋根に上り、火事の樣子を眺めた[6]。鷹狩りに出ては供をも後に殘して原野を飛廻り、鶴を捕へてその血を吸ひ、血が手につけば鷹匠の頭巾で拭ふこともあり、百姓家に入つて一同酒を飲み、醉顏となる者さへあつた[7]。草鞋も自身結んだといふ[8]。冬でも木綿の粗服を着け、三尺の大刀を指し、黒飯を大食し[9]、さうして右のやうな行動をとつたのであるから、衆人が驚くのは當然であらう。前々代・前代の將軍が儀禮を尊び威儀を正し、あく迄靜的な態度を持した後に、この粗野ともいひうる活動的な將軍が登場したのは、當時の幕臣にとつてあまりにも大きな變化だつたといへよう。

公は更にいろ〳〵細々とした事柄に迄注意を向け、幕臣達の意外な事を知つて居た[10]。紀州時代にも係役人の差出す書類に計算違のあるのを發見指摘するなど、役人達よりもよく氣が付くことも時折あつた。和歌山城下には常に横目を徘徊せしめて、士民の日常生活を觀察せしめ、殊に風俗や儉約につき注意したが、宗家繼嗣の後も江戸市中はもとより、各國を廻つて情報を將軍に供せしめた。[11] 人事・賞罰に關しても公はよく實狀を知つて居て、人々を驚かした。例へば享保二年五月大目付横田由松が精勤の故を以て千石の加增を受け、以前の三倍の千五百石となつた。當時大目付で年功の古いことをいへば仙石久尙であつたが、由松は老中に阿らず、他からの音物も定格の物以外は受けぬといふ淸廉な人柄であつた。公はこれを知つて賞したのである。[12] また享保五年五月には萩原美雅が勘定吟味役に任ぜられた。美雅は新井白石の建言による吟味役設置の際、これに任ぜられたが、白石の一派であるためやがて却けられて、二丸留守居といふ閑職に左遷されてゐた。しかし財政面には才腕を有する人であつたので、公は再び吟味役に用ひたのであらうが、諸幕臣は意外の事として驚いたといふ。[13] 儉約の勵行についても公は率先いろ〳〵と氣を配つた。老中や側近の者が華美な衣服を着てゐた時、無言のまゝその方を見つめて、居たゝまれぬやうにさせたこともあつた。[14] 食事についても、飯がよく炊けた時にはその係に賞與なども行はれたが、料理がよくできても何んの沙汰もなかつた。これも儉約勵行のための細い配慮といふ。[15] このやうに公は隅々迄細心の注意をする性格であつた。

しかしそれは決して冷酷な性格ではなかつた。綱吉公の頃には賞罰極めて嚴しく、幕臣達の僅かな過失も看過されず、嚴罰に處せられたが、吉宗公はこの點甚だ寛容であつた。これに關する逸話は少なからずあるが、一二例をあげると、或時大川に舟遊びがあつたが、その折小役人が公の座の障子に觸れてこれを破損してしまつた。側近の者がこれを咎めると、公は目付に聞えるといけないからそのやうに咎めるなといはれた。この時目付も居たのであるが、公の心を察してかくれてゐたので、この小役人は罰を免れた。又或時鷹野に出かけての歸途、徒士が手に持つたゐた公の鉄砲を落してしまつた。若年寄以下驚いてこれを公に申上げると、公は彼は石につまづいて倒れたが、鉄砲は手か

十二　徳川吉宗公自筆 馬圖　徳川頼貞氏藏

十三　徳川吉宗公着用鷲毛織羽織　松平乗承氏藏

ら離さなかつたといはれたので、この者は事なきを得た。このやうな事は今日から考へれば大した事とは思へぬが、當時は相當の罰は免れなかつたところなので、公がかゝる機轉をきかしたことは甚だ寛大な精神の現れであつたのである。[16]

將軍の威嚴を昂めるといふことでは吉宗公は相當苦心したことゝ思はれる。紀州藩から迎へられて、困難な政局を打開し、幕府政治を強化するためには、是非とも將軍が絶大の權威をもたねばならなかつたからである。この點長期にわたる大老政治の後をうけて幕府に入つた綱吉公の立場と似てゐる。しかし綱吉公は前にも言及したやうに、刑罰を嚴重にして小過をも許さなかつたり、儀禮を重んじて上下の別を明確にし、形式上から權威を附して行かうとした。白石は嚴罰主義ではなかつたが、殊號問題や彼の禮樂論によつて知られる如く、外形の權威を附けることこそ内實の權威を昂めるものであるといふ主張であつた。これに對し吉宗公は、前の寛大さでも明かなやうに嚴罰主義ではなく、また形式から内面に及ぼすといふこともしなかつた。例へば將軍に對する敬禮・警護なども殊更いかめしくすることを止めた。卽ち享保七年には將軍外出途上にて謁する場合、膝を地につけて頭を低く下げてゐたのをやめて、言葉をかけられた時のみ拜伏するといふことにした。[17] 放鷹に出る時の警護についても、近邊の小兒の外での遊戲、庶民の往來なども許し、從來一日停止であつた芝居も、それに及ばぬことゝなつた。[18] 將軍の供をする者その他の服裝に嚴重な制限があつたのも、將軍に權威をそへる手段であつたのであらうが、享保時代にはいろ〳〵と緩和された。例へば狩に出て驟雨にあつた時又は酷暑の時には菅笠使用を許した。與力・徒士以下は城門内では雨天でも履物がはけなかつたのを改めて雨天には履物を許した。後には雨天の際將軍に從ふ者には菅笠のみならず雨傘をも許した。また宇治の茶を江戸に送る際、茶壺の警護が物々しいのは名高いが、これもこの時代に大いに輕減された。從來茶壺の警護には徒頭が徒士一組を率ゐてこれに當つてゐたのを止め、大番一人を添へることにした[19]。つまり儀禮・制度など、外形的に上下を甚しく隔絶せしめることによつて將軍の權威を昂めるといふことをやめて、つとめて下に接近し、その行動によつて將軍の權威を強くしようとしたのである。

公が常に下言を求め、下情に通じようと努めたのも、一つには上下の接近を考へたがためであつた。目安箱の投書の如きは諸役人の手を全く經ずに吉宗公が封を開くので、將軍が潤色をうけぬ下々の聲を聞きうると共に、諸幕臣達は何事が將軍に直訴されてゐるか知ることができず、將軍の權威を增すに少からず役立つたものと思はれる。

吉宗公が中興の英主と仰がれ、名君と稱せられるのも、このやうな性格の將軍であつたがためである。卽ち公は江戸幕府開府以來最初の難局に將軍の職に就いたが、活動的・積極的な行動と、庶政の隅々に迄届く注意力とによつて率先政治の先頭に立ち、幕臣を統率したのである。このため外形的な威嚴は取去られたが、現實には施政上公の意志はよく貫徹したのである。かくて公は幕政再建のため最も實利的・現實的な途をえらび、三十年間の在職中、よく各方面に改革の實をあげた。要するに吉宗公は政治的感覺・時代感覺に極めてすぐれた將軍であつたといひうる。

註

1、有德院實紀附錄卷十

2、兼山秘策第四冊　享保五年十月十八日附

3、春臺上書

4、白石與佐久間洞巖書

白石がかゝる性格に批判的であつたことは彼の思想上からも當然で、この書簡の文面も「土器につき候味噌にて大

臣の大饗をも濟し候はんやうにとの心得」などと皮肉な調子で認めてゐる。また洞巖宛の別の書簡では、晏子などを批判し、禮樂がなければ人道はたゝぬと述べてゐる。暗に吉宗公を批判したものであらう。

5、兼山秘策第三冊　享保元年六月廿一日附
6、同　同二年五月十二日附
7、同　第四冊　同三年二月廿五日附
8、甲子夜話巻二
9、兼山秘策第三冊　正德六年五月廿七日附
10、南紀德川史一
11、有德院實紀附錄巻一・九、兼山秘策第四冊　享保三年十一月二十九日附
12、同　實紀巻四、同秘策第三冊　同二年六月三日附
13、同　實紀巻十、同秘策第四冊　同五年五月十四日附
14、同　秘策第三冊　同元年九月朔日附
15、甲子夜話巻十二
16、有德院實紀附錄巻十四
17、同　實紀巻十五
18、同　附錄巻三、兼山秘策第三冊　享保二年十二月廿三日附
19、同　實紀巻六・十三・十六・十九、同附錄巻三

第二節　政局に活躍せる人々

前説で述べた如く享保改革に於ける吉宗公の存在は極めて大きい。それ故この時代を概觀する場合、吉宗公の他には僅かに大岡忠相の活躍が知られてゐる程度で、他の人々は皆吉宗公の蔭にかくされてしまつてゐる。それは恰も寛政改革に於ては松平定信が、天保改革に於ては水野忠邦が一人でこれを代表してゐるのと同樣である。しかし寛政・天保の場合でも同樣であるが、詳しく享保の政治を眺めてゆくと、幾多の人物が登場して、吉宗公を輔佐して活躍してゐる。中には大岡忠相の如く拔擢された人も少なくない。以下はその概要を述べることゝする。

Ⅰ　老中

享保初年には老中は「援立の臣と申候て、中々人主も自由には難ㇾ被ㇾ成」と室鳩巣も記してゐる如く、その勢力は正徳期に間部詮房らに抑へられてゐた反動もあつて、急に強くなつた[1]。當時の老中は土屋相模守政直・井上河内守正岑・阿部豐後守正喬・久世大和守重之・戸田山城守忠眞の五人で、いづれも正徳期から老中の職にあり、いはゞ吉宗公の援立の臣であつたのである。この五人の中、井上正岑については鳩巣が「兎角井上殿權を專らに被ㇾ致候體に見え申候」と記してゐるが、謹嚴實直ではあつたが融通性もなく、器量に乏しい人であつた[2]。また久世重之は鳩巣の言によると「當代にては拔群に相見へ、御老中壹人の樣に申候」と絶贊してゐる。重之は御用取次の有馬氏倫が老中所管の事項を勝手に處理したのを責め、老中列座に呼出して謝らせたり[4]、新井白石が失脚後、誰も顧みる者のゐなかつた時、多數の人の前で懇ろに言葉をかけるなど、その事蹟は凡庸の人でなかつた事を示してゐる[4]。しかし老中としてどれ程の手腕があつたかは不明である。

正徳期からの老中は、享保二年に阿部正喬、三年に土屋政直が辭任し、五年に久世重之、七年に井上正岑が歿して、戸田忠眞のみが殘つた。忠眞は十四年迄在職するが、井上正岑の歿した七年には既に七十二歳の老年で、翌八年には月番及び連署を免ぜられて殆んど名譽職となり[5]、また消極的な性格で、老中の會議の際にも自説を主張するやうな人ではなかつた[6]。かくして井上正岑の歿する七年五月頃ともなると、吉宗公にとつて遠慮すべき老中はゐなくなつたのである。

七年頃には老中としては忠眞の他に水野忠之がゐた。忠之は享保二年、阿部正喬に代つて所司代から昇格した人である。彼が非凡の人であつた事は、その所司代時代對面した近衞基熈もその日記に「非二只人一、尤聰明無二比類一」と記して居る[7]。老中となつてからも久世重之などと共に積極的な發言をしてゐたが[8]、享保七年五月十五日勝手方老中に任ぜられた[9]。この頃の幕府の財政狀況は極端に惡化し、旗本への給米すら渡しかねる程であつた[10]。そこで吉宗公は忠之に財政面を專念せしめ、本格的な財政再建を行はうとしたのである。しかし又この五月十五日は井上正岑の歿する二日前であつたことに注意せねばならぬ。即ちこの頃には正岑は危篤に陷つて居り、吉宗公にとつては最早遠慮すべき老中はゐなくなつた。そこで從來老中は月番で庶政を擔當し、重要問題は列座で合議したのを改めて、最も根本的な問題である財政再建を忠之の專任とし、效果の上ることをはかつたのである。それと共に又、單獨の老中に對しては列座の老中に對するより、將軍の意志をよく反映せしめうることを期待したものと思ふ。

このやうにして忠之は幕府財政の最惡の時に勝手方專任となり、その本格的再建にのり出した。その業績については既に財政の章に於て詳述したからこゝには省略するが、その後數年間に大いに財政が恢復したことは忠之の大きな功績といはねばならぬ。

忠之の家は家康公の生母傳通院の出た家であつて、譜代の名家であるが、忠之は忠春の二男で、一時別家忠近の養子となり、旗本となつてゐた。元祿十二年（一六九九）三十一歳で兄忠盈の養子となり、生家に戻つて五萬石の大名となつたのであるから、所謂大名の子として生長した人ではなかつた。[11] この點吉宗公が三萬石の小藩から五十數萬石の大々名に、更に將軍にと躍進したのと聊か類似してゐる。その性格も亦公とよく似た所があつて、甚だ細く氣のつく人であつた。その逸話として、忠之が若年寄時代、料理人が大爼板が破損したので新調を申出た。忠之がその値をきくと三十兩といふ。それが高過ぎると思つたので、忠之は歸宅後出入の大工に十分の利益をはかつて見積らせたところ、七兩で出來るといふ。そこでその大工に作らせて登城し、料理人に三十兩とは法外の値であるといつて、之を叱責したといふ。[12] 若年寄が果して爼板の新調に迄關與したのか否かはわからぬが、忠之の細さをよく想像せしめる逸話である。

忠之の財政方針は府庫の充實といふ事で一貫してゐた。諸大名の上ゲ米、旗本の切米借上、貢租增徴、新田開發等、いづれも幕府の收入增大をはかる政策であつた。「無理で人をこまらせる物　生酔と水野和泉守」（享保世話）といふ落書も、當時一般的な不況時代に府庫第一主義を推進する彼の政策に對する非難であらう。室鳩巣も忠之を「大聚斂の臣」と非難し、吉宗公にも忠之に對する批判を上言した。[13] 其後何者かゞ鳩巣と同様の意見を目安箱に投書した。吉宗公は之を、その姓名の部分を切除いて忠之に見せた。忠之は之を鳩巣一派の仕業と考へたのであらう。「我等のこまり候者は只々儒者共にて候。」と呟いたといふ。[14] 彼の政策によつて最大の打擊を蒙つたのは旗本・御家人中の少祿者で、早くから生活に苦しむ者が多いところへ、切米の一部は借上げられる。不況で米は下るが物價は容易に下らない、金銀相對令で借金の途は閉されるなどと、慘々な狀態であつた。當時忠之非難の落書も數多く出たが、御家人達のかゝる窮狀・忿懣を反映したものが少なくない。殊に切米の借上に對してはいろ〳〵の形で落書が作られた[15]。

忠之は吉宗公の信任を背景として、かゝる反對を押切つて政策を推進した。勘定所内に於ても白石・鳩巣の一派である萩原美雅は御家人達の切米借上に反對であつたが、その主張は却けられた[16]。このやうにして幕府の收入は增加し、支出は嚴しく抑制せられ、幕府の金藏に金銀はたまり、吉宗公の日光社參の盛擧も可能となつたのである。

しかし享保十五年六月、忠之は突然老中を辭任した。その形式は吉宗公から、年も老い病身となつたから辭任するやう申渡され、腰物の代金二十五枚を賜つたのである[17]。表面上は何事もなく圓滿に退職したと見えるが、實は罷免されたのであるといふ噂が當時行はれて、種々の理由がまことしやかに取沙汰された。室鳩巣はこれについて、久世重之も戸田忠眞も、當人から辭職を願つても許されず、終生老中であつた。忠之の場合は願ひもせぬのに免ぜられたのであるから、あまりよい首尾ではないと取沙汰されてゐる。しかし委細の事は認めることができないと、靑地禮幹に書送つてゐる[18]。何か鳩巣はその裏面を知つて居りさうな口吻である。また一條兼香は當時の噂を日記に次のやうに記して居る[19]。卽ちこの年四月水戸の宗堯が薨去したが、これは病死でなく自害であつた。それは普請の事について水戸家から幕府に願ふ事があつたが、老中が妨害して成就しなかつたがためである。忠之はその責任で罷免となつたのであるといふ。或はまた家重公が產土神の社を修理しようとした時、忠之が意の如くこれを行はなかつたので罷免されたのであるといふ。此等は全く噂話に過ぎないのであるが、忠之は罷免されたのであると當時一般に考へられてゐた事は察することができる。當時の落書も罷免されたものとして盛んに嘲笑してゐる[20]。その他有德院實紀附錄(巻六)・世說海談・續三王外記及び水野忠邦が編纂せしめた水野家の歷史「丕揚錄」、いづれも忠之の退職を罷免とみてゐる。忠之も辭職の後「茲日辭レ官卜二菟裘一、柴門靜鎖世情休、人間榮辱渾如レ夢、明月淸風景轉幽」といふ詩を作つてゐるのをみると、その退任が本意でなかつたことを察しうるのである。[21] 要するに形式は兎も角、忠之の辭任は決して圓滿裡に行はれたものではなかつたのである。

それでは忠之は何故免職となつたのであらうか。前掲の諸書は或は取るに足らぬ噂を載せ、或は全く理由不明としてゐる。勿論表面上は罷免ではないし、幕府のかゝる人事問題は一般に秘密主義であつたから、その理由は推察する外はない。そこで推測してみるのに、當時漸く米價下落が大問題とならうとしてゐた。その原因は既述の如く、忠之が中心となつて計畫遂行した幕府の財政再建策に大いに關係がある。つまり緊縮政策と通貨縮少、更に貢租増徴・上ゲ米等による幕府の貯金銀増加策は甚だしい不況を全社會にもたらし、米價にそれが最も端的に表現されたのである。これは物價騰貴以上に武士の生活、殊に幕府の旗本・御家人の生活を根底から破壊するものであつた。つまり忠之はその責任をとらねばならなかつたのではあるまいか。ともあれ吉宗公治世前半期に於ける水野忠之の活躍は特に重視すべきものである。

忠之に續いて公の後半期に活躍したのは松平乘邑《さと》であつた。乘邑の家は大給松平の嫡流で、代々儀式の際には諸大夫上首を勤めるといふ譜代の名門であつた。彼は元祿三年（一六九〇）相續以來幕府の役職に就かなかつたが、享保七年（一七二二）六月、大坂城代安藤信友が老中に任ぜられた後、封地（山城淀城）が大坂に近いといふので城代々理を命ぜられ、その翌年四月には老中に任ぜられた。時に三十八歳の壯年であつた。[22] 乘邑の老中任命は聊か異例のことであつたらしい。吉宗公は紀州・水戸の藩邸へ安藤信友を遣し、また尾張は在國であつたので、小姓組番頭高木守興を名古屋に派遣して、この旨告示した。これは從來の老中任命の際には見られぬことであつた。[23] 恐らく乘邑が前年大坂城代々理となつたのは、老中には所司代か城代を經て昇進する例になつてゐたので、その例に從つたものであらう。

つまり既に近々老中になることを前提としてゐたものと思はれる。吉宗公は彼の才腕を見込んで老中に抜擢したのであらうが、前年迄全く役職に就かず、それから僅かに半年程城代々理を勤めたに過ぎぬ者であり、しかも家柄はいかに名門でも、三十八歳は當時としても老中となるのに若過ぎる。乗邑より年齢も多く、幕府役職の經歴も長い所司代松平忠周などは當然老中の第一候補であるべきなのに、之を差措いて乗邑を老中とする。このやうな事情のため公は特に使者を派して三家の了解を求めたものと思ふ。

果して乗邑は公の眼力の通り、すぐれた才腕の持主であつた。名町奉行といはれる大岡忠相も、乗邑には才智の敏捷さにおいて梯をかけても及ばぬ、複雑多岐にわたる公事訴訟の類を、何日もかゝつて調べ上げ、漸く意味が通ずるやうになつてから、乗邑にあつてその事を説明しようとすると、その半分も述べぬ中に論旨の推移から結論迄先にいはれてしまひ、それが露程も違はぬ。かゝる神妙の才は再び世に出るとも思はれぬと賛嘆の限りをつくしてゐる。また後世、享保期の財政殊に農政を背負つてゐたかにいはれる能吏、勘定奉行神尾春央も、乗邑程人を巧みに使ふ人はゐない、あのやうに使はれては誰でも働かざるを得ぬと語つたといふ。[24]

乗邑が老中となつた時には水野忠之が勝手方老中として實權を握つてゐたので、乗邑が直ちに庶政に才腕を發揮する機會も少かつたであらうが、享保十三年吉宗公日光社參の際、初めて彼の才腕が發揮せられることになつた。[25] 即ち彼はこの大事について、その計畫・遂行等諸事萬端を總帥する任務を與へられ、滯りなくこれを果したのである。この間に何か突發事件が起つて、それを彼が巧みに處理したといふのではないが、終始平靜・圓滑に事がはこんでいつたところに、一層彼の能力の大きさが知られるのである。甲子夜話（巻一）に、或宿に於て供揃がなか〱進行せず、将軍の出立ができなかつた時、乗邑が一度騎馬で行列全體を乗廻つたら、直ちに供揃が完了したといふ逸話を傳へてゐるが、彼の威令の徹底してゐる有様を察することができる。

ついで彼が活躍したのは享保十七年夏關西以西を襲つたかの大蝗災の善後措置についてである。この時には天領にも相當の被害があつたが、餓死人を出さず、救濟が私領以上によくゆき屆いた。これは後に述べるやうに、勘定方に有能な人々が少からず、これらの人々の措置宜しきを得たゝめではあるが、その上に立つ乘邑がよく適切な指令を下したからに外ならぬ。かくて彼は翌十八年八月吉宗公から直接褒美の刀を授けられ、救荒措置よく氣色にかなつた旨の言葉を受けた。[26]

このやうに彼は老中としての日常の勤務の外に、時折大任を立派に果してきたが、元文二年六月には、享保十五年水野忠之辭任以來缺けてゐた勝手方老中に任ぜられた。[27]當時の幕府財政狀況は財政の章に詳述してあるが、かの十七年の大蝗災と、その前後の米價暴落對策によつて、折角蓄積した金も支出して殆んど底をついてゐた。農村からの收納も、一時新田開發や貢租增徵に努めたが、そのため貧農の生活を破壞し、夫食・種貸抔の救濟を要する者を激增せしめてしまつたので、近年は次第にその度合を緩和し、收入も減ずる傾向にあつた。このまゝでは別に濫費することなくとも、じり〳〵と再び享保以前の如き窮乏狀態に到達しさうであつたのである。そこで彼は勝手方となるや直ちに觸を發して、昨年格別の風雨もなかつたのに取箇が十一萬石も減免となつたのは、代官共の吟味不行屆であり、且勘定奉行の監督が疎そかであつたがためであると、勘定奉行以下を叱責し、今後貢租增徵に努め、手代等の私曲・不正のないやう嚴重に監督することを命じた。[28]殊に同年は代官一人々々について、その貢租賦課の仕方を報告せしめるといふ徹底したやり方であつた。このやうにして彼は檢見を徹底的に行つて石高を增加させ、又その年の作柄を確實に把握し、諸役人の不正を抑へて農民から徵收した貢租を確實に幕府の收入とするといふ方針を實行したのである。

この効果は覿面で、翌年から收入は數十萬石增加し、延享元年には天領の高四百六十三萬石、總年貢百八十萬石と江戸時代の最高を示してゐる。[29] 彼が神尾春央に命じて攝家以下公家の所領に縄を入れさせた爲め、公家の憤激をうけ、これがやがて乘邑の罷免される一因となつたといふことが傳へられてゐるが、眞僞は兎も角、彼の貢租增徴の方針がいかに徹底したものであつたかを偲ばせる話である。[30]

かくて乘邑は享保時代の後半、吉宗公を輔佐して幕政の中心に立ち、よくその任を果した。延享二年三月にはその功によつて一萬石を加增せられ、並びなき權勢を張つたのである。[31] しかし同年九月吉宗公が隱居し、家重公が第九代の將軍となるや、情勢は忽ち一變した。卽ち家重公の繼統の祝賀が終つた直後の十月九日、突如として彼は、前々から權高に相勤め、先達て大御所（吉宗公）から注意あつたにも拘らず、我意を立て、取計らひ不調法であつたといふので役を免ぜられ、出仕停止。翌日には加增地及び西丸下にあつた役屋敷沒收、致仕・蟄居を命ぜられた。[32] 水野忠之の場合と異つて明かに罷免せられたのである。

その理由については德川實紀には「秘して傳へざればしるものなし」と記してゐるが、忠之の場合と同樣種々の取沙汰が行はれた。續三王外記（惇王紀）には、乘邑は家重公が懦弱多病で將軍に相應しからぬから、これを廢し、田安宗武を世子としようと企てたが吉宗公が許さなかつた。かくて家重公が九代將軍となつて乘邑は失脚したのであると記してゐる。又乘邑を攻擊し、その惡事を列擧した倭紂書・鄙雜爼等には、免職の日老中酒井忠恭が彼に申渡した理由七ヶ條といふのを載せてゐる。それは次の如くである。

一、尾張宗春が遊女春日野を請出した時不埒があつた。

一、榊原政岑が遊女高雄を請出した時不埒があつた。

一、五攝家方・御門主方領分を檢地した。
一、諸役人・諸番頭などに權高で無禮であつた。
一、隱し目付を設け、自分一己の了簡で毎日書上げを取つた。
一、居宅・泉水に分不相應の奢をした。
一、秉康友軒を一分の了簡で取立てた。

宗春・政岑に關する不埒といふのは、この二人が不行跡といふので幕府から罰せられた件をさすものであらう。この七條が表向きの事で、その他諸書若干の異同あるが幾多の悪事をあげてゐる。それを概括すると、彼が奢つてゐた事、財政政策の失敗、威張つてゐた事、倹約・風俗匡正によつて江戸を衰微せしめた事などを彼の罪としてゐるのである。

此等の事柄ももとより公表された事實でなく噂話に過ぎぬのである。しかも乘邑に對しかなり悪意を以て書いてあるからその眞實性は一層低くなる。例へば乘邑の奢侈について、彼に稍ゝ好意的な立場の明君享保錄（卷八）には、彼が屋敷を沒收された時、中屋敷も下屋敷も普請がしてないので居場所に困つた。人々はそれを不心掛と嘲笑したところ、吉宗公は之に反對し、當時の役人達は立派な屋敷を在役中に作つて遊山所などとするが、乘邑は日夜幕府に盡して餘事を構はなかつた。今屋敷に困るのは日頃の律義を爰に明かに示してゐると大いに賞賛したとある。これによれば乘邑の奢侈や私曲は否定せらるべきである。

要するに乘邑失脚の原因となるやうな確實な事實は知り得ないのである。しかし實はかくの如く明確な事實のないところに幕府政治の特色があるといへよう。つまり乘邑はその優れた才腕と吉宗公の信任とによつて、幕府政治の改革に十分奮闘することができた。その結果彼の實權は甚だ大きくなり、下役には勿論、同僚に對しても强大な權勢を張るを得たのである。このため、彼には神尾春央の如きよい部下もあり、彼の權勢に追從する者も少なくなかつたであらうが、又反感を懷く者も年と共に增加していつたのである。さうして彼が吉宗公といふ絕對の支柱を失つた時、昨日迄の權勢は消失せて、免職・減封・蟄居と逐ひ落されてしまつたのである。或は彼は病弱な家重公の代りに、有能な田安宗武を將軍にと思つたことがあつたかも知れぬ。しかし彼の失脚の原因はそれのみではなく、むしろ享保改革に對する反感を一身に背負つたといふべきであらう。諸書（倭紂書・鄙雜爼等）に於ける彼に對する惡口は、實に享保改革に對するものとも見ることができるのである。[33]

かくの如く享保時代、吉宗公を佐けた人々として老中水野忠之、松平乘邑の存在は極めて大きい。さうしていはゞこの兩人は吉宗公の身替りとして、一切の政治責任を身に負つて失脚したのである。後世吉宗公が中興の英主・名君と仰がれる蔭には、この二人の老中の懸命の努力があつた事を忘れてはならぬのである。更に注意をひくのは、この二人の老中の子孫である。忠之の六代目の子孫はかの天保改革の中核に立つた水野越前守忠邦である。乘邑の孫乘完《さだ》は寛政元年老中となり、松平定信を援けて寛政改革を行つた人、また林家をつぎ官學を復興して、學問思想の面から改革に參與した林述齋も乘邑の孫である。[34] このやうに彼等の子孫も亦幕府政治の改革に大いに活躍してゐるのである。享保期に於ける忠之・乘邑の活躍は啻にその時代の政治上少からぬ功績を殘したといふにとどまらず、子孫をも奮起せしめたといふべきであらうか。

註

1、兼山秘策第三冊　享保二年八月八日附

2、兼山秘策第四冊　享保三年四月廿三日附、雨雪之友、流芳録
3、同　同五年六月廿八日附
4、同　第三冊　同　二年十二月廿六日附
5、有徳院實紀卷十六
6、兼山秘策第三冊　享保二年八月八日附、同　第四冊　同三年四月廿三日附
7、基熙公記七十五　正徳六年正月十六日
8、兼山秘策第四冊　享保三年四月廿三日附
9、有徳院實紀卷十四
10、御觸書寛保集成十九
11、寛政重修諸家譜卷譜三三三
12、武家秘笈
13、兼山秘策第六冊　享保七年十二月十二日附、同八年二月十九日附
14、同　第七冊　同八年九月八日附
15、享保世話
16、兼山秘策第六冊　享保八年正月廿二日附
17、享保日録
18、兼山秘策第八冊

19、兼香公記　享保十五年七月六日・八月七日
20、同　同年八月七日、世説海談
21、同　同年十月九日、世説海談、甲子夜話　巻十九
22、寛政重修諸家譜巻九
23、兼山秘策第七冊　享保八年四月廿三日附、有徳院實紀巻十六
　青地禮幹は安藤信友が不時に紀州家・水戸家へ上使として赴いた用件について、水戸家聞番が老中任命についてゞあると語つたと傳へ聞いた。しかしかゝる事は例のないことであるから、實際は何か別の重大な用件があつたのであらうと推測してゐる。しかし德川實紀には尾張へ老中任命の件で小姓組番頭を派したと明記してあるから、禮幹の推測は誤りで、やはり聞番の言の如く、三家へ乘邑を老中に任命する旨を知らせたのである。
24、甲子夜話巻四
25、有德院實紀巻廿五・廿七
26、同　巻卅八、寛政重修諸家譜巻九
27、寛政重修諸家譜巻九
28、德川禁令考巻三十四・三十五
29、御取箇辻書付（向山誠齋「癸卯雜記」四）
30、倭紂書、鄙雜爼
31、有德院實紀巻六十一

32、惇信院實紀巻一、寛政重修諸家譜巻九、御徒方萬年記、延享錄
33、例へば倭紂書に記してある乘邑への非難の中には次の如き事柄がある。
一、山王の祭禮を簡素にさせた事
一、氷川門前の賣女、比丘尼を嚴禁し、多數を難儀せしめた事
一、金銀に關する訴訟を獨斷で年二回受理とした事
一、祝儀の能の橋掛りの青竹を節約した事
一、將軍宣下の衣裝を古物で間に合はせた事
一、新田開發のため秣場迄取上げた事
一、關東の山林を伐拂つて新田とした事
一、新代官を任命して武藏の農民の貢租を增徴した事、その他新代官不仁の仕形の事
一、宮地芝居を禁じて江戸を衰微せしめた事
一、吉原以外の賣女を禁じ、江戸衰微、數萬人難儀せしめた事
一、正月の女子供のよみかるたを博奕として咎めた事
一、盗賊を死刑にせず、入墨叩き放しにした結果、再犯者激增した事
一、金銀座の願を容れ、獨斷で貨幣を改鑄した事
一、細田丹波守の取成しで、錢屋を追放・遠島・闕所にした事
一、田安家から財政援助を乞うたのに許さなかつた事

此等の中には誇張されたもの、疑はしいものも含まれてゐるが、乘邑の取計ひであると非難攻撃してゐるこれらの事柄は、享保改革の諸政策中の一として、又その具體的な表れとして見るべきことである。つまり乘邑に對しての惡口は實は享保改革に對するものなのである。（この惡口をいつた人の意圖はさうでなかつたかもしれないが）

34、林述齋は岩村侯松平能登守乘蘊《のりもり》の三男で、林家をついだ人である。父の乘蘊は乘邑の三男、松平乘賢の養子となる。この家は乘邑の祖父の代に別れた家である。

II　諸役人の登用

吉宗公は譜代の家柄を重視したので、側近の者などを特に寵し、これを重く取立てゝ權勢を張らせるといふやうなことはしなかつた。しかし幕府の要職である町奉行・勘定奉行などの人選には深く注意し、低い家柄の者でも才能によつて拔擢した。前に公の性格を述べた際、細くよく氣がつくといふ事の例證として、實によく諸役人の能力や性格などについて知つて居て衆人を驚かした事實を若干あげたが、役人の能否が政治の善惡の分れ目であることを考へて十分注意したがためであらう。このやうにしてこの時代、身分の低い家柄の人達が大いにその所を得て活躍するのである。

拔擢をうけた人として特に有名なのは大岡忠相（一六七七―一七五一）である。忠相は大岡忠高の四男、同姓忠眞の養子となつた。最初は實父・養父と略同樣の經歷を辿り、元祿十五年書院番の番士となり、寶永元年徒頭に昇つて布衣を許され、同四年使番、五年目付と進み、正德二年山田奉行に任ぜられ、従五位下能登守となつた。こゝで彼は既に述べた如く、山田の者と紀州領松坂の者と多年にわたる訴訟を裁くに當り、三家の一たる紀州家の威勢に屈する事なく、斷然山田側に理を認め、その勝訴とした。その勇氣と公正な態度とを當時紀伊藩主であつた吉宗公が認めて、將軍就職の翌年、當時普請奉行に昇進してゐた忠相を更に江戸町奉行に昇進せしめ、越前守と改めさせたのである。普請奉行から町奉行に昇進する者は決して皆無ではないが、多くはその間に勘定奉行を經るのが例であり、殊に忠相はその前年普請奉行に昇つたばかりで忽ち町奉行となつたのは珍らしい事といはねばならぬ。この後彼は元文元年迄十九年間の長期にわたつて町奉行を勤め、名奉行と仰がれた。この間享保十年には二千石の加増をうけて三九二〇石、更に元文元年には旗本からは全く異例の寺社奉行に任ぜられ、二千石の加増をうけて五九二〇石、役料を併せて萬石格となり、寛延元年には役料を原祿に改めて一萬石、奏者番を兼任し、こゝに彼は譜代大名となつたのである。[1)] 彼が町奉行時代、公正にして且人情に富んだ裁判を行つた事は、專制政治の暗い裁判に戰いてゐた江戸の庶民間にやがて理想化せられ、大岡政談といふ物語すら出來上つた。

こゝに注意せねばならぬのは、後世大岡忠相のために全くその光を奪はれてしまつた形になつたが、名奉行といはれた人が當時忠相以外にも輩出したことである。例へば延享元年（一七四四）から寶曆三年（一七五三）迄町奉行を勤めた能勢賴一については次のやうな話がある。賴一は甚四郎といつて居た時代、素行が惡くて吉原通ひなども盛んにしたが、後改めて目付となり、町奉行に進んで能勢肥後守となつた。或時吉原の傾城を吟味したところ、賴一が出座するや遊女達は「誰かと思つたら甚さんぢやないか」と口々に騷ぎ立てた。しかし賴一は少しも慌てず、のこ〳〵と緣先に出ていつて、女共を見渡して一々名を呼びかけ、更に誰それはどうしたなどと親しげに尋ねた。その平然とした態度に流石の女共も却つて靜まつてしまつた。その時賴一は、自分も若い頃は身持が惡かつたが、その後改めて町奉行となつた。卽ち今日お前達を吟味する役目である。若しお前達の申分が訝しいと思へば、卽座に同心達に縛らせて牢へ入れるぞ。何事も眞直に申立てよ。やれ〳〵久しぶりに逢つて喜ばしい。とこれだけいつて正式の座に直り、大

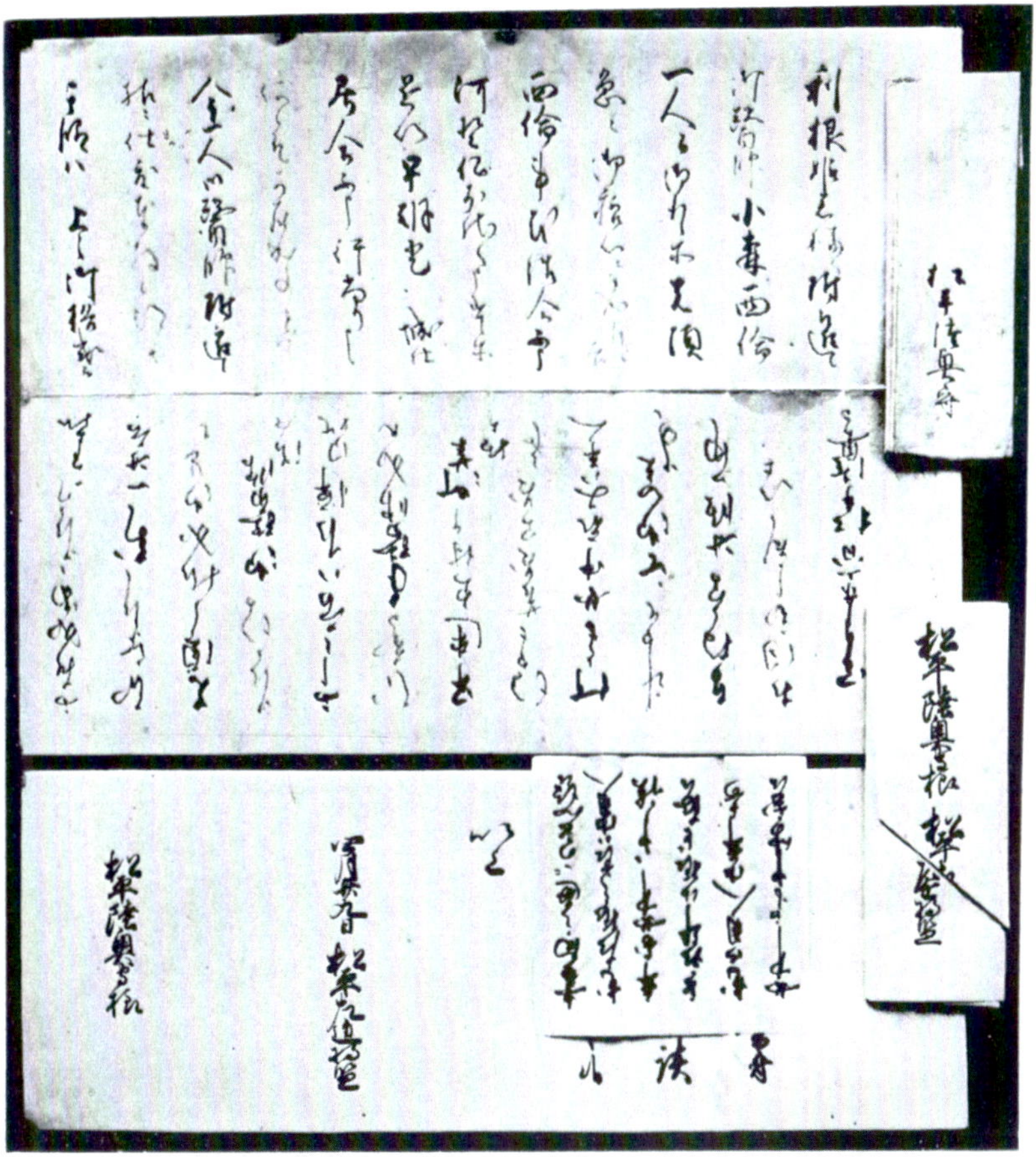

十四　松平乗邑書状　　伊達家文書

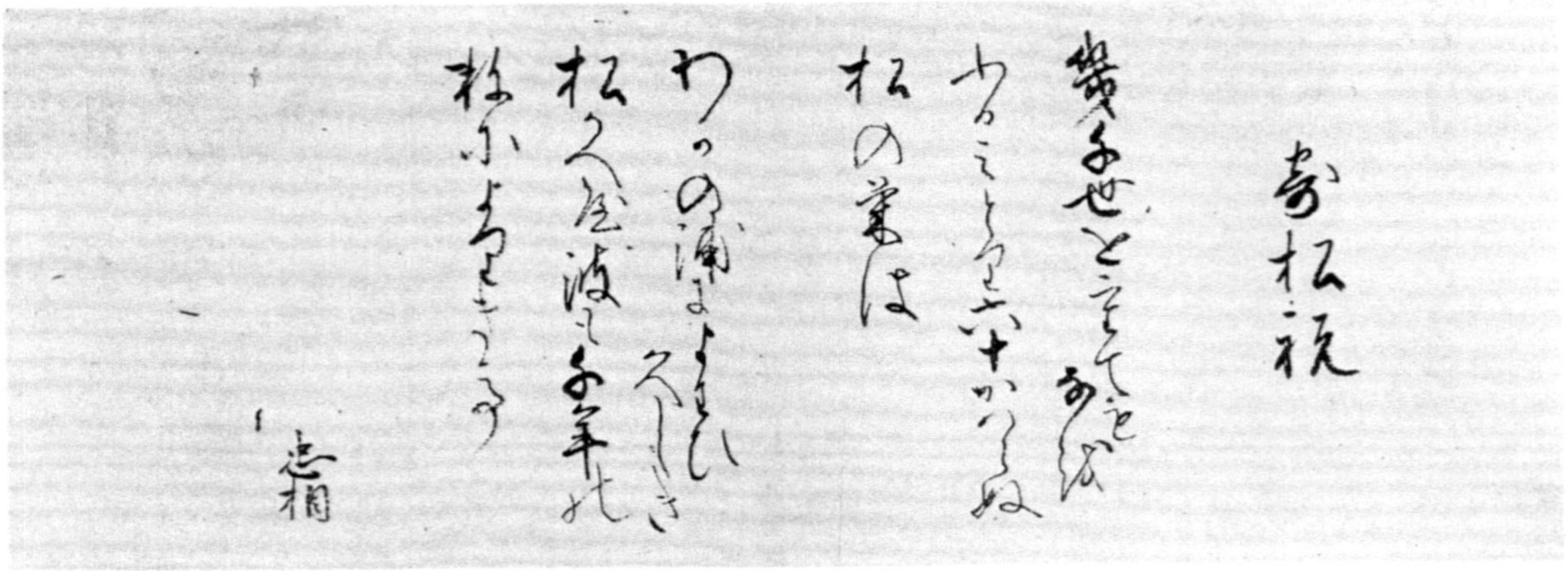

十五　大岡忠相筆蹟

大岡忠綱氏藏

音を上げて、新吉原何町何屋何某抱遊女誰と呼んだ。その氣勢に呑まれて一同は水を打つたやうになつて、滯りなく吟味をうけた。傾城達が騒いだのは吉原の惡黨の吟味妨害の計畫であつたが、これが賴一のため完全に打破られたのであつた。この話が誤つて幕末の名奉行といわれる遠山景元（在任弘化二―嘉永五）の逸話として傳へられてゐるが、實際は賴一の話であるといふ。[2] 彼が凡庸の人でなかつたことを示す逸話である。

また後に勘定奉行を勤めた松浦信正が大坂町奉行時代の裁判の話に、大岡政談の小間物屋彦兵衞事件と殆んど同じ話が傳つてゐる。それは高麗橋筋の金持笘屋久五郎が或日五百兩を紛失した。その嫌疑が手代の忠七にかけられた。しかし忠七はあく迄も知らぬといふので、笘屋は奉行所に訴へ出た。信正は忠七を調べてみたが絶對に否定する。拷問にも白狀せぬ。笘屋からは犯人に間違ひないから早く處刑してくれと賴む。そこで信正は白狀はないが笘屋から犯人に絶對間違なしといふ證文をとつて忠七を處刑した。ところがその後眞犯人が出てきた。そこで信正は笘屋一族を悉く呼出し、汝等のために罪なき者を仕置きした。この上はお前達を殘らず處刑し、自分も切腹する外ないと申渡したので、一同生きた心地もなくなつてしまつた。すると信正は笑つて、萬一かゝる事もあらうと、忠七は殺さなかつたといつて牢から連出し、笘屋から罰金として五百兩を取り、これを忠七の保養金として渡したといふ話である。[3]

能勢賴一の話といひ、松浦信正の話といひ、史料の確實性からいつてほゞ大岡政談と同程度のものと思はれる。しかし享保頃には大岡忠相以外にも何人か名奉行といひうる逸話を殘した人があつた事は注意せねばならぬ。それらのすべてが忠相によつて後世代表せられたのであらう。兎も角御定書の制定といひ、かゝる名奉行の輩出といひ、享保時代は司法面に於いて明るい時代であつたといへよう。

享保時代は司法面と共に、或はそれ以上に財政面の重要な時代であつたので、財政を擔當する勘定方の人事には特に著しい變化がみられた。その最も大きな特色は、勘定方の下役から多年の經驗を積んだ才能ある人々が、比較的身分や家柄に拘束されずに用ひられた事である。そのよい例は勘定奉行に於て見ることができる。勘定奉行は通例書院番・小姓組などの番士となつた者が徒頭を經て目付となり、ついで遠國奉行・作事・普請奉行を經て任ぜられるのが順路であつた。勘定方の下役からの者は、如何に經驗深く能力あらうとも、せい〴〵勘定組頭止りであつた。貞享四年（一六八七）に至つて初めて佐野正周が勘定衆から同組頭・勘定奉行差添役（後の勘定吟味役）を經て奉行となつた[4]。ついで荻原重秀も同じ經歴を辿つて元祿九年奉行に任ぜられた[5]。しかしその後は又番方から目付・諸奉行を經て昇進する人達のみとなつた。つまり幕府成立後一世紀餘の間は、勘定奉行といふ役は諸旗本が番士から大目付・留守居へと出世してゆく徑路の一段階にすぎなかつた。勿論中には勘定奉行としてすぐれた人も居たであらうが、大ていは財務に專門的經驗も知識もない人達であつたのである。

事がない時代にはそれでも濟んだのであらうが、次第に財政が樂觀を許さず、政治上に占める比重が大きくなると、素人の奉行では役に立たぬ。元祿の頃荻原重秀が財政を獨擅的に左右し得たのも、實際の役割が甚だ重要なのに首腦部の關心が甚だ低かつた事と、同僚の奉行が番士出身で、とても經驗に富み才能ある荻原に太刀打出來なかつたからであらう。そこで正德になつて新井白石は奉行の重要性を强調し、その獨擅を牽制するため、一度設けられて荻原が廢止してしまつた勘定吟味役を復活した[6]。

享保時代に入つても最初は番方からの奉行が續いたが、中頃に至ると長年勘定方を勤めた經驗深く才能ある人々が奉行に昇進するやうになつた。卽ち享保十六年には杉岡能連・細田時以、十九年には神谷久敬、寛保三年には萩原美雅が夫々勘定役から組頭・吟味役を經て奉行に任ぜられた。この後屢々同樣の經歴で奉行に昇進する者が出るやうになつた。つまり享保になつてはじめて勘定方から奉行へ進む途が確實に開けたのである。

奉行と共に重要なのは勘定吟味役である。これは天和二年（一六八二）佐野正周・國領重次兩名が任ぜられたのに始まる。[7] この役は奉行と異り、設置當初から主として勘定組頭より拔擢せられた。漸く複雜となつてきた財政事務を圓滑に處理するため、經驗を積んだ有能な人に番方出身の經驗淺い奉行を補佐させる目的で設けたのであらう。最初はその名も勘定奉行差添役と呼ばれた。その地位も奉行と同格ではないが奉行の支配下にはなく、獨立して老中の支配をうけてゐたから、自ら奉行と相互の牽制も可能であつた。この役は元祿十二年（一六九九）荻原重秀の奉行時代に廢止となつたが、やがて新井白石は重秀が財政を獨擅的に切廻し、不正私曲を行つて幾多の弊害を生ぜしめた事に鑑み、正德二年（一七一二）吟味役を復活させた。この後この役は常に設けられて、財政に少からぬ役割を果すに至る。享保時代にも前記の勘定方出身の奉行がこの役を經てゐるのを始め、幾多のすぐれた人達があらはれてゐる。

このやうに享保時代には勘定方の下役から多年の經驗を重ねてきた人達が、家柄などに拘らず拔擢されて勘定方の要職に就く例が少からず見られた。勿論番士から勘定奉行に進んできた人達もあつたが、主として活躍したのは此等勘定方生拔きの人達であつた。次にそれらの中の若干人について述べよう。

杉岡能連《よしつれ》（一六六九—一七三八）　父重能が神田館で綱吉公に仕へ、後綱吉公と共に幕府に入り勘定衆となる。能連も勘定衆を振出しに出世し、正德二年勘定吟味役、布衣を許された。享保十六年勘定奉行、從五位下佐渡守となる。正德四年の正德金銀改鑄を擔當したのをはじめ、貨幣統一・土木工事等の政策遂行の中心となり、殊に享保十七年關西以西に起つた大飢饉の救濟、善後措置に功を立てた。又彼は御定書編纂の主任をも勤めてゐる。[8]

細田時以《ときより》（一六八二—一七三七）　祖父が神田館で綱吉公に仕へ、後幕府の家人となる。祖父・父共に勘定衆・代官等を勤む。時以も勘定衆を振出しに、金奉行、勘定組頭を經て、享保八年勘定吟味役、布衣を許され、同十六年勘定奉行、從五位下丹波守となる。特に著しい活躍としては享保十七年の飢饉の救濟、更に元文金銀の改鑄はこの人が專ら擔當した。[9]

神谷久敬《ひさよし》(一六七二—一七四九)　父の代に至る迄いづれも目見以下の役人。父も支配勘定から漸く勘定衆となつて目見以上となるといふ低い家に生れた。久敬は勘定衆を振出しに出世して、享保八年吟味役、布衣を許され、同十九年に奉行、從五位下志摩守となつた。第一の活躍は享保十七年の飢饉に、直ちに大坂に赴いて現地に於ける飢民救濟の指揮をしたことである。[10]

神尾春央《はるひで》(一六八七—一七五三)　父祖は終生小普請かまたは職についても目見以上ではあるが大した職に就いてゐない。春央は寶永元年十八歳で腰物方を勤めて以來、桐間番・細工頭・賄頭・納戸頭を歷任。純粹の勘定方出身ではないが、桐間番以外は物品の調達の役であるから財務に關係ある仕事である。元文元年勘定吟味役となり、翌年には忽ち奉行に昇進、從五位下若狹守と稱した。以後元文金銀の改鑄、河川修理、新田開發、檢地等に大活躍をし、勝手方老中松平乘邑のよき輔佐役であつた。[11] 彼は「胡麻の油と百姓は絞れば絞るほど出るものなり」といつたとか、五攝家領に繩を入れて公家を怒らせたなど、徹底した徵租政策を遂行した人として傳へられてゐる。彼の活躍があまり大きかつたゝめか、享保時代の財政々策は彼の關與せぬもの迄、神尾若狹守の行つた事として傳へられてゐる程である。後世彼に對してはその財務官としての能力を賞賛するもの、徹底した儉約政策や苛酷な徵租を非難するものなど、毀譽褒貶樣々である。[12]

萩原美雅《よしまさ》(一六六九—一七四五)　代々細工頭・勘定衆など財務關係の職を勤む。美雅も勘定衆となり、藏奉行・勘定組頭を經て正徳二年吟味役となり、布衣を許された。しかし新井白石の一派であつた爲め正徳六年二丸留守居に遷されたが、享保五年吉宗公に認められて吟味役に復した。同十七年には佐渡奉行、元文元年には長崎奉行となつて叙爵、従五位下伯耆守となり、寛保三年に勘定奉行となつた。[13] 彼の功績として最も大きいのは正徳四年の金銀改鑄で、新井白石も「此事（改鑄）の緒をなせしは偏に此人の功なり」と認めてゐる。[14] 享保に入つて吟味役に復してからも新田開發・河川修理等に活躍してゐる。しかし彼は室鳩巣に師事して儒學の敎養もあり、神尾の如き徹底した幕府本位の實利主義を嫌ひ、勝手方老中水野忠之とも衝突したことがあつた。[15] 彼が比較的出世の遲れたのも、思想が時の政策に合はなかつたがためであらうか。

以上は享保時代に勘定奉行に取立てられた人々について、その活躍の概要を述べたのであるが、奉行にならなかつた人達の中にも、すぐれた才腕と豊富な經驗によつて重要な活躍をした人達が少なくない。例へば享保三年美濃郡代から勘定吟味役に任ぜられた辻守參《もりみつ》は「辻六郎左衞門上書」で名高い人であり、地方の聖といはれた。[16] 享保十六年吟味役となつた井澤爲永は、もと紀州藩士で、吉宗公が宗家を繼いだ後も紀州に殘つてゐた。しかし爲永は紀州に於て吉宗公の藩主時代土木・治水に大きな功績のあつた人なので公は享保八年特に幕府の家人に召出して勘定衆に任じ、專ら土木・治水を擔當せしめたのである。[17] また蓑正高はもと猿樂の家の人であつたが、享保十四年大岡忠相の支配となり、更に後、支配勘定格として天領三萬三千五百石を預けられ、元文四年には代官に登用せられた。[18] 彼は農政面に知識深く、「農家貫行」という著書もある。[19] 川崎の名主田中丘隅も農政面に甚だ豊富な知識をもつて居り、「民間省要」といふ著書もあつた。この事を吉宗公が知つて、享保十四年七月支配勘定格として、天領三萬石を預けられた。[20] 享保六年代官となつた小宮山昌世は、辻守參と共に地方の聖といはれる程農政に精通し、「田園類說」その他の著書がある。[21] 更に幕府の職にはつかなかつたが、大島守正を將軍の顧問的地位につかしめた。守正は吉宗公の紀州藩主時代、財政面を擔當して、殊に農政に功のあつた人である。[22]

吉宗公は將軍となつた頃、譜代を尊重し、家柄を重んずる旨屢〻宣言した。然るに右のやうに盛んに低い家柄の人や、譜代の家人でない人達を登用したので、非難の聲も起つた。例へば元文二年、金銀の改鑄に反對の意見を目安箱に入れた或浪人の投書には、先年將軍は譜代の人々に向つて、輕い者を取立てゝ召仕つては家法が猥りになるといはれたので、衆人は尤の事と稱贊したが、事實は大いに相違してゐる。杉岡・細田・神谷を取立たのは何事であらうか。彼等は先祖以來布衣以上の役を勤めたことはない家柄であると記してある。[23] 確かに右に述べたやうな人達、殊に神谷久敬の如きは父の代迄目見以下の役しか勤めてゐなかつた。それが布衣を許され、叙爵するに至つたのであるから、人々に目を見はらせたに相違ない。江戸時代にあつては家人の登用・降貶は將軍の意志が絶對的に通用した。それ故單なる恩寵によつて高い地位に引上げられた例も少なくない。しかし享保時代の人事は決して將軍の氣まぐれ的人事ではなかつた。右に述べたやうに、登用を受けた人々は夫〻專門的に豐富な經驗と知識をもち、すぐれた才幹を有してゐたのである。享保時代の政治が常によく現實に卽應して行はれたのは、將軍・老中の下に此等熟練の專門家が然るべき地位を得て事に當り、此等の人々の意見が上層部によく反映してゐたからに外ならぬ。それは又吉宗公や水野忠之・松平乘邑等首腦部の、十分に現實を把握し、且その施策を十分全般に徹底効果あらしめようといふ意圖から行はれた人事であつた。享保改革を考へる場合、此等專門熟練者の進出を重視せねばならない。

註

1、寛政重修諸家譜巻一〇六一・一〇六二、有德院實紀附錄巻七

2、廿日草、森　銑三「人物閑話　三、金四郎と甚四郎」（日本歴史　四四）

3、近代公實嚴秘錄巻二

4、寛政重修諸家譜巻八五三

5、同　巻六〇一

6、折たく柴の記巻中

7、常憲院實紀巻五

8、寛政重修諸家巻一二六九、德川禁令考後聚首巻

9、同　巻九四二

10、同　巻一四五二、有德院實紀巻三十六

11、同　巻一〇四六、元文日錄

12、本多利明「西域物語」下、倭紂書、鄙雜爼、甲子夜話、はつか草、近代公實嚴秘錄巻三

地方凡例錄（巻三）には、享保年間に有毛檢見が實施されたが、これは神尾春央の建言によると記してゐる。しかし有毛檢見は享保初年に施行されたので、春央はまだ腰物方で全く關係ない事である。

13、寛政重修諸家譜四七三、兼山秘策第四冊　享保五年五月十四日附

14、折たく柴の記下

15、兼山秘策第六冊　享保七年十二月十二日附、同八年正月廿二日附
16、地方凡例録巻三
17、寛政重修諸家譜巻一二八七、有徳院實紀巻十七
18、同　巻一二二一、有徳院實紀附録巻九
19、日本經濟叢書巻五
20、有徳院實紀巻三十、日本經濟叢書巻一
21、寛政重修諸家譜巻一五一二、地方凡例録巻三、有徳院實紀附録巻九、日本經濟叢書巻八
22、同　巻七四、南紀徳川史一・十二、有徳院實紀附録巻三
23、武陽禁談

第三節　朝廷・諸藩との關係

I　朝幕關係

幕府が吉宗公を中心に政治力の強化をはかつていろ〳〵と改革を遂行してゐる時、朝廷や諸藩に對してどのやうな態度で臨んでゐたであらうか。

先づ朝廷に對する關係を見ると、創立期に於て何かと朝廷・公家の現實的勢力を抑制しようとして、兎角朝廷との間に融和を缺いた幕府も、その基礎が確立し、絶對的な實力をもつやうになると、次第に親密な態度を見せるに至つた。享保に先行する元祿・正徳の時代はその絶頂期であつて、殊に儀禮の府として、一段と朝廷尊崇の實をあげるに

至つた。

享保に入つて吉宗公は新井白石の採入れた公家風の儀禮・制度を取除いたが、それは決して朝廷に對する親近感を薄くせんがためではなかつた。吉宗公は先づ財政を中核とする幕府の實力を作上げるのを第一と考へ、繁雑で費用のかゝる儀禮をやめて、簡潔な政治を行はうとしたのである。

吉宗公も朝廷に對しては崇敬の念に篤かつた。公がまだ紀州の分家時代、日頃狩獵の折など立寄る僧庵があつた。或日公がその庵に立寄つて、庵主と談話中、偶ゝ禁中の話に及ぶと、きつと威儀を直して聞いたといふ。[1] また將軍となつてから、老中には日夜心易くあはねばならぬから、その度に服装を改めることもできぬとて白衣で引見したが、用件が禁裏・日光に關する場合はその心得で引見するから、前以て豫告するやうにと命じた。[2] 公の朝廷尊敬の念がよく窺ひうる。

公は在職中いろ〳〵と朝廷の利益をはかつた。その第一は大嘗會の復活である。大嘗會は戰國爭亂以來久しく絶えてゐたのを、貞享四年（一六八七）東山天皇の時に、幕府の援助により再興したが、次の中御門天皇（寶永六年受禪）の時には行はれず、櫻町天皇（享保二十年受禪）の時に復活し、元文三年（一七三八）十一月十九日擧行せられたのである。[3] 中御門天皇の時には家宣公や白石など幕府首腦部に特に朝廷尊崇の人々の多い時代に拘らず、何故行はれなかつたか不明であるが、恐らく當時幕府の財政は極度に逼迫し、將軍宣下の資金も捻出に苦しんでゐた程であつたから、大嘗會にはとても手が廻らなかつたのではあるまいか。とすれば櫻町天皇の時擧行しえたのは、享保改革の輝かしい成果を示す一例といへよう。朝廷の經濟に關しても公は少からぬ配慮をなし、享保十四年には東宮（後に櫻町天皇）に千俵、八十宮（靈元天皇々女吉子内親王、有章院夫人となるべき方）に金二百兩を年々增進することに定めた。[4]

同二十年には讓位せられた中御門上皇に御料として一萬石を獻呈した。從來は七千石の例であつたを增額したのである。又今後上皇が二人以上の時には、本院以外には七千石といふことに定めた[5]。

この頃朝幕間の融和の事實として、書籍の交換が行はれた。享保六年閏七月には幕府はかねて朝廷から求められてゐた伽羅を獻ずると共に通志堂經解・康熙字典を獻上した[6]。その翌七年五月靈元法皇は將軍が古書を蒐集してゐるのを聞かれ、本朝世紀四十六冊を書寫せしめて、これを吉宗公に贈られた[7]。翌六月十九日には幕府は法皇に、水戶家から幕府に獻上した禮儀類典を書寫して獻上した[8]。同十四年には禁中へ文獻通考・續文獻通考を獻上した[9]。朝廷のみならず、公家とも書籍について種々の交渉があり、幕府が文庫に全國から古書を蒐集した際には、多數の公家が之に協力した[10]。吉宗公は或時江戶の商人奈良屋某が定家の眞蹟を所有してゐるといふのを聞き、これを求めて冷泉爲久に贈つた[11]。

享保十四年には交趾から象が渡來した。幕府はこれを江戶に連れて來る途すがら、京都によつて中御門天皇・靈元法皇にも御覽に入れた。極めて珍らしいものであつたので、天皇も法皇も和歌を詠まれ吉宗公に贈られた。

中御門天皇

ときしあれば他國なるけたものも今日九重にみるか嬉しさ

靈元法皇

珍らしく都にきさの唐倭過し野山はいく千里なる
情しるきさの心か唐人にあらぬやつこの手にも馴きて
是も又此時こそとかきつめて見そむるきさの大和ことのは

十六　享保十四年渡來 象圖　　德川宗敬氏舊藏

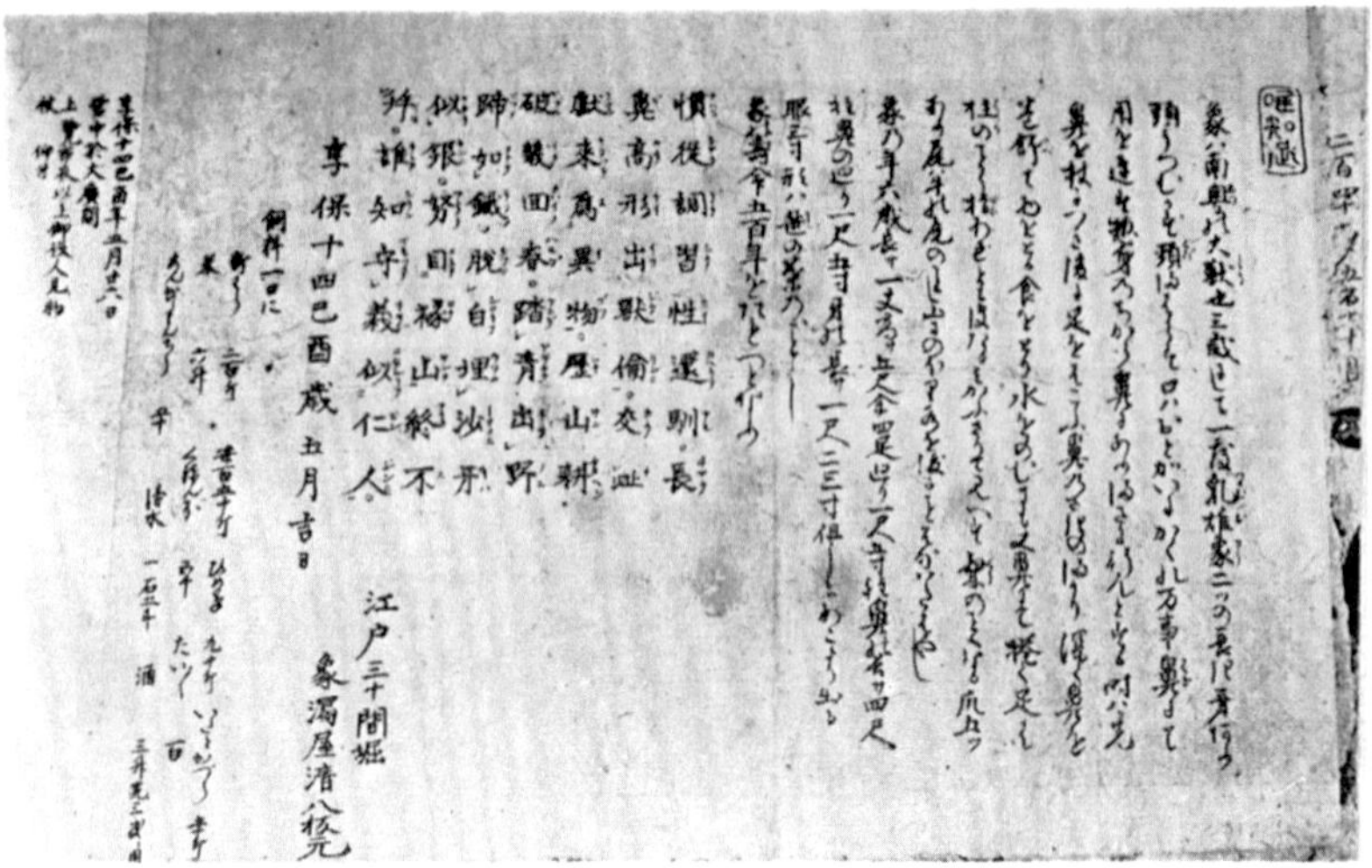

十七　享保十四年渡來 象圖　　德川宗敬氏舊藏

十八　中御門天皇御製 象の歌　（靈元上皇添削）

象の叡覽は朝幕間の和やかな氣持を示す事件であつた[12]。

このやうに吉宗公は朝廷に何かと融和的態度をとつたので、靈元法皇も頼もしく思はれ、一度上洛するやうにと言はれたが、これは費用があまりにいるので辭退したといふ。また享保二十年閏三月五日には、讓位せられたのを機に中御門上皇から御冠・御直衣・檜扇を與へられた。これは類なき殊遇であつたといふ[13]。

しかしこの時代の朝幕關係は悉く圓滑にいつたのではなかつた。小さいいざこざは何回か起つてゐる。享保二年正月奈良興福寺が全燒してしまつたので、その再興を幕府の力で行つてほしい旨朝廷から申入れがあつた。これに對し幕府は春日社領及び興福寺領二萬二千石餘の中、千七十一石は修理料として預けており、しかも幕府で造立した例はないのであるから、天皇・法皇の御旨にはそひ難い。幕府で造立した寺社が大破して修理を願つてきても許さぬ程であると返答した。京都側では五攝家協議して、更に強く押してみてはといふ意見も出たが、あまり强硬に主張して他の用件が通らぬやうになつては困るといふので、輕く重ねて依頼するといふことに定つた。幕府としては當時極度に支出を削減して居り、德川家で建立した護持院も燒失後再建せず護國寺に移してしまひ、寛永寺の修理も節減し、更に大猷廟が燒けても再建しなかつた程であるから、他氏の寺であり、しかも厖大な規模のものを建立するのに力を貸さなかつたのは當然といへよう。しかし若し何等か政治的顧慮を要する時代であつたなら、すべてを差措いても行つたであらうが、全くかゝる心配は不必要な時代であつた。公家側では近衞基熈など、文昭院は比類なく朝家を重んじてゐたのに、今はかくの如くなつてしまつた、言語道斷、不道の至りであると憤慨し、一條兼香も、朝廷より重んぜられる寺の事であるからどうしても再興せねばならぬ、來春になつてもう一度要求すべきであるといふ意見であつたが、いざ集つて協議するとなると、公然とかゝる强い意志を關東に表明する勇氣がなかつたのである。この後享保十年に再建のため諸國勸化を認め、幕府も寄進すると共に、諸大名以下百姓・町人に至る迄寄進するやう觸れ、同十七年には淺草觀音境内に於て今後十年間富突を興行することを許した。しかし遂に幕府の力で再建は行はぬといふ方針を通してしまつたのである。[14)]

また眞僞は明かでないが、神尾春央が指揮して五攝家以下公家領に檢地の繩を入れた。公家側は大いに憤激し、幕府側にあつても松平乘邑に反對する者は彼の責任を盛んに追求した。しかし吉宗公はこれ迄正確に知れなかつた五攝家の所領に、わが代になつてはじめて繩を入れ、その高を知ることが出來たのは莫大の手柄であると賞贊したといふ話が傳つてゐる。[15)]

要するに吉宗公及び幕府は朝廷に種々の親切な取計ひをしたけれども、朝廷のために施政方針を曲げることはしなかつた。如何に朝廷側の要求があつても、又不滿・憤慨を招いても、獨自の方針を貫いた。幕府にはそれだけの實力があつたのである。

幕府のかゝる態度は公家側にも自ら反映したと思はれる。殊に公家には傳統的に武家に對する反感を懷くものが少なくない。享保二年五月有章院小祥忌法會の際、勅使鷲尾隆長等が一寸した事件を起したのも、かゝる反感の表れであらう。その事件といふのは增上寺に於ける法會の際、勅使鷲尾隆長・院使西洞院時成・女院使甘露寺尙長の三卿が將軍出御となつても平伏しなかつたといふ事件である。このため幕府でも高家がよく敎へなかつたといふので、畠山義寧等三人に遠慮を命じたが、京都では若しこれで公武の感情が惡化しては一大事といふので三卿に遠慮を命じ、いづれも本官・兼官を免じた。[16)] 隆長等の言分は高家がよく敎へなかつたといふのであるが、一條兼香も記して居る通り、勅使・院使ともなる者がかねてその場の次第について先格を知つておかぬ筈はない。儀禮については、それが公家の生命であるから、高家など及びもつかぬ程知つてゐる筈である。それ故彼等が將軍に禮をしなかつたのは、武家に對する反感と公家の自尊心から頭を下げなかつたのか、又は武家は全く禮樂を知らぬもので、公家の儀禮などそこでは通用せぬといふ考へから、わざと高家の誤つて敎へた通り行つたのではあるまいか。室鳩巢は吉宗公の動作が甚だ輕いので間違つたのであらうと考へてゐるが、間違へたといふより、むしろ夷狄禮を知らずといふやうな輕蔑の念を懷いたがためであらう。當時の公家は武家に對する反感を、往々武家は粗野・不作法であるといふ輕蔑の念を以て表現してゐる。野宮定基の如きは勅使として關東下向の間は日記をつけなかつた[17]。（當時の日記は日々の儀禮の模樣を後の參考とする目的で記したものである。それ故禮儀のない關東にあつては記す必要ないといふのである。）隆長等の態度も亦かゝる精神から出たものと思ふ。

近衛基熙なども屢〻武家に對する不平を日記に認めてゐる。尤も家宣公に對しては、罕であるから稱贊して居るが、吉宗公の時代となると連日のやうに關東の惡口が見える。殊に吉宗公の儉約政策に對する非難は枚擧に暇がない程である。また享保三年水戸の綱條薨去の際、歌舞音曲が七日間停止となつたことについて、朝廷に於ては公家が薨去しても三ケ日、若くは一日が定例であるのに、武家はかくの如しであると不滿を述べ、同七年老中井上正岑が卒して三日間停止となつた時も、「是近世風也、嗚呼々々」と歎いてゐる[18]。武家に對する不平・不滿は多くの公家の心から常に消えることはなかつたのであらう。しかし鷲尾隆長の如き形に於てすらこれを表明する者は稀であつて、心は不平でも武家との間に事が起らぬやう汲々としてゐたのが當時の公家達の現狀であつた。

註

1、翁草卷十
2、兼山秘策第二册
3、有德院實紀附錄卷三
4、世說海談
5、有德院實紀卷四十一
6、基長卿記、後中内記、代々文事表卷五、正齋書籍考卷二
7、右文故事卷十六
8、兼香公記、基雅卿記、代々文事表卷五
9、代々文事表卷五
10、同　右
11、有德院實紀附錄卷十六
12、同　附錄卷三（但し中御門天皇の和歌は京都御所東山御文庫所藏同天皇宸翰による。）この他象については月堂見聞集卷二十・二十一、享保通鑑に見えてゐる。二頭來たが一頭は早く死んでしまつたらしい。
13、有德院實紀卷四十一、同附錄卷三
14、基熈公記七十八　享保二年十一月二十二日、兼香公記二十八　同月二十五日、御觸書寛保集成二十一
15、明君享保錄卷八

16、基熙公記七十八　享保二年六月二日・三日、兼香公記二十六　同年五月二十七日、兼山秘策第三冊　同年五月十九日附、有徳院實紀巻四、公卿補任
17、辻善之助「日本文化史」Ⅴ　第四十章
18、基熙公記七十九・八十四

Ⅱ　幕藩關係

江戸幕府の諸藩に對する態度は、初期にあつては之を完全に抑へ付け、その力を削ぐといふ政治的目的から極めて嚴格で、何かにつけて壓迫を加へ、殊に外様に對しては假想敵國のやうに取扱つたが、幕藩體制が確立するに從つて次第に融和的になつてきた事は既に述べたところである。享保に入つて吉宗公は譜代大名を優遇する旨屢〻宣言したが、外様を壓迫したことはなく、概していへば諸大名に對する幕府の態度は大きな變化なく、安定した形をとつてゐたのである。

享保時代諸藩との間に起つた事件といへば先づ尾張の宗春(一六九六―一七六四)の處罰をあげねばならぬ。宗春は尾州家第三代綱誠の第二十子、奥州梁川に於て三萬石を受けてゐたが、享保十五年兄繼友の後を承けて第六代の藩主となるや、幕府の方針と全く相反する藩政を行つた。同十六年施政の方針を述べた溫知政要には、幕府の嚴しい緊縮政策と干渉主義を批判して、儉約は大切な事であるが、やたらに省略しては知らず〳〵不仁な仕方が出來して諸人痛み苦しみ、省略却て無益の費となる。又法度等を澤山出せば自ら違反者も多くなり、そのためにいよ〳〵法令が多くなる。やがて高聲で話すこともできなくなるであらう。法度の數が減れば背く者も少く、人々も諸藝にはげみうるやう

になるであらうと記してゐる。かゝる放任主義に加へて、甚だ華美を好む性格であつたので、名古屋には遊藝音曲が盛んとなり、演劇も發達し、遊里も著しく増加した。江戸に於ても、參勤の道中に於ても、人目を驚かす程華美な風潮に滿ちあふれてゐた。自身も吉原あたりを盛んに徘徊した。これに對し吉宗公は同十七年使を派して之を詰問したが、宗春は表向き陳謝しつゝ、詰問の箇條に對し逐一反駁した。宗春の態度は將軍家に對し反感的で、尾張家は將軍家に決して臣從してゐるのではない、三家といふのは將軍家・尾張家・紀州家をいふと述べてゐる。殊に吉宗公の儉約政策は根本を知らぬものであり、無理な理窟をつけて百姓町人から出來る限り誅求する政策であると非難した。さうして自分の華美は却つて下々の助となるとて、この詰問を受けた後も行動を改めなかつた。かゝる政策によつて名古屋城下は甚だ活氣を呈し、商業も盛んとなつたが、それと共に著しい弊害も起つてきた。卽ち風俗は頽廢して、武士の遊女請出しなども多數にのぼり、財政もやがて破綻し、農民等の負擔が激增した。そこで宗春も遂に享保二十年頃から政策を一變せざるを得なくなり、武士の風俗を取締り、遊里・芝居を減じ、町役所を設けて取締りを行つたが、藩士達は生活困窮のため假病を申立てゝ勤務を怠り、取締りは徒らに微に入つて庶民を苦しめるなど失敗が多かつた。吉宗公は此の機をつかみ、元文四年宗春の行動無狀で政務をとることができぬとて蟄居を命じ、尾州分家美濃高須藩の松平義淳に本家を繼がしめた。卽ち宗勝である。宗春はその後終生蟄居を許されずに薨じた。[1)]

寛保元年には姫路藩主榊原政岑(一七一五—一七四三)が不行跡の故を以て罰せられた。政岑は派手な性格で、三味線・淨瑠璃などの遊藝にも達し、遊里に遊んだり、奢侈を極めるなど、幾多の不行跡があり、幕府の方針に背いてゐた。遊女の落籍も再三行つたが、特に寛保元年新吉原三浦屋高尾を三千兩で落籍した事は有名である。かくて幕府は同年不行跡の故を以て隱居謹愼を命じ、子政永に相續せしめ越後高田に移封した。一時は斷絕の危險もあつたが、祖先の功により本領は安堵されたものといふ。[2]

享保十八年三月には紀州家が叱責を受けた。その前年關西以西は蝗の大群によつて大損害を蒙つたが、その年末幕府は、從來紀州藩政が悪く、士民が困つてゐたところへこの災害をうけ、餓死者も多いといふ情報を手に入れたので、大坂城代に命じて實狀を詳細に調査せしめた。その結果かねてから銀札の流通が圓滑を缺くなどの失政多く、庶民困窮し、その上今度の大飢饉によつて餓死者も少なくないといふ狀況が判明したので、幕府は紀州家々老を松平乗邑宅に招いて救濟措置の不手際を責め、且つ銀札は圓滑に流通できぬならばやめるやう申渡した。かくて紀州藩の札遣ひは復活後數年にして止められた。しかしこれは三家殊に吉宗公出身の藩でもあるためか非公式の形で行はれた。[3]

その他松山藩・鳥取藩などこの飢饉の救濟に關して叱責・處罰をうけた藩は若干ある。

幕府が處罰した藩はこのやうなものであるが、幕府初期と較べては勿論、綱吉公の初年などゝ較べても、その措置は甚だ緩かである。例へば尾張の宗春の如く將軍と最初から全く意見を異にした大名に對しては、初期にあつてはもつと速かに處罰が行はれたと思ふ。榊原政岑の場合などは當然除封か著しい減封が行はれたであらう。然るにすべては緩かに行はれたし、宗春の場合などもその言動に對してゞなく、藩政に失敗したその結果に對して罰を課してゐる。つまり吉宗公はあまり諸藩に對して干渉主義をとらなかつたといへるのであらう。たゞ幕府として見捨ておけぬ明かな不都合が生じた場合のみ、その責任を追求したのである。

かくの如く幕府と諸藩の關係は政治的にはあまり大きな事件のない時代であつた。しかし幕府の基本的政策は少からぬ影響を諸藩に及ぼしてゐる。卽ち享保時代に入つて幕府は財政を根本的に建直すため幾多の新政策を行つた。その詳細については前に述べたところであるが、その影響は天領にとどまらず全國的に波及し、諸藩も多少の差はあれ、その影響を免れなかつたのである。その顯著な政策は享保三年の新通貨政策の施行と、同七年の上ゲ米の賦課である。前者は銀の新舊交換比率を急激に變動せしめ、舊貨の回收を促進しようとしたので、所謂銀遣ひの地方には大きな衝撃を與へた。後者は高一萬石に付米百石といふのであるから、實質的には二―三%の負擔であり、その代償に江戸在府期間を半年にしてもらつたので、江戸に於ける支出の減少を考へれば、さほど大きな負擔とはならなかつたかも知れぬが、財政窮乏に喘ぐ諸藩にとつてはその程度でも困つたやうである。例へば會津藩ではその分を家臣一統から名主郷頭に至る迄賦課し、不足分のみを藩主が補つた。他の藩も同樣であつたらしい。[4] 更に間接的であるが影響の大きかつたのは幕府財政々策のまき起した不況であつた。幕府は新通貨政策によつて通貨を著しく吸收してしまふと共に、緊縮政策によつて支出を削減し、金銀藏の蓄積につとめた。このため社會は甚だしい不況に陷り、世人は金銀不足に苦しんだ。諸藩に於ても貨幣不足に困つて、大坂への廻米を激增させた。例へば加賀藩に於ては從來國元で處理していた家中除知米を享保十二年から大坂に送つてゐる。[5] これは少しでも多くの米を送つて、銀の獲得を增加しようといふ苦心の策であらう。この結果が享保中頃からの米相場暴落となり、又農村は諸藩の貢租增徵によつて生活に彈力性を失ひ、十七年の關西以西の飢饉にも甚大な打擊を蒙つてしまつたのである。更に各藩が特產物の生產に關心を注ぎ始めたのもこの不況と少からぬ關係があると思ふ。このやうに享保政治の影響は幕府の意とせぬ所に於て諸藩に大きく及ぼし、社會情勢を搖動かしていつたのである。

註

1、愛知縣史　二

2、橋本政次「姫路城史」中

3、虫附損毛留書

4、會津家世實紀

5、黒羽兵治郎「近世の大阪」　第二章　加賀藩の藏屋敷制度

第四節　祖宗の崇敬と復古

享保時代の特色の一として、懐古的精神が強く起つてきたことが擧げられる。幕府にあつても吉宗公が將軍となつた當初、譜代の人達がその家柄や先祖の功績を自覺し、元祿以降登用を受けた人々に壓迫を加へるといふ情勢にあつた[1]。吉宗公自身祖先の崇敬は甚だ篤いものがあつた。例へば祖先の遺品を覽る時には必ず衣服を改め、手水を使つた事、又室鳩巢に命じて、先祖の追孝について、從來行つてゐるもの丶他に何か追加すべき事はないか考へさせた事などによくその精神が窺ひうる[2]。

殊に公は東照宮に對して強い崇拜の念を持つて居た。毎月十七日家康公の祭日には紅葉山に參詣するが、その前夜には御座の間の疊を替へさせ、衣服を改め、側近を相手に東照宮の話をしつ丶夜を明かす。これは寢て若し惡い夢でも見たら穢れになるといふ考へからであつた[3]。

吉宗公の東照宮崇敬は享保十三年四月の日光社參を中心に、幾多の具體的事實として示された。先づ享保七年十二

月廿六日には家康公誕辰の祝賀が擧行された。これは公が室鳩巣に、この年は干支が家康公誕生の天文十一年（一五四二）と同じ壬寅なので祝ひをしたいと思ふが、歿後に誕生を祝つても差支へないかと尋ねたところ、鳩巣は漢土・日本共に先祖の誕生日を祝ふといふことはない。誕生日の祝は現存者の壽命を祝ふことである。しかし六十年に一度の機會であるから、東照宮の創業の功を崇敬するといふ意味で行つたらよいであらう。かゝる例は明の太祖の誕生日を祝賀した例があると答へた。[4] そこで此の日紅葉山に種々の供物を供へ、三家・日光門跡に進物し、又布衣以上の役人及び譜代大名を集めて三汁七菜の大饗宴が開かれたのである。當時緊縮財政の折から殊の外盛大な祝宴であつた。[5]

ついで享保十三年（一七二八）に至つて日光社參が行はれた。將軍の日光社參は家綱公が寛文三年（一六六三）に行つて以來絶えてゐたことで、實に六十五年ぶりの盛擧であつた。この間綱吉公も社參を考へ、元祿十年（一六九七）二月近年日光社參あるべき事を告示し、老中阿部正武以下この事を擔當すべき役人の任命があつた。しかし遂に實現をみなかつた。これは財政缺乏のためといふ。ついで家宣公も正德二年（一七一二）社參の計畫をたてたが實行されなかつた。[6]

かくて享保に入り、吉宗公は先づ政治の改革・財政の再建に全力を注ぎ、享保の半頃には既に述べた如く一應の成果をあげた。こゝに於て公は歴代の念願を果すべく社參を計畫、實行したのであるが、それは又改革の成功を東照宮に報告するためでもあつたであらう。

社參の計畫は享保十二年七月十三日、その内意を三家に告げ、十七日に公示。翌日一同總出仕して祝儀が行はれた。擔當の役人も老中松平乘邑を長とし、若年寄大久保常春以下夫々任命された。社參中江戸の留守居は老中松平忠周、若年寄本多忠統に命ぜられた。宇都宮城主戸田忠眞・古河城主本多忠良・岩槻城主永井直陳は、途上往復その城に一泊するため準備を命ぜられ、三年間上ゲ米を免ぜられた。供奉は老中水野忠之・松平乗邑、若年寄大久保常春・水野忠定、また松平輝貞は行列の殿、道中の警護は松平定英・井上正之等が命ぜられ、諸旗本も高家中條信實以下夫々供奉の任命があつた。此等の役に當つた萬石以下の者には扶持米及び金銀が石高に應じて給せられた。[7]

このやうにして着々準備が進行していつたが、その間當局が注意したのは社會や風俗との關係である。即ち十二年七月には諸旗本に對し、年來番を勤めてはゐてもさしたる勤めもなく、自ら武士の嗜も疎になる傾きがあるが、今度は供奉の面々が起居行動を活潑に行ひ、人馬諸道具等を嗜むによい機會である、しかし決して華美にしてはならぬと令した。都市生活の裡に惰弱になつてゆく諸旗本達の精神振肅の好機と考へたのである。またかゝる盛擧ではあつたが、何事にも華美を禁じ、例へば衣服は紗綾縮緬より上は無用、鞍覆等に羅紗・天鵝絨・毛革は無用とか、諸役人の役羽織は新規には渡さぬとか、諸道具も新調せぬとか、種々細く指令した。又これと共に注意したのは物價であつて、多人數が動き、しかも相當の金錢を支出するのを機に、商人達が物價を吊上げるのを抑へた。草履草鞋から兩替屋切賃、駕籠、日雇賃銀迄指令が出て騰貴を禁じた。[8]

その他參拜の時の服裝・献上物、或は將軍留守中の注意等細ゝの準備が整つて、十三年四月八日には吹上に於て行列の豫行を覽、十日には水戸宗堯が先發、十一日には尾張繼友、紀伊の宗直が先發、かくて十三日首途の式が行はれ、子刻に先頭の奏者番秋元喬房が出發、以下長い行列が續き、殿の松平輝貞は巳刻に出た。つまり先頭から後尾迄出發時間に十時間の差のある大行列であつた。第一日は岩槻、第二日は古河、第三日は宇都宮に一泊、四月十六日午後日光に到着になつた。かくて翌十七日東照宮に參詣、ついで大猷廟に詣で、後對面所にて强飯《ごうはん》の式が行はれた。これで社參は終了、翌十八日には下山、往路を逆にとつて宇都宮に一泊。この間小姓等に足利學校を見分せしめた。翌日は古河、次は岩槻と經て、二十一日未刻過に江戸に歸着したのである。[9]
その後公は紅葉山・寛永寺・增上寺に詣で、また登山終了を祝つて散樂を催し、事に當つた松平乘邑等に夫々賞を與へた。[10] 又これを機に恩赦が行はれた。[11] 更にかねて、將軍社參終了後、萬石以上で未だ社參をした事がない者は社參するやうにとの令が出てゐたので、同年五月以後諸大名は續々社參した。[12] かくして六十數年ぶりの盛擧も無事終了したのである。

この後各地の東照宮の修理に力を盡した。特に日光について最も力を注いだのはいふ迄もない。先づ享保十五年八月作事奉行小菅正親に見分を命じ、十一月には酒井忠音を總督に、小菅正親以下夫々その役人を任命し、十二月には二本松城主丹羽高寛・岩城平城主内藤政樹・中村城主相馬尊胤に助役を命じ、繪師の任命もあり、年末に鍬始の儀が行はれた。かくて翌年四月外遷宮、十二月正遷宮が行はれて修理を終了した。大猷廟・輪王寺本坊の修理も共に行はれた。ついで寛保三年から延享元年にかけて、本多忠良を惣奉行とし、越前松平宗矩に助役を命じて修理を行つた。[13]

日光以外では先づ河越仙波の東照宮修理について、享保二十年河越城主秋元喬房に修理料として金二百兩を與へ、それを領分の農民に貸付け、小修理はその利息を以て行ふやう令した。元文二年には三河瀧山の東照宮、同五年には東叡山東照宮、寛保元年から二年にかけては久能山の東照宮、翌二年には世良田の東照宮の修理が行はれた。[14]

かくの如く吉宗公は東照宮尊崇の念を種々の形で表はしたが、その在職中一度も大きな法會がない。そこで延享二年(一七四五)が東照宮百三十回忌に當るので、この年大法會を營むべく、前年から老中松平乘邑を總奉行とし、大岡忠相・神谷久敬等を御用懸として準備に當らせた。さうして延享二年三月十三日から十七日迄五日間、紅葉山に於て法華八講が營まれたのである。[15]

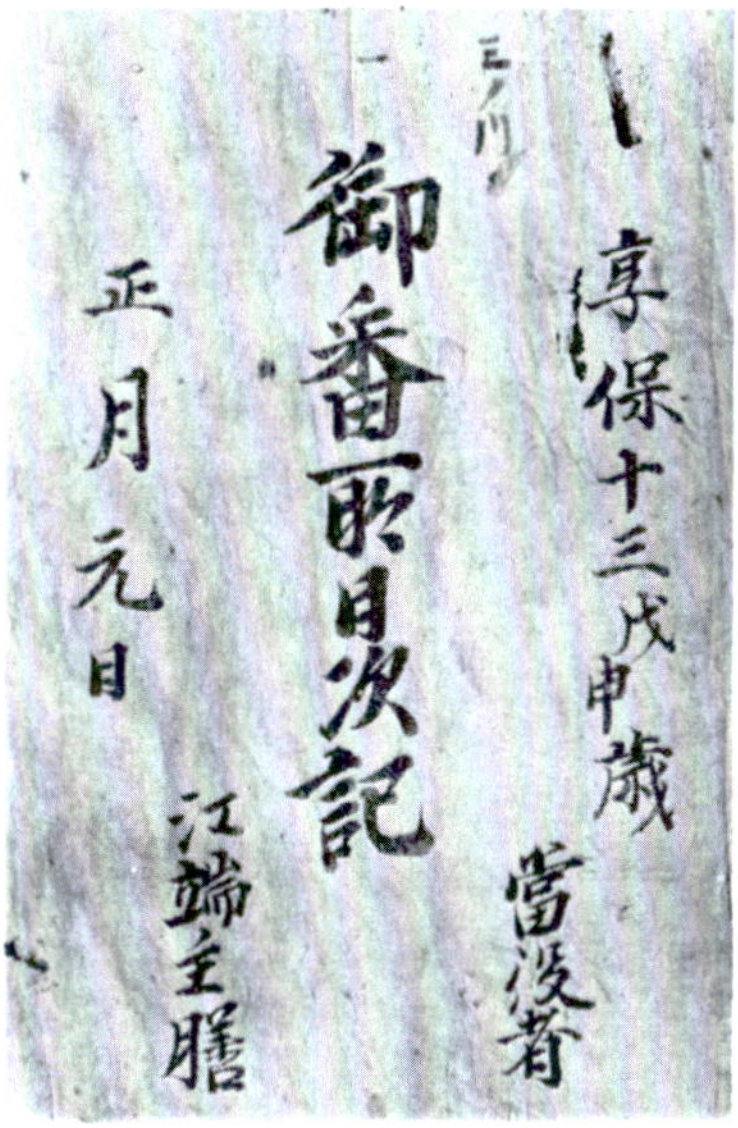

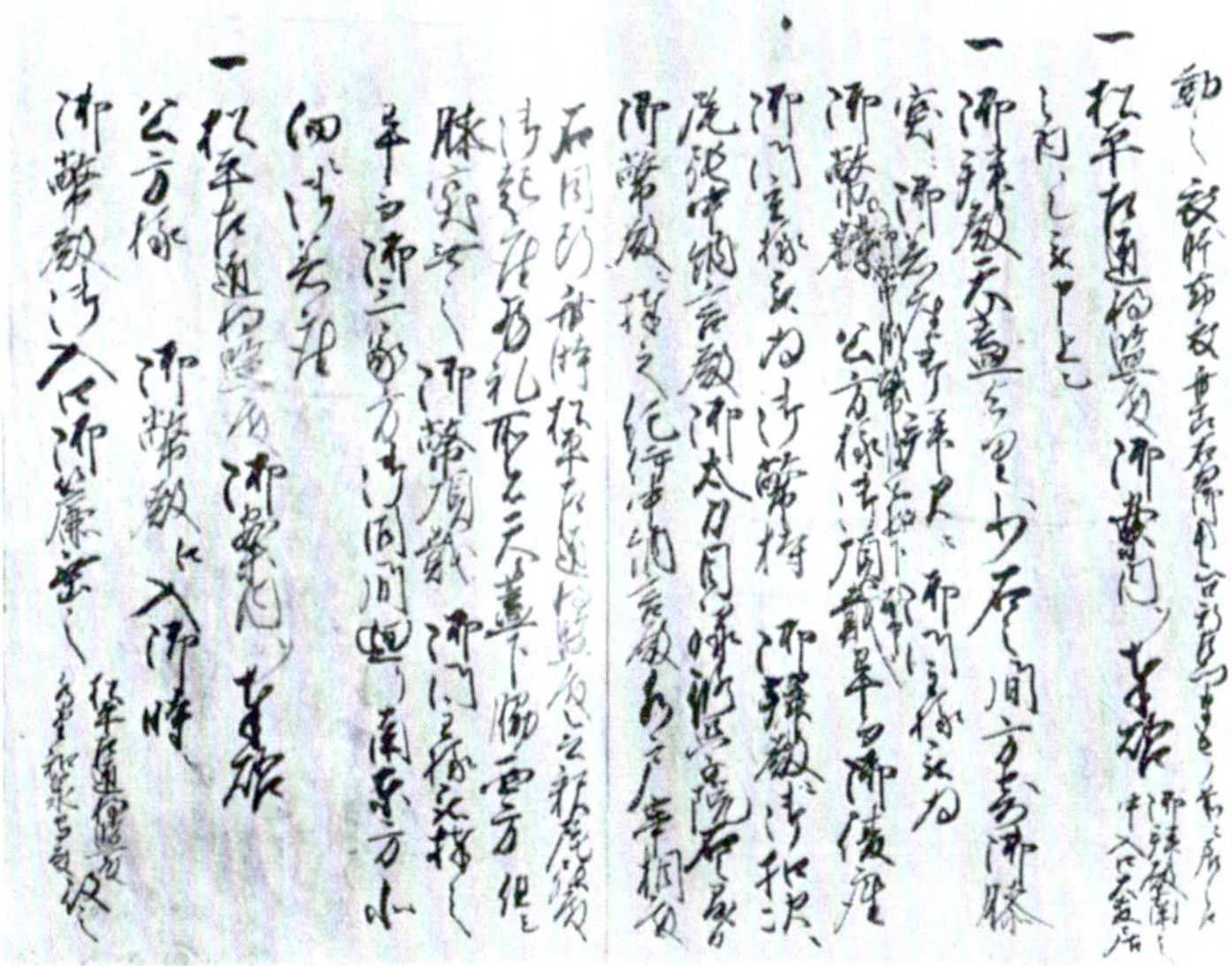

十九　日光御番所日次記　日光東照宮藏
（御社參の日の記事を示す）

吉宗公の東照宮崇拜は單なる祖先崇拜や、過去の隆盛期の追憶にひたるためではなかつた。當時儒學に於ける古學派や國學者の活動が開始せられ、中世的な修飾を拭去つて創始期の眞の姿を求めることにより、現狀の行詰りを破つて新しい道を開かうと努力する人々があつた。吉宗公の精神も之に通ふものがあつた。古學者・國學者が孔子以前の聖人又は記紀萬葉時代の人々を尊崇し理想化したのと同樣、公は東照宮を崇拜・理想化し、政治を創業期の眞の姿に復さうとはかつたのである。兼山秘策に、享保の初「權現樣御代よりの御格式の儀においては少も儉約仕間敷候、其外の儀は隨分無用の御費無〻之樣可〻仕候」といふ申渡しがあつたと記してあるが、公の精神をよく示してゐると思ふ。[16] 享保時代の具體的な政策は創業期のものと大いに異つてゐるが、堅固な基礎の上に安定した秩序を築き上げようとした所に於て共通してゐるのである。かゝる意味から、又公は第二の創業の君、中興の祖として後世に臨まうと考へたのではあるまいか。公は二男宗武・四男宗尹を獨立した藩主とせず、夫々田安・一橋に邸を與へ、その家老以下諸役人には幕府の家人の身分のまゝ幕臣をこれに任じた。將軍に最も近い家として、將軍の繼統が絶えた時、その子孫に宗家を繼嗣せしめるためであつた。幕初から宗家が絶えた時將軍を繼ぐべき家として三家が立てられてゐたが、吉宗公は以後の將軍は必ず自分の血を繼ぐ者から出さうとはかつたのであらう。これをみても公が幕府の第二の開祖たらんと考へた事が想像できる。

要するに開祖の崇拜は復古の精神につながり、それは又現狀を破つて新たな方向へ進んでゆく精神となる。復古は當時の時代の思潮であつた。吉宗公が創業期たる東照宮の時代を理想として幕府政治の健全强化に努力したのは、決して元祿以降の時代の趨勢に對する反動ではなく、當時の時代思潮にそつたものであつて、新たな時代もこゝから開けていつたのである。

註

1、第二章参照

2、仰高錄、獻可録巻上

3、明君享保錄巻三

4、獻可錄巻上、兼山秘策第六冊　享保八年正月四日附

5、有德院實紀巻十五、兼山秘策第六冊　享保七年十二月廿七日附

6、常憲院實紀巻三十五、政談巻二

正徳の社參計畫については、寛政重修諸家譜巻三三七に、當時普請奉行であつた水野忠順《たゞくに》が正徳二年將軍社參の準備のため、日光附近の道路を検したとある。

7、有德院實紀巻廿五・廿六、御觸書寛保集成十四

8、同　右

9、有德院實紀巻廿七、享保十三申年四月將軍家日光御社參御次第覺書（日光輪王寺圖書館藏）

10、有德院實紀巻廿七

11、御觸書寛保集成十四

猶東照宮史に、この社參の機を利用して種々の改革を行はうと企てたとして、政談（巻二）の文を證據として引用してゐるが、これは徂來が衣服の制度がないことによる弊害を論じて、その制度を立てるべき事を主張し、それには何かはつきりした契機が必要であるから、先づ將軍が東照宮に衣服の制度を立てる事を報告してほしいといふ私見

を述べたに過ぎぬもので、現實の社參とは何の關係もない。右の政談の文章から、十三年の社參に何か政治的な意義を見出さうとするのは聊か牽强であらう。吉宗公は綱吉公以來多年の懸案を果した迄であつて、强ひていへば一時不健全な方向を辿つてゐた幕府政治を一應健全な安定した形に再建した改革の成果を報告したものといへよう。

12、御觸書寛保集成十四、享保度諸大名參詣名前（日光輪王寺藏）

13、有德院實紀卷三十二・三十三・三十四・五十八・五十九、東照宮史、日光東照宮修營志、御觸書寛保集成七

14、同　實紀卷四十一・四十六・五十一・五十二・五十三・五十六・六十一

15、同　實紀卷六十・六十一、翁草卷十二、仰高錄

16、兼山秘策第三冊　正德六年五月廿七日附小谷勉善書簡

猶、公が就職に際して諸事權現樣のお定め通り行ふと宣言したといふ事が傳へられてゐるが、確實な史料には見えぬ。この兼山秘策の言葉も、恐らく藝州藩士と思はれる小谷勉善の記してゐるもので、しかも何時、如何なる形式で、誰に向つて發せられた申渡しか不明であるが、最も近い時の情報であるし、勉善は他の書簡をみてもかなり幕府内部の事情に通じてゐるので一應信用してよいと思ふ。

第五節　結　語

I　吉宗公の隱退と薨去

延享二年（一七四五）七月七日松平乘邑は吉宗公の旨を受け、三家・家門・溜詰・譜代・雁間の諸大名に對し、將軍も齢を重ねられ、右大將（家重公）も長ぜられたので、近い頃本丸・西丸移り替られるといふ内意を傳へた。やがて

同年九月一日に此事が公表になり、それと共に西丸老中酒井忠恭が本丸に遷つて老中首座を命ぜられたのを始め、本丸・西丸諸役人の移動が發表された。同月二十五日に吉宗公は西丸に、家重公は本丸に移り、事實上將軍の代替りが行はれて、十一月二日將軍宣下の禮があり、こゝに家重公は江戸幕府第九代の將軍となり、三十年に亘る吉宗公の治世も終つた[1]。

家重公は吉宗公の第一子、正德元年(一七一一)十二月廿一日紀州藩邸にて誕生。生母は大久保忠直の女すま子といふ。享保十年(一七二五)從二位權大納言に敍任、同十二年に元服、同十六年伏見宮邦永親王の女比宮と婚禮、寛保元年(一七四一)右近衞大將兼任となつた。かくて延享二年將軍に任ぜられた時は三十五歳であつた[2]。

吉宗公の隱退が此の年行はれた動機は明かでないが、推測するに公は貞享元年(一六八四)甲子の生れ、故に延享元年(一七四四)甲子は還曆に當る。公の還曆の祝賀は別に行はれなかつたが、これを機に三十年に垂んとする治世に終止符をうたうと考へたのではあるまいか。しかし公は前節にも述べた如く、東照宮の周忌にめぐり合はさないので、大きな法會を營んだことがない。東照宮を他の誰よりも篤く尊崇する吉宗公が、將軍として一度も大きな法要を營むことができぬのは甚だ心殘りである。そこで翌延享二年が百三十回忌に當るので、大法要を營み、その後隱居しようと考へたものと想像する。公の誕生日が十月廿一日、法華八講について松平乘邑に相談し、その御用懸に任ぜられたのが十七日といふから[3]、公が還曆による隱居を考へつゝ、法會のために一年延期したことを想像せしめるのである。

吉宗公は隱居後西の丸にあつて幕臣から大御所と稱された。幕府にあつては秀忠公以來の事である。恐らくその後も家康公・秀忠公と同樣、將軍の背後にあつて政治をみてゆくつもりであつたと思はれる。しかし實際にはどの程度の發言力を持續されたか疑はしい。勿論新將軍が公の意志に背いて、前代の政策を大きく改變してしまつたといふの

二十　徳川吉宗公寶塔　（寛永寺）

ではなく、その後もさして新政策の施行はなく、享保時代の諸政策が踏襲されていつた。しかし家重公が繼統祝賀の終つた直後、吉宗公から絶大な信任をうけ、卓越した才腕を振つて少からぬ功績をたてた松平乘邑を罷免し、處罰したことを見れば、吉宗公の威令は既に薄くなつて来たことを感ぜしめる。殊に公は隱居後多年の奮闘の疲れか、次第に病身になつていつた。卽ち隱居の翌年十一月には大御所病臥のため諸役人一同西の丸に見舞に出仕したといふから、かなり重病であつたのであらう。しかしこの時は翌年二月には平癒して、同月七日始めて山里の園へ出、三月一日に床上の祝があつた。この後暫くは外出もせず靜養につとめたらしいが、二年後の寛延二年の秋頃から時折外出も行ひ、同四年(寶曆元)の三月には久々に本所に放鷹に行つた。然るにその五月には再び床につき、同月末には次第に重く、翌六月十九日危篤、さうして二十日遂に薨去になつた。享年六十八であつた。公の病氣は中風で、その後尿の具合が悪くなつたものといふ[4]。

公の葬儀は、松平武元が葬式・法會の係、板倉勝清が埋葬の係に任ぜられ、翌二十一日納棺、翌閏六月十日寛永寺に於て葬儀が營まれた。ついで同月廿九日勅使三條(轉法輪)實顯・女院使正親町實連・宣命使高辻家長寛永寺に參堂、家長より宣命が讀み上げられ、吉宗公には正一位太政大臣の官位が贈られ、且有德院の謚號があつた。猶公は遺言によつて靈廟を作らしめず、常憲廟に合祀せしめ、たゞ寶塔のみ歷代の格によつて作らしめた。かくして德川吉宗公の一生は終つたのである[5]。

註

1、有德院實紀巻六十二、惇信院實紀巻二

2、惇信院實紀巻一

3、翁草巻十二
4、惇信院實紀巻四・五・十三、有徳院實紀附錄巻十五
5、惇信院實紀巻十三

II 享保時代の歴史的位置

以上六十八年に亘る吉宗公の生涯、特に將軍生活三十年間の諸事蹟を述べてきたが、最後にこの時代が江戸時代三百年の流れの中に如何なる位置を占め、公の事蹟が如何なる意味をもつてゐるかを觀察して、この傳紀の結びとしたい。

吉宗公が第八代將軍となつた時、公を迎へた諸情勢に就ては既に第一章に述べたところであるが、今之を概括すると、先づ財政の窮乏である。幕府財政は元祿に入つて破綻を來し、それを補ふため貨幣の惡鑄を屢ゝ行つて却つて混亂を大きくした。正徳時代にその改良・統一に着手したが不徹底のまゝ享保に持越した。そこで享保初年にはこれを更に強力に推進すると共に、都市生活の繁榮に伴う全般の生活の繁雜・奢侈化を強く抑えて、貨幣支出の削減を計つた。つまり貨幣の統一と倹約、これが享保初年の大きな問題であつた。

貨幣問題が享保七八年頃に一應おさまると、從來貨幣混亂といふ事態に覆はれて見失つてゐた本質的問題が露はになつた。卽ち收入が絶對的に不足し、倹約だけでは均衡がとれぬといふことである。當時財政難に苦しんだのは幕府のみではない。諸藩も旗本・御家人も、殊に少祿になればなる程生活は苦しかつた。正徳期にはそのため總番入を行つて諸旗本の長子七百二十餘人を召出すなど救濟手段を講じたが[1]、享保期の方針は先づ幕府の財政を確立することにあつた。從つて諸大名から上ゲ米を徵し、又短期間ではあつたが旗本の切米の借上げを行ひ、幕府財政の均衡をはか

ると共に、財政の基礎である農民からの貢租收入を增大するに努めた。貢租の率を增額すると共に、有毛檢見を採用して貢租賦課の對象を明確に把握し、定免制を勵行して一定年間の收入を安定させ、財政の安定化を計つた。更に新田開發に力を入れて、賦課對象の增加を計つた。かくの如くして享保の中頃には一應財政も健全化し、金銀の蓄積も若干行はれたのである。

この間注目せねばならないのは、商業資本對策である。德川政權の成立には商業資本も少からぬ役割を果して居り、初期には貿易商・金銀座・都市長老その他の御用商人を通じて、商業統制が行はれてゐた。しかし商品貨幣經濟の發達が武家の經濟生活を崩す役割を演ずるに至つた時、既に初期の御用商人達は經濟界を支配する實力を失つて居り、初期の統制機構はその機能を果しえなくなつた。これに代つて經濟界の覇權を握るに至つたのが大坂の問屋を中心とする新興の大商人勢力であつた。彼等は都市に於て武家生活に喰入るばかりでなく、農村に入つて武家政權の基礎を侵蝕した。卽ち大資本を投じて新田開發を行ひ、或は貧農に高利貸付を行つてその土地を奪つてゆく。かくて耕作農民に寄生する地主が各地に出現し、農村の樣相を變化させていつたのである。

享保の幕府當局者はかゝる商業資本の力を、恰も幕府成立期に政權確立に利用した如く、幕府財政の本格的再建に利用しようと努めた。卽ち新通貨政策實施の際の江戶兩替屋の統制、問屋組合や株仲間を公認・成立せしめて、これを通じての奢侈品・新規製品の禁制、更に新田開發に町人資本投下の歡迎、農民の貢租負擔可能性增大のため副業を奬勵し、特定の商人に原料貸付・生產物購入の特權を與へた事抔があげられる。

かくして幕府政治の基盤は再び固められたかに見えたが、享保の中頃からは新たな問題が擡頭した。それは幕府財政の均衡と蓄積第一主義により、通貨の統一・收縮、支出の大削減を斷行した結果、社會は大きな不況に見舞はれた事である。それは米價の暴落に明瞭に示された。それに又貢租の増徴も、定免制による收入の安定化も、農民の負擔能力の點で限界に達してしまつた。一方に於て大坂では連年米相場が暴落してゐる折柄、農民は豊年に於てもぎりぎりの生活を餘儀なくされてゐた。農民生活に於けるかくの如き餘力の喪失は、享保十七年の關西以西の大蝗災に於てはつきり證明されてしまつた。確立したかに見えた幕府の存立の基礎はかくの如く不安定であつた。

米價調節と大蝗災の對策に、折角蓄積してゐた金銀も底をはたいてしまつた當局は、元文に入つて再び財政の建直しにのり出した。先づ元文元年に貨幣を悪鑄・増發して、通貨不足に對處した。二年には代官を督勵して又もや貢租の増徴に努めた。しかし今度は農民の限界を知つての上の事であつた。延享元年百姓の田畑永代賣買の禁令を著しく緩和したのは、貧農には土地を放棄させても貢租を確保しようといふ方針を物語つてゐる。[2] 神尾春央が語つたといふ「百姓と胡麻の油は絞れば絞る程出る」といふ言葉は、この時代の徴租方針をよく示すものである。以後かゝる貢租過徴政策は長く續いていつた。

かくの如く當局が根本的に政治を再建し、支配力を強化するための政策を一貫して遂行することが出來たについては、吉宗公は大きな役割を果した。公の將軍就任時、幕府の内部に於ては、幕初以來の門閥・譜代の人々が、元祿以來將軍の恩寵による抜擢者や新規召抱の人々に對し強い憤懣を懷いてゐた。公はかゝる情勢を見て譜代を優遇し、新規の家人達を抑へた。かくして幕府内の統一を確保すると共に、彼等に對する將軍の權威を強化していつた。殊に公のきび〳〵とした行動、細心の注意、博い知識、此等は諸臣を大いに畏服させた。公の信望は昂り、威令は下々に及んだ。前代の老中達が次第に職を退き、或は卒去して後は公の權威は一層強くなつた。公が人事に特に力を注ぎ、水野忠之・松平乘邑といふ有能な老中を重用し、三奉行以下にも深く注意して人材を登用した事も、政治の改革を實行する上に甚だ重要な事であつた。しかしその前に譜代の勢力をしつかり抑付けてしまつたその政治的能力を高く評價せねばならぬ。

かくして公は政治上公の性格と方針を十分反映させることができた。それは前代の新井白石と全く異つてゐた。「筑後は文飾の多きもの」といふ吉宗公の白石批判[3)]。「たゞ〳〵儉をのみ宗とし禮の節文といふものなく候はむには鴻濛未判の世にこそは候はむずらむ」といひ、また室鳩巣について「墨翟晏平仲のゆきがたのごとくにて時に相應せられ候」と語つて間接的に吉宗公の政策が墨子・晏子の如き功利的政策であると評した白石の批判[4)]、いづれもよく相互の性格をいひ當てゝゐる。吉宗公の方針は先づ幕府の實力を作る事にあつた。經濟的基盤を確乎たるものとして、財政をよく整へ、幕府の支配力を强化して始めて安定した秩序を築き上げることができる。そのためには先づ府庫の充實であるといふ現實主義をとつた。さうして同じく苦しい經濟であり乍ら、諸藩・旗本を犠牲にして幕府第一主義をとつた。更にこの目的に利用しうるものは盛んに利用した。儒者の登用も、その政治論・道德論を傾聽したのでなく、支那や日本古代等に關する知識を利用するためであつた。所謂「洋書の解禁」や蘭學の端緒が開けたのも、ヨーロッパの知識や技術の利用からであつた。實利主義が享保の政治に一貫して流れる性格であつた。これは當時の社會の風潮でもあつた。しかし又考へ方によれば幕府は既に儒敎的な仁政などを行ふ餘裕を失ひ、權力强化のために利用しうるものをすべて利用せざるをえなくなつてゐたともいひうる。

兎も角享保時代に於て吉宗公を中心に、老中以下諸役人よく之を輔佐して、幕府政治の再建に努めた結果、緒言にも述べた如く、この時代は後世の幕府政治家にとつて理想とされ、模範と仰がれるに至つた。卽ち天明七年(一七八七)七月朔日、將軍家齊公は布衣以上の役人を一職一人づゝ謁見して懇命あり、ついで老中松平定信は諸役人に心得としてこれを敷衍して敎諭した。その主旨は有徳院の仰出された趣の通り相心得、勤務に精勵せよといふのである。[5] かくて寛政の改革は開始された。更に天保十二年（一八四一）五月十七日將軍家慶公は、特に享保・寛政の趣意に違はぬやう心得て、勤務を勵むべき旨の上意を下した。[6] これから水野忠邦を中心とする天保改革が始まる。つまり享保から後、幕府を再び强化し、その支配體制を確乎たるものとしようとした政治家達は、いづれも享保時代を理想と仰ぎ、その政治を模範としたのである。享保時代に施行された個々の政策の良否はもとよりながら、吉宗公によつて幕府がしつかり統率せられ、良臣よく之を輔佐して、一體となつて積極的に幕政の强化に努め、緊張した時代を作り上げた、その君臣の精神を學ばんとしたものであらう。

同樣の意味から公は十五代の將軍の中、東照宮についで尊崇を受け、明君・中興の英主と仰がれた。これは一つには九代以後の將軍が十五代慶喜公を除いてはいづれも吉宗公の血統を承ける人であつたことにもよるであらう。[7] しかしそれは單に系圖上の中興の祖であつたばかりでなく、幕府政治上に殘した事蹟によるものであることはいふまでもない。

さて右の如き吉宗公の施政は大局的に見ると如何なる結果を生じたであらうか。先づ享保初年重大問題であつた通貨は、元文の改鑄の後、文政迄八十年以上もの間變化がなかつたから、既に解決されたものと見る事ができる。[8] 文政以後屢〻改鑄が行はれたのは幕府衰亡に伴ふ混亂であるから、聊か意味を異にする。

かくて貨幣問題は終焉せしめえたが、解決がつかぬといふより、いよ〳〵惡化してゆくのは貢租徵收の問題である。元文以降當局は再び貢租增徵に努め、新田開發、檢見を强行して、天領の高及び貢租額を增加せしめていつたが、間もなくそれは頭打ちの狀態となり、やがて漸次減少してゆく。享保時代の末卽ち延享の頃が最高で四百六十餘萬石あつた高も、寛延に入ると忽ち四百四十萬石と、二十萬石も減少する。貢租もこれに伴つて自ら減つていつた[9]。つまり享保の末頃ともなると、新たに高に組入れるべき土地は田畑として極めて不良な土地で、常に水害の危險にさらされ、收穫不安定な場所しかなくなつてゐた。かゝる所に堅固な堤防を作り、河川の流域を押し縮めて新田を開けば、洪水の時には河川は一層强い力で堤防を崩し、從來良田であつた所迄潰してしまふ。或は僅かな空地をも殘さず開墾した結果、本田の肥料とすべき採草地を失ひ、又水利に障害を生ずる[10]。これは幕府・諸藩共通の問題であつたが、幕府にあつては享保時代の終焉と共にはつきりあらはれたのである。

しかも貢租の總額は漸減しても、個々の農民の負擔は次第に重くなる。かくて多數の農民の土地喪失、富農への集中がいよ〳〵激しくなる。これに加へて町人請負新田の奬勵によつて、幕初農村の基本的形態であつた本百姓の自營は次第に崩れて、寄生地主と小作人といふ關係が廣くあらはれた。これが江戸時代後半以降の特色であつて、享保期の當局がこれを認める態度をとつたことに注目せねばならぬ。つまり幕府はこの時に、江戸時代後期的基盤に乘り移つたのである。

かゝる農村社會の變遷は幕府にとつて更に困つた問題をも生ぜしめた。それは農村の荒廢と民衆の反抗である。農村は或程度の年を隔てゝ、いはゞ周期的に大飢饉に見舞はれたが、その前後とても農民生活は慢性的な凶作狀態であつた。この傾向は享保期の貢租增徵策による所大なるものがあつた。商品作物を盛んに栽培する一部地方を除いては、耕作農民の經營は收支償はぬ所が大部分であつた。飢饉時に耐えられず、被害を大きくするに至つたのもそのためである。かくて土地を捨て、都市に流入する人口も少からぬものがあつた。かゝる都市貧民對策は享保期にも施行されたが、その後一層重要問題となつてくる。しかも享保頃からは全國的人口は停滯し、大飢饉の後にはかなり減少するに至つた。又領主・地主に對する農民の反抗、卽ち百姓一揆も享保頃から頻繁となり、大規模となる傾向にあつた。當局も之に正面から壓力を加へるに至つた。享保十九年諸代官に指令した百姓一揆對策[11]、寛保元年改定した徒黨强訴の罰則[12]をみれば、幕府が最早農民の反抗に對して寛容の態度をとり得ず、甚だ神經を尖らせてゐる事が察せられる。それだけ當局にとつて農民の反抗が重大なものとなつてきたのである。又これに應じ、一揆の最昂揚期には大都市に於ける「うちこはし」が發生したが、その先驅が享保十八年であつた事にも注目すべきであらう。かくして幕府の基盤たる農村は享保頃に一期を劃して、次第に動搖し根底から崩壞し始めていつたのである。

次に商業資本の發達に對して、享保期の當局はその趨勢を認めて、之を政策の遂行に利用しようとしたが、しかしその效果は必ずしも意圖の如くならず、たゞ商業資本の獨占に法的保護を與へるに過ぎぬ場合が多かつた。こゝに少數の拔け目ない者が何かの傳手などを求めて幕府に取入り、幕府の御爲めをはかると稱して商業を支配し、或は何かの事業を獨占する特權を獲得した。所謂山師である。旣に享保時代から山師は出現して、米價問題の際には江戸の商人三名が米價を意の如く調節することを理由に、大坂堂島米仲買を支配する特權を與へられた。また享保の中頃貨幣相場がやゝ動搖した時、相場安定を理由に、兩替株仲間を支配する會所を設け、自分がその頭役にならうとする者があらはれた[13]。蝦夷地開發をめぐつて活躍する者は江戸時代後期には少なくない。その中には山師といひ切つてしまつては氣の毒な人もあるが、山師も大いに活躍した。元文の頃蝦夷地に於ける金銀開發や米作可能を說いて幕閣を動かさうとした板倉源次郎などは山師の先驅であらう[14]。やがて享保以降となると單に政策上の利益のみならず、多額の運上を申出る者が多くなつた。田沼時代の狂歌に

世にあふは道樂者におごりものころび藝者に山師運上

とあるのは當時山師の横行の如何に甚だしかつたかを物語つてゐる。[15] 株仲間の冥加金もかゝる風潮に刺激されて、一般に差出すやうになつたものであらうか。こゝに業者と役人の結托、政治の腐敗が始まるのである。

都市生活も享保時代に強く引しめられてゐたのが次第に緩んでいつた。享保期に於てすら容易に改められなかつた旗本以下武士の生活はいよ〳〵崩壊してゆく。しかも株仲間の獨占が殆んど全面的にゆき渡つたこの時代の都市は、商業の發達も既に止り、元祿期の如き活氣もない。次第に頽廢した空氣が流れていつた。不健康な歪められた精神が武士を含めた都市民衆の中にしみ込んでいつた。やがて文化文政の江戸文化へ移行してゆく前驅である。しかしかゝる大勢の中にも田沼時代には積極性と明るさがあつた。それは享保時代に取入れられた現實主義・實利主義が別の意味から伸長したことによるであらう。享保期には幕府政治の强化といふ一つの目的に結付けられて、すべてがこの目的に利用せられ、個人の私生活など大いに束縛せられてゐた。然るに田沼時代となると人々はその束縛から解放せられ、混濁はしてゐるが伸々と空氣を思ひのまゝに吸ふことができたのである。

さて享保時代に播かれた種子が社會に於て如何に生長していつたか、社會の趨勢は之を如何なる形に育てゝいつたかを右に概觀したが、この間の幕府政治はどのやうに展開していつたであらうか。享保時代が終ると共に側近政治が復活し、先づ大岡忠光が勢力を振ひ、次いで田沼意次が權力を握つて、所謂田沼時代となる。この兩人はいづれも享保時代、西の丸にあつて家重公の近臣を勤め、家重公の代となつて急に重用されるに至つたのであるから、既に享保時代から西の丸にかゝる萠芽が育まれてゐたのである。[16] 吉宗公は終始近臣勢力の增大を抑止したが、これは元祿以降の近臣その他新參の家人に對する門閥・譜代の人々の强い反感によるものであつた。しかし家重公にはかゝる經驗がなかつた。そこで將軍の代が替つて西の丸の人々が本丸に入り、かねてからの昵懇の故を以て勢力を增し、殊にその中から恩寵をえた大岡・田沼が勢力を強くしていつたものであらう。又それは將軍の資質にも因ると思はれる。家重公は病弱で、しかも言語が吃り、大岡忠光以外にはよく理解ができなかつたといふ。更に門閥・譜代の家の人々が虚位・虚名にすがり、實力を失つてしまつた事にも因るであらう。元祿から正德にかけて側近政治が行はれたのも、此等幕初に於て中核となつた家の子孫が次第に凡庸・無能となつて、たゞ高い家格と家祿に依存するのみになつたからである。享保の初に一度は此等の家の人々の自覺が昂まり、吉宗公も大いに之を重視した。恐らくかゝる人達を中心に幕政改革を行はうと考へたのであらうが、やはり人才は乏しく、政治上の重要な役職は低い家格の人々によつて占められ、享保の政治は專らかゝる身分の低い人々や新參の家人達の活躍によつた。家格の高い人達は大番・兩番等格式のみ高い職につき、實際の幕府政治に與る所甚だ少かつた。老中にあつても多數はたゞその地位に具はるのみで、實質的活動は專ら勝手方老中たる水野忠之・松平乘邑によつて行はれ、權勢も自ら彼等に集中した。老中は譜代の門閥の中から選ばれ、閥族の代表者として幕府最高首腦部を形成したのであるが、その中の多數は伴食的存在となり、實權が少數の者に集中してしまつたのである。かくて忠之・乘邑は閥族的背景から遊離してしまふ結果となつた。乘邑が吉宗公退職と同時に失脚せざるをえなかつた理由もこゝに求められるであらう。譜代層が結局高い格式をもつのみで、享保の政治に實質的な貢献をなしえなかつた事、これが近臣政治擡頭の原因であり、且この後幕府政治を無力ならしめてゆく原因であつた。いはゞ享保時代は幕政上に於ける門閥譜代層の無能力を明確化してしまつた時代であつた。

要するに享保時代は不安定となつた幕府政治を再び確乎たるものに建直し、これを強化するため、吉宗公を中心として、幕府一體となつて之に努力した時代であつた。しかしその結果は社會的に經濟的に又政治的に、幕府を本格的な危機に臨ましめる契機となつてしまつたのである。猶前途曲折はあるであらうが、幕府はこれから以後衰亡の下り坂を歩んでゆく。恰も幕府の運命を暗示するかの如く、公の薨後程なく、竹内式部・山縣大貳の事件が起つた。安藤昌益が耕作農民的立場に於て、最も反封建的な思想を表明したのもこの頃である。更に元文四年五月下旬には數隻の異國船が陸奥・安房及び伊豆下田附近に姿をあらはして、その乘組員の一部は上陸し、當局の神經を尖らせた。これはロシアのペートル大帝の北太平洋調査計畫に基くスパンベルグ（Martin Petrovitch Spangberg）一行の日本探検隊であつた[17]。ロシアの東進は遂にこの時日本に及んだのである。實に後年幕府の惱まされた黒船の先驅はこの時現はれたのである。恐らく世の識者と雖も、この頃幕府の滅亡は夢にだに思はなかつたであらう。しかし尊王論・百姓一揆・黒船・反封建思想、此等幕末に於て幕府をゆすぶつた諸現象の先驅は、享保末からその次の時代にかけて現はれたのであつた。徳川吉宗公及びその治世享保時代は、やがてはるかに明治維新に至るべき、徳川政權及び江戸時代の絶頂に位置してゐるのである。

註

1、文昭院實紀卷二　寶永六年四月六日條
2、徳川禁令考後聚卷十三
3、兼山秘策第六册　享保八年正月廿五日附
4、白石與佐久間洞巖書
5、徳川禁令考卷十八、文恭院實紀卷三
6、愼徳院實紀卷五

7、徳川氏系圖（但吉宗公以降主要人物のみ）

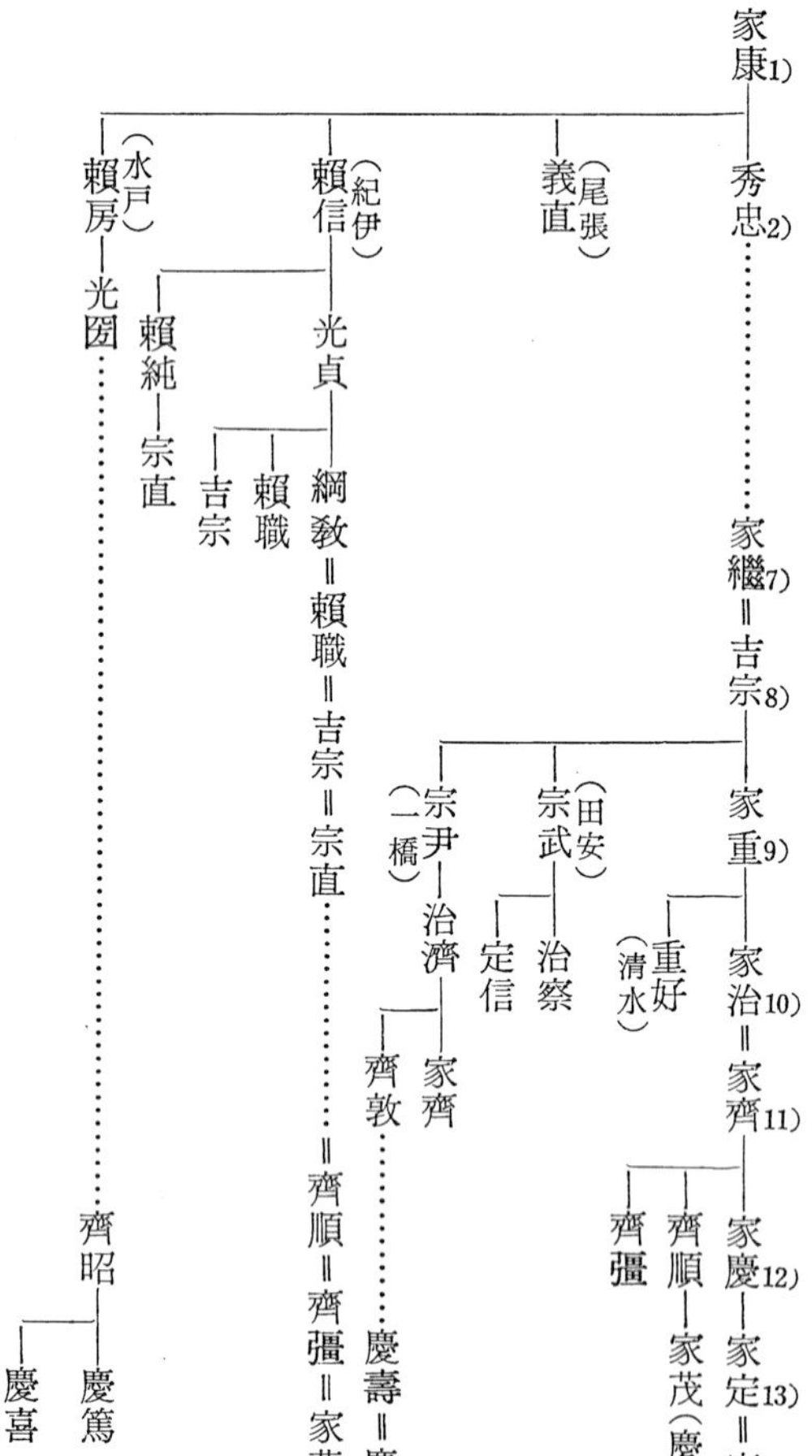

8、元文から文化迄の文字金銀通用期の中、所謂田沼時代に、五匁銀と南鐐二朱銀が發行された。五匁銀は文字銀と同質であるが、二朱銀は純銀に近い上質である。しかしこれは銀を以て金貨の額を表示したもので、その點では大きな變化といひうるが、文字金銀を質的に變化せしめたものではなかつた。つまり制度として新しい試みを行つたのであつて、社會經濟的に改鑄を餘儀なくされたものではない。

9、向山誠齋　癸卯雜記四所收「御取箇辻書付」

10、古島敏雄「近世日本農業の構造」第三篇第一章
11、御觸書寛保集成二十三
12、德川禁令考後聚卷十三
13、兩替年代記　享保十一年・十二年・十三年
14、北海隨筆、福山秘府年歷部卷六・十六
15、辻善之助「田沼時代」
16、寛政重修諸家譜卷一〇六三・一二一九
17、御觸書寛保集成三十五、元文世説雜錄卷二十・二十一、田保橋潔「增訂近代日本外國關係史」第二章
陸奥沖に現れたのはスパンベルグ麾下の「アルハンゲル・ミハイル」「ナデジュダ」「ボルシェレック」の三隻で、停泊地は五月廿三日（陽曆六月十八日）に牡鹿郡網地島沖、ついで南下して二十六日に亘理郡磯村沖、ついで北方に戻つて二十八日牡鹿郡田代島沖であつた。又ワルトン（Willam Walton）の指揮する「聖ガウリイル」號は五月廿五日（六月廿日）安房國長狹部天津村沖に現れ、西南に向ひ、二十八日伊豆下田附近に達した。

年表

凡例

一、此の年表は吉宗公誕生より薨去迄六十八年間の主要な事件を、公を中心として收載したものである。
一、此の年表には天皇・年号・干支・西暦・年齢・德川家關係・幕府政治・「その他」の各欄を設けた。
一、年齢欄は吉宗公の年齢を示す。
一、德川家關係欄は德川宗家を中心に、三家・三卿の動靜を示す。その中で、主語を省略してあるのは、吉宗公に關する事項である。
一、幕府政治欄は幕府の制度・人事・財政・民政等に關する主要事項を載せた。
一、「その他」の欄は文化・社會一般の事件を載せた。幕府の政策として行はれたことであつても、文化・社會政策に關するものはこゝに收めた。
一、事件の時日は原則として月のみを示し、生歿その他特に必要の場合にのみ日をも入れた。
一、閏月は月を示す數字を○で圍んで之を表した。
一、月の明かに定めがたい事件、或は數ヶ月に亘る事件は、——を以て示し、或は春・夏・秋・冬を以て示した。
一、人の死歿の記事の後に（　）を以て表す數字は、その人の歿年である。

以　上

天皇	年號	干支	西暦	年齢	徳川家關係	幕府政治	その他
靈元	**貞享**	甲子	**一六八四**	1	10・21 和歌山にて誕生。	2、服忌令制定	8、大老堀田正俊、殿中にて若年寄稲葉正休に刺さる。
	2	乙丑	**一六八五**	2		7、借金銀に關する訴訟を受理せず	——漢譯洋書の輸入取締を強化
	3	丙寅	**一六八六**	3			
	4	丁卯	**一六八七**	4		1、生類憐みの令（この後屢々發令）	11、大嘗會復活
東山	**元祿**	戊辰	**一六八八**	5		11、柳澤吉保、側用人となる	
	2	己巳	**一六八九**	6			
	3	庚午	**一六九〇**	7			9、林信篤に命じ、月例の講義を開始せしめ、布衣以上の役人に聽講せしむ 12、湯島聖堂成る。
	4	辛未	**一六九一**	8			8・17 熊澤了介死(73)
	5	壬申	**一六九二**	9		5、諸役人に役料支給	
	6	癸酉	**一六九三**	10		6、鷹匠・餌指廢止	

天皇	年號	干支	西暦	年齢	徳川家關係	幕府政治	その他
東山	7	甲戌	一六九四	11			10・12 松尾芭蕉死(51)
	8	乙亥	一六九五	12	12、従五位下主税頭に任ぜらる。	8、慶長金銀を悪鑄して元祿金銀を造る。 11、中野に犬小屋建設 ——長崎運上金始る。	
	9	丙子	一六九六	13	12、従四位下左近衛権少将に昇進。	4、荻原重秀、勘定奉行となる。	
	10	丁丑	一六九七	14	4、越前丹生郡に食邑三萬石を受く。	10、酒造業者に運上金を課す。	
	11	戊寅	一六九八	15		7、柳澤吉保を老中の上に列す。	12・23 木下順庵死(78)
	12	己卯	一六九九	16			4、幕府、歴代御陵を修理 6・16 河村瑞軒死(83)
	13	庚辰	一七〇〇	17	12・6 水戸光圀薨去(73)		
	14	辛巳	一七〇一	18			1・25 僧契沖死(62) 3、淺野長矩、吉良義央に刃傷。
	15	壬午	一七〇二	19		⑧此年以前の借金銀に關する訴訟不受理令。	12、赤穂浪士の復讐。

山東						
16	癸未	一七〇三	20			11・22 關東大地震
寶永	甲申	一七〇四	21	12、綱豊（家宣公）綱吉公の養子となる。		
2	乙酉	一七〇五	22	5・14 長兄綱教薨去(41) 8・8 父光貞公薨去(80) 9・8 次兄頼職薨去(26) 吉宗公紀州藩主となる。 12、從三位左近衛權中將に任ぜらる。		2、朝廷に御料一萬石增進 3・12 伊藤仁齋死(79)
3	丙戌	一七〇六	23	11、伏見宮貞致親王女眞宮理子と結婚。參議に任ぜらる。	6、元祿銀を惡鑄して寶字銀を造る。	4・14 戸田茂睡死(78)
4	丁亥	一七〇七	24	12、權中納言に任ぜらる。	10、藩札の使用を禁ず。	11、富士山噴火、寶永山出現。
5	戊子	一七〇八	25		1、富士山噴火の灰除金を全國に徵す。 7、寶永通寶の大錢（十文錢）を發行。	8、ヨアン・バチスタ・シドチ、屋久島に來着。
6	己丑	一七〇九	26	1・10 綱吉公薨去(64) 5・1 家宣公將軍宣下。 7・3 家繼公誕生。	1、大錢の通用停止、生類憐みの令廢止。 2、柳澤吉保等退職	11、新井白石、シドチを訊問。

天皇	年號	干支	西暦	年齢	徳川家關係	幕府政治	その他
中御門	7	庚寅	一七一〇	27	6・4 吉宗公夫人薨去。	3、銀貨悪鑄（永字銀） 4、更に銀貨悪鑄（三寶字銀）。元祿金を改鑄して乾字金を造る。新井白石武家諸法度を草す。	
	正徳	辛卯	一七一一	28	12・21 江戸紀州藩邸にて家重公誕生	3、室鳩巣、儒員となる。 ——銀貨悪鑄（四寶字銀） ——朝鮮信使の待遇を改む。	
	2	壬辰	一七一二	29	10・14 家宣公薨去(51)	7、勘定吟味役復活。 9、勘定奉行荻原重秀罷免 10、貨幣品質復舊について家宣公遺言發表。	6・5 牧野成貞死(79)
	3	癸巳	一七一三	30	4・2 家繼公將軍宣下。	4、小檢見停止。 5、西陣で和糸を使ふことを奬勵。	5、神田・根津・山王祭の隔年擧行を三年目毎と改む。
	4	甲午	一七一四	31		2、密貿易取締。 5、貨幣改良、正徳金銀鑄造。	8・2 菱川師宣死(77) 8・27 貝原益軒死(85) 9・10 竹本義太夫死(64) 11・2 柳澤吉保死(57)

中御門				
5	享保	2	3	4
乙未	丙申	丁酉	戊戌	己亥
一七一五	一七一六	一七一七	一七一八	一七一九
32	33	34	35	36
9、靈元法皇々女吉子内親王（八十宮）家繼公夫人と決定。 11・27 田安宗武生。	4・30 家繼公薨去（8） 5・1 吉宗公將軍となる。 8・13 將軍宣下。正二位内大臣に任ぜらる。			
1、長崎貿易の新令發布。	5、間部詮房、新井白石等退職、有馬氏倫・加納久通御用取次となる。 6、五位諸大夫式服を狩衣から大紋に復す。	2、大岡忠相町奉行となる 3、武家諸法度、天和の令に復す 6、朝鮮信使の待遇、天和の制に復す。	⑩江戸兩替屋を六百軒に限定、株仲間を結成せしむ。 11、新金銀通用令施行。	5、幕政改革に關し、諸臣の建言を求む。 6、密貿易取締強化。 8、小檢見制復活。 11、今後金銀貸借に關する訴訟を受理せずと令す。
10・6 澁川春海死（77）		2、吉宗公、簾を撤して蘭人を謁見 5、鷹狩復活 7、陪臣・庶民にも聖堂の聽講許可。	6、神田祭・山王祭を隔年制に復す。	11、林家以外の儒役に、高倉屋敷にて講義せしむ。 ――日本總繪圖作成。

天皇	年號	干支	西暦	年齢	徳川家關係	幕府政治	その他
中御門	5	庚子	一七二〇	37		1、三奉行に命じ、豫め犯罪に對する罰則を定めしむ。(御定書の淵源)	3、上野大猷廟焼失、再建を許さず。 4、江戸市中に、土藏造・瓦屋根奬勵。 6・27 久世重之死(61) 7・16 間部詮房死(54) 8、江戸町火消いろは四十七組を定む。 10、水戸宗堯、大日本史を幕府に獻ず。 11・13 酒井忠擧死(73) ——漢譯洋書解禁。
	6	辛丑	一七二一	38	⑦・16 一橋宗尹生。	4、刑罰の連坐廢止 8、目安箱を評定所前に設置。 11、諸役人に冗費節約を命ず 11、諸商人・職人に組合を結成せしむ。 12、田畑質流を禁ず。	1、吉宗公、初めて室鳩巣を謁見。 6、諸國人口調査。 9、六諭衍義和解・同大意を作成。 秋、山下幸内上書。
					12・26 家康公の誕辰を祝ふ。	5、老中水野忠之に勝手掛を命ず。 旗本の切米借上、生活の	5・17 井上正岑死(70) 7、各宗寺院取締令。 9・14 近衛基熙薨去(75)

中御門						
7	壬寅	一七二二	39		引下を命ず。 7、日本橋に高札を立て、新田開發を奬勵。諸大名に上げ米を課し、代りに參勤期間を半年に短縮。 8、勘定奉行・吟味役を勝手方・公事方に分つ。 12、寶永以來の町人に對する未支拂金返濟。 ——定免制施行奬勵。 慶長・正德金銀以外の通貨の流通禁止。	12、小石川養生所設立
8	癸卯	一七二三	40		4、松平乘邑を老中に任ず。 6、足高の制を定む。 8、再び田畑質流を認む。 ——勘定方職制整備。	2、心中者取締令。 3、今後六年毎に諸國人口調査。 8、江戸市中に火の見櫓設置。
9	甲辰	一七二四	41		6、全幕臣に儉約令。 7、札差人數を一〇九人に限定。	3、大坂大火 5・9 前田綱紀死(82) 9・24 西川如見死(77) 11・21 近松門左衛門死(72)

天皇	年號	干支	西暦	年齢	徳川家關係	幕府政治	その他
中御門	10	乙巳	一七二五	42	4、家重公元服、從二位權大納言に任ぜらる。	3、大判金改鑄。 10、江戸商人紀伊國屋源兵衛等三人に、大坂米相場支配許可。	5・19 新井白石死(69)
	11	丙午	一七二六	43	6・9 淨圓院（吉宗公生母おゆりの方）死(72)	——新田檢地條目制定。	1、賭博取締强化 3、下総小金原に大卷狩 6、大坂懷德堂を準官學とす。
	12	丁未	一七二七	44		2、中川清三郎等三人に大坂堂島米相場會所設立を許し、紀伊國屋等の特權を奪ふ。 9、京・大坂に月三度目安箱を設置。 ——天領全體に貢租增徵。	4、吉宗公、荻生徂來を謁見。 ——甘蔗を濱御殿に試植。
	13	戊申	一七二八	45	4、日光社參	7、米の延賣買許可。 12、關八州に唐胡麻の栽培を奬勵。	1・19 荻生徂來死(63)
	14	己酉	一七二九	46	9、田安宗武元服、從三位右近衛中將兼右衛門督に任ぜらる。	8、代官に命じ、關東農民の菜種栽培を督勵。 12、借金銀訴訟受理。	4、交趾から象渡來。 天一坊處刑。 12・14 田中丘隅死(68)

天皇	年	干支	西暦	年齢			
中御門						——江戸米問屋・仲買に組合を結成せしむ。——長崎に雜物替（俵物）會所設立。	
中御門	15	庚戌	一七三〇	47	11、宗武に田安邸を與ふ。	1、幕府買米開始。乾字金再通用許可。5、江戸町人冬木善太郎等、中川等に代つて米會所支配。6、水野忠之老中辭職。藩札發行許可。7、年貢米籾圍 8、米仲買の反對により冬木の會所廢止。	
中御門	16	辛亥	一七三一	48	12、日光東照宮修理成る。家重公、伏見宮邦永親王妹と結婚。	7、幕府、加賀藩に金十五萬兩を借用 ——上ゲ米廢止、參勤期間復舊。——諸大名・豪商等に買米を命ず。	3・18 水野忠之死(63)
中御門	17	壬子	一七三二	49			6・1 林信篤死(89) 夏、近畿以西蝗災による大凶作。冬、大坂はじめ各地米價暴騰

天皇	年號	干支	西暦	年齢	徳川家關係	幕府政治	その他
中御門	18	癸丑	一七三三	50			1・25 江戸に打毀し發生
	19	甲寅	一七三四	51		8、諸代官に百姓一揆對策を指令。	8・14 室鳩巣死(77) ――小石川薬園・吹上庭園に甘藷試植。
櫻町	20	乙卯	一七三五	52	9、一橋宗尹元服、從三位左近衛權中將兼刑部卿に任ぜらる。	10、米價低落防止のため、最低價格を公定。	
	元文	丙辰	一七三六	53		5、文字金銀を鑄造。 8、大岡忠相、寺社奉行となる。	1、仁風一覧刊行。
	2	丁巳	一七三七	54	5・22 家治公誕生。	6、神尾春央、勘定奉行となる。 老中松平乘邑、勝手掛となる。 貢租增徵令。	
	3	戊午	一七三八	55		4、大坂に銅座設立。	11・19 大嘗會再興。
	4	己未	一七三九	56		1、尾張宗春に蟄居を命ず	6、安房・陸奥沖にロシア船出没。 冬、豊後節禁止

天皇	年号	干支	西暦	年齢			
櫻町	5	庚申	一七四〇	57			――青木昆陽に命じて、諸國古文書採訪を行はしむ。
	寛保	辛酉	一七四一	58	2・28 家宣公夫人（天英院）薨去(82) 8、吉宗公右大臣、家重公右近衛大将に任ぜらる。家治公元服、従二位權大納言に任ぜらる。 11、宗尹一橋邸に入る。	10、姫路城主榊原政岑に隠居を命ず。	
	2	壬戌	一七四二	59		4、公事方御定書成る。 6、季節的食品の販賣時期制定 11、對淸貿易半減	7―8、江戸その他諸國大洪水
	3	癸亥	一七四三	60			
	延享	甲子	一七四四	61		――田畑永代賣買の罰則緩和 ――御觸書寛保集成完成。	10・24 石田梅巖死(60)
	2	乙丑	一七四五	62	3、江戸城紅葉山にて法華八講を修す。 9・25 吉宗公隠居、家重公相續。		

天皇	年號	干支	西暦	年齢	徳川家關係	幕府政治	その他
櫻町					11・2 家重公将軍宣下、從二位内大臣に任ぜらる。田安宗武・一橋宗尹、參議に任ぜらる。	10・9 松平乗邑、老中免職、處罰せらる。	
	3	丙寅	一七四六	63	9、田安宗武・一橋宗尹に各十萬石を給す。11、吉宗公大病。		4・16 松平乗邑死(61)
	4	丁卯	一七四七	64	3・1 吉宗公全快祝。	6、若年寄板倉勝清、勝手掛となる。	5・30 太宰春台死(68)
桃園	寛延	戊辰	一七四八	65			8・19 加納久通死(76)
	2	己巳	一七四九	66	5・4 田安宗武、三年間籠居し、此日はじめて出仕。		
	3	庚午	一七五〇	67		10、老中堀田正亮、勝手掛となる。	
	寶暦	辛未	一七五一	68	6・20 薨去	7、田沼意次、側衆となる。12、側衆大岡忠光、萬石に列す。	12・19 大岡忠相死(75)

徳川吉宗公傳補註

凡例

一、これは本文または註に記載した語句の中、説明のあるのが適當と思はれるものについての補註である。

一、配列は五十音順による。

一、語句の下の（　）内の數字はその語の載る頁數を示す。二回以上出る語については原則として初出の頁を示す。ただしその語句が特に重要な取扱ひをうけている箇所があれば、その頁をあげた。

あ

あしかがつこう　足利學校（二六七）下野國足利に設けられた日本中世唯一の學校施設。その創建年代は確實には判らぬが、永享四年（一四三二）上杉憲實により發展。以後上杉氏・後北條氏の保護をうけたが、家康公も之を保護して一時衰へてゐたのを復活せしめた。歷代庠主《しようしゆ》（校長）は臨濟宗の禪僧、來學者も大部分臨濟・曹洞の禪僧であつた。儒學敎育により戰國諸大名の顧問、宗敎上の指導者養成の役割を果した。

い

いとわつぷなかま　絲割符仲間――→白《しら》絲割符仲間《いとわつぷなかま》

う

うらがこくせん　浦賀石錢（一三五）浦賀港を通る船に對し課した一種の海上交通稅。十石に付三文づゝ徵收した。享保七年（一七二四）相州三崎城ヶ島、志州鳥羽菅島にて篝火をたく費用に宛てるため徵收を始めたもの。

うんじよう　運上（一三三）幕府・諸藩に於て特定の商人から徵收した一種の營業稅。營業許可に對する反對給付であつて、殊に營業獨占等の特權に件ふものが多い。

え

えいじぎん　永字銀（三六）寶永七年（一七一〇）發行の銀貨。銀含有率四割。別稱中銀。同三年發行の寶字銀（銀含有率五割）を惡化したもの。三月に發行されて翌四月には更に惡質な三寶字銀（銀含有率三割二分）に改鑄された。

えどしくみうおどんや（三九）江戸四組魚問屋　江戸の魚問屋組合。四組とは本小田原町組・本船町組・本船町横町組・安針町組をいふ。各組それ〴〵その町に市場を開き、會所を本小田原町においた。

えどまちぶぎよう　江戸町奉行（五七）江戸の町政・警察・司法一切を管轄する奉行所の長官。今日の都知事・警視總監と裁判所長を兼ねた役職。享保四年以前は三人、以後は二人で月番交代で事に當つた。

お

おおおく　大奥（五一）江戸城に於ける御臺所《みだいどころ》（將軍夫人）の御殿。本丸の中にあつて、將軍の公務を執行する場所たる「表向御殿」の北側にある。その內部は將軍の寢所、御臺所の客座敷等のある「御殿向」、大奥の庶務係の役人の詰める「御廣敷」、老女・中﨟以下奧女中の居室たる「長局」の三部に分れる。その總務長官が留守居である。

おおさかじようだい（一四）大坂城代　大坂城管理の長官。大坂の諸役人を支配し、西國諸大名の動靜監察に當つた。京都所司代と並ぶ重職で、通例五・六萬石以上の譜代大名中より選び、やがて老中に昇進するのが例であつた。

おおばん　大番（二九二）戰時には先鋒となり、平時には江戸城の警衞に當る。又一年交代で大坂城・二條城の警備に出張した。大番頭・大番組頭・大番衆・與力・同心より成り、番頭一人の下に組頭四人、番士五十人、與力十騎、同心二十人が屬する。番頭は十二人である。番士から上には旗本中でも家筋のよい者が任ぜられた。

おおひろま　大廣間（二七一）　江戸城本丸の最も重要な書院。國持大名・三家庶流及び外様大名で四位以上の者の詰める部屋となつてゐた。

おおめつけ　大目付（二〇）　江戸幕府の役人で大名の監察、末期養子の判形檢査及び諸禮典に關する職務等を行ふ。

おとりかつじかきつけ　御取箇辻書付
⟶取箇《とりか》

か

かいせんどんや　廻船問屋（三九）　海上輸送を定期的に行ふ大型船＝廻船の業務を行ふ問屋。輸送物資の荷捌業務を兼ねるものもあつた。

かがはん　加賀藩（六九）　加賀・能登・越中にわたる諸大名中最大の藩。百二萬石。代々前田氏の領有。

かしはつちようこめなかがい　河岸八町米仲買（一四七）　江戸の本船町・伊勢町・小舟町・小網町一丁目・堀留町にて營業してゐた米仲買。此等の町を「河岸」といひ、本船町が二ケ町、伊勢町が三ケ町に分れてゐたので計八町となる。

かしよぶね　過書船（一三五）　過書は過所で中世以降誤つて用ひられた。關所の通行手形である。過書船は過書を得て航行する船で、江戸時代に入つても一部に殘り、幕府は過書交付の代償に運上をとつた。京伏見・大坂八軒家間の所謂三十石船が過書船として特に名高い。

かちがしら　徒頭（二四七）　徒士《かち》衆の長。徒士は將軍出行の際先驅して道路を警衛する役。戰時には將軍の親衞隊となる。徒士の上に組頭があり、その上に徒頭がある。

かもん　家門（三三二）　大名の格式の一。三家三卿に次いで幕府に親しい家柄。卽ち三家庶流（連枝といふ）、越前家・會津家及びその庶流、更に久松・奧平と石州濱田の松平である。親藩とも稱せられる。

かりしき　刈敷（四二）　江戸時代農村の自給肥料として最も廣く用ひられたもの。山野の草や灌木狀の闊葉樹の若芽を刈取つて、水田にふみ込むもの。ほどろ・山のめかり抔とも稱せられる。

かりよう　過料（二〇六）　今日の罰金刑。今日の科料よりは意味が廣い。

かんじようぎんみやく　勘定吟味役（一四）　勘定奉行の職務を補佐し、且その擅權を牽制する役。奉行の下役であるが、身分は奉行の支配下になく、老中の支配を受けた。天和二年（一六八二）初めて設けられたが元祿十二年（一六九九）消滅し、正德二年（一七一二）復活した。はじめ勘定頭差添役と稱した。

かんじようくみがしら　勘定組頭（六九）　勘定奉行の支配下にあり、勘定衆の上役。

かんじようしゆう　勘定衆（六九）　幕府の財務官。諸經費出納・租税收納・代官に對する指令等を掌る。

かんじようぶぎよう　勘定奉行（一四）　幕府の財務長官兼天領（幕府直轄領）統治長官及び裁判長。初めは勘定頭と稱した。

かんだのやかた　神田館（五五）　綱吉公の館林侯時代の江戸藩邸、從つて又館林侯時代の綱吉公を指す。

がんのま　雁の間（二七）　江戸城本丸の一室。詰衆《つめしゆう》の控室。詰衆とは平日交代で此室に控へ非常に備へ、又將軍の廟參に供奉した。老中側用人退職者及びその子孫が之に任ぜられた。

き

ききばん　聞番(三〇五)　諸藩邸において幕府との折衝等に當る役人。

きしゆうはん　紀州藩(一)　三家の一。紀伊一國及び伊勢の一部を領し、五十五萬五千石。

ぎようじ　行事(四〇)　商人組合等の團體の役員。

きようとしよしだい　京都所司代(一四)　江戸幕府から京都に派遣され、朝廷の守護・監視及びその事務を司り、西國大名の監督、五畿内及び丹波・播磨・近江の天領の訴訟取扱ひを兼ね、又京都・奈良・伏見の奉行、京都代官・二條城諸役人を支配する。老中に次ぐ重職である。

きりちん　切賃(七九)　江戸時代の両替手數料。江戸時代以前金の延板などを貨幣として使用してゐた際、それを入用の分だけ切つて使つた。その切る手數料のことであるが、江戸時代には小判と一分判などの交換の手數料となつた。

きりのまばん　桐間番(三三)　桐間は江戸城本丸の一室。桐間番はその部屋に詰める役人。天和元年(一六八一)創設。正徳三年(一七一三)廢止。

きりまい　切米(一三四)　江戸幕府の旗本御家人の俸祿米。通例春(二月)・夏(五月)・冬(十月)の三度に分けて支給され、春夏は各四分の一づゝ、之を借米《かしまい》と稱し、冬は殘り四分の二、之を切米と稱した。かくの如く領地を與へられず、米(又は金)で俸祿の支給を受ける者を切米取と稱した。

ぎんざ　銀座(三九)　江戸幕府の銀貨鑄造を請負ふ御用商人の役所。はじめ伏見・駿府に設けられ、ついで京都・江戸・長崎・大坂に置かれ、江戸の銀座のみは幕末迄殘つた。

「金銀にてたみ」(一〇九)　「たみ」は「だみ」卽ち彩ること。

く

くらまえ　藏前(一八六)　江戸淺草に設けてあつた幕府の米藏の前のことで、こゝに旗本・御家人の切米を、彼等に代つて受取り、賣捌き、又彼等に金融をする札差《ふださし》が軒を並べてゐた。――→札差

くらやしき　藏屋敷(三四)　幕府・諸藩・旗本が自領の年貢米や産物を賣るために、江戸・大坂・長崎・敦賀・大津等に設けた出張所。殊に大坂に於ける諸藩の藏屋敷が最も重要であつた。

くわしたねんき　鍬下年季(一二二)　新たに耕地を開墾した者に對し、一定年間貢租を賦課せず、或は低率とする期間。その期間を過ぎてから正式にその耕地の品位等を定めた。

け

けんじきん　乾字金(三六)　寶永七年(一七一〇)發行の金貨。「乾」の字の極印が打つてあるので此名稱が起つた。元祿金の質が惡いのを改めたものであるが、數量を減さぬやうにしたため、形が小さくなり、却つて通貨を混亂させた。

こ

こうけ　高家(二〇)　幕府の儀禮を掌る役。代々特定の家の世襲であつた。又表高家《おもてこうけ》といつて、家柄は高家であつても役のない家もあつた。高家は通例武田・今川・吉良・畠山・織田・大友など江戸

時代以前の名家が任ぜられた。

ごうりきまい　合力米（四）　他人等の經濟を援助するために出す米。

こうりやまはん　郡山藩（一五三）　大和國郡山を居城とした藩。十五萬石。戰國時代小田切氏・筒井氏が領して以來、諸家が交ゝ領したが、享保九年（一七二四）以後は柳澤氏が幕末迄領した。その領域は大和（添下・平群・式下・十市・廣瀬・葛下）、河内（讃良）、近江（蒲生・神崎・淺井・高島・坂田）伊勢（鈴鹿・三重）の四箇國十四郡にわたる。

こつかのれいこう　國家の令甲（一七）　令甲とは法令の首章をいひ、更に政令を意味する。

こじゆうにん　小十人（二四七）　將軍出行の際、輿の前を警護する番士。

こしのものぶぎよう　腰物奉行（九四）　將軍の佩刀、諸大名へ下賜の刀等の調達・手入、その他刀劍に關する一切の事を管理する役人。

こしよう　小姓（一六）　將軍・大名の側に侍して雜務を行ふ者。

こしようぐみ　小姓組（二一一）　將軍身邊の警護・諸儀式の給仕等を勤める番士。

こなんど　小納戸（五一）　將軍側近の職であるが、小姓より稍ゝ輕く、次の間以下の事務を取扱つた。しかし小姓よりは表役人に接する機會が多かつたので、自ら權勢を張りうることがあつた。

ごにんぐみ　五人組（二〇七）　江戸時代、幕府・諸藩が百姓・町人を統治する機構の末端として設けた制度。近隣數家（原則として五家）を一組とし、これに租稅負擔・治安維持・法令周知等に關して連帶責任を負はしめた。農村では全百姓が參加したが、都市では地主・家主を以て結成し、通例借家人は獨立した構成員と認められなかつた。

こぶしんぐみ　小普請組（五一）　旗本・御家人の役職に就いてゐない者の中、祿高三千石以下の者の編入せられた組。但し三千石以下でも布衣《ほい》以上の役に就いてゐた者は寄合組に入つた。又三千石以上、布衣以上の者でも、處罰・罷免せられて小普請入を命ぜられることがあつた。本來は幕府に小さい普請のある時小普請と稱して人足を差出さしめたが、元祿二年（一六八九）からは小普請金として、祿高に應じて一定の金（五百俵以上は百俵に付二兩、二十俵以上五十俵迄は金二分等）を納入させた。

こめぎつて　米切手（四一）　諸藩の藏屋敷拂米の保管證書。拂米を落札した米仲買が代銀を納入しても米は引取らず、必要の時迄藏屋敷に保管してもらふため發行されたもの。次第に藏屋敷に米がなくとも切手を發行するやうになつた。前者を正米《しようまい》切手、後者を空米《からまい》切手といふ。共に極めて信用度高く、貨幣同樣に取引された。

さ

さいくがしら　細工頭（九四）　朝廷への進物、武具・馬具・障子・屏風の類から、高札・下馬札等細い器物の調達を掌る細工所の長官。

さくらだのやかた　櫻田館（五五）　甲府家（綱重公・家宣公）の藩邸。

さつまはん　薩摩藩（一一六）　鹿兒島城により薩摩・大隅二國及び日向國諸縣郡を領有する大藩。七十七萬石。島津氏が代々藩主であつた。

さるがく　散樂（三三〇）　猿樂とも記

し、又「さるごう」ともよむ。支那に於て行はれた樂器の伴奏による歌舞・曲藝・奇術等を内容とする散樂《さんがく》が我國に傳來して、それに滑稽な要素が加つて出來た歌舞・物眞似。それが發達して能・狂言となつた。江戸幕府に於て行はれた散樂とは能樂のことである。

さんけ　三家(六)　尾張・紀伊・水戸の三家をいふ。諸大名中最も將軍家と密接な關係を有し、格式も最も高い。家康公の第九子義直(尾張)、第十子頼宣(紀伊)、第十一子頼房(水戸)を祖とし、子孫代々將軍の政治を補佐し、宗家に嗣のない時はこの三家の中から入つて將軍となることになつてゐた。

さんぶぎよう　三奉行(一五)　寺社奉行・江戸町奉行・勘定奉行をいふ。此の三奉行は幕府の諸奉行中最も重職であり、三奉行によつて幕府政治の中樞たる評定所が構成されたので、特に他と區別してかく稱するのである。

し

じかた　地方(五)　江戸時代、町方即ち町奉行支配下の地域に對して、勘定奉行支配下の地域すなはち諸國・田舎・農村を稱した語。又農村を統治する役務をいふ。

しきぎん　敷銀(四〇)　金を遣ふ地方では敷金といふ。取引その他契約に對する證據金(銀)をいふ。

しきゆう　梓宮(九三)　梓柩とも書く。天子の柩。但し江戸時代には徳川將軍の柩をも梓宮とよんだ。

じげはいぶんきん　地下配分金(一三五)　長崎貿易によつて得た利益の中、役人等の諸費用、幕府への運上金を控除した殘りを、長崎市民に分配する金。

じしやぶぎよう　寺社奉行(一五)　佛寺・神社及びその領地に關する行政・裁判を取扱ひ、又僧尼・神官・樂人・檢校・連歌師・陰陽師等を監督した。又評定所に於ては關八州以外の私領と江戸の間及び全寺社領と江戸の間の訴訟を取扱つた。三奉行の中最も格式高く、他の二奉行が旗本であるに對し、これは大名であり、幕臣を召換審問するに際しても、他の奉行が將軍の事前承認を要したのに、これは事後の屆出で足りた。

しでん　仕田(二四八)　士田とも書き又圭田《けいでん》ともいう。周の時、六卿(家宰・司徒・宗伯・司馬・司寇・司空、何れも高級官僚)以下士(一般官吏)に至る迄、官職の差によつて給せられた俸祿。これは世襲するものではなかつたという。(室鳩巣「献可錄」巻中による)

しはいかんじよう　支配勘定(三一二)　勘定衆の下役。目見以下の身分である。

しゆざ　朱座(三九)　江戸時代の朱の專賣所。幕初よりその特權が公認されてゐた。

しよいんばん　書院番(二一一)　將軍身邊の守護及び諸儀式の給仕をする番士。小姓組と殆んど同じ役であるが、書院番には各組に與力・同心が附屬し、江戸城玄關の警衛等にあたつた。

「商賣てい渡世になりかね」(一六四)　商賣態即ち營業狀態が不振で、渡世即ち生計を支へかねる。

「諸色銀四ツ割五割六割之上り」(九一)　諸物價が銀貨標示で四割乃至六割騰貴したこと。江戸時代は金銀兩建であつたので、物價も金と銀とでは異つた。殊に元祿から享保中頃迄は金銀相場が著しく混亂したので、物價もその影響を蒙り、例へば金貨に對しては比較的安定してゐても、銀貨に對しては甚だしく變動するといふこともありえた。

しよしだい　所司代→京都所司代

じよしやく　敍爵(一)　從五位に敍せられること。五位以上と以下とでは官吏として大いに待遇が異つたので、五位になることを特にかく稱したものである。

しよだいぶ　諸大夫(六五)　五位の武士の稱。

じよちまい　除知米(三二六)　除知は除地とも書く。特別に年貢が免除された土地。除知米はその土地から生産された米。

しようでん　賞田(二四八)　周の時、官吏の功勞を賞して給した俸祿。世襲するものではなかつた。(室鳩巣「献可錄」卷中に據る)

しらいとわつぷなかま(三九)　白絲割符仲間　白絲卽ち輸入生絲の價格を決定し、これを外國船より一括購入する獨占的な大商人の團體。慶長九年(一六〇四)創設され、その後變遷があつたが、貞享元年(一六八四)以後は幕末迄存續した。最初は堺・京・長崎の豪商達によつて構成され、之に後藤縫殿助・茶屋四郎次郎等幕府の呉服師五人が加つたが、寛永八年(一六三一)からは之に江戸・大坂の商人が加り、五箇所商人と稱せられた。その後博多・平戸等も加へられたが、分配に與る量は呉服師や五箇所商人と較べて甚だ僅少であつた。仲間の商人達はかくして貿易上絶大な特權を與へられ、初期には經濟界に大きな存在であつたが、國內産業の發達、彼等の幕府役人化によつて、經濟界の主流から離れていつた。

しろしよいん　白書院(二七一)　白木書院ともいふ。江戸城中の書院の一。禮式の行はれる時、諸大名の詰める部屋。

しんばん　新番(二五〇)　書院番・小姓組と同じく將軍警衞の番士であるが、それらより格が一段低い。

せ

ぜにや　錢屋(八二)　金銀と錢を兩替する業者。錢兩替又は脇兩替ともいひ、金銀兩替をする本兩替屋よりは通例遙かに小規模のものであるが、數は多い。單獨に營業するものよりは各種小賣商と兼ねるものが多く、又元祿頃からは金銀兩替も取扱ふものが出來た。

せんだいはん　仙臺藩(三三)　仙臺城を居城とする奧羽最大の藩、六十二萬五千石。陸前の南部と磐城の北部を領有する他、常陸の一部と近江の一部に小さい飛地を有した。藩主伊達氏は古くから仙臺附近の豪族であつた。

そ

そうじやばん　奏者番(一六)　年始・五節句・朔望に諸大名以下將軍に謁する者に附添ひ、又進物を披露する他、殿中の儀式に關する職を行ふ。又國持以外の大名參勤の際には上使として赴く。通例寺社奉行と兼務で、萬石以上の家の者が任ぜられる。

そばしゆう　側衆(三二)　將軍側近の中、側用人に次ぐ。將軍の居間の次に居り、將軍の出行に供奉し、又常に交代で殿中に宿直して、老中若年寄退去後の殿中の諸事を統轄した。

そばようにん　側用人(一四)　將軍側近の役人中最高の職。老中の上申を取次ぎ、將軍の命を老中その他諸役人に傳へ、且將軍に意見を述べるといふ幕府政治上樞要の地位に居り、又通例將軍の信任あつい者が之に任ぜられたので、自ら絶大の權勢を張つた。位は從四位下、官は侍從と、格式は老中と同等であつた。類似の職は早くから存したが、この役名は綱吉公の時、牧野成貞に始る。

た

だいかん 代官(一一二) 本來は或る役人又は領主の代役を勤める者をいふ。江戸幕府の官職としては幕府の直領に派遣されて、貢租徵收を行ひ、民政に當る役人。大てい世襲で、四十人前後であつた。(支配地十萬石以上を郡代といひ、十萬石以下を代官と呼ぶといふ)

たかせぶね 高瀬舟(一三五) 貨物運漕を主目的とする川舟。底を平たく淺く造つてあつて、どんな川瀨をも漕上れるためにこの名稱ありといふ。この舟は古くからあつたが、慶長年間、角倉了以《すみのくらりようい》(一五五四～一六一四)が大井川・富士川・高瀨川を開鑿し、この舟の構造を改良してこれらの川に航行せしめ、輸漕上大いに役立たしめた。

たかまつはん 高松藩(一一三) 讃岐國高松城を居城とする藩。家門。十二萬石。寛永十九年(一六四二)水戸賴房の長子賴重(光圀の兄)がここに封ぜられた。その後賴重の子綱方は光圀の養子として水戸家を繼ぎ、代りに光圀の子賴常を養子とし、以後代々この地を領した。

だてつなむら 伊達綱村(六) 第四代仙臺藩主。二歳の時かの伊達騷動が起つて危かつたが、生長して後はよく政治にはげみ、名藩主の聞えが高かつた。

たまりのまづめ 溜間詰(四九) 溜詰ともいふ。五日に一度登城して、將軍に意見を上申し、老中と政治を討議し、又諸大名に重大な命令を傳へる時には老中と共に列座するといふ、いはゞ幕府の最高顧問である。譜代の中も門閥たる會津松平・高松松平及び井伊家が世襲し、又姫路酒井・桑名松平兩家も加はることもあつた。享保以後は臨時に加へられた者は少なくない。

ち

ちようしゆうはん 長州藩(一三〇) 萩藩ともいふ。長門國萩を居城とし、周防・長門兩國を領有する中國地方の大藩。三十六萬九千石。但しこれは公表の石高で、實際は江戸時代中期には八十萬石を突破してゐた。藩主は毛利氏。毛利氏は曾て中國地方の大半を領有してゐたが、關ヶ原役で防長二ヶ國以外悉くを奪はれた。領内に德山・岩國・長府(豐浦)・清末の四支封を有する。

つ

ついほう 追放(一二八) 刑罰の一。一定地域内への立入を禁止するもの。古代から用ひられたが、江戸時代では遠島に次ぎ、閉門・押込等よりは重い刑であつた。追放の中に更に次の如き段階があつた。

重追放　居住國及犯罪國と、武藏・相模・上野・下野・安房・上總・下總・常陸・山城・攝津・和泉・大和・肥前・甲斐・駿河・東海道筋・木曾路筋

中追放　居住國及犯罪國と、武藏・山城・攝津・和泉・大和・肥前・下野・甲斐・駿河・東海道筋・木曾路筋・日光道中

輕追放　居住國及犯罪國と、江戸十里四方・京・大坂・東海道筋・日光・日光

道中

江戸拾里四方追放　日本橋より四方へ五里

江戸拂　品川・板橋・千住・四ツ谷大木戸より内、及び本所・深川

所拂　在方は居村拂、江戸町人は居町拂

つしまはん　對馬藩（一二六）　對馬を領有する藩。藩主は宗氏。對馬の外に肥前基肄《きい》・養父《やぶ》二郡中に飛地一萬二千餘石を有してゐる。特殊な藩で、石高が定められてないが、幕府からは十萬石の格式を與へられてゐた。

つわのはん　津和野藩（一二六）　石見國津和野を居城とし、同國鹿足・美濃・那賀・邑知四郡の一部を領有する小藩。四萬三千石。初め坂崎氏の所領であつたが、元和三年（一六一七）同氏斷絶後龜井氏の領地となり、以後明治に至る。

て

ていかんのま　帝鑑の間（五一）　江戸城の一室。譜代大名の中、城主級の者の詰所。襖繪に支那歴代の賢帝の事蹟が畫いてあるので、此の名がつけられた。

てだい　手代（一一四）　本來の意味は或人の代理で、その人の仕事をなす者。幕府では代官の下役。商家では番頭の下、丁稚の上の使用人。

てんまやど　傳馬宿（三九）　傳馬とは公用の陸上輸送を行ふ駄馬。傳馬宿とは幕府から傳馬業を命ぜられた者の詰所及びその業者を意味する。多數の傳馬衆を抱へて輸送業務の指揮をとり、傍ら一般の陸上輸送も行つた。江戸では大傳馬町などにあつた。

てんりよう　天領（三九）　江戸幕府の直轄領。

と

どうざ　銅座（九九）　銅の專賣所。

とくみとんや　十組問屋（三九）　江戸において大坂から廻船によつて輸送される諸物資を集配する問屋の組合。十組とは塗物店組・内店組（絹布・太物・繰綿・小間物・雛人形）・通町組（小間物・太物・荒物・塗物・打物）・藥種店組（藥種・砂糖）・釘店組（釘・鐵・銅等）綿店組・表店組（疊表・青筵）・河岸組（水油）・紙店組（紙・蠟燭）・酒店組で、日本橋・室町邊にあつた。大坂には江戸輸送物資を取扱ふ二十四組問屋があり、兩者は密接な關係をもち、江戸時代商業界に極めて重要な存在であつた。

とざま　外樣（一五）　江戸時代大名の家格の一、幕府に對する親疎の別によつて、譜代と外樣に別れる。外樣大名は曾て徳川氏と同樣豐臣秀吉に仕へてゐた家である。

としより　年寄（三九）　武家では幕府の老中、諸藩の家老のこと。町村ではその首要役員のこと。例へば江戸町年寄・大坂三郷總年寄など最高の役人の名稱の場合もあり、又名主或は組頭を年寄とよぶ場合もあつた。

とつとりはん　鳥取藩（一五三）　鳥取城を居城とし、因幡・伯耆二ケ國を領有する大藩。三十二萬石。元和三年（一六一七）池田光政が播磨からこゝに移されて出來た藩であるが、寛永九年（一六三二）岡山藩主であつた池田家の當主光仲が幼少であるため、鳥取と岡山と所領交換となり、以後光仲の子孫が代々相續した。兩池田の關係は光政の父利隆が、光仲の父忠雄の兄である。

とみ　鳥見（一二七）　狩の時、鳥の來るのを見張つてゐる者。幕府では將軍の狩獵のため、この職を設けてあつた。

とみつき　富突（三一九）　富籤のこと。箱の中の札を錐で突上げて、それを當り札とするといふ方法が一般に行はれたので、この呼名が起つた。

とりか　取箇（一一六）　年貢の額。又取箇辻とはその年貢額の合計のことである。

な

なかのくち　中の口（五一）　江戸城本丸表御殿 勝手門 正面の 中玄關 の次の廣間。こゝに老中・側用人・若年寄・側衆・奏者番・大目付等主要役人の控室が列んでゐる。

なぬし　名主（八三）　今日の村長・町長の如く、その町村統治の長。但し大都市例へば江戸においては町名主とは江戸全體の長ではなく、その中にある各町々の長をいふ。又地方によつては庄屋・年寄と呼ぶ。（上方は一般に庄屋である）

なやもの　納屋物（一六六）　諸藩が貢租として收納して、之を商品化しようとする物資（藏物《くらもの》）に對し、貢租以外の民間によつて商品化される物資をいふ。

なんどがしら　納戸頭（九四）　納戸役の長官。納戸役は將軍の奧向の金銀・衣服・調度の出納及び大名以下幕臣への時服賞與を掌る。元方・拂方に分れ、元方は買入・保管、拂方は給費・賜與を掌る。

に

にじゆぶんのいちさしあげきん　二十分の一差上金（四）　藩士の俸祿の中からその二十分の一に相當する金を藩に差上げる事。

は

「耻ありてかつ格《いた》らしめむ云々」（一八三）　論語爲政篇「道レ之以レ政、齊レ之以レ刑、民免而無レ耻、道レ之以レ德、齊レ之以レ禮、有レ耻且格」より引いたもの。德川實紀の編者成島司直が、吉宗公の政治方針を、免れて耻なき民を作らぬ、聖人の道に適つたものと禮賛した言葉である。

はまだはん　濱田藩（一二六）　石見國濱田を居城とし、同國那賀・邑智・美濃三郡の中を領有する藩。五萬石。藩主は松平（松井）氏。慶安二年（一六四九）播州山崎よりこゝに移され、以後幕末に至る。

はりがみねだん　張紙値段（一四八）　旗本・御家人に對する切米を、一部或は全額金にて支給する場合があり、その際に米價を公定して、淺草の米藏に紙に書いて張出す、その米價をいふ。百俵（三十五石）についての値段である。支給の都度（春＝二月、夏＝五月、冬＝十月）時の相場を標準として決定する。

ばんいり　番入（三三六）　幕府の旗本の子弟で部屋住（家督を相續して居ない者）の者が、番士（大番・兩番・新番・小十人等）に召出されること。更に番士以外の役人に召出されることをいふ場合もある。

はんち　半知（三三二）　武士の俸祿の半分のこと。半知借上とは諸藩に於て財政窮迫の結果、藩士の俸祿を半分しか支給せぬこと。借上を略す場合もある。

ひ

ひがきかいせん　菱垣廻船（四〇）　大

坂・江戸間の物資輸送に従事した廻船。艀側の欄（垣立といふ）を、檜垣卽ち檜の薄板を菱形に組んだものを用ひたゝめ、この名稱が起つた。江戸時代海運界の重要な存在であつた。

ひにんてか　非人手下（二〇六）　非人は賤民の一種。罪人の送致、刑屍の埋葬等を行つた。平民でも乞食などする者は非人の群に入つた。非人には非人頭が居て之を支配してゐたが、その支配下の非人を手下と稱し、又平民を非人頭支配下に入れしめることを、非人手下に附するといつた。

ひようじようしよ　評定所（一五）　江戸幕府の最高裁判所といふべき役所。管轄違の訴訟（例へば寺社奉行管下である關八州外の諸藩領と江戸町奉行管下である江戸町内に係る訴訟）及び各奉行の裁き切れぬ重大事件・難事件を審理した。そこで自ら幕府の重要な政策が判例として決定せられることもあつた。構成員は老中・大目付・三奉行・目付・勘定吟味役で、その下に屬吏として留役・儒者等があり、諸事務を掌つた。會議は月三回の式日（老中以下全員出席）及び同じく三回の立合（三奉行以下出席）と、同じく月三回、内寄合と稱して三奉行が月番で、その私邸に集つて相談した。評定所は和田倉門外にあつた。

ふ

ふしんぶぎよう　普請奉行（五七）　江戸城の石垣・堀その他土地・水道に關する修理、及び江戸府内諸大名邸宅の土地を管理する役人。

ふしんやくまい　普請役米（三三）　土木工事の費用として、藩が藩士に對し、その俸祿の一部を上納せしめたもの。但し、實際に土木工事に使ふといふより、藩財政の缺乏を補つたものである。

ふだい　譜代（二五）　江戸幕府の幕臣で、德川氏の三河時代から、豐臣氏に服從時代の間に、既に德川氏に仕へてゐた家、及び幕府成立後新らたに取立てられた家。豐臣時代に德川氏と同樣豐臣氏に仕へてゐた家を外樣といふのに對す。

ふださし　札差（一八六）　江戸幕府が旗本・御家人に給する切米を、彼等に代つて受取る商人、從つてその米の賣却も代行し、更にそれを擔保として、旗本・御家人へ高利金融を行ひ、巨富を獲た。

ふともの　太物（四二）　綿・麻織物の總稱。反物。

ふりうりしようにん　振賣商人（二〇二）　商品を擔つて、街路を聲を立て乍ら賣歩く商人。「ぼてふり」ともいふ。行商人。

ふれがき　觸書（二三一）　幕府の命令を通達・公示する文書。

ほ

ほい　布衣（二一〇）　無紋の狩衣。六位以下の者の着るもの。又それを着る身分の者を稱した。江戸時代には旗本の禮服の一。轉じて六位に相當する旗本の身分を示す言葉となつた。布衣を許される事は旗本として甚だ重大な事であつた。

ほうじぎん　寶字銀（三五）　寶永銀ともいふ。寶永三年（一七〇六）發行された銀貨。品質は銀・銅各五〇%。幕府は前に元祿八年（一六九五）財政窮乏を緩和するため、貨幣の悪鑄を行つて元祿金銀を發行したが、更にこの年、銀の質を一段と下落させたもの、「寶」字の極印が刻してあるので、此の名稱がある。

ぼうず　坊主(一二九)　幕府・諸藩において茶の湯・給仕その他雑用を勤めた者。剃髪してゐたのでこの稱が起つた。茶坊主・數寄屋坊主・奥坊主等、幾多の種類があつた。

ほんどものなり　本途物成──→物成《ものなり》

ほんまる　本丸(五一)　城郭内の主將の居る所。江戸城本丸は將軍が居住し、政治を執行した所。

ま

まえだつなのり　前田綱紀(六)　加賀藩第五代の藩主。松雲と號す。好學と善政によつて名君の一人に數へられる。

まかないがしら　賄頭(九四)　幕府の食料品・食器・家具等細々した物品を購入し、各所に配給することについて、賄方を指揮・監督する役人。

まちぶぎよう　町奉行──→江戸《えど》町奉行《まちぶぎよう》

まつえはん　松江藩(三三)　松江を居城とし、出雲國を領有する藩。十八萬六千石。關ヶ原役の後、堀尾吉晴（一五四三〜一六一一）がこゝに封ぜられたが、堀尾氏は吉晴の孫忠晴（一五九九〜一六三三）が寛永十年(一六三三)嗣なくして卒したゝめ斷絶となり、同十五年、家康公次男結城秀康(一五七四〜一六〇七)の三男直政が封ぜられ、以後代々その子孫が世襲した。

まつごようし　末期養子(一五)　臨終に際して定めた養子。江戸時代、諸藩・旗本等の家に繼嗣がないまゝ當主が死去した際、その家の斷絶を避けるため、臨終の際決定したといつて幕府に屆出た。幕府も最初は之を許可しなかつたが、慶安四年(一六五一)由井正雪事件の後、家斷絶によつて浪人の發生が增加し、ために社會不安が生ずるのを防止するため、之を認めるに至つた。

まつまえはん　松前藩(一一六)　現北海道福山を居城とし、松前・蝦夷地（現北海道）を統治する藩。藩主松前氏。無高。はじめ松前氏は交代寄合として、旗本の待遇であつたが、享保四年（一七一九）に第十代矩廣が「萬石以上」の格式を與へられた。この後、文化四年（一八〇七）北海道は幕府の直轄地になつて、松前氏は奥州梁川に移されたが、文政四年(一八二一)復領。安政二年(一八五五)に至つて幕府の直轄再開のため、福山附近を除く全土を收公された。

まつやまはん　松山藩(一一三)　松山を居城とし伊豫國東部を領有する藩。十五萬石。寛永十一年(一六三四)松平（久松）定行こゝに封ぜられて、以來明治に至る迄世襲した。

み

みつほうじぎん　三寶字銀(三六)　寶永七年(一七一〇)四月から鑄造された銀貨。寶字銀及び永字銀の質を低下せしめたもの。千分中銀三二〇を含んでいる。翌正德元年に四寶字銀に改鑄された。

む

むらにゆうよう　村入用(一一五)　村落の共同體としての活動に要する經費及び村全體に貢租以外に領主から賦課せられる諸費用。例へば助鄕人足費・土木費・領主奉公人費(中間等雜役人)・名主給金・御用金・祭禮費等である。此等の中特に領主から賦課されるものは、農民に貢租と共に重い負擔となつてゐたことは見逃せない。このため村として借金し、その利息も少からぬ額に達した所もある。

め

めつけ　目付(二〇)　若年寄の耳目として旗本以下の諸役人・幕臣の行狀を監察する役人。

めみえ　目見(六四)　幕臣が將軍に謁見すること。目見を許されるのは、幕臣の格式上極めて重大なことで、目見以上と以下とでは、身分待遇大いに異つた。通例目見以上を旗本、以下を御家人と稱する。

も

もとはらいなんどがしら　元拂納戸頭
→納戸頭。

ものなり　物成(一一六)　年貢のこと。又取箇《とりか》と同じく、年貢の額をいふこともある。本途物成と小物成とがあり、前者は本年貢とも稱し、檢地によつて石高の定められてゐる土地（田畑、時には山野の一部）から米・錢を徴收する最も主要なもの。後者は雜税で、山年貢・野年貢・茶役・池役・海役・鹽濱年貢等の種類があり、農民が利用する山林・原野・河海などに課するものである。

や

やまだぶぎよう　山田奉行(五七)　伊勢山田に駐在する奉行。神宮の警護、祭祀の際の神事奉行、正遷宮の際の造宮奉行を勤める。又神宮領を除く伊勢・志摩兩國の裁判を管し、鳥羽港の廻船の火災を取締る役目であつた。

やりくりりようがえ　遣來兩替（米方兩替)(一四四)

①帳合米（米の信用取引）の米仲買に對し、素人が帳合米賣買を依托した際、仲買が市場にいつて取引成立すると、取引成立報告書（差紙）に顧客から受け取つた敷銀を添へて渡しておき、顧客がいつでも精算したい時に、その時の相場で勘定し、過不足銀を精算する機關である。「米方」と書いて「やりくり」とよませる。この兩替商は、預つた差紙を運用し、利潤をあげる。

②米相場の人氣が强弱請合つて動かず、行詰りとなつた時、銀相場を狂はせて米相場に影響せしめる方法である。「遣來」と書く。

よ

よつほうじぎん　四寶字銀(三六)　正徳元年(一七一一)三寶字銀を改鑄、惡質にした銀貨。百分中銀二〇、銅八〇という劣惡なもの。元祿から正德にかけての江戸幕府の貨幣惡鑄政策の最後のもので、最も質が惡かつた。

よりあい　寄合(五一)　非職の旗本で、家祿三千石以上のもの、及び布衣《ほい》以上の職を勤めて退職した者をいふ。

り

りようがえや　兩替屋(七三)　金銀錢三貨の交換、小判と一分判等の交換を業とする商人。貨幣交換と共に金融業者として大きな役割を演じ、又同業者が集つて金銀相場・錢相場をたてゝ、經濟界に大きな影響を及ぼしてゐた。十人兩替・本兩替・錢兩替(脇兩替・錢屋ともいふ)などの種類があり、大坂の十人兩替、江戸の本兩替は有數の豪商であつた。錢屋は小さいものが多かつたが、數は甚だ多かつた。兩替屋の他に、呉服屋・米屋等を兼ねるものが多かつた。

りようばん 兩番(二一一) 小姓組と書院番のことを併せていふ。

る

るすゐ 留守居(二〇八) ①幕府では奧年寄とも稱し、大奧の總務・關所通行手形の發行・武庫の武器出納監督・門衞の管理等を勤め、將軍出行の際、留つて殿中を守る役人である。②諸藩では、江戸の藩邸にあつて、藩主の歸國中留守する役。專ら大名間の交際、幕府との折衝等外交官の役目を果した。

れ

れんじやくしよう 連雀商(四七) 商品を背負つて賣歩く行商人。連尺・連索・連着とも書く。連尺は物を背負ふ道具である。

れんじやくしようふだざ 連雀商札座(四七) 連雀商に營業許可の鑑札を下付する所。幕府その他から特定の御用商人にその特權を與へ、連雀商の支配・取締りに當らせてゐた。江戸では町年寄喜多村家がこれに任ぜられてゐた。

ろ

ろうじゆう 老中(一四) 江戸幕府最高の役人。四人乃至五人の定員で、月番交代で公務を總攬し、又全員列座、合議して最高方針を決定する。朝廷・公家に關する事、諸大名に關する事等重要な事項も擔當し、更に側衆・高家・留守居・大番頭・大目付・町奉行・勘定奉行等主要な役人を支配・監督する。譜代大名の中、城主級の有力な家格の者から選ばれ、通例、京都所司代或は大坂城代を經て昇進した。

わ

わかどしより 若年寄(一四) 老中を輔佐して幕政の運營に當る役人。諸旗本に關する事項を擔當し、兩番頭・新番頭・目付等の役人を支配・監督する。譜代大名の中から、大番頭・寺社奉行・奏者番・側衆などを經て昇進した。若年寄からは所司代・大坂城代などに進む。

わきりようがえ 脇兩替――→錢屋《ぜにや》

徳川吉宗公傳〈新装版〉(オンデマンド版)

Digital Publishing

2019年9月10日　発行

著　者　辻　達也

発行者　吉川道郎

発行所　株式会社 吉川弘文館

〒113-0033 東京都文京区本郷7丁目2番8号

TEL 03(3813)9151(代表)

URL http://www.yoshikawa-k.co.jp/

印刷・製本　株式会社 デジタルパブリッシングサービス

URL http://www.d-pub.co.jp/

ISBN978-4-642-73216-1

昭和三十七年十月二十六日印刷
昭和三十七年十一月一日発行

徳川吉宗公傳奥付
（非賣品）

編纂兼發行者 日光東照宮社務所
右代表者 栃木縣日光市山内 青木仁藏
印刷者 東京都台東區龍泉寺町三六五 矢板東一郎
印刷所 東京都台東區龍泉寺町三六五 明善印刷株式會社

A Biography of Tokugawa Yoshimune
Summary

This book was edited by Toshogu Shrine in Nikko, in commemoration of the two hundredth anniversary of the death of Tokugawa Yoshimune (1684–1751).

Yoshimune is known as a *Shogun*[1] particularly distinguished by the excellence of his policy. Moreover, he had a great reverence for Tokugawa Ieyasu, the deity of Toshogu Shrine, whom he regarded as an ideal of administrator. As there is no complete biography of Yoshimune, Toshogu Shrine, wishing to record the fundamental achievements of his reign, asked Dr. Tatsuya Tsuji, Associate Professor of Yokohama Municipal University, to write the biography of Yoshimune, under the supervision of Dr. Zennosuke Tsuji, Emeritus Professor of Tokyo University and a member of the Japan Academy.

Tokugawa Yoshimune was born of the house of Kishu, one of the three honourable house of the Tokugawa clan. He was the fourth son of Tokugawa Mitsusada and Yoshimune would, in the ordinary course of events, have been only a minor *daimyo*[2]. However, his next elder brother died young and two elder brothers died one after the other in 1705. Therefors, Yoshimune unexpectedly became the lord of Kishu.

At the time of his accession, the economy of the domain of Kishu was in extremely poor condition. Yoshimune endeavored both to cut expenditure and, by controlling flood, to increase agricultural productivity, thus repairing a straitened finance. He also encouraged a new spirit of learning and the military arts among his retainers. For these reforms, he was praised as a *daimyo* of extraordinary ability and, had he remained all his life merely the lord of Kishu, he would have left his name in history

1) Shogun: a generalissimo, a member of a quasi-dynasty, holding the real power though parallel to the imperial dynasty.
2) Daimyo: (lit. 'great name') a teritorial lord of the feudal period.

as one of the ablest rulers of the Edo period.

Conditions, however, did not leave him forever a petty local governor, but brought him to the office of *shogun*, the actual ruler of all Japan. For Tokugawa Ietsugu (1709–1716), the seventh *shogun* of the Tokugawa dynasty, died young and without an heir. After a consultation of the chief *Bakufu*[3)] vassals, Yoshimune was appointed his successor.

Upon his accession in 1716, Yoshimune was faced with many difficult problems in the shogunate government itself, both from the looseness of its political structure and from financial stresses within its economy. As to the administrative system, it was full of intrigue and antagonism among the high *Bakufu* officials.

For in the Edo period, family rank was held in high esteem and the political position held by a certain family rank, though only the *samurai*[4)] class took a shair in the administration, had come to be fixed. This fixation of family rank and office led to a shortage of men of talent in the families expected to take the important government posts. Countering this trend, after the end of the 17th century, were men of ability in the lower ranks and new comers who gained access to the *shogun* himself and built a pressure group with the power of *shogun* behind them. Against this new faction stood strongly opposed those who were proud of their ancient houses which dated from the time of the establishment of the Tokugawa shogunate. The opposition between these two groups caused a paralysis in the *Bakufu* administration and resulted in a general deterioration of law and order, whereby the proceedings of justice were slowed down, perverted by false judgement, and corrupted by bribery. The control of the *Bakufu* over commerce, both in the cities and the countries, grew weaker and weaker.

As to economy, at the time of Yoshimune's investiture; those

---

3) Bakufu: (lit. camp office) the government of a shogun.

4) Samurai: military retainers. They were the highest of the four broad social classes in the land—(1) Shi, warriors, (2) No, farmers, (3) Ko. artisans, (4) Sho, merchants, in that order.

great deposits of gold and silver which the *Bakufu* had amassed in the past had disappeared by the end of the 17th century, and the imbalance in government payment had become apparent. The preceding administration had tried to make up this financial deficiency by the issue of new, low-quality coinage in 1695, but this measure invited an inflation in prices which only made the situation worse. There followed a further issue of degraded currency. As the result, there appeared in circulation three kinds of gold coin of different shape and quality, and six of silver. The currency system plunged into confusion. In 1714, the *Bakufu* put its hand to reforming the quality of the coinage, but when Yoshimune became *shogun*, unification or stabilization of the currency was far from complete.

The new *shogun*, Yoshimune, surrounded by these conditions, tried first to control the power of those near him, and by declaring traditional family rank as preeminent, he endeavored to exterminate the oppositions within the *Bakufu*. These first measure, together with his energetic approach, his close attention towards the administration, as well as his means to keep tracks of his retainers' activities in detail, provided him with great prestige among them.

Yoshimune had been expected to carry out political reform by many who had chafed at the stagnant *Bakufu* administration. The hopes and expectations with which he had been appointed, as well as the traditional authority attached to the office of *shogun* itself, made it possible for him to appropriate full powers to act soon after his inauguration. He reigned from 1716 to 1745 as a *shogun*. The *Bakufu* administration of that period is generally called the Kyoho Reform. It ranged from financial reform, the primary necessity, to measures for social amelioration, including a legal codification, cultural activities, educational and many other reform policies.

A) Financial Reform

Yoshimune first engaged in carrying out a unification and

stabilization of the currency and, by 1722, he had achieved his first goal, and the former monetary confusion was eradicated. He considerably decreased the amount of currency in circulation. Parallel to this measure, he enforced a tight monetary policy, and the *shogun* himself gave an example of frugality.

To improve the domestic economy, he restricted foreign trade and prevented the outflow of monetary metals out of the country. Further, he caused merchants to form trade guilds and through these organizations, prohibited the manufacture and sale of luxuries and new products. From 1722 to 1730, in order to remedy a temporary revenue gap, he lay an extra tax burden on each *daimyo* according to their fiefs. Meanwhile, he enforced new measures as to the efficiency of its collection, thus reforming the revenue collection system as well as increasing the tribute rate. He also earnestly encouraged land development and endeavored to raise agricultural production.

Thus, during the few years after 1727, the finance of Yoshimune's administration entered a stable phase, but its restrictive monetary policy and heavy tax increase invited severe recession in the economic field. Many local governments had encountered financial difficulties a fairly long before, and the firm new measures taken by the *Bakufu* caused them further embarrassment in money management. As an attempt to solve this situation, they sent as much of their rice produce as possible to Osaka for cash. The amount of rice flooding into Osaka increased every year. But the purchasing power of the merchant over this rice was limited because of economic recession due to government policy. There followed inevitably a sharp decline in the price of rice.

To deal with this situation, the *Bakufu* put restriction on rice transport into Osaka and took upon itself the purchase of large amounts of the grain to allocate for storage, but the measure had only a temporary effect. In 1732, a vast swarm of locust attacked the coast of Seto Inland Sea and caused great damage

to the rice crop, bringing death and famine. As the crop of previous season had already been transported to Osaka, the rice shortage was severe in the local districts. The price of rice in Osaka and Edo soared suddenly and there was an uprising in Edo in January of 1733. After the emergency had been dealt with, the rice price again took a sharp fall. The shogunate could do nothing to alleviate the situation.

Because of the rice factor, the once settled economy ran again into difficulty. In 1736, the amount of currency in circulation was increased by the issue of low-quality coins to ease the recession due to money shortage. The *Bakufu* made special efforts to increase the revenue through higher tribute, thus bringing in the highest revenue throughout the Edo period in 1744. But it was fundamentally impossible to strengthen *Bakufu* finance any further and, after the Kyoho Reform the government revenue continued to decrease.

B) Measures for Social Problem

Socially, the most urgent problem was the economic difficulties of the bushi, or the warrior class. The *Bakufu* encouraged frugality among the warriors and restricted the interest on the debts they accrued. Yet these measures had little effect. The merchant class steadily increased in economic power. Moreover, the *Bakufu* tried to enforce its own policy with the assistance of the financial power of the mercantile class, and this gave birth to even stronger merchants, who thereby gained monopolistic rights and thus entrenched their position.

Among the agricultural classes, there was a tendency towards peasant resistance to the government. The *Bakufu* decided to meet this with a high hand and heavy punishment. There was also a trend among few wealthy farmers to enlarge their holdings while many poor peasants lost their farms. The *Bakufu* permitted this and strove to secure its tribute fees through these rich landowners.

In the cities, and particularly in Edo, with its vigorous expansion of population, the increase of the number of the poor threw

a dark shadow over the social structure. Among the measures taken, the establishment of a hospital for the poor in Koishikawa was worthy of note. City dwellers, including the *bushi* class, led a pleasure-seeking life. The *Bakufu* encouraged the military arts, prohibited prostitution, and provided recreation centers, but these measures were effective for only a short period.

In Edo, much attention was paid to municipal administration. Especially, the *Bakufu* strove to prevent fire, organizing Machi-Hikeshi-Kumiai, the city dwellers' fire system. It also built fire look-out towers, and recommended the use of fireproof ceramic roof tiles in place of thatch, and the construction of plastered rather than wooden houses. Both of these became attractive features of the older Edo townscape.

C) The Legal System

Yoshimune found able administrators. One famous example was Ooka Tadasuke, an excellent judge, still quoted today, who worked both for fair judgement and speedier court proceedings. In 1742, Yoshimune edited the Osadamegaki Hyakkajo, the first and most inclusive criminal law code of the Edo era.

One notice many reforms in finance or other policy of this period but two reforms not hitherto referred to are of special importance. One was the establishment of the Meyasu-bako, or complain box. This opened the way for the public to speak directly to the *shogun*. Not only did it provide him with many useful suggestions from various fields, but it served, at the same time, as outlet for public dissatisfaction with the administration. Moreover, it played an important role in the supervision of the *shogun's* officials. The second innovation was Tashidaka. When a member of a low-ranking family was appointed to a high position, it had formerly been difficult to raise his small hereditary salary as much as was usually paid to wealthy nobles. Tashidaka allowed the *samurai* official to receive pay corresponding to the post during his term of office. In this way, the *shogun* could use any capable man without being restricted to those of high family rank.

D) Cultural and Educational Policies.

Yoshimune had little interest in the traditional aristocratic culture and some scholars treated him as uneducated. Instead, he showed interest in practical and useful learning which he encouraged in his retainers. He paticularly eager in the cause of public education. The *shogun* held the Confucian scholars, Muro Kyuso and Ogyu Sorai, in high respect but he did not learn Confucian ideas from them. His intention was instead to utilize their broad knowledge to political ends.

Yoshimune had also a great interest in learning about Europe and European civilization through the Dutch who came to trade. In his time, such knowledge of the West was in its infancy, but it was the beginning of a study of that culture which the Dutch represented. At the same time, Yoshimune collected ancient Japanese and Chinese books and manuscripts, and contributed much toward the development of a more positive way of learning. He had the map of the whole Japan made and was instrumental in preparing an exact calender. All this coincide with the tendency of the new learning springing up in the middle of the Tokugawa era.

When one considers the nature of the Kyoho Reform, in respect to the policies mentioned above, one must take into consideration the relationship between these reforms and the character of the *shogun* Yoshimune himself. Of particular interest is his practice of abolishing formalism and adopting pragmatism, and even utilitarianism. This is well reflected in his *Bakufu* administration itself. Consider his choice of councillors. To the *roju*, the cabinet members of the shogunate, he appointed Mizuno Tadayuki and Matsudaira Norisato. Both of these were specialists in finance and showed themselves men of rare ability, although they roused antipathy on behalf of Yoshimune himself.

He also chose men of merit for the post of *bugyo*, the chief of the government department. Yoshimune, from political consideration, paid official lip service to the importance of the family

rank, but in actual practice, he picked the right man for the right place without consideration of family or rank.

Among the *shogun* of the Tokugawa line, it was Yoshimune who especially respected its founder, Iyeyasu. Taking Ieyasu as his exemplar and idea, he tried to stabilize the Tokugawa shogunate. Yoshimune reigned thirty years as a *shogun* before abdicating his office in favour of his eldest son, Ieshige. He died six years later, in 1751. The years of his rule, 1716 to 1745, are placed approximately in the middle of the Edo period (1600–1868). From the point of view of the power and prestige of the Tokugawa *Bakufu*, the period of Yoshimune's reign was the climax of the Tokugawa shogunate, and after his retirement, the decline of the *Bakufu* government began to make serious progress.

更に私事ながら、本稿に父の序文を得たことは私にとつて何よりの喜びである。不幸にしてその公刊は間に合はなかつたが、父は歿する半年ほど前に序文を草して與へられた。當時父は老衰旣に甚しく、手も不自由で文字も思ふやうに記せず、文案を練るのもかなり苦痛のやうであつたが、とに角昭和三十年五月には序文も出來たのである。私は菲才怠惰の故に、父の在世中殆んど何んらの業績なく、僅かにこの一篇のみ漸く生前に草稿を呈し得たのである。從つてこの序文は私の著作物に對して父より與へられた唯一の序文であり、何よりの遺品と考へてゐる。

このやうに本稿は私の研究生活の上において大きな意味をもつて居り、よい記念である。かゝる機會を得たことは古川・青木兩宮司をはじめとする日光東照宮の方々の御厚意によるものである。また原稿執筆・印刷の過程において、池上宗義・柴田豊久兩氏は屢ゝ上京、拙宅と連絡をとられ、史料書寫・圖版蒐集等に援助を與へられた。廣野三郎氏も史料調査・印刷關係等において種々の便宜をはかつて下さつた。更に私に執筆を勸められた小島鉦作教授、屢ゝ激勵・助言を與へられた先輩・學友諸氏、及び明善印刷株式會社々員諸氏等、諸方面多數の方々の御厚意・御協力によつて本稿は成つた。茲に謹しんで感謝の微意を表するものである。

尙、本稿に於ては將軍・世子及び吉宗公父祖に對し公の敬稱を用ひた。これは日光東照宮の要望によるものであることを附記する。

昭和三十七年五月

辻　達　也識

な所以は享保改革にあるのであるから、聊か公個人の事蹟をはなれても享保改革の眞相究明に全力を注ぐ方針をたてた。幸ひにしてこの構想は父の賛成を得、また東照宮の古川宮司以下の方々も了解して下さつた。

かくして三年間を費して本文・略年譜の作製を終り、父の校閲を經て冗長部分の削除等を行ひ、清書を完了したのは昭和二十八年五月頃であつた。しかしその後やゝ事情あつて印刷に至らぬ途中、昭和三十年十月監修者たる父が歿し、また宮司古川左京氏の病氣退職せられることなどもあつて公刊延引してゐたが、青木新宮司の着任せられて後出版事業は再開せられ、昨年先づ徳川家光公傳の公刊成り、今また徳川吉宗公傳の印刷を完了するに至つたのである。

前記の如く本稿の脱稿は既に九年前であり、いはゞ私の處女作である。それ故全構想を始めとして未熟稚拙の感を免れない。文中依據した先學の諸業績に對しても、十分その眞意を把へ得て居ないやうな箇所もある。またこの九年間に學界の進歩も著しく、私の享保改革に對する見解にも多少の變化がある。そこで印刷に附するに當つて改訂しようかとも思つたが、本稿は未熟なりに當時の私の全力を注いだものであり、徒らに部分の改訂を加へることは却つて全般の構成を崩す懼れもあり、この際は殆んど手を觸れぬこととした。

右の如く今となつて眺めると私自身感ずる本稿の缺點は若干あるが、享保時代の幕政その他をかなり廣く研究し得たことは私にとつてこの上ないよい機會であつた。その後享保改革について僅かながらも獨自の見解を持ち得たことは、全く本稿執筆に負ふものといつて過言でない。また現今享保改革に對する學界の關心はかなり昻まつてきてゐるが、それは必らずしも享保時代全般の諸事象に對してではない。自らそこには取殘された問題も存する。かかる時、拙いながら一應この時代について廣く諸方面の事實を基礎的に調べておくことは、單に私のみのよい經驗に止らず、恐らく今後の研究進展の上に何んらかの役に立つことではないかと思つてゐる。

後記

徳川吉宗公傳の執筆を引受けてはどうかと父にいはれたのは昭和二十五年の春頃だつたと思ふ。同年は三代將軍家光公三百年忌に當り、これを機として日光東照宮ではその傳記編纂を企畫し、史料編纂所の廣野三郎氏が執筆を擔當せられることになつたが、また同年は八代將軍吉宗公二百年忌にも相當した。吉宗公は家光公ほどに日光と深い關係はないが、歷代將軍中の偉才であり、東照宮の偉業を復古・中興せる名君と稱せられる人なので、この際その傳記も家光公傳と並べて編纂公刊しては如何といふ議がおこり、父にその執筆者詮考を依賴されたのである。當時江戸幕府政治史に對する學界の關心はあまり強くなく、吉宗公や享保時代を本格的に究めてゐる人もなかつた。偶〻私が大學の卒業論文の題目に享保改革の研究を選んでゐたので、執筆者の候補にあげられたのである。私は學生時代に多少史料を見たとはいへ、卒業後僅か二年にすぎぬ身にとつて、數百枚の著述をすることはその任重きに過ぎる氣はしたが、成蹊大學教授小島鉦作氏のお勸めもあり、思ひ切つて本格的に吉宗公および享保改革の研究に取組んでみる決意をしたわけである。

執筆の構想をたてるに際して、私は吉宗公の言行・逸話や身邊の雜事についてあまり興味がなかつた。明君鑽仰の意味での言行・逸話集ならば明君享保錄をはじめかなり多數ある。徳川實紀には有徳院殿御實紀附錄として玉石混淆ながら二十卷を輯め、その量は國史大系本において約二百頁に達してゐる。紀州藩時代の逸話も南紀徳川史にかなり多量載つてゐる。それらをただ口語に譯して頌徳錄を作るやうなことは避けようと思つた。吉宗公が今日史上に著名

徳川吉宗公傳索引

凡　　例

1. 排列は表音順とした。但し同じ文字で始まる語が多數ある場合はなるべくまとめて並べた。從つて必ずしも表音によらぬ場合がある。

2. 幾頁かに續いて見える語は途中の頁を省略し，（例 61—5）の如く線を以て示す。また一語が兩頁にまたがって載つてゐる場合も，(例72—3)の如く線を以て示す。

3. 事項名中の——は前と同じ文字を示す。

4. ——→はその事項參看の意味である。

5. 「　」中の事項は參考文献名を示す。但し史料として用ひたものは含まない。

以　上

索　引

あ

い

か

き

さ

し

す

せ

そ

つ

て

と

な

に

の

は

ひ

み

む

め

も

や

ゆ

よ

ら

り

る

れ

ろ

わ